医药高等职业教育公共基础课程规划教材

U0741716

文献检索

（供医药类各专业使用）

主　编　潘伟男

副主编　刘　娜　兰晓霞

编　者　（以姓氏笔画为序）

么洪岩（长春医学高等专科学校）

兰晓霞（天津医学高等专科学校）

刘　娜（辽宁医药职业学院）

李　芳（江苏医药职业学院）

杨延音（重庆医药高等专科学校）

林俊涵（福建生物工程职业技术学院）

钟　焱（长沙卫生职业学院）

黄仕芳（永州职业技术学院）

潘伟男（湖南食品药品职业学院）

中国健康传媒集团

中国医药科技出版社

内容提要

　　本教材是"医药高等职业教育公共基础课程规划教材"之一，系根据本课程教学大纲的基本要求和课程特点编写而成。全书共分十章，内容涵盖了文献检索基础、文献资源、网络医药文献检索、图书馆的利用、医药类工具书及其利用、国内外医药文献数据库检索与利用、特种文献检索、中医药文献检索、医药科技论文写作与投稿等内容。本教材具有理论系统、实用性强、图文并茂、便教易学等特点。本教材为书网融合教材，即纸质教材有机融合电子教材、教学配套资源（PPT、微课、视频、图片等）、题库系统、数字化教学服务（在线教学、在线作业、在线考试）。

　　本教材主要供全国高等职业院校医药类各专业教学使用，也可以供食品工业类、医学技术类、健康管理与促进类专业等专业参考使用。

图书在版编目（CIP）数据

文献检索/潘伟男主编 . —北京：中国医药科技出版社，2020.12

医药高等职业教育公共基础课程规划教材

ISBN 978 - 7 - 5214 - 2145 - 3

Ⅰ.①文…　Ⅱ.①潘…　Ⅲ.①信息检索－高等职业教育－教材　Ⅳ.①G254.9

中国版本图书馆 CIP 数据核字（2020）第 237119 号

美术编辑　陈君杞
版式设计　友全图文

出版　**中国健康传媒集团** | 中国医药科技出版社
地址　北京市海淀区文慧园北路甲 22 号
邮编　100082
电话　发行：010 - 62227427　邮购：010 - 62236938
网址　www. cmstp. com
规格　889 × 1194 mm $\frac{1}{16}$
印张　18 $\frac{3}{4}$
字数　499 千字
版次　2020 年 12 月第 1 版
印次　2021 年 12 月第 2 次印刷
印刷　北京市密东印刷有限公司
经销　全国各地新华书店
书号　ISBN 978 - 7 - 5214 - 2145 - 3
定价　55.00 元

获取新书信息、投稿、为图书纠错，请扫码联系我们。

出版说明

为深入贯彻《现代职业教育体系建设规划（2014—2020年）》以及《医药卫生中长期人才发展规划（2011—2020年）》文件的精神，满足高职高专医药院校公共基础课程培养目标的要求，不断提升人才培养水平和教育教学质量，在教育部、国家卫生健康委员会及国家药品监督管理局的领导和指导下，在本套教材建设指导委员会专家的指导和顶层设计下，中国医药科技出版社有限公司组织全国30余所高职高专院校及附属医疗机构近120名专家、教师精心编撰了医药高等职业教育公共基础课程规划教材，该套教材即将付梓出版。

本套教材共包括12门，主要供全国高等职业教育医药类院校各专业教学使用。

本套教材定位清晰、特色鲜明，主要体现在以下方面。

一、遵循教材编写的基本规律

本套教材编写遵循"三基、五性、三特定"的基本规律。基本理论和基本知识以"必需、够用"为度，兼顾学生终身学习能力的培养。公共基础课程是专业基础课程的基础，应该注意衔接专业基础课程教学的需要。但也注意把握好教材内容的深度和广度，不能要求大而全，以适应全国高等职业教育的需要为度，适当反映学科的新进展。

在保证教材思想性和科学性的基础上，特别强调教材的适用性与先进性。考虑到高等职业教育模式发展中的多样性，在教材的编写过程中，保障学生具备专业教学标准要求的知识和技能，适当兼顾不同院校学生的要求，以保证教材的适用性。教材的基本理论知识（如概念、名词术语等）应避免陈旧过时，要注意吐故纳新，做到科学先进，不陈旧，跟上学科发展步伐，保证内容的科学性和先进性。同时，教材应融传授知识、培养能力、提高素质为一体，重视培养学生的创新、获取信息及终身学习的能力，突出教材的启发性。

二、满足人才培养需要

教材编写应以专业培养目标为导向，满足3个需要（岗位需要、学教需要、社会需要）。这是编写本套教材的重要原则。

1. 岗位需要　是指教材编写应满足工作岗位所需的知识、技能、素质、心理等要求，有利于学生形成科学的思维和学习方法。

2. 学教需要　是指教材编写有利于学生学和教师教，符合学生的认知特点和教学规律。

3. 社会需要　是指教材编写应能够满足社会对学生知识和技能的要求、人文素质要求，使学生不仅能满足当前社会的要求，还具备一定的可持续发展潜力。

三、体现职教特色

高职高专教材不应该是本科教材的缩略版，应该体现职业教育的特色。

1. 以就业为导向，突出实用 高等职业教育培养的是技术技能型人才，不强调人才具有多么高的理论修养和渊博的知识，一切以生产岗位对人才能力的需求为中心，基础课程要突出素质要求，重点培养学生在岗位中必备的身体、心理、人文的素质。

2. 加强人文素养，全面提高学科素质 公共基础课程教材在强调实用的同时，也不能否定课程本身的属性和功能。公共基础课程不单是学习其他课程的基础，也是引导学生自身向高层次发展的基础，更是走向社会生活的基础。教材不仅要培养学生掌握相关的知识，还要引导学生的思想认识、道德修养、文化品位和审美情趣，注重创造力的培养，提高学生的整体素质。

3. 培养自学能力，提高职业能力 终身教育、继续教育已逐渐成为国际公认的教育理念。不会自学，就不会有自我发展和创造能力。教材是教本，教材的编写应注重把学生的自学能力培养起来，教材编写注重让学生触类旁通，举一反三，掌握学习方法，养成自学习惯。

四、多媒融合配套增值服务

纸质教材与数字教材融合，提供给师生多种形式的教学共享资源，以满足教学的需要。本套教材在纸质教材建设过程中增加书网融合内容，此外，还搭建与纸质教材配套的"在线学习平台"，增加网络增值服务内容（如课程 PPT、试题、视频、动画等），使教材内容更加生动化、形象化。

编写出版本套高质量教材，得到了全国知名专家的精心指导和各有关院校领导与编者的大力支持，在此一并表示衷心感谢。出版发行本套教材，希望受到广大师生欢迎，并在教学中积极使用本套教材，提出宝贵意见，以便修订完善，共同打造精品教材。

医药高等职业教育公共基础课程规划教材
建设指导委员会

医药高等职业教育公共基础课程规划教材
评审委员会

数字化教材编委会

主　编　潘伟男

副主编　刘　娜　兰晓霞

编　者　（以姓氏笔画为序）

么洪岩（长春医学高等专科学校）

兰晓霞（天津医学高等专科学校）

刘　娜（辽宁医药职业学院）

李　芳（江苏医药职业学院）

杨延音（重庆医药高等专科学校）

林俊涵（福建生物工程职业技术学院）

钟　焱（长沙卫生职业学院）

黄仕芳（永州职业技术学院）

潘伟男（湖南食品药品职业学院）

前言

本教材是"医药高等职业教育公共基础课程规划教材"之一，是为深入贯彻落实《国家职业教育改革实施方案》等有关文件精神，在教育部、国家药品监督管理局的领导下，在医药高等职业教育公共基础课程规划教材建设指导委员会的指导下，由全国9所高职高专院校从事文献检索教学与研究、具有多年本课程教学经验的教师结合课程教学大纲和课程特点编写而成。

文献检索课程是全国医药类高职高专院校公共基础课程，也是高职高专院校唯一的一门培养学生信息素养、获取文献信息能力的必修课程。本教材以培养复合型、创新型医药类高素质技术技能人才为目标，以简明实用为原则，对课程体系和内容进行了认真调研和综合分析，在总结凝练、反复研讨的基础上，紧密结合当前医药高职高专院校专业设置的实际和一线教师的教学反馈来构思教材的内容框架，旨在强化学生的信息意识，培养学生查找、获取、分析和综合利用各种医药文献的能力。本教材具有理论系统、操作性强、图文并茂、便教易学等特点。本教材为书网融合教材，即纸质教材有机融合电子教材、教学配套资源（PPT、微课、视频、图片等）、题库系统、数字化教学服务（在线教学、在线作业、在线考试）。

本教材由潘伟男担任主编，具体编写分工如下：第一章由李芳编写，第二章由兰晓霞编写，第三章、第八章由潘伟男编写，第四章由林俊涵编写，第五章由么洪岩编写，第六章由黄仕芳编写，第七章由杨延音编写，第九章由刘娜编写，第十章由钟焱编写。潘伟男负责全书的统稿和校对工作。

本教材在编写过程中得到了教材建设指导委员会专家的悉心指导和各参编院校的大力支持，在此谨致以诚挚的谢意。由于编者水平和经验有限，书中难免有疏漏和不足之处，恳请广大读者批评指正、不吝赐教，以便再版时修订提高。

编　者
2020 年 10 月

目录

第一章 绪 论

学习目标

知识目标

1. 掌握信息、知识、文献和情报的概念以及四者之间的相互联系和转换关系。
2. 熟悉信息素养及其内涵、标准；文献信息源及其识别。
3. 了解信息素养培养途径；网络信息资源类型及特点。

技能目标

能利用图书、期刊、专利、标准等文献资源以及新兴的网络信息资源为医药类专业信息服务。

第一节 信息素养

案例讨论

【案例】张某，女，46岁，因患乳腺癌，想知道乳腺癌治疗药物"法乐通"的相关信息。

【讨论】1. 张女士可以通过哪些途径获取"法乐通"的相关信息？

2. 在获取"法乐通"的相关信息过程中，是否会涉及信息、知识、文献和情报的概念？

3. 在获取"法乐通"的相关信息过程中，是否会利用到图书、期刊、专利、标准等文献资源以及网络信息资源为其进行信息服务？

文献检索是指收集整理特定文献并按一定方式组织和存储，同时根据信息需求查找出相关信息的过程，又称为文献存储与检索。狭义的文献检索则指根据用户信息需求，利用检索工具或检索系统从文献信息集合中找出用户所需要文献的过程，本教材内容主要以狭义的文献检索为主。文献检索是人们有效利用文献信息资源，提高个人知识技能水平、科学研究能力和个人信息素养的重要方式，尤其在网络化信息化时代能否充分利用各种文献检索技术收集、筛选和利用现有文献信息资源，是衡量个体未来发展能力、新知识吸收能力以及个体整体素质的重要指标之一，因此掌握文献信息检索与利用的基本技能、具备良好的信息素养已经成为现代科技工作者甚至是普通人员应该具备的基本生存条件。本章从分析需要掌握的信息获取与利用的基本技能出发，阐述信息、知识、文献的基本概念及医药类专业学生应具备的基本信息素养。

医药大学堂
WWW.YIYAODXT.COM

一、定义

信息素养，又称为信息素质、信息能力，是伴随着社会信息化的形成和发展而出现的一个名词术语，是一种涵盖面较广的通过获取、评估、利用各种信息源来解决信息需求及制定决策的科学文化素养，是对个人信息行为能力、独立学习能力以及批判性思维能力等的概括性描述。信息素养是一个比较宽泛的概念，包括对信息重要性和需要的知识或信息的内容、范围、性质的理解以及为解决面临的问题来确定、查询、评价、组织和有效生产、使用与交流信息的能力。

在国外，信息素质归属于信息素养，这一概念也可追溯到 1974 年美国信息产业协会主席 Paul Zurkowski 给美国图书馆与信息科学委员会的报告："信息素养是利用大量的信息工具及主要信息资源使问题得到解答的技能，在未来十年中信息素养将是国家的目标。"美国图书馆学会 ALA（American Library Association，1989）认为："具有信息素养的人必须能够意识到什么时候需要信息、需要什么样的信息，并具有获取、评价和有效利用所需信息的能力。"具备了这种信息处理能力，那么就具备了一定程度的信息素养。这一概念普遍得到学术界的认可。

二、内涵

信息素养一般包括信息意识、信息能力、信息知识、信息道德四个方面。

（一）信息意识

信息意识指的是个体对信息的敏感度。这要求个体充分认识信息的重要作用，对信息有积极的内在需求；并对信息具有敏锐的感受力和持久的注意力，能迅速有效地发现与掌握有价值的信息。它是信息素养的前提，是形成信息素养的重要动力。

（二）信息能力

信息能力指能够有效地利用各种工具以及信息资源获取信息、加工处理信息及创造新信息的能力，包括能够主动确定所需信息范围和程度，能够利用合适的方式有效地获取所需信息，能够批判性地评价、分析信息资源，并能够独立、有效、准确地利用信息资源解决问题。

信息能力是人成功地进行信息活动所必须具有的个性心理特征，它是信息素养的重点和核心。信息能力按应用途径及方式可分为以下几个方面：运用信息工具的能力、获取信息的能力、理解信息的能力、处理信息的能力、表达信息的能力和创新信息的能力。

（三）信息知识

信息知识是个体具有信息素养的基础，指的是对信息学的了解和对信息源以及信息工具方面和知识的掌握。它是人们在利用信息技术工具、拓展信息传播途径、提高信息交流效率中所积累的认识和经验的总和。

（四）信息道德

信息道德是整个信息活动中必须遵守的道德，是调节信息创造者、信息服务者、信息使用者之间相互关系的行为规范的总和。信息道德把握个体信息素养的方向，在信息活动中不得危害社会或侵犯他人的合法权益。人们在获取、利用信息过程中必须树立正确的法制观念，增强信息安全意识，了解与信息和信息技术有关的道德问题，遵守法规和有关获取及使用信息资源的行为规范。

三、标准

2000 年美国大学与研究型图书馆协会（Association of College & Research Libraries，ACRL）董事会公布了《美国高等教育信息素养能力标准》（以下简称《能力标准》），次年该标准得到美国高等教育协会认可，成为美国高等教育中学生信息能力培养的标准。这个《能力标准》包括 5 项信息素养能力标准、22 项执行指标和 87 项效果指标，强调信息化环境下人们应具备的信息获取、评价、鉴别、整合和交流能力，并遵守信息化伦理规范。《能力标准》发布后很快被各个国家教育部门接受并逐渐成为各国开展学生信息能力培养的通用标准。ACRL 以该标准为框架，相继制定了适合各学科领域的信息素养标准，如《科学技术领域信息素养标准》（2006 年）、《人类学与社会学学生信息素养标准》、《政治学专业研究能力指南》（2008 年）、《心理学信息素养标准》（2010 年）、《新闻专业信息素养标准》和《教师教育信息素养标准》（2011 年）等，将学科专业教育与专业信息素养教育结合，体现学科特色，提升学科信息素养培养水平。其他国家的图书馆学相关学会机构也相继出台了各自的信息素养标准，如 2001 年澳大利亚与新西兰高校信息素养联合工作组（ANZIIL）正式发布的《澳大利亚与新西兰信息素养框架：原则、标准及实践》等。《能力标准》认为有信息素养的人应具备以下能力：①能确定所需信息的性质和范围；②能有效地获得所需信息；③批判性地评估信息以及信息源；④将获取的信息与自身的知识加以融合；⑤有效地利用信息以完成特定的任务；⑥理解与信息利用相关的经济、法律以及社会因素，并在社会伦理以及法律规范之下存取、利用信息。

2015 年 2 月 ACRL 在第一版标准的基础上又颁布了《高等教育信息素养框架》（以下简称《框架》），替代了原来的《能力标准》，将信息检索、评价技能培养转变为信息思维意识能力培养，旨在强调批判性信息整合能力。《框架》用 6 个"要素"（又称为"阈"）描述学生如何面对新媒体时代，怎样整合、利用信息资源提高学术研究和学习能力：信息权威的建构性与情境性、信息创建的过程性、信息的价值属性、探究式研究、对话式学术研究、信息检索的策略性。每个要素包括一个信息素养的核心概念、一组知识技能以及一组行为方式，其核心内容如下。

1. 要素一：信息权威的建构性与情境性

（1）核心概念　指信息内容的质量、学术水平的权威性及其评价，信息使用者应依据信息需要情境判断信息的权威性。

（2）知识技能　辨别、评估、理解信息内容的权威性以及这种权威性对信息交流的影响。

（3）行为方式　以开放、评判的思维将获得的权威性信息整合并形成个人知识系统。

2. 要素二：信息创建的过程性

（1）核心概念　信息经传递而产生、获得、共享，研究、创造、修改和传播信息的迭代过程不同，最终的信息产品也会有所差异。

（2）知识技能　理解不同的创造、传递过程产生的信息内容、功能不同及其局限性；了解信息需求与信息创造和传递过程间的匹配程度，不同环境下的信息价值差异。

（3）行为方式　认识信息创造、传递过程对信息价值、内容的影响，合理辨别信息需求与所获得的信息，批判性地评价信息的有用性。

3. 要素三：信息的价值属性

（1）核心概念　信息具有多种价值属性，既有商品价值属性，又可用于教育、研究等非商业用途，法律和社会经济利益影响信息的产生和传播，应关注信息利用的道德和伦理。

（2）知识技能　了解知识产权，标明引用信息的来源，合理利用、传播网络信息，关注个人信息安全。

（3）行为方式　尊重知识，成为信息的创造者。

4. 要素四：探究式研究

（1）核心概念　研究无止境，提出问题、解决问题、发现新问题循环反复螺旋上升。

（2）知识技能　通过获取的信息发现问题，确定研究范围及合理的解决方案、研究方法，组织、归纳、总结得出合理的结论。

（3）行为方式　科学研究过程是开放性、批判性的信息创造与处理过程，重视求异思维与合作。

5. 要素五：对话式学术研究

（1）核心概念　不同的学者、研究人员或专业人士团体通过对话交流新见解、新发现形成新理论、新概念。

（2）知识技能　了解学术对话途径，利用获得的信息积极参与学术对话交流，评判性地评价、理解获得的各种信息价值，整合并形成自己的知识体系。

（3）行为方式　参与学术对话，了解学术对话环境及其影响，批判性地理解对话内容，承担学术交流中的责任。

6. 要素六：策略探索式检索

（1）核心概念　文献检索是依据信息需求、需求环境和对文献信息的评价而不断修正检索策略和行为的探索过程，检索过程受到检索者本身知识背景、认知能力等影响。

（2）知识技能　明确信息需求的范围，了解该信息的来源和获取方式方法，熟悉相应的文献检索工具和检索语言，能对检索的文献进行评价并具有发散思维和归纳总结能力，能依据检索结果和信息需求修正检索策略，科学管理检索过程、处理检索结果。

（3）行为方式　思维的灵活性与创造性，理解文献检索策略不断修正的过程，认识不同信息源的特点与价值，能合理寻求其他人员的帮助并准确介绍检索任务。

四、培养途径

（一）加强信息素养相关课程的教学

信息素养是一种综合性教育。目前，我国各高校基本上都开设了计算机基础课程和文献检索课程。计算机应用是开展信息检索的技术基础，各高校不仅要加强对计算机理论知识教学，更需要加强对学生计算机实践能力的培养。文献检索课是提高信息检索技能的一种集中、系统的学习方法。通过参加文献检索课程，学生不仅能够系统地学习到文献信息检索的基本原理，还能通过学习掌握各种数据库的检索方法，熟练使用各种检索工具。

（二）把信息素养的培养纳入到各专业课程学习之中

信息素养是不能脱离其他学科而单独培养的。提高信息素养，需要把信息技术教育整合到每一门学科教育之中，在常规的课程和教学中对信息意识进行培养，促使学生在专业课程学习过程中，自觉养成获取和利用文献信息资源的习惯，提高专业学习成绩，掌握科学研究方法，提升论文写作水平。学生在学习和掌握专业知识的同时也可以提高自己的文献信息检索水平和能力。

（三）营造丰富多样的信息素养培养环境，鼓励和引导学生有效利用图书馆

图书馆是高校的文献情报中心，文献资料有序，检索系统完备。学生在图书馆不仅能够更直观地了解图书分类方法，还可以通过图书馆的数字化系统，学会运用计算机检索工具，提高计算机信息检索水平，增强他们的信息检索实践能力。建设各种各样功能齐全的多媒体网络教室，鼓励教师在教学中运用多媒体、计算机网络教学，为学生提供图、文、声并茂，形式多样的信息化学习环境，增强大学生对知识的理解程度，提高大学生的信息意识。

（四）开展多样化的文献信息知识讲座，培养大学生的信息意识

开展文献信息知识讲座，不仅可以帮助大学生对文献、情报、知识和信息有更深入更专业的认识，还可以指导学生通过不同的途径和方法获取和掌握更加广泛的信息，使他们更清楚地认识到信息资源对个人成长和社会发展具有的重要意义，从而不断增强个人对信息的强烈需求，提高自身的信息素养。

第二节　文献信息概述

现代人类生活与工作都离不开信息的支持，从最基本的穿衣吃饭、天气查询、旅行外出的列车时刻或者航班动态、文化娱乐的电影播放时间到专业的疾病诊治最新技术、科技开发动态，人们都要实时从网络或其他媒体中获取最新相关信息以达到最佳选择。一方面科学技术的发展和通信技术、信息数字化技术的快速发展使各类信息资源迅速增加，方便了人们获取和利用各类信息；另一方面大量的信息堆积又造成信息过载或称之为信息泛滥，增加了人们查找、利用信息的负担。因此如何认识信息，怎样准确查找筛选、利用信息就成为当代人类生活、工作和学习的重要能力之一。

一、信息、知识、情报、文献及其关系

（一）信息、知识、情报、文献

1. 信息　指物质存在或运动方式与状态的表现形式或反映，是现实世界事物的反映，它提供了客观世界事物的消息、知识，是事物的一种普遍属性。信息的定义还有其他多种表述，如王邵平编著的《图书情报词典》中，信息的定义是："一般指数据、消息中所包含的意义，它可以使信息中所描述的事件的不肯定性减少。"美国图书馆协会（ALA）定义是："all ideas, facts, and imaginative works of the mind which have been communicated, recorded, published and/or distributed formally or informally in any format."在《辞海》中解释为"音信、消息"，作为科学术语，广义上是指事物属性的表征，狭义上指系统传输和处理的对象。简单地说，信息就是人脑对事物或现象的反映，如人脑接收的关于天气、道路状况、人的面部表情等。不同的事物具有不同的存在状态和运动方式，会表现出不同的信息，信息也就千差万别。信息本身不是实体，必须借助某种介质才能表现或传播，信息是可以感知和识别的，通过人的感官被传递和接收，人们通过信息载体的特征和差异性，可以识别各种信息。信息的表达形式可以是数据、文字、图像、音频等各种形态，并且可以从一种形态转换为另一种形态。

医学信息是指通过观察、实验或借助于其他工具，对健康或疾病状态下人体生理或病理特征

的认识及其反映。例如，人体脉搏、呼吸、温度以及疾病状态下的各种症状与体征、实验室检查数据等都是医学信息，甚至包括姓名、年龄等基本资料。随着循证医学、精准医学和大数据的发展，医学信息越来越多地受到关注，医学信息的大数据处理与应用已经成为新的产业，不仅可以提高医疗服务水平、协助个体的治疗决策，而且医学大数据逐渐成为健康服务的重要支撑。

信息被认为是无所不在，广泛存在于自然界、人类社会及思维领域中，人与人之间、机器与机器之间、人与机器之间、动物与动物之间、植物与植物之间、细胞与细胞之间等，都可以进行信息交换。然而，人们对信息的发现和认识受到各个时期生产力和科学技术发展水平及认识能力的影响和制约，人类社会发展的历史就是人类不断认识信息、获取信息、掌握信息、传递信息、生产信息，并用其为人类服务、改造客观世界也改造主观世界的过程。随着信息社会的不断发展，信息的生产和积累越来越多、越来越复杂，人们需要获得、传递、掌握使用的信息愈来愈多，用来解决问题的范围也日益广泛。美国前总统克林顿在美国大学演讲时曾表明："衡量一个国家的财富不再是看资源和物质的多少，而是拥有与利用信息的数量与能力。"获取、利用信息的能力已经成为国家、机构甚至是个人发展与创新的重要因素。人们已经充分认识到信息社会中信息的重要性，信息与能源、物质并列为经济、社会发展最重要的资源，谁能更有效地搜集信息、掌握信息、加工信息、使用信息，谁就能够在社会中发挥更大的作用并处于更有利的地位。

2. 知识 是人类在认识和改造客观世界实践中获得的对事物本质的认识和经验的综合，是人们通过实践对客观事物及其运动过程和规律的认识。知识来源于信息，是被人们理解和认识并经大脑重新组织和系列化、总结和归纳出规律性的信息内容。在生活、生产、科研等活动中，人脑通过对客观事物发出的信息的接收、选择、处理，得到对事物一般特征的认识，形成了概念。在反复实践和认识的过程中，人脑通过对相关概念的判断、推理、综合，加深了对事物本质的认识，形成了人们头脑中的知识。医学知识是人们通过实践对医学信息的获取、提炼和系统化、理论化的结果，关于人体生命、健康、疾病的现象、本质和规律的认识。知识在人类社会的发展中起着巨大的作用，是衡量一个国家、一个民族文明程度的标志。可以按多种标准将知识划分为不同类型：如可分为生活常识、科学知识；经验知识、理论知识；主观知识、客观知识；基础知识、技术知识、应用知识；哲学知识、自然科学知识、社会科学知识、思维科学知识等。

3. 情报 指人们以各种方式传递与交流的具有特定价值与时效的信息，是人们为一定目的搜集的有使用价值的知识或信息。情报原义为消息、报道、敌情报告，最早认为情报是战时关于敌情的报告；20世纪70年代认为情报是意志、决策、部署、规划、行动所需要的能指引方向的知识和智慧；20世纪80年代认为情报是获得的他方有关情况以及对其分析研究的结果。情报的重要属性有传递性、知识性和效用性，是信息源产生的各类信息被人们以某种方式接收、过滤，在一定的时间内经用户使用产生某些效益的信息。情报具有信息所有的特征，同样普遍存在于社会活动和实践。人们在物质生产和知识生产的实践活动中，源源不断地创造、交流与利用各种各样的情报。在信息社会中，情报发挥着越来越重要的作用，人们在从事各项事业时对情报的依赖程度也日益增大。

情报能够启迪人们的思维，增进知识，提高认识能力，有助于决策，在竞争中获胜。情报按内容范围可划分为科学技术情报、社会科学情报、政治情报、军事情报、经济情报、技术经济情报、体育情报、管理情报等；按使用目的可以划分为战略情报、战术情报、竞争情报；按传播形式可分为口头情报、实物情报、文献情报以及文字情报、数据情报、音像情报等；按公开程度可分为公开情报、内部情报、秘密情报、机要情报等。情报的交流基本通过文献、口头或视听方式进行，其中文献交流是情报交流的主要方式。由于网络通信技术的发展以及社交网络的普及，利用网络交换情报已经成为主流渠道。

4. 文献 是指以文字、图像、公式、声频、视频、代码等手段将信息、知识记录或描述在一定的物质载体上，并能起到存贮和传播信息情报和知识作用的一切载体。《中华人民共和国国家标准 GB/T 3792.1—2009 文献著录第 1 部分：总则》认为，文献是"记录有知识的一切载体"。文献是记录有知识或信息的一切载体，是人类长期从事生产和科学技术活动以及社会交往的真实记录，是各种知识或信息载体的总称，这些信息和知识是通过文字、符号、图形、声频、视频、数字等手段记载在各种载体上的。文献由三个基本要素构成：内容上的知识或信息、揭示和表达知识信息的标识符号、记录信息符号的物质载体。内容是关键，符号是表现形式，载体为文献存在方式，如龟甲兽骨、竹木缣帛、金石泥陶、纸张、穿孔纸张带、胶片胶卷、磁带磁盘、光盘、网络等。文献的基本功能有存贮知识信息、传递知识信息、教育和娱乐等。文献记录了人类历史长河中科学技术发展和人类活动所达到的成就和水平，凝结着人类的辛勤劳动和智慧，积累着各种对后人有用的事实、数据理论、方法，记载着前人成功的经验和失败的教训，反映了各个时代各种社会环境下科学和人类社会进步所达到的水平状况，能够使人类继往开来，不断推陈出新。随着网络通信技术、信息数字化技术的发展，电子文献被越来越多的人所接受，电子阅读、移动阅读已经成为人们的主要阅读方式，因此出版发行电子文献、网络图书，收集与利用电子文献逐渐成为文献信息服务机构的重要工作内容，图书馆每年收集的文献资源中电子文献已经超过70%，因此，学会电子文献的检索与利用是新时代信息用户的重要能力之一。文献承载了人类文化发展的历史，无论纸质文献还是电子文献始终是图书馆开展信息服务的重要保障，是人类学习、交流的重要工具。

（二）信息、知识、情报与文献之间的关系

文献与信息、知识、情报之间有着极为密切的关系，信息、知识、情报需要固定在一定的物质载体上，形成文献后才能进行传递，才能被人们所利用，文献是信息、知识、情报存储、传递、利用的重要方式。信息可以成为情报，但是一般要经过选择、综合、研究、分析等加工过程，也就是要经过去粗存精、去伪存真、由此及彼、由表及里的提炼过程；信息是知识的重要组成部分，但不是全部，只有系统化、理论化的信息才能称作知识；情报是知识或信息经传递并起作用的部分，即运用一定的形式，传递给特定用户，在一定的时间内产生效用的知识或信息。信息、知识、情报和文献是四个既有区别又互相联系的概念，四者的关系如图 1－1 所示。

信息包含了知识、情报和文献。信息是一个从低级到高级的信息集成。其中，知识是人类大脑对低级和高级信息进行加工形成的有用的高级信息；文献则记载着经过加工的高级信息，但文献不是信息的全部；情报传递着能为人类所接受的一切有用的信息，可以是未经加工的低级信息，也可以是经过加工的高级信息。

知识是人类对各种信息认识和加工形成的精神产品，是人的大脑对大量信息通过思维重新组合的、系统化的信息集合，即高级信息；而信息仅仅是人类大脑加工形成知识的原料。人类既要通过信息来认识世界、改造世界，又要根据所获得的信息组成知识。知识是已经被人类所认识的一部分信息，迄今尚有许多信息未被人类所认识。

情报不仅是在传递中为人类所接受和利用的知识，也可能是为人类所感知、接受和利用的信息。情报不是全部的信息、知识和文献，而是经过筛选后能满足特定需要的信息、知识和文献。

情报可来自口头、实物，但更多的是来自于文献。

文献是一种具有特殊存在形式的信息，是固化在载体上的知识；但并不是所有的知识都已经记录在文献中。文献是传递交流信息、知识和情报的主要媒介，是最重要的情报源；然而文献不是情报的全部。

信息、知识、情报、文献之间的相互转换关系，如图1-2所示。可以看出，事物由运动产生信息，信息经过大脑的加工可以形成知识，知识被载体所记录可以形成文献，文献被有目的地传递使用可以产生情报，情报可经过反馈形成新的信息。从图中还可看出，信息或知识被有目的地使用也能产生情报，情报经利用和传递也可形成知识，情报被载体所记载也会形成文献，信息被接受也可直接产生情报。

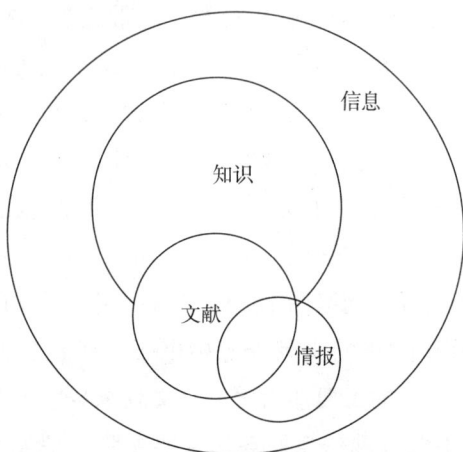

图1-1　信息、知识、文献和情报关系　　　　图1-2　信息、知识、文献、情报相互转换关系

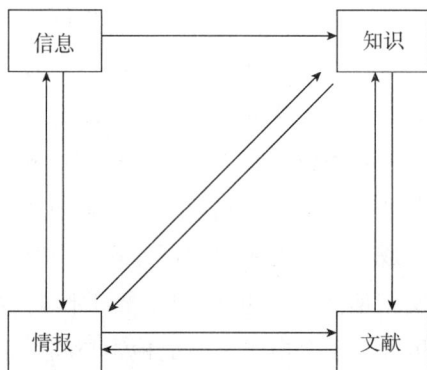

二、文献信息源及其识别

（一）以文献载体形式划分

1. 印刷型　通过铅印、油印和胶印、木版印、激光排版等印刷方式，将知识固化在纸张上的一类文献。例如，图书、期刊以及各种印刷资料。这是一种有着悠久历史的传统文献形式，至今仍广为应用。它的主要优点是便于阅读、传递，便于大量印刷，成本低；缺点是信息存储密度低、分量重、体积大、收藏空间大、保存期短、管理困难。

2. 缩微型　它是以感光材料为载体，通过光学摄影方式将文献的影像固化在感光材料上形成的一类文献。常见的缩微型文献有缩微平片和缩微胶卷两种。这种文献的优点是体积小，信息存储密度高，易传递、易保存；缺点是文献加工困难，阅读必须借助缩微阅读机或利用缩微复印机，不便于信息的查询、利用和自动化处理。

3. 声像型　也称视听型，它是指通过特定设备，使用声、光、磁、电等技术将信息转换为声音、图像、影视和动画等形式，给人以直观、形象感受的知识载体。这是一种非文字形式的文献。常见的有各种视听资料，如唱片、录音带、电影胶片、幻灯片等。这种文献的特点是信息存储密度高，形象直观、生动、逼真，使人能闻其声，观其形。但使用时需要借助一定的设备，成本高，不易检索和更新。

4. 电子型　电子型的原称是计算机阅读型。它是通过计算机对电子格式的信息进行存取和处理。即采用高技术手段，将信息存储在磁盘、磁带或光盘等一些媒体中，形成多种类型的电子出版物。常见的是各种已录有内容的磁带、磁盘和光盘。这种文献的存储、阅读和查找利用都须通过计算机才能进行，所以既有信息量大、获取速度快、查找方便、易于编制二次文献的优点，又有必须使用设备才能阅读的缺点。在当今电脑较为普及的情况，电子型文献的利用已呈现逐渐上升的趋势，尤其是相关专业数据库的建立，相对于过去手工检索工具是一种质的飞跃。

5. 多媒体型 是一种崭新的文献载体；它采用超文本或超媒体方式，把文字、图片、动画、音乐、语言等多种媒体信息综合起来，在内容表达上具有多样性与直观性，并且有人机交互的友好界面。因此多媒体具有前几种文献载体的优点，发展特别迅速。

（二）以文献加工程度形式划分

依内容性质和加工程度的不同，文献可分为以下四个级别。

1. 零次文献 是指未经出版发行的或未进入交流领域的最原始的文献。如手稿、个人通信、原始记录，甚至包括口头言论等。

2. 一次文献 是以著者本人取得的成果为依据撰写创作的论著、论文、技术说明书等，并公开发表或出版的各种文献。一次文献是文献的主体，是最基本的信息源，是文献检索的对象。其特点是论述比较具体、详细和系统化，有观点、有事实、有结论。一次文献是以科研生产活动的第一手成果为依据而创作的文献。内容丰富，参考价值大，是人们利用的主要对象。

3. 二次文献 是图书情报工作者将大量的、分散的、无序的一次文献，按一定的方法进行加工、整理、浓缩，把文献的外表特征和内容特征著录下来，使之成为有组织、有系统的检索工具，如目录、题录、文摘、索引等。二次文献是一次文献的集约化、有序化的再次出版，是贮藏、利用一次文献的主要的、科学的途径。其特点是只对一次文献进行客观的罗列，而不对其内容作学术性的分析、评论或补充。

4. 三次文献 是根据二次文献提供的线索，选用大量一次文献的内容，经过筛选、分析、综合和浓缩而重新再度出版的文献，如各种述评、进展报告、动态综述、手册、年鉴和百科全书等。其特点是相关学科的信息量大。

从零次文献、一次文献、二次文献到三次文献，它是一个由分散到集中，由无组织到系统化，由博而略的对知识信息进行不同层次的加工过程。零次文献是一次文献的素材，一次文献是二次、三次文献最基本的信息源，是文献信息检索和利用的主要对象；二次文献是一次文献的集中提炼和有序化，它是文献信息检索的工具，故又称之为检索工具；三次文献是把分散的零次文献、一次文献、二次文献，按照某一特定的目的进行综合分析加工而成的信息成果，是高度浓缩的文献信息，也是人们利用的一种重要情报源。

（三）以文献出版形式划分

以信息的出版形式不同，文献可分为常见文献和特种文献两大类。常见文献有图书、期刊、报纸；特种文献包括学位论文、会议文献、专利文献、标准文献、科技报告、技术档案以及产品资料。

1. 图书 是论述或介绍某一领域知识的出版物。图书又可分为三类：一类是消遣、教科书、科普读物和一般生产技术图书，属阅读性的图书；一类是辞典、手册和百科全书等，属工具性的图书；另一类是含有独创性内容的专注，它属原始信息（文献）。图书往往是著者在收集大量的一手资料基础上，经分析归纳后编写而成的。其特点是内容比较系统、全面、成熟、可靠，但出版周期较长，报道速度相对较慢。图书主要用于需对大范围的问题获得一般性的知识或对陌生的问题需要初步了解的场合。

图书的著录特点是：有书名，有著者，有的还有编者；必须有出版地、出版社名和出版年份；非第一版的图书有版次；有的图书还给出国际标准书号（ISBN）。

2. 期刊 俗称杂志，是指有固定名称、版式和连续的编号，定期或不定期长期出版的、连续性出版物。期刊论文内容新，报道快，信息含量大，是传递科技情报、交流学术思想最基本的文献形式。对某一问题需要深入了解时，较普遍的办法是查阅期刊论文。期刊情报约占整个情报源的 60% ~ 70%。目前在互联网中发行的大量电子期刊，也有光盘版的，如《中国学术期刊（光盘版）》按月发行，它传递信息十分迅捷。

期刊论文的著录格式：作者姓名．篇名．［文献类型标志 J］．期刊名称，出版时间，卷期数：文章所在页数。

三、网络信息资源

（一）网络信息资源类型

1. 按网络信息资源的性质和加工深度划分

（1）一次信息资源 即原始信息，是指网络上出现的反映最原始的科研、思想、过程、成果以及对原始信息进行分析、综合、评价、总结的信息资源，如科研网站、企业网站、电子期刊、电子图书、统计资料等。用户可以直接利用一次信息中的具体内容为自己服务。

（2）二次信息资源 也就是检索指引。通过对网络上一次信息进行搜集、整理、加工，把大量的信息按主题或学科集中起来，形成相关信息的集合，向用户指明信息的产生和出处，帮助用户有效地利用一次信息。如目录搜索引擎的分类指南、学科网络信息资源导航、各类索引数据库等。

（3）三次信息资源 指借助于二次信息的帮助对大量的一次信息进行搜集、分析、加工、整理的信息资源，如网络上存在的大量电子字典、词典等。

2. 按照发布范围划分

（1）正式出版物信息 也可称商用信息资源，是指由正式出版机构或出版商发行的，受到一定知识产权保护、信息质量可靠、大多数必须购买才可使用的收费信息资源，包括各种网络数据库、大部分电子期刊、电子图书等，如我国用户使用较多的 SDOS、EBSCO 等英文数据库以及万方数据库、重庆维普数据库、中国期刊网等中文数据库、Apabi 电子图书、超星电子图书等都属于收费的正式出版物；也有部分正式出版物不用付费就可以自由使用，如大部分的图书馆目录、部分网上电子报刊等。

（2）半正式出版物信息 又称灰色信息，是指受到一定的知识产权保护但没有纳入正式出版物系统的信息，完全面向用户开放免费使用，如各企业、政府机构和国际组织、学术团体、教育研究机构、行业协会等各种网站所提供的尚未正式出版的信息。其他一些资源，如图书馆、教育机构、政府机关的一些特色制作，如特色数据库、教学课件等，在一定的范围内分不同层次发行，不完全向用户开放，这也属于半正式出版物。

（3）非正式出版的信息 是指那些随意性强、流动性较大、质量和可信度难以保证的动态信息，不受任何的知识产权保护，如 BBS、新闻组、网络论坛、电子邮件等上的信息。

3. 按主题划分 网络资源按主题划分比较复杂，对具体信息的划分也没有统一的标准，因而不同网站对信息主题的划分也各有自己的特点，但总体来讲大同小异，总结起来有以下几类信息。

（1）新闻 互联网改变了人们获取新闻信息的方式，互联网在同一时间内向全世界传播最新发生的新闻，人们可以不受限制地获取世界上任何地区的新闻，各类门户网站和新闻网站是人们获取新闻的主要途径，如我国的互联网三大门户网站网易、新浪与搜狐，凤凰卫视、大洋网等新闻网站，均可以浏览国内、国际政治、体育、娱乐、财经、教育、军事等行业新闻。

（2）政府信息 包括政府预算、政府资助项目、政府基金信息、各类政府公告、政府网站上有关标准、专利统计资料、法律和知识产权等。

（3）商业贸易和金融商业信息 是互联网上非常重要也非常庞大的网络信息资源。它包括金融、股票、证券市场、贸易、房地产、商品广告、公司名录、天气预报等。

（4）科学技术与教育 包括科学技术信息、数学、物理、化学、天文学、航天与航空、农业、生物学、医疗卫生、环境保护、地质科学、计算机科学等以及高校网站、教育机构、教育网站上的各类信息资源。

（5）参考工具书和书目期刊索引 主要包括各类字典、词典、百科全书、指南、索引等。

（6）娱乐 包括音乐、明星、动漫、游戏、笑话、旅游等。

4. 按采用的网络传输协议划分

（1）WWW（World Wide Web）信息资源 也称 Web 信息资源，于 1989 年由欧洲粒子物理实验室 CERN（The European Laboratory for Particle Physics）发展出来的主从结构分布式超媒体系统。采用客户端/服务器（Client/Server）工作模式，将超文本传输协议 HTTP 作为浏览器与 Web 服务器相互之间的通信协议，以超文本标记语言 HTML 作为其描述语言。界面友好，使用简单，功能强大，能方便迅速地浏览和传递分布于网络各处的文字、图像、声音和多媒体超文本等信息资源。WWW 信息资源目前是网络信息资源最主要、最常见的形式。

（2）Telnet 信息资源 是指在远程登录协议 Telnet（Telecommunication Network Protocol）的支持下，用户计算机经由 Internet 与远程计算机连接，并在权限允许的范同内检索和使用远程计算机系统中的各种软、硬件资源。可以通过 Telnet 访问远程计算机的硬件资源如超级计算机、精密绘图仪、高档多媒体输入/输出设备等，软件资源如人型的计算程序、图形处理程序、大型数据库、联机公共检索目录等。

（3）FTP 信息资源 FTP（File Transfer Protocol）是互联网上使用的一种文件传输协议，以文件方式在互联网计算机之间传输的信息资源。该协议的主要功能是实现文件从一个系统到另一个系统的完整拷贝。不仅允许从远程计算机上获取、下载文件，也可将文件从本地机上传到远程计算机，实现信息资源的互惠与共享。通过 IP 可获取与共享的信息资源的类型非常广泛，包括各种电子杂志、应用软件、数据文件等。FTP 信息资源是非常重要的网络信息资源，目前仍是发布、传递软件和文件的主要工具。

（4）用户服务组信息资源 网上各种各样的用户服务组是互联网上非常受欢迎的信息交流形式，包括新闻组、邮件列表、专题讨论组、兴趣组等。用户服务组信息资源相对其他信息资源具有信息交流广泛性、交互性、直接性等特点，因此也成为一种最丰富、最自由、最具有开放性的资源。

（5）对等传输信息资源　对等传输 P2P 是 Peer to Peer 的英文缩写，也是 Point to Point 点对点下载的意思。P2P 让人们通过互联网直接交互。可以直接连接到其他用户的计算机交换文件，而不是像过去那样连接到服务器去浏览与下载信息资源，使得网络上的沟通变得更直接共享与交互，真正地消除中间商。P2P 在下载的同时，自己的计算机还要继续作为主机上传，这种下载方式人越多速度越快，但其缺点是对硬盘损伤比较大，并且占用内存比较多影响整机速度。最受欢迎的 P2P 软件有 Bit Torrent（简称 BT）、eMule 等。

（二）网络信息资源特点

与传统的信息资源相比，网络信息资源在数量、结构、分布和传播的范围、载体形态、内涵传递手段等方面都显示出新的特点。

1. 存储数字化，传输网络化　信息资源由纸张上的文字变为磁介质上的电磁信号或者光介质上的光信息，存储的信息密度高、容量大。以数字化形式存在的信息，可以通过信息网络进行远距离传送。传统的信息存储载体为纸张、磁带、磁盘。而在网络时代，信息的存在是以网络为载体，增强了网络信息资源的利用与共享。

2. 表现形式多样化，内容丰富　网络信息资源包罗万象，覆盖了不同学科、不同领域、不同地域、不同语言的信息资源，还可以文本、图像、音频、视频、数据库等多种形式存在。信息组织非线性化，超文本、超媒体信息资源成为主要方式。

3. 数量巨大，增长迅速　2020 年 9 月，中国互联网络信息中心（CNNIC）发布第 46 次《中国互联网络发展状况统计报告》，全面反映了中国互联网络发展状况。从该次报告中可以看出，截至 2020 年 6 月，中国网民规模达到 9.4 亿人，相当于全球网民的五分之一。互联网普及率为67.0%，约高于全球平均水平 5 个百分点。网络信息量之大、增长速度之快、传播范围之广，是其他任何环境下的信息资源所无法比拟的。

4. 传播速度快、范围广，具有交互性　网络环境下，信息的传递和反馈快速、灵敏。信息在网络中的流动非常迅速，电子流取代纸张，加上无线电技术和卫星通信技术的充分运用，上传到网上的任何信息资源，都只需要短短数秒就能传递到世界各地的每一个角落。

由于信息源的增多，信息资源发布的自由，网络信息量呈爆炸性增长。随着网络的普及化，其传播范围将愈来愈广。与传统的媒介相比，网络信息传播具有交互性。它具有主动性、参与性和操作性，人们自己主动到网上数据库查找所需的信息，网络信息的流动是双向互动的。

5. 结构复杂，分布广泛　网络信息资源本身的组织管理没有统一的标准和规范，信息广泛分布在不同国家、不同区域、不同地点的服务器上，不同服务器采用不同的操作系统、数据结构、字符集和处理方式，缺乏集中统一的管理机制。

6. 信息源复杂、无序　网络共享性与开放性使得人人都可以在互联网上索取信息和存放信息，由于没有质量控制和管理机制，这些信息没有经过严格编辑和整理，良莠不齐，各种不良和无用的信息大量充斥在网络上，形成了一个纷繁复杂的信息世界。网络信息被存放在网络计算机上，由于缺乏统的控制，质量参差不齐，信息资源分布分散，开发显得无序化。

7. 动态不稳定性　Internet 信息地址、链接和内容处于经常变化之中，信息源存在状态的无序性和不稳定性使得信息的更迭、消亡无法预测，这些都给用户选择、利用网络信息带来了障碍。

本章小结

章节名称	学习小结
第一节 信息素养	1. 信息素养是一个比较宽泛的概念，包括对信息重要性和需要的知识或信息的内容、范围、性质的理解以及为解决面临的问题来确定、查询、评价、组织和有效生产、使用与交流信息的能力。 2. 信息素养一般包括信息意识、信息能力、信息知识、信息道德四个方面。 3.《美国高等教育信息素养能力标准》认为有信息素养的人应具备以下能力：①能确定所需信息的性质和范围；②能有效地获得所需信息；③批判性地评估信息以及信息源；④将获取的信息与自身的知识加以融合；⑤有效地利用信息以完成特定的任务；⑥理解与信息利用相关的经济、法律以及社会因素，并在社会伦理以及法律规范之下存取、利用信息。
第二节 文献信息概述	1. 文献与信息、知识、情报之间有着极为密切的关系，文献是信息、知识、情报存储、传递、利用的重要方式。信息可以成为情报，但是一般要经过选择、综合、研究、分析等加工过程；信息是知识的重要组成部分，但不是全部，只有系统化、理论化的信息才能称作知识；情报是知识或信息经传递并起作用的部分。 2. 文献信息源及其识别 （1）以文献载体形式划分　可分为印刷型、缩微型、声像型、电子型、多媒体型。 （2）以文献加工程度形式划分　可分为零次文献、一次文献、二次文献、三次文献。 （3）以信息的出版形式划分　可分为常见文献和特种文献两大类。常见文献有图书、期刊、报纸；特种文献包括学位论文、会议文献、专利文献、标准文献、科技报告、技术档案以及产品资料。 3. 网络信息资源类型 （1）按网络信息资源的性质和加工深度划分　分为一次信息资源、二次信息资源、三次信息资源。 （2）按照发布范围划分　分为正式出版物信息、半正式出版物信息、非正式出版物信息。 （3）按主题划分　有以下几类信息——新闻、政府信息、商业贸易和金融、科学技术与教育、参考工具书和书目期刊索引、娱乐等。 （4）按采用的网络传输协议划分　有 WWW 信息资源、Telnet 信息资源、FTP 信息资源、用户服务组信息资源、对等传输信息资源等。 4. 网络信息资源特点　①存储数字化，传输网络化；②表现形式多样化，内容丰富；③数量巨大，增长迅速；④传播速度快、范围广，具有交互性；⑤结构复杂，分布广泛；⑥信息源复杂、无序；⑦动态不稳定性。

医药大学堂
WWW.YIYAODXT.COM

目标检测

一、选择题 (1~10 单选题, 11~13 多选题)

1. ( ) 的主要功能是检索、通报、控制一次文献, 帮助人们在较短时间内获取较多的文献信息。

    A. 零次文献   B. 二次文献

    C. 一次文献   D. 三次文献

2. 具有固定名称、统一出版形式和一定出版规律的定期或不定期的连续出版物, 称为 ( )。

    A. 图书   B. 会议文献

    C. 学位论文   D. 期刊

3. 一次文献、二次文献、三次文献是按照 ( ) 进行区分的。

    A. 加工深度   B. 原创的层次

    C. 印刷的次数   D. 评论的次数

4. 从文献的 ( ) 角度区分, 可将文献分为印刷型、缩微型等。

    A. 内容公开次数   B. 出版类型

    C. 载体类型   D. 公开程度

5. ( ) 类型的专业文献出版周期最短、发行量最大、报道最迅速及时, 成为多数论文发表渠道。

    A. 期刊   B. 报纸

    C. 会议文献   D. 专利

6. 文献是记录有知识的 ( )。

    A. 纸张   B. 载体

    C. 光盘   D. 磁盘

7. ( ) 属于一次文献。

    A. 综述   B. 百科全书

    C. 期刊论文   D. 文摘

8. ( ) 属于二次文献。

    A. 专利文献   B. 学位论文

    C. 会议文献   D. 目录

9. 信息称为情报必须具有的三个基本要素是 ( )。

    A. 选择、综合、分析   B. 综合、筛选、重新组合

    C. 知识、传递、效益   D. 筛选、组合、系统化

10. 对信息、知识、情报三者关系描述正确的是 ( )。

    A. 情报＞知识＞信息   B. 知识＞情报＞信息

    C. 情报＞信息＞知识   D. 信息＞知识＞情报

11. ( ) 属于二次文献。

    A. 手册   B. 文摘

    C. 目录   D. 题录

12. 信息包括（　　）。

    A. 自然信息   B. 生物信息

    C. 电子信息   D. 社会信息

13. 具备信息意识和学习能力主要表现在（　　）。

    A. 善于从大量信息中发现有用的信息

    B. 善于从信息中找出解决问题的关键

    C. 能积极主动地吸收新信息

    D. 善于运用合理的工具迅速地解决问题

二、思考题

1. 什么是信息素养？信息素养有哪些内涵？

2. 请解释信息、知识、情报、文献的概念，并简述它们之间的关系。

3. 什么是一次文献、二次文献、三次文献？相互之间有什么关系？请举例说明。

（李　芳）

第二章　文献检索基础

📖 学习目标

知识目标

1. 掌握文献检索语言的种类；文献检索的技术；文献检索策略的制定。
2. 熟悉文献检索的概念、原理、方法和途径以及文献检索效果的评价。
3. 了解文献检索的意义、作用、类型、发展及检索常用工具。

技能目标

1. 会在文献检索过程中应用文献检索语言和文献检索技术制定文献检索策略。
2. 能对文献检索结果进行评价和调整检索策略。

💬 案例讨论

【案例】2019年底，新型冠状病毒肺炎作为21世纪的又一新发传染病，迅速在全球蔓延，给人类的健康带来了巨大挑战和威胁。某课题组需要了解什么是新发传染病，21世纪新发传染病疫情概况以及新发传染病疫情防控策略方面的相关信息。

【讨论】1. 如何分析并提炼检索的主题概念？

2. 如何将主题概念转换为检索语言？

3. 如何制定文献检索策略？

4. 如何对文献检索的结果进行评价？

　　文献，作为人类所特有的承载和传递文明的载体，成为人类文明不断发展进步的智慧源泉。文献信息检索经历了手工检索、计算机检索和现在的网络化、智能化检索等多个发展阶段，已经是提高工作、学习和科学研究能力和水平的基本技能之一。本章通过介绍文献检索的概念、原理、语言，使学生了解文献信息存储和加工的基本知识，为有效利用检索工具奠定基础；通过介绍文献检索的方法、途径、技术、工具和检索策略，使学生了解文献信息检索方法学的基本知识，为后续章节的学习奠定基础。

第一节　概　述

一、文献检索的概念和原理

（一）文献检索的概念

文献检索是指将文献信息按照一定方式集中组织和存储起来，文献用户在一定的信息需求驱动下，利用现有的文献信息资源有效获取文献信息内容的活动及过程。

广义的文献信息检索包括文献信息存储和文献信息查找两个过程。文献信息存储是将大量无序的文献信息集中起来，根据其内容特征和形式特征，进行分类、标引、浓缩等一系列的加工处理，使之系统化、有序化，形成具有检索功能的有序化信息的集合，表现为检索工具或检索系统。文献信息查找过程是通过编制好的检索工具或检索系统所提供的检索途径，获取满足用户信息需求的过程。所以文献检索的全称又叫"文献信息存储和检索"。狭义的文献检索是指文献信息查找，即利用文献检索系统或文献检索工具获取用户所需文献的过程。

（二）文献检索的原理

文献检索包括文献的存储和检索这两个过程，它们的实现有赖于检索系统的存在。文献的存储过程就是检索系统的制作过程，这一过程通常由信息工作者去完成；而文献的检索过程则是检索系统的利用过程，可由文献需求者或情报人员去完成。所以，任何检索系统都具有存储和检索两方面的职能。存储是检索的基础，而检索是实现存储的目的和手段，两者相辅相成、互为依存。文献检索的原理如图 2－1 所示。

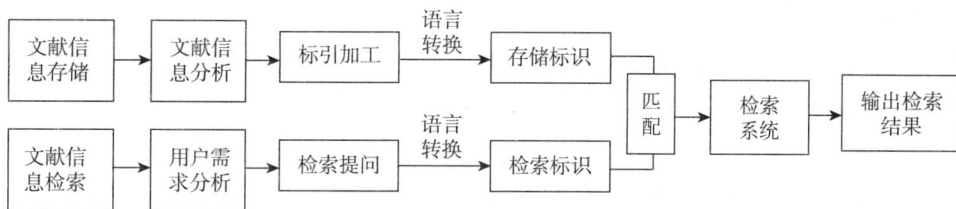

图 2－1　文献检索原理示意图

文献存储过程，就是按照既定的检索系统建设方针、目的、标准等从文献信息源中选择所需文献，对这些文献内容进行提炼，对其外表特征和内容特征进行分析和加工，借助于此表等工具的检索标识（如主题词、分类号等），形成文献特征的存储标识。然后对众多的经过加工后的文献信息按照其存储标识的特征，按事先设计好的规则进行排序形成有序化的文献信息集合，并存储于磁盘等特定的载体之上，形成检索系统的过程。

文献的外表特征，也称为自然标识，包括标题、作者、来源、卷期、页次、年月、类型、号码、文种等项目。文献的内容特征，也称为人为标识，是指文献论述的主题，即文献的中心内容，诸如主题词、分类号、类目名称、文摘等。对文献内容特征的存储过程也就是文献标引的过程。文献标引是指对原始文献的内容深入理解，进行主题分析，把握所论述的中心内容，形成主题概念，然后选用特定的情报检索语言（即词表或分类法）来表达其主题概念，转换成系统语言，形成文献特征标识的过程。如对文献赋予分类号标识的过程称为分类标引，赋予主题词标识的过程称为主题标引。在计算机检索系统中，也就是检索数据库中，每一种文献特征称为"字段"，文献特征标识就是字段值，所有的文献特征（字段）即构成一篇文献的题录或文摘（记录）。

文献检索过程，就是根据特定的信息需求，对其形成一个明确的检索课题，即确定设计几个概念，这些概念的内涵和外延如何、概念之间的联系或者关系是什么、用什么样的检索标识表达这些概念等，根据需求特定选择适当的检索系统（如 PubMed、CNKI、维普、万方等），利用检索标识，选择相应的检索途径（如主题词、关键词等），在此基础上借助检索技术（如布尔逻辑运算）将检索内容组成能够被检索系统识别和运行的检索表达式，以此输入检索系统，获取用户所需要文献的过程。

文献信息检索的提取或查找所遵循的规则，恰为最初文献存储时的诸多规则，即以什么样的方式存进去，也只能以什么样的方式取出来。这就不难理解文献检索过程是与文献存储过程相对应的逆过程，文献检索的核心就是要使文献的存储与检索两个过程所采用的特征标识达到一致。而连接这两个过程的纽带就是情报检索语言。

因此，文献检索的基本原理就是检索者将主题检索概念与存储在检索系统中的检索特征标识进行匹配，最后达到一致，以此来有效地查得并获取文献。如果不对检索语言、词表、标引等规则等文献信息存储缺乏必要的了解，很难做到文献检索的高效、快捷，更谈不上查全率和查准率。

二、文献检索的意义和作用

随着人类社会的不断进步和科学技术的不断发展，特别是进入信息时代，科学技术以前所未有的速度驶向信息高速公路。一方面，学科的专业化日益明显，传统的学科界限不断被打破，新兴学科不断涌现；另一方面，学科综合化程度日益突出，交叉学科、边缘学科、综合性学科层出不穷。这种趋势给人类获取知识和信息带来了加大困难，面对浩如烟海的文献信息，人们急需掌握信息检索工具的使用方法。

（一）文献检索有助于实现知识更新

随着科技发展的不断加快，知识陈旧的周期在不断缩短，只有不断学习新知识以实现知识更新，才能顺应时代的发展。医药界早已倡导的毕业后教育、继续教育和终身学习的理念，绝不是抽象的观念，而是完全融合在医药工作者的专业发展和医学药学实践之中。作为自主获取知识信息的最重要途径，文献检索会有助于专业人员不断地汲取新知识、新方法和新技术。

（二）有助于解决实际问题

科学的魅力在于揭示自然和人类社会的奥秘，知识的意义在于解决人类生存与发展中遇到的新问题。作为呵护生命、增进健康的医学实践，每天都面临着新的情况、新的疑惑、新的挑战。应对的唯一策略就是及时、有效地运用已有的知识，因为"知识就是力量"。近20年来，在临床医疗实践中倡导的循证医学理念、形成的循证实践模式，所强调的"证据"就是新知识的结晶，"证据的获取"就是文献信息检索的体现。善于获取与利用文献信息以解决实际问题，是医学工作者实践能力的重要组成部分。

（三）有助于科学研究

医学承担着双重使命，即运用医学知识服务于社会大众和创造医学知识以推进医学科学发展。科学研究强调以继承性为基础（在前人和他人成果上的进一步发展）、以创新性为灵魂（避免重复他人工作）、以科学性为保障（强调选题、设计与论证以科学事实和科学理论为根据），而这一切必须以充分掌握、有效利用现有相关知识信息为前提。因此，统领驾驭文献信息的能力，是科学能力的一种集中体现。检索方法与技术，乃至内化形成的检索能力，恰为荡漾于知识海洋中的一叶扁舟。

（四）有助于开发信息资源

作为支撑现代社会发展三大重要资源之一的信息资源，对其开发利用的效率与水平决定了发展的状态。医学的进步、医疗卫生事业的发展，同样以开发利用医学信息资源为前提。这里的开发，超越了一般意义上的利用，强调的是开拓利用的范围、发掘利用的层次，使蕴含其中的价值得以最大限度地发挥效能。而文献信息检索，亦就成为信息开发最重要的途径。

通过上面的阐述，不难看出第一章所述的信息素养，不是字面意义上的名称、不是抽象层面的概念，而是鲜活而具体地体现于上述信息活动之中。因此，文献信息检索，是培养医学生的信息能力，提升其信息素养的最有效方式。

三、文献检索的类型

（一）按照检出结果的形式划分

按照检出结果的形式不同，文献检索一般可划分为以下几种类型。

1. 书目检索　是指检索出来的结果是关于文献的题录信息，即获得的是关于文献的题名、作者、摘要、出处等此类的文献线索信息，检索者可根据这些文献线索进一步获取文献原文。例如，美国《医学索引》、荷兰《医学文摘》等都属于书目检索工具。

2. 全文检索　是指检索出的结果直接为文献的全文内容，或者是按照用户需求，检索出有关的句子、章节或段落。如中国知网期刊全文数据库、ProQuest 等，都是全文检索数据库。

3. 引文检索　指检出结果为文献被引用的情况，主要用以分析和评价文献质量。如科学引文索引（Science Citation Idex，SCI），可检索出某著者或文献被其他著者或文献引用的情况；又如期刊引文分析数据库（Journal Citation Reports，JCR）是一种关于期刊评估的基本的、全面的资源工具，可查询期刊的影响因子（IF），可以根据期刊引用数据反映期刊的重要程度。

（二）按文献检索的对象划分

1. 文献信息检索　是指以文献为检索对象，其检索结果是文献线索或具体的文献。从性质上说，这种文献检索属于一种相关性检索，即它只需检出与用户所需相关的文献供用户参考。例如：检索"专利保护"的文献，就是属于文献检索范畴的问题。

2. 数据信息检索　是指以数据为检索对象，检索包含在文献中的某一数据、参数、公式或者化学分子式等特定数据的过程，其检索结果是可供直接使用的科学数据的检索。数据检索是一种确定性检索，例如，查找"艾滋病毒在体外血液中的存活时间是多少"就是一种确定的数据检索。

3. 事实检索　是指以某一客观事实为检索对象，其检索结果主要是客观事实或为说明客观事实而提出的数据的检索。事实检索也是一种确定性检索，例如，查找"何时首次发表文献报道 2019 – nCov 疫情？"就是一种确定的事实检索。

▶ 知识拓展

文献检索、数据检索和事实检索的关系

三者并没有严格的界限划分。文献信息检索是一种相关性检索，检索的结果是文献线索；数据与事实信息检索是一种确定性检索，检索结果是可供用户直接利用的信息。通畅文献信息检索通过二次信息资源来实现，而数据与事实检索则是通过三次信息资源来完成。

但文献检索这个用语随着社会信息化进程的加快，其内涵也更为丰富和广泛。可以说，根据课题的特定要求，查找出课题所需的特定文献、数据和事实的整个过程都是文献检索的范畴。

（三）按照检索手段划分

按照检索手段一般分为手工检索和计算机检索。

1. 手工检索　是人工处理和查找文献信息的检索方式。即利用目录、索引、文摘、题录等手工检索工具查找和获取所需信息的方法。手工检索无须借助任何辅助设备，人直接用手、眼、脑查找

微课

印刷型文献的检索。但需要了解各种印刷型检索工具的编排规律和检索途径及方法。其特点是经济、灵活、判别直观、查准率较高。不足之处是检索速度较慢，检索效率低，漏检现象比较严重，且不便于进行复杂概念课题的检索。在信息检索中，手工检索主要用于查找数据库中通常没有收录的文献，包括早期文献等。随着计算机检索技术的发展，计算机检索将逐步取代手工检索。

2. 计算机检索　是指利用计算机、激光或磁存储器以及现代化通信手段所实现的检索方式，如光盘检索、联机检索和网络检索，这种检索方式为全文检索服务提供了有利条件，已成为现阶段文献检索的主要方式。其特点是检索方便快捷、检索功能强大、获得信息类型多、检索索范围广泛。不足之处是回溯文献少，对读者要求水平高，掌握检索技术有一定难度。

（四）按信息检索的组织方式划分

1. 全文文本信息检索　就是通过计算机将文献的全貌包括文字、图像等信息转换成计算机可读形式。即将存储在数据库中的整本书、整篇文章中的任意内容信息查找出来的检索，可以根据需要获得全文中的有关章、节、段、句、词等信息，也可进行各种统计和分析。

2. 多媒体信息检索　多媒体是指包括文本、图像和声音在内的各种信息表达或传播形式的总称。多媒体信息检索是指能够检出支持两种以上媒体的数据库检索。

3. 超文本信息检索　是对每个节点中所存储的信息以及信息链构成的网络信息的检索。强调中心节点之间的语义联结结构，靠系统提供的工具进行图示穿行和节点展示，提供浏览式查询，可进行跨库检索。

4. 网络信息资源检索　是一种集各种新型技术于一体，对各种类型、各种媒体的信息进行跨时间、跨空间的检索。

（五）按信息检索的途径划分

1. **直接检索**　就是从信息源或信息载体中直接获取信息的方法。
2. **间接检索**　就是通过检索工具的指引间接获取所需信息的方法。

四、文献检索的语言

（一）检索语言的概念

检索语言是用于描述检索系统中文献的内容特征及外表特征和表达用户检索提问的一种专用语言，即根据文献检索需要而创建的统一文献标引用语和检索用语的一种人工语言。它用于建设系统的构建、检索工具的编制和使用，并为检索系统提供一种统一的、基准的、用于信息交流的符号化或语词化的专用语言。

（二）检索语言的构成

构成检索语言通常应具备以下 3 个基本要素。

1. 有一套用于构词的专用字符　字符是检索语词的具体表现形式，它可以是自然语词中的规范化名词或名词性词组，也可以是具有特定含义的一套数字、字母或代码。

2. 有一定数量的基本词汇用来表述各种基本概念　基本词汇是组成一部分类表、词表、代码表等全部检索语词标识的总汇，如分类号码的集合就是分类语词的词汇，一个标识（分类号、检索词、代码）就是一个语词。

3. 有一套专用语法规则　用来表达由各种复杂概念所构成的概念标识系统。标识是对文献信息特征所做的最简洁的表述。标识系统是对全部标识按一定的逻辑关系编排组合成的有机整体语法，是指创造和运用标识来正确表达文献信息内容和信息需求，从而有效实现信息检索的一套规则。

（三）检索语言的作用

检索语言是检索系统的重要组成部分，是联系文献信息存储和文献信息查找两个过程的纽带，信息检索的匹配就是通过检索语言的匹配来实现的。因此，信息检索的基本原理就是在检索系统的形成和利用过程中，使文献信息的存储与查找所采用的检索语言达到一致。

检索语言是编制检索工具各种索引的依据，也是计算机化的信息存储检索系统用以表达文献主题概念和检索课题概念的人工语言。检索效率的高低，在很大程度上取决于所采用的检索语言的质量以及对它的使用是否正确。

作为文献特征标识与检索提问标识共同使用的检索语言，它规范了文献信息标引人员和检索人员都要用相同的语言来表达同一主题概念的内容，即排除了自然语言中不适合于检索的部分，从而使信息存储和查找二者之间所依据的规则保持一致性，这样才能使文献信息存得进，又取得出，实现了信息检索的全过程。可见，检索语言是信息标引人员和检索人员之间进行思想交流的媒介，也是人与检索系统之间交流的桥梁，在信息检索过程中起着语言保障的作用。

（四）检索语言的种类

检索语言类型多样，按照不同标准可有不同划分。如按照检索语言中所使用语词的受控情况划分，检索语言可以分为规范语言和非规范语言；按照检索语言的词汇组配程序可将检索语言分为先组式语言和后组式语言。按照检索语言所描述的信息特征可将检索语言划分为文献外表特征检索语言和文献内部特征检索语言。本教材只讨论根据检索语言所描述的信息特征对检索语言如何进行划分。

∞ 知识链接

规范语言与非规范语言的区别

规范语言又称受控语言，是人为的对标引用词或检索用词加以控制和规范，是一种采用经过人工控制的规范性的词语或符号作为检索标目，使每一个词对应表达一个概念，排除了自然语言中同义词、近义词、相关词、多义词及缩略词的现象。

非规范语言又称非受控语言、自然语言，它是采用未经人工控制的、直接从文献信息中抽取的自由词，通常所说的自由词、关键词就属此类范畴。一般当某些特定概念无法用规范词准确表达或新出现的词语（如"纳米"）还未来得及被规范化时，就需要使用非规范词。

因此，使用规范语言的词语对信息进行描述和概念表达具有唯一性、专指性，可提高查准率，同时通过揭示同义词、近义词等词间关系也可提高查全率，并可通过词间关系提供扩检或缩检等功能；但另一方面也正因为它是一种人工控制语言，因此不可避免地会受到语言编制者的专业领域、知识水平等因素的影响，在一定程度上造成标引不一致，检索工具编制成本偏高、更新维护相对困难，对检索者在选词上的要求严格。而使用非规范化检索语言，在词语选择方面就有较大弹性和灵活性，检索者选词相对容易，可以自拟词语进行检索，但这类语言对一词多义、多词一义的情况未加处理，检索效果和效率不如规范语言，机检时非规范语言的应用比较广泛。

1. 描述信息外部特征的检索语言　是以信息外表特征作为信息存储的标识和信息检索提问的出发点而设计的索引语言。常见的有：①以文献的书名、刊名、篇名等作为检索标识的书名目录（索引）、刊名目录（索引）、篇名索引等；②以文献的著者、译者、编者等姓名或机关团体名称作为检索标识的著者索引、专利权人索引等；③以文献末尾所附的参考文献的外部特征作为标识的索引系统，如引文索引；④以文献特有的序号作为标识的索引系统，如专利号索引、科技报告号索引等。

2. 描述信息内容特征的检索语言　描述信息内容特征的语言与外部特征语言相比，在揭示信息特征与信息提问方面更具有深度。描述信息内容特征的检索语言，按其构成原理又可分为分类检索语言（分类语言）、主题检索语言（主题语言）和代码检索语言（代码语言）。

（1）分类检索语言　是一种直接体现知识分类的等级制概念标识系统，是按照学科范畴划分而构成的一种语言体系。分类语言建立在科学分类基础上，运用概念划分与概括的方法，逐级划分产生许多不同级别的类目。它能集中体现学科的系统性，反映事物的从属、派生关系，并从上至下、从总体到局部层层展开。分类语言一般用类目（语言文字）和其相对应的类号（字母、数字或它们的组合）来表达各种概念，构成一个完整的分类类目表，如中国图书馆分类法（简称中图法）、国际专利分类表等都是典型的分类语言。

体系化或层次式结构分类语言检索，可以满足从学科或专业角度广泛地进行课题检索的要求，达到较高的查全率。而查准率的准确度与类目的粗细有关，类目越细，专指度越高，查准率也就越高。因此分类法是一种"族性检索"，而不是"特性检索"。

∞ 知识链接

典型的分类法

目前，分类法种类很多，国际上比较有影响的有美国国会图书馆图书分类法、国际专利分类法、杜威十进分类法。我国图书情报界广泛采用的是中国图书馆分类法和中国科学院图书馆图书分类法。

（2）主题检索语言　是直接以表达主题内容的语词作为标识、以字顺作为主要组织方式的检索语言。主题语言具有的特征一般有：直接以语词作为检索标识；以字顺作为主要检索途径；以特定的事物、问题、现象，即主题为中心集中信息资源；通过参照系统等方式揭示概念之间的关系。主题检索语言按照选词方式又分为关键词语言、标题词语言、单元词语言和叙词语言。

1）关键词语言　是指从文献题目、文摘、正文中提取出来的并具有实质性意义的、能代表文献主题内容的词语。关键词未经规范化处理的，属于自然语言的范畴。它在检索工具中常以"关键词索引"作为索引表示系统。关键词语言具有灵活性强、易于掌握、检索方便等特点，尤其广泛应用于计算机检索以及某些最新出现的专业名词术语的查找。但其未经规范化处理，用词不统一，因而有时会出现同一主题内容的文献由于使用不同的关键词而被分散，容易造成漏检，影响查全率。

2）标题词语言　是最早使用的一种主题词语言，它是一种以标题词作为主题标识、以词表预先确定的组配方式进行标引和检索的主题语言。标题词也直接取自自然语言（如文献内容）中的单词和词组，但它与关键词不同，它是预先设置好的词汇，在标题词表中还通常采用设置通用复分标题表等方式，通过大量复分标题对一个主题对象的各个方面及其特征进行专指标引。在使用标题词语言检索之前，词与词之间的组配已经固定，因此标题词语言属于先组式语言，亦是一种规范语言。标题词语言直接性好、专指性强、含义明确、较易使用，但因其是先组式，故灵活性较差。

3）单元词语言　单元词也称元词，是一种用来标引信息资源主题的、最基本的、字面上不能再分的语词。单元词语言是以元词作为主题标识，通过若干单元词组配来表达复杂的主题概念。单元词一般从文献内容中抽出，并经过规范化处理，但它仅能为元词，代表一个独立的概念，如"肝功能"不是元词，而"肝"和"功能"是元词。在英语中元词经常是一个单词。单元词语言属于后组式语言，它具有灵活的组配功能。但单元词语言是规范语言，并采用字面组配，容易造成检索误差。目前单元词语言已被叙词语言取代。

4）叙词语言　国内又称为主题词，是经过规范化处理的，以基本概念为基础，能代表文献主题概念的词和词组。叙词语言是以从自然语言中精选出来的经过严格处理的语词作为主题标识，通过概念组配方式表达信息主题的主题语言。它是在标题词、单元词和关键词基础上发展起来的，它和关键词语言是目前使用较多的两种检索语言。叙词语言同单元词语言一样，是规范化后组式语言，但与单元词语言不同的是，它既包括单词也包括词组，并可用复合词表达主题概念，如"肝功能"可作为一个叙词。此外，单元词是字面组配，而叙词是概念组配，如"香蕉苹果"这个概念，在尚未成为叙词和单元词时，单元词语言用"香蕉＋苹果"来组配表达，而叙词语言则用"香蕉味的水果＋苹果"来组配表达。叙词语言通常设置有完善的参照系统，同时还发展了多种形式的索引，包括范畴索引、词族索引、轮排索引等，它是一种结构完善、功能丰富的检索语言类型。

∞ 知识链接

主题词语言和关键词语言的区别

主题词语言和关键词语言的最大区别就是主题词是经过规范化处理的。在实际应用中，为了达到较高的查准率和查全率，如果检索工具提供了主题词这一检索途径的话就应该选择主题词来进行，而不是选择关键词。二者的区别见表2-1。

表2-1　主题词语言与关键词语言的区别

主题词语言	关键词语言
规范化的检索语言，它对文献中出现的同义词、近义词、多义词以及同一概念的不同书写形式等进行严格的控制和规范，使每个主题词都含义明确，以便准确检索，防止误检、漏检	关键词是属于自然语言的范畴，未经规范化处理，也不受主题词表的控制
是一些以概念为基础的、规范化的、具有组配性能，并可显示词间语义关系的词和词组	关键词搜索是网络搜索索引主要方法之一

关键词语言与主题词语言应用示例

MEDLINE光盘数据库既提供了主题词途径，也提供了关键词途径，现检索有关"肝肿瘤"方面的文献。

关键词检索：欲达到较高的查准率和查全率，就得查找"liver cancer""liver carcinoma""liver neoplasm""liver tumor""hepatic cancer""hepatic carcinoma""hepatic neoplasm""hepatic tumor"等词，另外还得考虑像cancer、carcinoma、neoplasm、tumor等词还有复数形式。

主题词检索：就只需查找"liver neoplasms"一词就行了，这一词就包括了以上所提及的不同的表达形式。

医药大学堂
WWW.YIYADDXT.COM

（五）医学主题词表

医学主题词表（Medical Subject Headings，MeSH）是医学信息领域使用最广泛、最具代表性的一部大型医学专业词表，它是对生物医学信息进行主题分析、标引的权威性规范化词表，也是指导用户使用美国《医学索引》MEDLINE 和 PubMed 等数据库进行检索的辅助性工具。MeSH 主要作用是规范语词、将检索者使用的自然语言转化为规范化的人工语言，保证标引者和检索者在用词上一致，从而提高检索效率。MeSH 分两个版本：医学主题词注释字顺表（Medical Subject Headings Annotation Alphabetic List，MeSHALL）和 MeSH 表。前者主要供内部人员标引、编目和联机检索使用；后者则供检索者使用，是选择主题词的标准和指南。

MeSH 从 1960 年开始出版，每年再版一次。目前 MeSH 已收录主题词超过 22000 个，并通过注释、参照系统和树状结构等反映主题词的历史变迁、族性类别和词间的相互关系等规律。

MeSH 的选词范围包括生物医学文献中能表达医学或生命科学有关概念，并具有检索意义的常用单词或词组。MeSH 对于词组的表达绝大多数是以正常语序排列的，但为了使某些同一族类的主题词能集中排列，字面成族，就采用了一种倒置主题词，即中心词在前面，修饰词在后面，中间用"，"隔开。

MeSH 内容主要包括主题词变更表、字顺表、树状结构表和副主题词表。字顺表是以全部主题词和非主题词按字顺排列而成，树状结构表则是按词义范畴和学科属性归类主题词。字顺表反映词间横向关系，树状结构表显示词间纵向关系，两表配合使用，可帮助检索者进行专指性检索和扩展检索。副主题词的作用主要是用来限定主题词的范围，使主题词具有更高的专指性，副主题词须与主题词组配在一起使用。每个副主题词并不能与所有主题词组配，副主题词表按字顺列出每个副主题词，并对其组配范围及类别等作了详细说明。

医学主题词表的应用示例

请将"干扰素诱导剂加乙肝疫苗治疗慢性乙型肝炎 60 例疗效观察"进行主题词表转换。

词表转换：干扰素诱导剂

　　　　慢性乙型肝炎➜乙型肝炎，慢性

　　　　乙肝疫苗➜肝炎疫苗，乙型

确定副主题词：主要是治疗的内容

　　　　乙型肝炎，慢性/治疗

　　　　干扰素诱导剂/治疗应用

　　　　肝炎疫苗，乙型/治疗应用

五、文献检索的发展

（一）多媒体信息检索

随着互联网技术与计算机图像数码技术的飞速发展，人们接触到大量的图像、视频、音频等信息。因此，怎样从网络数据库中快速查出相关多媒体信息数据，成为数字化图书馆等重大研究项目中的关键技术。

　　早年对于多媒体信息的处理是转化为基于文本描述的检索，通过对图像等信息进行手工注解，然后利用文本检索技术进行关键字检索。这种检索方式存在两种缺陷。一是手工注解图像库的工作量太大；二是由于文本注释不能完全表达图像所包含的丰富内涵，造成了文本注解不可避免地存在主观性和不准确性。因此，需要开发出一种新型的技术来检索多媒体数据库，基于内容的多媒体信息检索技术应运而生。

　　基于内容的检索，主要是对多媒体对象的语义、媒体的视觉特征或听觉特征进行检索。它利用图像处理、模式识别、计算机视觉、图像理解等学科中的医学方法作为部分基础技术，直接对图像、视频、音频内容进行分析、抽取特征和语义建立内容特征索引以供检索。

　　基于内容的图像检索，使用了可以直接从图像中获得的客观的视觉内容特征，如颜色、纹理、形状等来判断图像之间的相似性。这种方法成了现有图像检索技术研究的主流。其主要研究内容是在数字图像处理基础上的视觉特征提取、多维索引以及检索系统设计。这类系统主要支持基于范例检索、基于草图检索随机浏览及其组合的工作方式。

　　基于内容的多媒体检索技术与传统数据库检索技术相结合，可以方便地实现海量多媒体数据的存储与管理；与传统的 Web 搜索技术相结合，可以用来检索 Html 网页中丰富的多媒体信息。

（二）可视化信息检索

　　随着数字化信息的指数增长，存储的数据量越来越大，用户在进行信息检索时，检索系统往往会返回一个大型的数据集，过量的信息已经逐渐成为信息有用性的一道障碍，迫切需要一种新技术来帮助用户从海量文献信息中查找和收集有用的资料，可视化就是这样一种将检索过程简单化、高效化的技术工具。

　　信息可视化是将抽象数据用可视的形式表示出来，包括访问的结果以及数据各部分之间的关系，用于指导和加速查找的过程。信息可视化主要有层次信息结构可视化，多维数据结构可视化，网络结构、运行状态、浏览历史及网络用户的可视化等。

　　可视化检索是信息可视化的一种，是指把文献信息、用户提问、各类情报检索模型，以及利用检索模型进行信息检索的过程中不可见的内部语义关系转换成图形，在一个二维或三维的可视化空间中显示出来。换句话说，将数据库中的文献及它们之间的关系看作一个抽象的信息空间，该空间中包含成千上万篇文献，且文献间相互关联，甚至文献的标引词之间也存在某种联系。但由于数据库的高维性，使得这些关系是不可见的，可视化将这些联系用可见的方式表示出来。

　　相对传统检索而言，可视化检索作为一种非传统的信息检索方法，有其独到的优势，如实现检索过程透明化、高效输出检索结果、高效对检索结果进行排序以及实现用户之间的有效反馈机制。

　　自可视化技术应用于信息检索以来，专家们已经研究开发出多种可视化信息检索系统，未来可视化检索的工作重点应为新系统的继续开发和原有系统的不断改进，另一方面则应参照现有检索系统的评价方案，逐步建立起可视化检索系统的评测体系，以促进信息检索可视化的进一步发展。

第二节　文献检索方法、途径、技术、工具、策略及效果评价

　　文献检索策略是指为了满足文献检索需求，实现文献检索目标，在分析课题内容的基础上，运用检索方法和技术而制定的方案。在文献检索的过程中，检索方法和技术的选择及使用直接关系到检索的效果和质量。本部分从文献检索方法、检索途径、检索技术、检索工具、检索策略和

检索效果评价等六个方面进行阐述。

一、文献检索方法

文献检索方法是指为实现文献检索目的而采取的具体操作方法或手段的总称。文献检索方法主要分为以下四种。

（一）直接法

直接法指不利用二次信息资源（检索工具），直接通过浏览或查阅一次信息资源或三次信息资源来获取文献信息的方法。这种方法可以明确判定所查的文献信息是否具有针对性，是否满足检索目的以及是否具有实用性。但在如今的信息化时代，每天都有海量的信息充斥着人们的生活和工作，直接法不能及时、动态、实时地获取文献信息资源，存在着很大的盲目性、分散性和偶然性，查全率无法得到保证。

（二）检索工具法

检索工具法就是利用各种工具书、数据库、搜索引擎等检索工具查找所需信息的方法，是系统、全面获取文献信息的有效方法，也是进行科研决策的重要手段，也称为常用法。检索工具法又可分为以下三种方法。

1. 顺查法　以检索课题的起始年代为起点，按时间顺序由远及近地查找，直到查得的文献信息满足要求为止，这种方法系统、全面、可靠。顺查法的查全率、查准率较高，但费时间，工作量大。适合于检索主题比较复杂、研究范围广、研究时间较久的科研课题。

2. 倒查法　按检索课题的年代要求由近及远地查找，一般用于比较新颖的、对文献的时效性要求较高的课题。是科研人员最常用的检索方法，特别是在医药学研究领域，要想明确某项成果是否具有创新性，更多使用的方法就是倒查法。倒查法的检索目的往往是要获得更多的某学科或者研究课题的最新或近期一段时间内所发表的文献信息或研究进展。这种方法比较节省时间，工作量较小，效率高。但倒查法的漏检率比顺查法高。

3. 抽查法　针对学科发展特点，抽出其发展迅速、发表文献较多的某一时段，逐年进行查找的一种方法。它能以较少的时间获得较多的文献。抽查法能节省较多时间，可获得一批具有代表性、反映学科发展水平的文献信息，检索效率高。但这种方法必须是在熟悉该学科发展的高峰期或历史背景的情况下才能使用。

（三）引文法

引文法又称追溯法，是一种跟踪查找文献信息的方法。引文法是指不利用二次信息资源（检索工具），而是利用已有文献后面所附的引用文献、参考文献、有关注释、辅助索引、附录等进行追溯查找原始文献信息的方法。然后再根据原始文献信息的有关指引，扩大并发现新线索，进一步查找，如此反复跟踪扩展下去，直至检索到满意的文献信息，从而获得一批相关文献。

引文法的优点是，在没有检索工具或检索工具不全，抑或对课题不熟悉或不需做深入研究的情况下是可取的，借助于参考文献也能追查到一些相关文献。但这种方法查全率不高，容易造成漏查，而且查出的文献时效性差。同时，还要注意查阅权威性的标准参考源。

（四）综合法

也称分段法、交替法或循环法。其含义是将以上两种检索方法结合起来，交替使用，发挥它

微课

医药大学堂
WWW.YIYAODXT.COM

们的综合优势。即使用检索工具做检索，也借助文献信息后面所附的参考文献进行追溯检索，这样交替循环地进行，可获得对课题较全面、准确的认识。

二、文献检索途径

检索途径也称检索点或检索入口，是由不同检索语言所构成的标识和索引系统。检索工具所提供检索途径的多少及其性能与其索引系统的完善程度直接相关。一般较常用的检索途径有以下几种。

（一）依据文献外表特征的检索途径

1. 题名途径 是以书名、刊名或文章的题名（篇名）作为检索标识，通过书名目录、题名索引、刊名索引、篇名索引或数据库名称索引来查找文献信息的一种检索途径。这种检索途径一般是按照字顺排列的。某些题录、文摘刊物中的"来源索引"或者"引用期刊一览表"也属于文献题名途径。在使用题名检索途径时必须掌握文献信息的具体名称或文献题名中的主要部分，才能准确地查找到所需要的特定文献信息。题名途径属于自由词检索的范畴，需要注意概念的不同表达形式，以提高检索效率。

2. 著者途径 是以著者（包括个人及团体著者）的名称进行检索的途径。著者索引按著者名称的字顺进行排列，将某一著者的文献集中在一起，形成著者检索途径。通过著者途径可获得该著者所有文献。国外检索工具对著者途径比较重视，许多大型检索刊物或数据库都配有著者索引，并制定有详细的著者著录规则。

3. 序号检索途径 是通过已知文献的专用号码查找文献的途径。如报告号、合同号、专利号、标准号、化学物质登记号等，它们都是各类文献的特有标识，与文献有对应关系。文献号码一般具有唯一性，因此，在已知文献号码的前提下，采用号码途径检索文献。序号索引具有明确性、简短性和唯一性的特点。

（二）依据文献内容特征的检索途径

1. 分类检索途径 是按学科分类体系查找文献的途径，它主要是利用分类索引或分类号，或者利用检索工具前面的分类目次表，直接按照文献信息所属的学科类别来查找文献。这种途径一般能较好地满足族性检索的要求。通过分类检索途径检索文献信息的前提是要了解二次信息资源（检索工具）或数据库所采用的分类体系。分类检索途径的优点是根据科学分类的逻辑规律并结合图书类别特点进行分类，从学科概念的上下、左右关系来反映事物的派生、隶属、平行关系，体现了学科的系统性和科学分类的逻辑规律，有利于从学科专业角度查找文献信息。但该法涉及相互交叉的学科或分化较快的学科时，其专指性不强，容易造成漏检。

2. 主题检索途径 是以文献涉及的主题概念词为检索入口，通过描述文献内容特征的主题索引来查找文献信息的检索途径。通过主题途径检索文献信息时，关键是要学会使用检索语言，即利用主题词表选准主题词，然后按主题词字顺在主题索引或主题系统中找到该主题词，组配相关联的副主题词，从而获得所需文献信息。由于主题词是一种规范化的检索语言，因此该方法能提高检索效率，往往是课题检索的优选途径。但并非所有的检索系统或检索工具都提供主题词途径，且使用主题词有一定的难度，需要一定的检索语言知识作为基础。目前国内最常用的主题词表是《医学主题词表》（medical subject heading，MeSH）、《中医药学主题词表》和《汉语主题词表》。

3. 关键词途径 是选取关键词字段作为检索入口，其检索标识是关键词。关键词往往是从文章题目、摘要或正文中抽取的能够反映文章主题内容的词汇。文献数据库中的关键词，一般由论文作者提取或者由数据库自动标引抽取。它不同于主题词，不需要经过规范化处理，关键词途径因用词灵活、符合用户习惯已成为文献数据库的一个常用检索途径。但检索文献时，必须同时考虑到与检索词相关内容的同义词、近义词等不同的表达形式。否则易造成漏检，影响检索质量。

4. 分类主题检索途径 是分类途径与主题途径相结合的检索途径。如《美国生物学文摘》中的目次表即属于这一类。

5. 其他途径 一些专业检索工具还编有特殊形式的索引，如分子式索引、动植物名称索引、药物名称索引、基因符号索引等，这些适于某些特定专业领域利用的索引系统，作为一种辅助检索途径，大大丰富扩充了检索者的检索入口。

∞ 知识链接

主题词的选题原则

1. 使用反映主题内容性质的实词，主要是名词。
2. 不使用虚词、关联词、语气词。
3. 新词与旧词，一般选用新词。
4. 简称与全称，一般使用全称，具有唯一性的通用简称可以直接使用，如"中国"。
5. 同义词可以合并。
6. 近义词可以替代。
7. 国外姓名按姓在前名在后顺序。
8. 题译词按意译。

检索语言、检索途径和字段的关系

1. 检索语言通过检索途径来实现其表达的意义，二者是一一对应的关系。
2. 一个检索途径，可能对应多个检索字段。例如，主题途径（使用"主题"字段检索）：主题字段包含标题，关键词，摘要词、规范化词表词，还可以对正文中出现的反映文献主题内容的词进行检索。标题或关键词途径（使用"标题或关键词"字段检索）：即标题或者关键词。人名途径：对应的检索词可能是著者、编者、导师、专利权人、发明人等。

三、文献检索技术

文献信息检索技术有广义和狭义之分。广义的文献检索技术包括信息组织、数据库建设在内的涉及信息科学、情报学、计算机科学等诸多学科领域的技术方法。而狭义的文献检索技术仅指从现有的文献信息资源中提取相关文献信息的技术方法。本部分仅讨论狭义的文献检索技术。需要注意的是，各检索系统支持的检索技术并不完全相同，即使是同一检索技术，检索运算符号也有差异，因此，需要在理解检索技术原理的基础上，结合具体检索系统的"使用帮助"，才能正确地使用文献检索技术。

（一）布尔逻辑检索

布尔逻辑运算检索是计算机检索最基本、最重要的运算方式，是利用由英国学者乔治·布尔

微课

发明的布尔逻辑运算符，对若干个检索词进行组合，以表达检索要求的方法。主要的布尔逻辑运算符包括逻辑"与"、逻辑"或"和逻辑"非"三种类型，分别用 and、or 和 not 表示，它们的用法和意义可用示意图表示（图 2 – 2）。

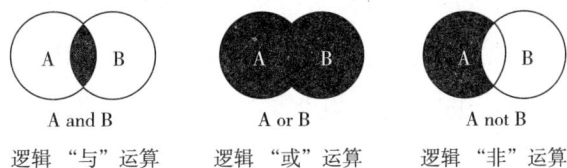

A and B　　　　A or B　　　　A not B

逻辑"与"运算　　逻辑"或"运算　　逻辑"非"运算

图 2 – 2　布尔逻辑运算示意图

1. 逻辑"与"运算　符号为 AND 或者"＊"，检索式为 A and B，表示检索结果中同时包含检索词 A 和检索词 B 的文献才是命中文献。它的基本作用是对检索词加以限定，逐步缩小检索范围，减少命中文献量，提高查准率。例如，检索"乙肝治疗"的文献可表示为：hepatitis B and therapy。

2. 逻辑"或"运算　符号为 OR 或者"＋"，检索式写成 A or B，表示检索结果中包含检索词 A 的文献或者包含检索词 B 的文献或者同时包含检索词 A 和 B 的文献均为命中文献。它的基本作用是扩大检索范围，增加命中文献量，防止漏检，提高查全率。例如检索"肿瘤"的文献可写成检索式：cancer or tumor or carcinoma。

3. 逻辑"非"运算　符号为 NOT 或者"—"，检索式写成 A not B，表示检索结果中包含检索词 A 同时不包含检索词 B 的文献为命中文献。它的基本作用也是缩小检索范围，提高查准率。但 not 运算符应该慎用，它容易漏检需要的文献。例如，查"动物的乙肝病毒（不要人的）"的文献可写成检索式：hepatitis B virus not human。

在一个检索式中，可以同时使用多个逻辑运算符，构成一个复合逻辑检索式。在复合检索式中，有时为了强调运算次序，控制最终的检索结果，还经常采用优先处理算符"（ ）"（括号）。在一个复合逻辑检索式中，各种运算符的优先级根据各种计算机检索系统的要求不同而存在差异。一般而言，括号的运算优先级最高，而各个运算符的优先级一般按照 not > and > or，但有的系统规定按运算符出现的顺序从左至右依次运算。例如，查"动物乙型肝炎的诊断或治疗"的文献可写成检索式：hepatitis B not human and（diagnosis or therapy）。

（二）截词检索

又称通配符检索，是利用检索词的词干或不完整的词形进行检索。使用截词检索可以扩大检索范围，避免漏检，且减少多次输入的麻烦。

1. 按照截词检索的截断位置分类

（1）前截断（前方一致）　如以"＊ology"为检索词，可以检索到 physiology、pathology、biology 等的文献。

（2）后截断（后方一致）　如以"child ＊"为检索词，可以检索到 child、children、childhood 等的文献。

（3）中间截断（中间屏蔽）　主要用于英式英语和美式英语的拼写差异，如以"colo ＊ r"为检索词，可以检索到 color 或 colour 的全部文献。再如以"急性＊肝炎"为检索词，可以检索到含有"急性中毒性肝炎、急性黄疸型肝炎、急性肝炎"等词的文献。

2. 按截断字符的数量不同分类

（1）无限检索词检索　常用"＊"来表示一串字符。＊＝0～n 个字符，例如输入"pain＊"检索词，可以检索到含"pain、painful、painkiller"等词的文献。

（2）有限截词符检索　常用"？"来代替一个字符或空字符，可连续多次使用。如检索"acid??"，可以得到含"acid、acids、acidic、acidly"等词的文献，但不能检索出含有 acidity 的文献。

截词检索是计算机检索中常用的方法，它可解决检索词的单复数问题、词干相同而词尾不同问题（如同一单词所派生出的名词、动名词、动词、形容词、副词等）以及英美单词的拼写差异问题。所以截词检索可减少输入步骤，简化检索程序，扩大检索范围，提高检索结果的查全率。

（三）限定检索

将检索词限制在文献特定字段中出现的检索称为限定字段检索。限定字段检索的目的是为了进一步减少输出结果，缩小检索范围，提高检索结果的查准率。实现限定字段检索的运算符称为字段限定符，常用的有"in"和"＝"。例如，文献题目的字段标识符通常为"ti"，那么，查"题目中含有"AIDS"一词的文献"的检索表达式可写成：AIDS in ti；又如，查"2002 年发布的文献"的检索表达式可写成：py＝2002（其中"py"是文献字段）"出版年（publication year）"的字段标识符。一般情况下，数据库中文献的所有字段都可做限定字段检索。

（四）位置算符检索

又称邻近检索，是逻辑运算符 and 的延伸，是对检索词在文献中的相对位置关系的限定性检索。按照两个检索词出现的顺序和距离，可以有多种位置算符，而且对同一位置算符，检索系统不同，规定的位置算符也不同。

例如，有的检索系统用 with 来表示同字段检索，如果检索式写成 A with B，表示 A 和 B 不仅要同时出现在同一篇文献中，还要求出现在同一字段中，这样的文献才是命中文献。又如运算符 pre3，如果检索式写成 A pre3 B，则表示 A 和 B 两个检索词在同一篇文献中相隔的距离在 3 个单词以下，并且 A 必须在 B 之前出现的文献才是命中文献。

位置算符可以用于改进 and 运算符的不足之处，更加明确检索词之间的逻辑关系，尽可能减少误检，缩小检索范围，提高检索结果的查准率。位置算符是调整检索策略的一种重要手段。

（五）模糊检索与精确检索

精确检索是将多个词组或短语用半角双引号括起作为一个独立运算单元，进行严格匹配，以提高检索准确度的一种方法。要求检索结果必须含有与检索提问式完全相同（包括次序）的字串，即完全匹配。CBM、PubMed 等系统均支持精确检索。如检索"acute pancreatitis"，此时只有包含与 acute pancreatitis 完全相同的词的文献才能被检索出来。再如在中国知网检索系统中，选择在题名中精确检索"大学图书馆"，那么，"国外大学图书馆对外开放服务模式探析、信息共享空间与研究型大学图书馆建设"等题名中含有与"大学图书馆"完全相同词组的文献才能被命中。

与精确检索相对的是模糊检索。由于不同的检索系统对其界定不同，模糊检索可能是将检索词进行拆分后进行检索，也可能检索到与检索词意义相近的同义词的结果（又称概念检索或智能检索）。现在大多数检索系统，包括搜索引擎都有这种功能，只是模糊的程度不同。如检索 acute pancreatitis，可检索出 acute necrotizing pancreatitis、acute gallstone pancreatitis 等只要包含 acute 和 pancreatitis 两个词的文献，并不要求 acute pancreatitis 一定按输入顺序相邻。再如在中国知网检索系统中，选择在题名中模糊检索"大学图书馆"，那么，"大学城图书馆联盟新模式探索、基层图书馆如何为老年大学服务"等文献均被命中。

（六）扩展检索

扩展检索是检索系统向运行的检索式中自动加入与检索词词义相关词的方法，如同位词、概念蕴含词（下位词）等。其作用是扩展检索范围，提高查全率。这种自动的扩展是基于系统内部预设的相关词典实现的，系统自动或半自动地将与检索词相关的多个检索词查出，并执行逻辑或（OR）运算。如输入检索词"甲流"，具有扩展检索功能的检索系统可同时检索含有猪流感、甲型 H1N1 流感、A 型流感等词的文献记录，此为同义词扩展。再如输入检索词"青霉素"进行检索，系统进行扩展检索，可同时检出含有美西林、匹美西林、阿莫西林、氨苄西林等词的文献记录，此为下位词扩展。扩展检索可视为一种模糊检索或职能检索。常用的 CBM、PubMed、中国知网、万方均具有扩展检索的功能。

四、文献检索工具

文献检索工具一方面是把有关文献的特征著录下来，成为一条条文献线索，并将它们系统排列，这就是信息的存贮过程。另一方面，文献检索工具能够提供一定的检索手段，使检索者可以按照一定的检索方法，随时从中查找出所需的文献线索，这就是信息的检索过程。

（一）定义

检索工具是指用以存贮、查找和报道文献线索，并向读者提供经过加工整理，并按照一定的方式排列的文献资料的工具书，是二次文献。大多数文献检索工具为定期、不定期连续出版物，故又称为检索刊物。检索刊物是揭示文献外部特征和内容特征时有排列的条目集合体。检索工具书的特点是，工具书本身并不直接向读者提供所需资料，而是提供资料的线索，使读者依据这些线索，较方便地查找所需的情报信息。

（二）种类

检索工具种类繁多，可以从不同的角度进行划分。如按加工文献和处理信息的手段划分的手工检索工具和计算机检索系统；按收录文献范围划分的综合性检索工具、专业性检索工具、专题性检索工具和单一性检索工具；按出版周期划分的期刊式检索工具、累积式检索工具、图书式检索工具和附录式检索工具；按载体形态划分的书本式检索工具、卡片式检索工具、缩微式检索工具、磁性材料检索工具（磁盘、光盘等）。实际工作中应用最多的是按著录方式及揭示内容程度划分的目录型、题录型、文摘型和索引型检索工具，它反映了对一次文献加工的程度。

1. 目录型检索工具　目录又称书目，是指著录一批相关文献，并按照一定次序编排而成的一种揭示报道文献信息的工具。它是历史上出现最早的一种检索工具类型，也是查找近期文献资料的有效工具。目录主要揭示文献信息的外部特征，如文献的题名、著者、文献出处等，以一个完整的出版或收藏单位为著录单元。常见的目录按其收录范围可以分为国家目录、联合目录和馆藏目录；按检索途径划分，可分为书名目录、著者目录、分类目录和主题目录。

2. 题录型检索工具　题录是以单篇文献为基本著录单位来描述文献外部特征（如文献名、著者姓名、文献出处等），快速报道文献信息的一种检索工具。它是用来查找最新文献的重要工具。目录与题录的主要区别在于著录的对象不同，目录著录的对象是单位出版物，题录著录的对象是单篇文献。

3. 文摘型检索工具 一般由题录和内容摘要两部分组成，它在描述信息外部特征上的基础上，还著录了揭示内容特征的摘要部分，是系统地报道、累计和检索信息的主要工具，是二次文献的核心。按摘要的目的和用途划分，有指示性文摘和报道性文摘两大类。

4. 索引型检索工具 是将信息的外部特征或内部特征（例如题名、著者、主题、分类等）用各种检索语言进行描述，并将它们按照一定的方法组织起来，检索者根据查到的线索进一步查找原始文献信息内容的工具。学习检索工具的使用方法，主要就是学习索引的使用方法，常见的索引有主题索引、分类索引和关键词索引。

（三）文献检索工具的编排体例

1. 编排结构 文献检索工具由说明、目次、正文和索引四部分组成。

（1）说明 包括说明资料的来源、内容编排方法及使用距离，其目的是告诉检索者如何使用此种检索工具。

（2）目次 全书目录包括说明、正文条目、分类目录和索引。

（3）正文 提供原始文献的线索，按一定的方法编排。

（4）索引 有人名索引、主题索引等，其目的是用于帮助查找正文。

2. 排检方法 文献检索工具的排检方法主要以主题途径和分类途径为主，部分检索工有作者途径。

（四）医药常用检索工具举例

1. 书目 即图书目录，是揭示与记录一批相关文献的工具书。它是著录文献的基本特征，并按一定的顺序编排而成的。每一种书目都以其特定的编制方法，实现其揭示报道文献信息的功能。各种不同类型的书目，反映着人们利用文献的不同目的和需要。常见的医药书目如下。

（1）《全国总书目》 是国内唯一的年鉴性编年总目，自1949年以来逐年编纂。它以中国版本图书馆征集的样本为依据，收录当年中国出版的公开发行和只限国内发行的各文字的初版和改版图书（不包括重印书）。由分类目录、专题目录和附录三部分组成。

（2）《全国新书目》 是一份书目检索类期刊，该刊创刊于1951年8月，每月出版一期，全面介绍当月的新书出版信息。设有书业观察、特别推荐、新书评介、书评文摘、畅销书摘、精品书廊和新书书目栏目。其中新书书目使用了国际标准图书分类法，读者可以简便、快捷地检索到所需内容。本书检索途径是分类目次表。

（3）《中国国家书目》 由北京图书馆《中国国家书目》编委会主编。1985年起，先以手工方式编印年累积本。自1990年9月开始以计算机为手段编制每月两期的速报本，可向国内外提供卡片、书本、磁盘、磁带、光盘等多种形式的书目工具。

2. 题录 是用来描述书刊中文章的题目、作者及学科主题等，按一定原则和方法编排的一种检索工具。题录通常以一个内容上独立的文献单元（如一篇文献、一本书）为基本著录单位，它揭示文献内容比目录详细，是一种不含文摘正文的文摘款目。常见的医药题录如下。

（1）《中文科技资料目录·医药卫生》 《中文科技资料目录》是以题录形式报道国内所有科技文献的索引式检索工具，共有311分册。《中文科技资料目录·医药卫生》是该检索刊物之一，主要收录国内医学及与医学有关的期刊、汇编、学术会议资料等文献。由中国医学科学院医学情报研究所编辑出版和发行，是我国目前比较全面报道国内医学文献的题录型检索工具。《中目：医药卫生》于1963年4月创刊，收录国内1000多种与医药卫生相关的期刊、汇编、会议资料等，年收录文献报道量达 5 万多条，以题录形式报道文献。

该刊由编辑说明、分类目次、正文（题录）、学科分类名索引、首字母字顺目次表、主题索引、年末累计主题索引、本期引用期刊一览表、医学前沿报道、本刊收编国内期刊一览表等 11 项组成。该刊正文按学科分类的类目次序排列，各类题录前标明类号和类名。《中目：医药卫生》采用以学科分类为主，主题索引为辅的编排方式。

（2）《中文科技资料目录·中草药》 是全国科技信息检索体系的刊物，于 1978 年创刊。它以题录的形式报道中草药科技文献，收录医药学、化学、生物学、农林科学等学科的期刊、论文汇编、会议论文集 110 多种。

本刊正文以学科分类为主，主题索引为辅。每卷第一期均附有引用期刊一览表，新增改的期刊收录在当期补充修正。汇编、会议论文集在当期收录引用文献一览表列出。该刊由编辑说明、分类目次、正文题录、主题索引四部分组成。

3. 索引 也称通检、引得、备检等。它是将图书、期刊等文献中的一些重要的、有检索价值的知识单元，如字、词、句、人名、地名、篇名、书名、主题等进行分别摘录编排，注明出处，再按照一定的顺序编排组织起来，以便查阅的检索工具。常见的医药类索引如下。

（1）《全国报刊索引》 是我国目前最完备、最重要的综合性题录式检索刊物，由上海图书馆编辑出版，年报道量在 40 万条以上，分为哲学社会科学和自然科学技术两个分册出版。检索途径有分类途径、著者途径和人名途径。

（2）美国《医学索引》 是由美国国立医学图书馆编辑出版的一部国际上常用的题录型医学文献检索工具，是当今医学界公认的权威性医学信息检索工具，创刊于 I879 年。美国《医学索引》收录了从美国国立医学图书馆馆藏的 25000 余种期刊中挑选出来的包括 72 个国家和地区的 43 种文字出版的生物医学期刊及有关科技期刊 3559 种，年报道量 3559 万条。英文文献占 70% 以上。IM 采用主题索引和著者索引的形式进行编排，主题索引采用主题词和副主题词组配形式，其主题词选自《医学主题词表》（MeSH），副主题词选自《副主题词表》（sub – headings）。主题索引中的主题词和副主题词、著者索引中的著者姓名均按字顺排列。

4. 文摘 是以简明扼要的文字，摘要叙述文献的内容和原始数据，向读者报道最新研究成果，传递文献的情报信息和查找文献信息线索的一种工具。文摘根据详简程度可以分为指示性文摘和报告性文摘两类。常见的医药类文摘如下。

（1）《中国药学文摘》 是检索中文药学方面文献的重要检索工具，是国内唯一的药学文献信息检索刊物。该刊由国家药品监督管理局信息中心编辑出版和发行，创刊于 1982 年，现为月刊。该刊主要收录国内发行的 700 多种有关期刊中的中药和其他药学文献（不包括译文），以文摘、提要、简介和题录等形式报道。主要对象是医学生产、科研、教学、流通、医院药房、药店、药检、情报和管理机构等。每期包括编辑说明、分类目次、文摘正文、主题词索引和外文药名索引等五部分。每期有期卷索引（包括主题索引和外文名索引），每年一卷，卷末单独出版一期卷索引（包括著者索引、主题索引和外文名索引）。

（2）《中国医学文摘》 是报道国内医学文献的系列检索期刊，是一部很有使用价值的文摘性检索工具。1982 年开始出版发行，目前已经出版 18 个分册，收录国内医药刊物 180 种左右，分为核心期刊和普通期刊两类，并将前一年度所引用的期刊作年度引用期刊一览表附在每年（卷）的第一期。各个分册由不同的单位编辑出版，但出版周期较长，平均报道时差为 6～7 个月。《中国医学文摘》每期由出版说明、目次、正文部分、引用期刊一览表、主题索引等五部分组成。部分分册附有著者索引，著者索引在每年（卷）的最后一期，按著者姓名的汉语拼音字顺排列，在著者姓名后有文摘号，便于从作者的角度检索。

（3）荷兰《医学文摘》　是当今世界上唯一用英文出版的大型医学文摘，是世界上最有影响的二次文献之一，也是世界上著名的医学领域四大检索工具之一，涵盖了较多欧洲和远东地区的文献。创刊于1947年，由荷兰阿姆斯特爱思唯尔科学出版社（Elsevier Science B. V.）出版，提供世界范围内的生物医学和药学文献。该库报道文献的速度较快，与纸质原始期刊的时差小于20天，已被认为是世界上关于人类医学和相关学科文献的一种重要的综合索引。

五、文献检索策略

在计算机文献检索过程中，要使最终的检索结果符合科研课题的需要，必须遵循一定的检索步骤，制订检索策略和方法，为检索过程做出科学的安排。

（一）检索策略的含义

广义的检索策略是指用户根据检索需求，选择相应的数据库、确定检索方式、检索途径及相应检索表达式进行检索的一系列操作或方案，是用户检索目标的体现。狭义的检索策略仅指用户确定检索表达式进行检索的系列操作。

检索表达式又称检索式或检索提问式，是用于表达检索需求的检索词或检索词的集合。主要包括以下几种情况：①单个检索词构成，如 Hypertension（检索高血压的相关文献）；②单个检索词加运算符构成，如 Hypertension［Ti］（检索篇名中含有高血压的相关文献）；③多个检索词构成，如 Hypertension/therapy（检索治疗高血压的相关文献）。

用户制定的检索策略通常包含多个检索表达式，这些检索表达式由用户输入检索系统，系统检索之后经常会自动将检索情况记录在检索史（history）中，并按检索顺序给予每一个检索表达式一个编号予以识别。用户通过检索史可以浏览检索结果，还可利用编号调用、删除、保存和调整检索史中的表达式。

（二）构建检索策略

1. 分析课题确定主题概念　在文献检索之前，对待检课题进行深入的分析，找出课题中包含的主要概念以及明确最终的检索目的是检索能否成功的关键。

结合相关专业知识，深入分析检索课题的内容，提炼关键技术和主要概念并明确这些概念之间的关系是检索的第一步。在这个过程中，还应注意课题隐含概念的挖掘和核心概念的选取。把概念分析的结果用自然语言的词或词组表达出来，以便下一步制订检索策略。分析检索主题的需求后，要能使信息需求、信息提问和检索目的三者一致起来。

明确课题的检索目的，就是要弄清最终的检索结果是求新、求准还是求全。求新即要求检索结果能反映课题的最新研究进展，对查全没有过高的要求；求准即要求检索结果具有针对性，能帮助了解课题中的某个细节或解决研究中的具体问题，对查准要求较高而不需要查全；求全即要求检索结果能反映课题研究内容发生、发展和现状，对查全有较高要求，在撰写综述、科研项目查新和专利申请查新过程中往往需要达到求全的检索目的。

最后，还要明确所需信息的类型是文献型，还是数值型、事实型；是全文型，还是文摘型；是专利文献，还是一般资料。

2. 选择检索系统，确定检索方法　根据检索课题的要求，选择最能满足检索要求的检索系统

微课

或工具书。一个计算机检索系统往往包含若干个数据库，进入系统后，常会有主题分类目录提供给用户选择。一些内容相同的数据库也经常出现在不同的检索系统中。数据库的选择原则一般可概括成四个 C，即"4C"原则：一是 content（内容），指数据库的内容、学科范畴、文献质量、数据库类型（如数值、事实、文摘、全文等）和文献来源（如期刊论文、会议论文、专利文献、科技报告等）；二是 coverage（覆盖范围），指数据库的规模，涉及时间范围、地理范围、机构来源、文献量等；三是 currency（更新），指数据库更新的及时性，更新频率和周期；四是 cost（成本），即所需的检索费用，如数据库的使用费用、检索结果输出费等。

数据库选择好以后，在检索前，需阅读该库的说明，如出版机构的权威性、文献类型（期刊、会议、报告、专利等）、收录年限、服务功能等。

3. 确定检索途径　在选择合适的数据库之后，还应根据待检课题的检索目的和要求，确定检索途径。常用的检索途径包括分类途径、主题途径、著者途径和符号途径等。

如果检索课题的研究范围和内容比较宽广和系统时，多应采用分类途径的检索方法。在分类途径中，可按照数据库的分类体系结构，通过分类号或类目词进行扩大检索范围的族性检索。

如果检索课题所涉及的内容比较专深，往往采用主题途径的检索方法。在使用主题途径之前，应对课题的检索需求进行正确、全面的概念分析和转换，并根据数据库所提供的系统词表，把检索课题的主题内容转换成数据库检索系统能够识别的检索标识或检索词。

4. 编写检索策略表达式　大部分检索课题的研究内容比较专深，检索时往往涉及多个主题概念，并且还要明确这些主题概念之间的关系。编制检索策略（检索式）是指在正确分析课题主题的基础上，把选择好的检索词或检索标识按检索系统规定或允许的运算符或检索规则连接起来，形成检索策略（检索式），并提交计算机检索系统进行处理的全过程。

5. 评价检索结果，修正检索策略　按照预定的检索策略进行检索，并对检索结果的相关性进行分析、评价，如果满足自己的检索需求，则根据需求采用一定的输出方式将检索结果输出。如对检索结果不甚满意，此时应对检索策略进行调整，以获取更好的检索结果。

6. 检索结果的输出　当检索结果符合检索课题的要求和目的时，可以输出最终的检索结果。检索结果的输出是计算机文献检索步骤的最后一步。根据数据库的类型，检索结果可以是题录、文摘、事实数据或是全文。用户也可要求检索系统按一定的格式输出检索结果。对书目数据库的检索结果，一定要注意输出文献信息的原始来源，以便进一步查找原文。

（三）检索策略的调整

检索策略的调整可概括为两种情形，即扩大检索范围或缩小检索范围。

1. 扩大检索范围　在检索结果太少，查全率较低时，应从扩大检索范围入手，检索策略做如下调整。

（1）重新选择数据库，选择多个数据库进行检索，或增加所检数据库的检索年限。

（2）选择多种检索方式，同检索方式有不同的特点，采用多种检索方式相结合，可以适当扩大检索范围。

（3）重新选择检索途径，如选择篇名字段检索结果较少时，可选择文摘、组合字段或全文字段，获取较多的检索结果。

（4）增加同义词或同类相关词，并用逻辑"或"连接这些词。

（5）降低检索词的专指，可从词表或检出文献中选择上位词或泛指词补充到检索式中。

（6）减少限制概念，减少用"AND"运算符，改用"OR"运算符，删除一些非关键的检索词。

（7）进行扩展检索（族性检索），根据词表的分类结构体系扩展关键的检索词。

（8）取消某些限制过严的字段限制、位置算符限制（或者改用限制程度较小的位置算符）。

2. 缩小检索范围　在检索结果太多，且查准率较低时，可以缩小检索范围，检索策略的调整方法如下。

（1）重新选择数据库。减少所检数据库的数量，或减少所检数据库的检索年限。

（2）选择最佳的检索方式。选择高级检索或专家检索均可输入较多的限定条件，可以适当缩小检索范围；很多搜索引擎的分类目录是依据人工方式进行筛选分类的，有时可缩小检索范围。

（3）重新选择检索途径，如全文字段检出文献较多时，可重新选择在篇名、关键词和文摘字段。

（4）减少同义词或同类相关词。

（5）提高检索词的专指度，尽量采用专指性强的主题词或自由词。

（6）增加限制概念，用逻辑"与"（AND）构建检索式。

（7）使用限定字段检索，把检索词限定在题目、主题词等主要字段。

（8）使用适当的位置算符，排除误检，提高查准率。

六、检索效果评价

检索效果是指利用检索系统（或检索工具）来满足检索者检索要求的全面准确程度，反映文献检索的有效性、准确性和特异性等。信息检索效果评价是研究信息检索的核心，是评价一个检索工具或检索系统性能优劣的质量标准，它贯穿信息存储和信息检索的全过程。理想的检索结果是没有遗漏、没有误差地检索出系统中检索者所需要的全部文献，但这种情况由于多方面的原因很难达到预期的状态。检索效果一般通过检索效率来评价。

（一）评价的目的与依据

信息检索效果评价的目的是为了准确地掌握检索系统的各种性能和水平，找出影响检索效果的各种因素，以便进一步提高系统的服务质量。

评价检索效果主要依据是检出的文献与课题需要的相关度如何。大体上可分为高度相关、一般相关、边缘相关等三种程度，这主要根据用户反映来决定。

（二）评价的标准

检索效率是指全、准、快、便、省（查全率、查准率、检索速度、检索方便性、检索成本和效益）地查阅文献信息，其中最主要的全和准，反映文献检索效率最重要的两个指标是查全率和查准率（表2-2）。

表2-2　检索效率中各参量的关系

	相关文献	非相关文献	总计
检出文献数	a	b	$a+b$
未检出文献数	c	d	$c+d$
合计	$a+c$	$b+d$	$a+b+c+d$

1. 查全率　简称 R，又称召回率。是指利用检索系统进行某一课题的文献检索时，检索系统中检出的相关文献数量（a）与检索系统中全部相关文献总量（$a+c$）的比率。是衡量某一检索系统从文献集合中检出相关文献成功度的一项指标。反映该系统文献库中实有的相关文献信息量

在多大程度上能被检索出来。用公式表示为：

$$查全率(R) = \frac{检出的相关文献量}{检索系统中全部相关文献总量} \times 100\% = \frac{a}{a+c} \times 100\%$$

2. 查准率 简称 P，也称适中率。是指利用检索系统进行某一课题的文献检索时，检索系统中检出的相关文献数量（a）与检出文献总量（$a+b$）的比率。是反映每次从该系统文献库中实际检出的全部信息中有多少是相关的。用公式表示为：

$$查准率(P) = \frac{检出的相关文献量}{检索文献总量} \times 100\% = \frac{a}{a+b} \times 100\%$$

3. 漏检率 简称 O。是用检索系统进行某一检索时，未被检出的相关文献（c）与该检索系统中相关文献总量（$a+c$）的比率，是衡量检索系统漏检信息的尺度。用公式表示为：

$$漏检率(O) = \frac{未被检出的相关文献量}{该检索系统中相关文献总量} \times 100\% = \frac{c}{a+c} \times 100\%$$

4. 误检率 简称 F。是用检索系统进行某一检索时，检出的非相关文献（b）与检出文献总量（$a+b$）的比率，是衡量检索系统误检信息的尺度。用公式表示为：

$$误检率(F) = \frac{未被检出的相关文献量}{检出的文献总量} \times 100\% = \frac{b}{a+b} \times 100\%$$

（三）查全率和查准率之间的关系

查全率是反映文献被检出的程度，查准率是反映检索系统拒绝不相关文献的能力或检索准确度的一个指标。二者结合起来描述检索系统的成功率。

从检索的要求看，理想的检索结果是查全率和查准率同时达到 100%，但事实上很难做到这一点。查全率和查准率之间存在着相互制约的现象，提高查全率就要扩大检索范围，误检率增加，查准率降低。要提高查准率就要缩小检索范围，漏检率增加，查全率降低。在实际检索工作中，要根据不同的课题要求调节查全率和查准率。如申请专利、科研选题立项、成果鉴定等对查全率要求高，力求不遗漏任何一篇有关文献。而写论文或课题研究过程中需要一些参考资料，并不需要全部的有关文献，或者查找某数据、事实等，此时对查准率要求高些。总之，在实践中视具体情况而定。

实验证明，在查全率和查准率之间存在着相反的相互依赖关系：如果提高查全率，就会降低其查准率；反之亦然。查全率一般为 60%～70%，查准率为 40%～50%，当查全率超过 70% 时，若想再提高查全率就必然会降低查准率。企图使查全率和查准率都同时提高，是很不容易的。因此，应当根据具体课题的需求，合理调节查全率和查准率，保证检索效果。

（四）影响检索效果的因素

1. 影响查全率的因素 从文献存储方面来看，主要有数据库（或检索工具）收录的文献不全；标引不足或不当；检索工具不足；词间关系模糊或不正确；标引人员标引用词前后不一致；标引人员遗漏了原文的重要概念或用词不当等。

从检索方面来看，影响查全率的因素有检索策略过于简单；选词和进行逻辑组配不当；检索途径和检索方法使用太少；检索人员业务不熟练；检索系统不具备截词功能和反馈功能等。

2. 影响查准率的因素 主要有检索词不能准确描述文献主题的内涵和检索要求；检索词不规范、不准确；没选准检索工具；标引过于详细；检索时所用的检索词（或检索式）专指度不够，检索面宽于检索要求；检索系统不具备逻辑"非"功能和反馈功能；检索式中允许容纳的词数量有限；检索途径不当等。

（五）提高检索效果的措施

1. 提高检索工具或检索系统的质量，使它的收录范围更全面，更切合相应学科或专业的需要。

2. 用户应选择适合课题学科范围的、优质的检索工具，包括其收录的全面、著录的清楚、标引的准确及完善等。

3. 制订最优的检索策略，灵活运用各种方法，巧妙运用检索式构造，准确表达检索要求。

4. 准确使用检索语言。检索者所用的检索语言应能准确地表达信息需求。如果检索系统使用的标题词语言，用户应从标题词表中选准检索词；如果是体系分类语言，则用户应从分类表中选准分类号。即检索时，根据检索语言的需要使用规范化主题词表进行选词检索。

5. 对没有规范化的主题词概念，首先要使用上级概念对应的规范词检索，再结合自由词检索。对没有词表的数据库，应调整检索字段和运算符。

不同的检索课题对文献信息的需求不同，用户应根据课题的需要，适当调整查全率和查准率，优化检索策略，以达到最佳检索效果。

本章小结

章节名称	学习小结
第一节 概述	1. 信息检索就是从数据库、检索工具以及馆藏中查找所需信息的活动。它包括信息存贮和检索两个方面。 2. 信息检索的基本原理是检索者将检索提问的标志与存储在检索工具中的信息特征标志进行匹配，找出符合两者特征一致的信息。 3. 检索语言是为文献信息的加工、存储和检索共同制定的专门语言，是用来描述信息源特征和进行检索提问的专用语言，是用户与信息系统对话的媒介。 4. 检索语言是表达文献信息内容、特征的工具。了解检索语言的基本知识、掌握其基本使用技巧，可以大大提高检索效率。 5. 检索效率的高低取决于所采用的检索语言的质量以及对它的使用是否正确。检索语言和编制方式不同，就构成不同类型的索引。
第二节 文献检索方法、途径、技术、工具、策略及效果评价	1. 信息检索是获取知识的途径，其核心是信息获取能力，关键是信息利用。顺查法适用于普查一定时间的全部文献，查全率较高，并能掌握课题的来龙去脉，了解课题的研究历史、研究现状和发展趋势。用追溯法检索文献时，最好利用与研究课题相关的专著与综述，因为它们所附的参考资料既多且精。使用追溯法可以了解科学研究的前期工作基础、相关文献、经典著作、主要作者、重点期刊等。 2. 信息检索途径是指用记录的方式将文献信息中的某一特征作为检索切入点或检索标识而进行的检索。 3. 文献检索工具书是人们获得检索课题所需要文献出处和内容线索的重要手段，它是附有检索标志的某一范围文献条目的集合，是二次文献。文献检索工具分为书目、题录、索引和文摘四大类。利用书目、文摘、索引等检索工具进行文献资料查找的方法的关键在于熟悉各种检索工具的历史沿革、收录范围、编排体例及检索途径。

章节名称	学习小结
第二节　文献检索方法、途径、技术、工具、策略及效果评价	4. 检索策略是指用户根据检索需求选择相应的数据库、确定检索方式、检索途径及相应检索表达式进行检索的一系列操作或方案。 　　5. 检索效果是指利用检索系统（或检索工具）来满足检索者检索要求的全面准确程度。评价检索效果是为了准确掌握检索工具的各种性能水平，分析影响检索效果因素，改进检索方式，提高检索效率，满足检索者的需求。

目 标 检 测

一、选择题（1～16 单选题，17～23 多选题）

1. 下列属于文献内容特征的是（　　）。

    A. 标题   B. 作者

    C. 分类号   D. 语种

2. 下面检索语言是后组式规范检索语言的是（　　）。

    A. 单元词语言   B. 关键词语言

    C. 标题词语言   D. 分类语言

3. 下面对查全率和查准率描述错误的是（　　）。

    A. 若某检索工具的查全率较高，则查准率相对较低

    B. 查全率为检出的相关文献量占检出文献总量的百分比

    C. 是反映文献标引深度的两个最主要的指标

    D. 只能相对提高，二者不可能同时达到 100%

4. "香蕉苹果"这个概念组配为"带有香蕉味的水果＋苹果"，其组配所采用的是（　　）。

    A. 自由词语言   B. 关键词语言

    C. 标题词语言   D. 叙词语言

5. 查找"心肌梗死的心理护理"方面的信息这一检索提问属于（　　）。

    A. 文献检索   B. 数据检索

    C. 事实检索   D. 书目检索

6. 用《中文科技资料目录：医药卫生》检索课题"心血管疾病"时，首先选择的检索途径应为（　　）。

    A. 主题途径   B. 分类目次

    C. 著者途径   D. 汉语拼音首字字顺表

7. 利用分类途径进行检索，其检索标志是（　　）。

    A. 主题词   B. 关键词

    C. 分类号   D. 分子式

8. 检索工具的功能体现在（　　）。

    A. 使用说明   B. 正文

    C. 附录   D. 索引

9. 使用逻辑"或"是为了（　　）。

A. 提高查全率
B. 提高查准率
C. 缩小检索范围
D. 提高利用率

10. 用逻辑"与"是为了（   ）。
   A. 提高查全率
   B. 提高查准率
   C. 扩大检索范围
   D. 提高利用率

11. 文献信息检索根据检索对象不同，一般分为（   ）。
   A. 二次检索、高级检索
   B. 分类检索、主题检索
   C. 数据检索、事实检索、文献检索
   D. 计算机检索、手工检索

12. 如检索结果过少，查全率很低，需要调整检索范围，此时调整检索策略的方法有（   ）。
   A. 用逻辑"与"或者逻辑"非"增加限制概念
   B. 用逻辑"或"或截词增加同族概念
   C. 用字段算符或年份增加辅助限制
   D. 用"在结果中检索"增加限制条件

13. 使用分类语言对信息进行描述和标引，主要是可以把（   ）的信息集中在一起。
   A. 同一作者
   B. 同一学科
   C. 同一主题
   D. A + B + C

14. 检索题名中包含"唐宋诗歌"的有关文献，以下检索表达式正确的是（   ）。
   A.（题名 = 唐 or 题名 = 宋）and 题名 = 诗歌
   B. 题名 = 唐 or 题名 = 宋 and 题名 = 诗歌
   C. 题名 = 唐 and 题名 = 宋 or 题名 = 诗歌
   D. 题名 = 唐 or 题名 = 宋 or 题名 = 诗歌

15. 如果分别以检索词 a、b、c 在某数据库的关键词字段进行检索都能得到相应的检索结果，结果不为 0，下面检索式检索结果数最少的是（   ）。
   A. a and b and c
   B. a and b or c
   C. a or b or c
   D. a or b and c

16. 截词符"?"可以用来代替 0 个或（   ）个字符。
   A. 多个
   B. 1 个
   C. 2 个
   D. 3 个

17. 下列属于检索类工具的是（   ）。
   A. 目录
   B. 题录
   C. 文摘
   D. 索引
   E. 篇名

18. 检索效果是指检索系统检索的有效程度，评价检索效果的指标有（   ）。
   A. 误检率
   B. 查全率
   C. 漏检率
   D. 查准率
   E. 检索费用

19. 以下四种信息检索语言中，不受《词表》控制的是（   ）。
   A. 标题词语言
   B. 单元词语言
   C. 叙词语言
   D. 关键词语言

E. 代码检索语言

20. 下列关于文献检索表述正确的是（　　）。

　　A. 信息检索的原理就是将需求集合与信息集合进行匹配和选择

　　B. 布尔逻辑算符是最为常用的信息检索技术

　　C. 广义的信息检索包括信息的存储和检索两个方面

　　D. 查全率与查准率是评价检索效果的唯一指标

　　E. 对信息检索的结果需要进行反思，根据需要进行检索策略调整

21. 以下概念间属于上下位关系的是（　　）。

　　A. 家用电器与电视机　　　　　　B. 局域网与 LAN

　　C. 计算机与电脑　　　　　　　　D. 硅酸盐与陶瓷

　　E. 乙醇与酒精

22. 常用的信息检索方法有（　　）。

　　A. 直接法　　　　　　　　　　　B. 间接法

　　C. 追溯法　　　　　　　　　　　D. 循环法

　　E. 综述法

23. 文献外表特征的检索途径有（　　）。

　　A. 题名途径　　　　　　　　　　B. 主题途径

　　C. 著者途径　　　　　　　　　　D. 分类途径

　　E. 标准书号途径

二、简答题

1. 简述文献检索的概念和类型。

2. 简述查全率和查准率之间的关系。

3. 检索语言揭示概念之间的逻辑关系有哪几种？

4. 试述文献检索的基本途径。

5. 试述关键词语言的优缺点。

（兰晓霞）

第三章　文献资源

知识目标

1. 掌握文献资源的概念、特点和作用。

2. 熟悉医药科技信息与市场信息的获取与利用。

3. 了解医药文献资源获取的原则。

技能目标

能在学习和科研中及时获取并充分利用医药科技信息与市场信息。

【案例】某医药学院教师在讲授呼吸内科学知识点时，向同学们推荐了钟南山院士主编的《呼吸病学》一书，该书在内容上减少了基础理论部分，增加了临床病种及诊治部分，与普通教材相比，更适用于临床工作者。一名学生想详细了解一下钟南山院士的个人信息及本书的具体内容，决定去学校图书馆借阅《呼吸病学》。

【讨论】1. 该学生应如何获得钟南山的个人信息及其研究领域？如何去学校图书馆借阅2019年钟南山主编的《呼吸病学》一书？

2. 获取新型冠状病毒肺炎（COVID - 19）相关医药信息的途径有哪些？怎样选择最合理的检索方法？

第一节　概　述

一、文献资源的概念

文献资源是人类社会发展进步的产物。人类在改造自然和社会的实践活动中，获得了各种来自客观世界的信息，这些信息通过人脑的加工和提炼，逐渐转化为知识。知识对人类社会的发展有着不可估量的推动作用。这是因为，知识一旦形成，并与劳动结合起来，就可以从潜在的生产力直接转化为现实的生产力，创造日益丰富的社会物质财富，从而推动人类社会的发展和进步，知识就成为人类社会发展的内驱力。资源，主要是指生产资料和生活资料的自然来源，人类通过不断发现、开发和利用自然资源，持续创造物质财富，为人类提供衣、食、住、行，使人类得以繁衍生息，使社会不断发展进步。因此，知识是一种资源，更是一种智力资源。

而知识必须依赖一定的物质载体才能存在。在人类社会早期，人类是通过自身的大脑来存储和传播知识的，但由于各种生理因素的制约，就使得知识难以在广阔的空间和持续的时间内积累和传播。随着社会生产力的发展，人类打破了自身束缚，将知识转化为一些有规律的信息符号并在人体之外找到了新的物质载体，这种新的物质载体就是文献。显然，文献当中就蕴含着人类创造的智力资源。在人类社会的历史长河里，随着文献数量的增加和文献负载知识功能的加强，文献积累和存储了人类的所有知识，文献也成为人类知识"宝藏"。同时，人类在改造自然和社会的过程中，通过不断开发和利用人类知识"宝藏"，借鉴前人的经验和成果，持续创造物质财富，促进社会进步发展。因此，文献已经成为人类社会发展的一种不可或缺的资源。文献不断积累、存储的过程，就是文献资源不断积累、存储的过程。文献积累的数量越多，持续的时间越长，文献资源也就越丰富。文献资源就是连续积累、存储下来的文献集合。

二、文献资源的特点

（一）再生性

文献资源具有再生性，不像会生药材资源那样随着开发和利用的深入而逐渐枯竭。随着人类对文献资源开发利用程度的提高，会更加促进医药学知识的增长，也会带来文献数量的增加和文献质量的提高，使文献资源进一步丰富。人类社会越向前发展，文献资源就会越丰富。未来人们关心的不是文献资源枯竭的问题，而是解决由文献资源剧增而带来的文献资源繁杂等问题。

（二）建设性

自然资源是先于人类的天然客观存在，而文献资源是人类创造的，它的生产与分布既是一种客观现象，又受制于人类的主观努力，明显受到社会政治、经济、文化诸多因素的制约。因此，人们可以通过文献资源建设，采取选择、组织、布局等多种手段，改造和优化繁杂的文献资源，使文献资源处于有序的分布状态，以便于人们有目的地去充分开发和利用文献资源。

（三）共享性

自然资源一般是单次效用、不可复用的资源，而文献资源是不分先后，可以同时使用、异地使用和反复使用的资源，还可以在条件允许的情况下，根据需要随时对它进行复制、转录、缩微，且不会改变原来的内容。文献资源的这种共享性，不仅为人类在更大范围内进行信息交流创造了条件，更表明文献资源是属于全人类的，人人有权共享所有的文献资源。随着人们观念转变和技术条件的成熟，这种美好愿望将会逐步变为现实。

（四）效益性

文献资源的效益性主要表现在时间性和潜在性两个方面。自然资源只有被开发，才会产生效益，而自然资源的开发一般不受时间限制。例如对药物的开发，早开发或晚开发都不会影响其本身效益的发挥。但文献资源则不同，有些文献资源由于所含信息和知识具有较强或很强的时间性，若不及时开发利用，就会降低甚至丧失效益。而有些文献资源的开发效益具有潜在性，其效益未必就能迅速显现出来，但若干年后可能会有很高的使用价值，那时再将其开发利用，就会产生更大的开发效益。

（五）积累性

文献资源的多寡不是先天固有的，而是经过后天不断积累的结果，今天丰富的文献资源离不开历史上各个时期存下来的各类文献资料，它是古代私人藏书家、官方藏书楼及近现代图书馆、各类文献收藏机构保存下来的人类文明的集合体。

（六）冗余性

文献资源并非是各单位文献简单地相加，繁杂、雷同的文献堆积，不仅不会增加文献信息内容的含量，更不会成为体系完备、功能良好的文献资源系统。文献资源建设的具体任务之一就是剔除那些重复交叉甚至过时无用的冗余文献，否则，就有可能造成文献信息通道的阻塞。

三、文献资源的作用

随着社会的进步发展，人们对文献资源重要作用的认识不断深化。古代社会的生产力低下、科学技术落后，当时的人类不可能从"资源"的角度去认识文献，对文献资源的作用也就无从认知。即使到了现代，人类也更多地将文献划归为意识形态的范畴，对文献资源作用的认识也仍处于朦胧阶段。在科学技术成为第一生产力和信息时代到来的今天，人们已深刻认识到文献资源的重要作用。

（一）提供决策依据

人类为创造更多的社会物质财富，就需要制定各种相应的措施和政策。在决策之前，就需要利用已经过加工、分析、评价的文献资源中的有用信息，从中吸取有价值的东西，摒弃不正确的信息，为医学药学的科学决策提供依据。

（二）展示最新成果

当前，通过文献资源可以向人们充分展示医学药学的科技成果，帮助人们了解医学药学技术的最新发展动向，借鉴别人的研究成果和经验，避免重复劳动，更好地发挥医学药学技术对社会和经济的推动作用。

第二节　获取与利用

一、概述

文献资源主要分为印刷型文献和电子型文献两大类，其中印刷型文献资源包括图书和期刊，电子型文献资源包括光盘数据库和网络数据库。文献资源按语种可分为中文和外文两种，外文文献通常以英文为主。

（一）图书资源的利用

图书是出版物的主要类型。医药学图书的内容比较成熟精练，阐述比较全面系统，是各专业图书馆收藏医药学印刷型文献的主要文献资源，其藏书通常是按学科分类排架的，读者了解并熟悉图书分类及排架规则，会显著提高图书的查找效率。

为了进一步区分内容相同的图书，还要在原分类号的基础上为每种图书设置书次号。书次号通常有顺序号和著者号两种，可以用字母、数字或字母数字混合表示。顺序号以图书入藏先后次序从小到大取号；著者号则有多种取法，有的取著者姓名的四角号码，有的取著者姓名的汉语拼音首字母，有的则按某种号码表取号。每本图书都有一个索书号，它是由分类号和书次号组成的，是图书排架和读者查找图书的依据。经过图书分类和排架，内容相同的图书就被集中放在一起。图书通常是按图书分类法的学科顺序和书次号依次排列的，按文种分别置于中外文书库中。

读者借阅图书时，先进行书目检索，了解图书的基本内容，如索书号、书名、作者、出版时间、出版单位等，再根据以上信息去查找图书。目前图书馆已经普遍采用计算机书目检索系统，读者不仅可以在图书馆进行本地检索，还可以通过 Internet 进行远程查询。计算机书目检索是通过图书馆的联机公共检索目录（online public access catalog, OPAC）来查询馆藏文献的，一般与 Internet 联网的图书馆都有 OPAC 系统供读者使用。每个图书馆采用的书目检索系统虽然各不相同，但提供的图书检索点基本一致，主要是书名、作者、主题、分类、关键词、书号等途径。OPAC 还可以进行多种逻辑组配检索，如书名－作者，在相同书名较多的情况下可使用这种方法；分类－主题或主题－分类，当读者不熟悉分类法或查找较小的类目时可采用这种方法。

（二）期刊资源的利用

期刊是一种定期或不定期连续出版的、有连续序号的出版物。根据出版周期的不同，可分为年刊、半年刊、季刊、双月刊、月刊、半月刊、旬刊、周刊等。期刊的出版周期短、论文发表快、反映学术动态及时，学术研究的最新成果通常首先在期刊上发表。期刊发行量大，影响面广，对科研工作有较大的参考价值，是医药学专业人员的重要信息源。根据期刊报道的内容，可分为以论著为主的学术性期刊，如《中国药学杂志》；以检索文献线索的检索性期刊，如《中国药学文摘》；以知识性、趣味性为主的科普期刊，如《家庭用药》。

与借阅图书一样，读者借阅期刊时，也要先检索馆藏期刊目录，确定图书馆是否藏有想借阅的期刊。如果有，可去相应的阅览室或期刊库查找，一般按刊名字顺即可找到所需期刊；如果图书馆缺藏，可检索期刊联合目录，查找收藏单位，再可通过图书馆的馆际互借服务获得所需资料，或者读者自行前往借阅复印。

（三）电子文献资源的利用

电子文献是电子出版物的统称，又称数字资源，是随着计算机技术、多媒体技术和通信技术的日益发展而出现的一种文献类型。电子文献是以数字代码方式将图文声像等信息存储在磁、光、电介质上，通过计算机或者具有类似功能的设备阅读使用，并可复制发行的大众传媒。媒体形态包括软磁盘、只读光盘、交互式光盘、图文光盘、照片光盘、集成电路卡、网络等，其中以光盘和网络最为常用。电子文献具有信息海量、更新迅速、使用方便等优点，已成为文献收藏单位主要的收藏对象之一。

电子文献可分为包盒型和网络型两大类。前者是将磁盘、光盘等加以包装后，用传统的发行方式发行，读者可借助计算机或其他阅读器进行阅读，后者是以互联网为基础，文献信息存储在网络中，读者可以通过网络直接阅读或者下载到本地计算机上再阅读。根据文献类型、服务方式的不同，可分为电子图书、电子期刊、数据库等。

二、医药文献资源获取的原则

信息已成为社会发展、进步和人类赖以生存的重要资源和基本需求。随着医药科学技术高速的综合性发展，以及人们不断提升生命质量的需求和探索，医药信息数量剧增，学科间不断交叉渗透，如何准确、快速、有效地获取所需信息，并将信息转化为知识、生产力，已成为当前医药工作者迫切需要掌握的技能。为获取有价值的医药信息，保证信息收集的质量，应坚持以下四个原则。

（一）针对性原则

医药信息量庞大而复杂，知识更新速度快。随着信息载体多样化、资源网络化，医药信息成倍增长，同时受经济能力、个人阅读能力和信息分析研究对时间的严格要求，都决定了医药工作者必须围绕自己的研究方向、任务、目的等要求，有针对性、目的性地获取所需信息，做到有的放矢，提高获取效率。该原则要求所收集的信息必须真实可靠、准确适用，力求把误差降至最低限度。

（二）全面性原则

该原则要求所收集的信息要广泛、全面、完整。全面是指医药工作者要把与研究相关的重要医药信息尽可能地收集齐全，围绕课题收集一系列具有内在联系的、能反映课题研究的各个方面和发展全过程的信息，注意信息的广度和深度，从课题的横向和纵向方面分析收集的信息，通过选择、比较、分析，为管理活动和决策的科学性提供保障。

（三）时效性原则

医药信息具有时效性，信息的利用价值取决于该信息是否能及时地提供，信息只有及时、迅速地提供给用户才能有效发挥作用，特别是决策对信息的要求是事前的消息和情报。医药信息人员必须有敏锐的信息意识和过硬的专业知识，能积极主动、及时地收集所需要的最新医药信息，促进信息的转化和再生，把握学科前沿的知识和动态。

（四）预见性原则

有预见性地收集医药信息，就是要求医药信息人员具有良好的信息意识，收集信息不仅要满足当前研究工作的需要，还要考虑到未来的发展及研究价值，充分利用多种医药信息资源，有计划、有重点地收集具有前瞻性和指导意义的预测性信息，以提供信息的可靠性和准确性，在科学预测基础上做到灵活性与计划性的统一。

三、医药科技信息与市场信息的利用

（一）科技信息的利用

1. 药品企业经营决策中的科技信息利用　企业经营决策是对企业的经营目标和实现目标的手段做出选择，是决定企业全局的重大问题，是企业决策中最主要的内容。企业经营决策过程，实际上是企业科技信息的利用过程，经营决策的正确与否直接由企业经济与科技信息利用好坏程度所决定。

要提高企业经济与科技信息的利用程度，必须提高企业信息质量和决策者的决策能力。企业经济与科技信息是决策的依据，决策能力是决策的关键，没有高质量的企业科技信息，再高能的决策者也难以发挥作用，更不能转化为最佳的决策方案。企业经营决策者主要是企业的领导人，因此，企业的领导者在经营决策过程中，不仅要努力提高自身的决策素质，还要充分运用经营决策中质量较高的各种信息。通常来说，企业经营决策的信息利用要掌握好以下两个环节。

（1）全方位地利用、科学地综合企业各类信息，形成各种不同的方案。在做出企业经营决策前，应全方位地利用各种不同的意见、办法、方案，通过相互之间的讨论、交换、修改、补充得到充实和完善，尤其是通过不同意见的讨论，还可以纠正谬误，消除分歧。集思广益，取长补短，这正是巧妙运用信息的一种重要形式，是决策民主化的表现，也是决策科学化的基础。

（2）要深入地利用企业经济与科技信息，反复地比对企业各类信息，选择最佳方案，果断决策，并付诸实施。这是整个决策过程中最重要的环节。方案提出来并进行对比分析后，就应该做出决断，不能议而不决、谋而不断，否则，就延误时间，错过机会，给企业带来不必要的损失。能不能当机立断，关键在于企业主要领导人。

2. 药品企业计划活动中的科技信息利用　计划是对未来工作的一种安排、设计，是企业领导者搞好经营管理的重要手段。企业对有关问题做出决策，选定实施方案以后，要靠周密的计划来具体落实。科学合理地制订计划，是现代化大生产的客观要求，是提高企业经济效益的保证。

然而，计划活动与企业信息关系密不可分，能否保证计划的科学性与是否能有效地利用企业科技信息有直接联系。计划的科学性，体现在计划的可靠性、正确性上，后者又表现在与客观实际是否相符合上。要使计划与客观实际相符合，就必须有大量及时、准确、可靠的企业信息作为基础，信息不灵，情况不明，就很难制订出科学的计划。因此，要使计划具有科学性必须从对企业经济与科技信息的利用抓起。

企业计划活动中的信息利用与经营决策中的信息利用要求是不完全相同的。①计划要求的企业信息更具体、详细。因为企业计划大致包括目标、方针、措施等内容，要使这些内容落到实处往往需要具体地对企业的人、财、物、时间、空间等的使用做出安排和设计。如果直接为制订计划服务的有关信息太笼统、太抽象，就会使安排和设计缺乏依据。因此，计划活动所需要的信息要适当详细具体。②计划要求的企业经济与科技信息具有专业性、针对性。企业计划的种类很多，层次性更加明显，涉及到各部门、各单位甚至个人。尽管企业的生产计划、经营计划、技术开发计划、人员安排计划有一定的内在联系，但各自的内容截然不同。因此，在计划活动中利用信息必须要注意这一特点。③计划活动中企业信息用户主体不是企业领导者，而是企业计划部门和其他有关部门。

3. 药品企业科技开发中的科技信息利用　企业技术开发就是企业把科学技术转化为生产力的创新过程。能否有效地开展企业技术开发是关系到企业生存和发展的大事。企业技术开发同样离不开企业信息，特别是企业科技信息，企业技术开发成功与否与企业科技信息灵不灵、准不准有着直接联系。首先，搞技术开发必须了解先进的科学技术。如果不了解先进科学技术的状况和企业科技信息的发展动向，就谈不上用先进的技术、工艺和设备取代落后的技术、工艺和设备。其次，要掌握企业内外关于技术开发的各种环境和条件。如果没有掌握并研究清楚企业内外的实际情况，盲目地进行技术开发，即使有先进的科学技术，也达不到理想效果。再次，掌握技术开发的形式、方式和手段等方面的企业信息，以解决如何进行技术开发的问题。企业在科学技术开发中的信息利用需要注意以下两个问题。

（1）充分利用前人的科技成果　把别人的科技成果变成自己的财富，用于生产，可以少走弯路，能够节省研究、设计和试制时间，节省开支。我国过去在这方面吃的苦头比较多，不少企业利用所谓"达到国际先进水平"或"达到国内先进水平"的成果，往往是别人十几年甚至几十年前就研究过并已经解决了的问题，造成了极大的浪费。

（2）技术开发也要综合利用企业科技信息　企业技术开发的最终目的是为了研制和生产出满足市场需求的质优价廉的新产品，以创造好的效益。从一个产品的研究或试制到批量生产，再到市场上销售，得到社会承认是一个十分复杂的过程，一环扣一环，哪个环节没有达到预想的效果就可能影响整个过程。这就要求人们在利用企业科技信息时，必须综合利用经济、社会、市场、管理、政策法规、自然地理、企业竞争等多方面的信息。

（二）医药市场信息的利用

医药市场信息的利用，是医药市场信息动态运行的最后环节。医药企业对信息的收集、加工整理以及存储、传递等一切活动，其最初目的全在于利用。医药市场信息的利用，指的是医药企业把市场信息用于企业经营管理过程中，使信息间接为企业带来经济效益和社会效益的过程。

1. 意义　利用医药市场信息，对于发挥信息资源的作用，改善医药企业经营管理，提高企业经济效益，有着重要的意义。

（1）能够实现信息的使用价值，为企业带来效益和财富。信息要为人类造福，必须通过人们对信息的有效利用，使信息作为现实生产力的结合因素渗透到生产和流通活动之中。

（2）能够实现信息的增值，产生信息的放大效应，使信息在空间上传递、在时间上延续，从而为医药企业带来更大的效用。

（3）能够不断提高医药企业的科学技术水平，促进产品更新，实现产品更新是企业活力的具体体现。通过对商品科技和市场营销信息的推广和利用，使医药企业在市场竞争的外部环境中能够不断开发出新产品，以满足消费者日益增长的需求。

2. 医药市场信息在药品企业决策经营中的利用　企业经营决策是市场经营活动的核心，而信息则是制定决策的依据。进行决策，必须掌握大量的市场动态信息，才能为正确决策提供可靠根据。市场信息是决策的基础和前提，决策是市场信息的结晶。

现代企业决策大体包括四个阶段，即：确定目标、拟定方案、选定方案、决策实施。在第一阶段中，企业需要广泛地收集有关决策对象的各种基本信息，并进行加工和分析；之后，要对收集的信息进行归纳、推理、判断、找出事物的内在规律性，即拟定方案；方案的选定就是进行不同方案所需条件和信息资料、数据的论证工作，从而确定最优决策模型；最后，还要利用信息反馈，以检验、调整和修正决策，确保目标实现。

3. 医药市场信息在药品企业规划中利用　计划是企业管理的重要职能。要科学地制订医药企业计划，就必须掌握计划的预期环境，这就要求掌握和利用大量的医药市场信息。医药市场信息在计划职能中的作用，主要表现在以下方面。

（1）利用信息作为计划工作的依据。制订计划所需要的信息，来自于医药企业内部和外部两方面，要求更详细具体，定量化更高，专业性更强，以便对医药企业所处环境进行分析。

（2）不同类型的计划，需要选择不同类型信息。计划按其内容的重要性，可分为战略型和职能型，按时间可分为长期、中期、短期计划。战略计划一般为长期计划，主要需要全面的、具有战略性和预期性的信息；而短期计划还需要更多的历史和现时的数据资料信息。

（3）预测信息是在对现有信息资料分析研究基础上经过加工、过滤而升华的信息，它是对未来的一种科学判断，是计划工作的基础。

4. 医药市场信息在药品企业管理控制中的利用　医药企业控制职能的任务在于保持、维护和改进生产经营管理，使之按照最佳轨道运行，以实现医药企业目标。市场信息是控制的前提，也是整个控制过程赖以实现的基础。一般而言，任何市场信息的收集、加工与传递，都是为了进行有效的企业控制，任何企业控制与调节，也都需要大量的市场信息。信息在企业控制活动中的应用，主要表现在：①提供事前控制的标准信息，对企业管理过程进行有计划的控制；②利用反馈信息，作为控制过程衡量工作成效、调整偏差的依据；③提供即时反馈信息，以适应管理控制过程的需要；④提供前馈信息，对管理过程进行前馈控制，以掌握管理控制的主动权。

　　另外，企业管理过程的控制是一个多层次、多因素的复杂控制过程。为了发挥信息在企业管理中的作用，实现对企业管理过程的有效过程，必须具备以下条件：①要有控制系统和被控制系统；②要建立控制的基本程序；③要有健全的信息反馈系统；④加快反馈回路信息传递的速率。

本章小结

章节名称	学习小结
第一节 概述	文献资源是人类社会发展的产物，是迄今为止积累、存储下来的文献集合。文献资源有再生性、建社性、共享性、效益性、累积性、冗余性、价值潜在性的特点。
第二节 获取与利用	把握医药文献资源获取的针对性原则、全面性原则、时效性原则、预见性原则，以便更好地获取、利用医药科技信息与市场信息。

目标检测

一、选择题（1~3 单选题，4~5 多选题）

1. 文献资源的效益性特点表现在（　　）和潜在性两个方面。

　　A. 时空性　　　　　　　　　　　　B. 区间性

　　C. 时间性　　　　　　　　　　　　D. 空间性

2. （　　）是出版物的主要类型。

　　A. 期刊　　　　　　　　　　　　　B. 图书

　　C. 年鉴　　　　　　　　　　　　　D. 标准

3. 电子文献可分为（　　）和网络型两大类。

　　A. 包装型　　　　　　　　　　　　B. 磁盘型

　　C. 光盘型　　　　　　　　　　　　D. 包盒型

4. 文献资源的特点有（　　）。

　　A. 再生性、建设性　　　　　　　　B. 共享性

　　C. 积累性、冗余性　　　　　　　　D. 效益性

5. 医药文献资源获取需遵循（　　）。

　　A. 针对性原则　　　　　　　　　　B. 全面性原则

　　C. 预见性原则　　　　　　　　　　D. 时效性原则

二、思考题

1. 简述文献资源的作用。

2. 药品企业如何有效利用科技信息与市场信息？

（潘伟男）

第四章 网络医药文献检索

知识目标

1. 掌握搜索引擎、医药开放获取资源的相关资源和检索方法。

2. 熟悉搜索引擎、医药开放获取资源的特点和类别。

3. 了解搜索引擎和开放获取资源的定义；搜索引擎的工作原理；常见的医药学术资源网站资源。

技能目标

能使用网络搜索引擎，获取医药论文、药物数据、医案等信息资源。

第一节 搜索引擎

💬 案例讨论

【案例】某研究团队从事糖尿病患者的肠道菌群研究，为紧跟该领域的最新研究进展，并避免出现重复，需要检索国内外的研究情况。

【讨论】通过何种工具，从网络搜索相关的文献资源？

在当今的互联网时代，网络信息量呈爆炸式增长，用户难以有效地寻找到所需的资料，为了解决这一难题，搜索引擎应运而生。

一、概述

（一）搜索引擎的定义

搜索引擎是一个互联网信息资源的管理和提供信息检索的服务系统，包括信息搜索、信息整合和信息检索三个工作任务。

（二）搜索引擎工作原理

搜索引擎通过信息搜索程序，如蜘蛛（Spider）、机器人（Robot）或爬虫（Crawler）等，按照一定策略自动搜集网页信息，提取网页内容交给索引和检索系统进行组织和整理，而后更新索引数据库，并为用户提供检索服务，其工作原理见图4-1，因此，搜索引擎实际上是一个储存网络信息资源的网站，主要有两个功能，一是收集网络信息资源，对其进行索引并建立数据库，二是提供网络的信息导航与检索服务。

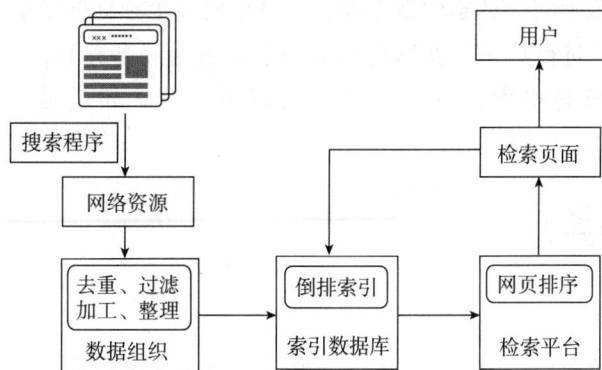

图 4-1 搜索引擎工作模式

搜索引擎通常由 4 个模块组成，包括资源采集系统、数据标引和组织系统、索引数据库和数据检索模块。资源采集系统使用 Spider、Robot 等搜索程序自动搜索全网，抓取网页信息。数据标引和组织系统则对网页信息进行加工，过滤去除控制代码和无用信息，提取有用的内容，并打上已搜索标记，创建索引记录，添加或更新查询表。索引数据库，又称查询表模块，其中保存检索到的网页索引记录和内容，并经常更新，保持与互联网信息同步。数据检索模块为用户提供一个良好的查询界面，为用户提供检索查询功能，检索结果为超文本链接，点击链接即可访问到相关信息。

（三）搜索引擎的类别

1. 按检索原理分类

（1）全文检索搜索引擎 通过关键词建立链接列表，大多数搜索引擎属于此类，如百度、必应（Bing）等。搜索引擎通过自动搜索程序搜索和标引各网页信息，建立和更新索引数据库。用户在检索页面输入关键词后，搜索引擎会将关键词与索引数据库中的标引词进行匹配，按照一定的算法计算出各匹配网页的相关度及排名等级，而后根据关联度高低顺序将结果返回给用户。

（2）目录搜索引擎 通过分类目录建立链接列表。采用人工方式或半人工方式搜集网页信息，按照一定分类规则（如专业分类）归类建立目录（如树状目录）。用户通过浏览分类目录，逐层点击查找，如网易、搜狐、早期的雅虎（Yahoo）、新浪等。

（3）混合型搜索引擎 同时提供目录检索与全文检索两种方式，现在大多数搜索引擎采用这种混合方式。

2. 按检索信息覆盖范围分类

（1）综合性搜索引擎 又称通用搜索引擎，用于检索一般所有类别信息，其收录的信息涉及面广，内容丰富，但时常会因检出内容太过宽泛而无法一一过目，如百度、必应、Google 等属于此类。

（2）专业搜索引擎 又称垂直搜索引擎，用于检索某一主题范围或某一类型信息，如学术搜索引擎中的中国知网（CNKI）学术、百度学术、Google 学术、Scirus 等，生物医学专业的搜索引擎 HON、Medical Matrix、Medscpae、PubMed 等，药学专业的搜索引擎 Pharmweb、天下医药等。

（3）专题搜索引擎 用于查询某一特定领域内的信息资源，不收录其他信息，如美国宾夕法尼亚大学癌症中心开发的免费信息检索系统 Oncolink，内容涉及肿瘤学研究最新进展、肿瘤诊断和治疗以及病因、普查和预防等，但不收录其他非癌症信息。

3. 按检索功能分类

（1）独立搜索引擎 拥有自己的索引数据库，在自身数据库内为用户提供查询服务，全文检索搜索引擎和目录搜索引擎都属于此类引擎。

（2）元搜索引擎　没有自己的索引数据库，而是集成多个独立搜索引擎。集成平台将用户检索请求提交给各独立引擎进行检索，而后将匹配的信息去重和合并后，以统一方式显示给用户，可以弥补独立搜索引擎的搜索盲区，做到全面而不重复。如觅搜、360 搜索、万维搜索、MetaCrawler、Dogpile、Mamma 等。

二、基本检索途径

（一）模糊检索

模糊查询也称为智能检索，用户输入关键词或语句后，搜索引擎不加限制地进行查询，反馈结果速度快而全，包括含关键词以及与关键词意义相近内容的网址，但精度低。例如，输入"生物药物"，返回的查询结果除"生物药物"外，还有"生物医药""生物类似药""药物生物"等内容的网址。

模糊查询的方法简单，只要在文字框中输入关键词即可。在英文搜索引擎中，还可以使用通配符星号"＊"和问号"？"（半角，下同），前者表示一连串字符，后者表示单个字符。例如，输入"biopharmaceutic＊"，就可以查询到"biopharmaceutics、biopharmaceutical、biopharmaceuticals"，输入"comp？ter"，则只能找到"computer、compater、competer"等单词。

（二）精确检索

搜索引擎可以通过逻辑检索和查询范围限制对多个关键词进行组合、选择和排除查询，以获得精确结果。

1. 逻辑检索　也称布尔逻辑检索，是指利用布尔逻辑运算符连接各个关键词，表达关键词之间逻辑关系，而后用于查找信息的一种查询方法。这种方法允许用户输入多个关键词，各个关键词之间的关系可以用逻辑关系词"and"（与）、"or"（或）、"not"（非）来表示。

（1）and　表示所连接的两个关键词必须同时出现在查询结果中，例如，输入"医药 and 化工"，它要求查询结果中必须同时包含"医药"和"化工"。中文搜索引擎也常用"＆""＋"","和空格来表示，例如，输入"＋医药＋化工"。

（2）or　表示所连接的两个关键词中任意一个出现在查询结果中即可，例如，输入"医药 or 化工"，就要求查询结果中可以只有"医药"或"化工"，或同时包含"医药"和"化工"。中文搜索引擎常用"｜"来表示。

（3）not　表示所连接的两个关键词中应从第一个关键词概念中排除第二个关键词，例如，输入"医药 not 化工"，就要求查询的结果中可以包含"医药"但不能包含"化工"。中文搜索引擎常用"！""－"表示。

实际应用时，可以将 and、or 和 not 搭配使用，以开展复杂的查询。

2. 查询范围限制　在某一范围中搜索指定的关键词，可通过加双引号、括号、元词的方法实现限制查询。

（1）双引号检索　指在关键词或语句两边加上双引号，要求查询结果精确匹配，不拆分关键词。

（2）括号检索　指当两个关键词以另一种操作符连一起，但又希望将它们组成一组时，就可以在这两个词加上圆括号进行检索。

（3）元词检索　指在关键词前后加特殊的限制符，明确关键词的特征，限定关键词在检索结果中的位置，例如，"intitle：微生物发酵"，检索标题中含有"微生物发酵"的网站或网页，在关键词后加上"domain：org"，检索以 org 为后缀的含有关键词的网站，常用的元词还有："image",检索图片,"inurl",检索地址中带有关键词的网页等。

区分大小写,在许多英文搜索引擎允许区分字母大小写,这有利于精确查询英文专有名词。

3. 高级检索 大多数搜索引擎将逻辑检索和查询范围限制集成在同一个页面中,并增加其他的范围限制如时间、地域、语种、信息来源等,形成高级检索(Advanced Search),如百度(图4-2)、必应的高级搜索(图4-3)。用户可以按逻辑关系要求在搜索框填入关键词,选择查询范围,实现精确查询。

图4-2 百度的高级检索

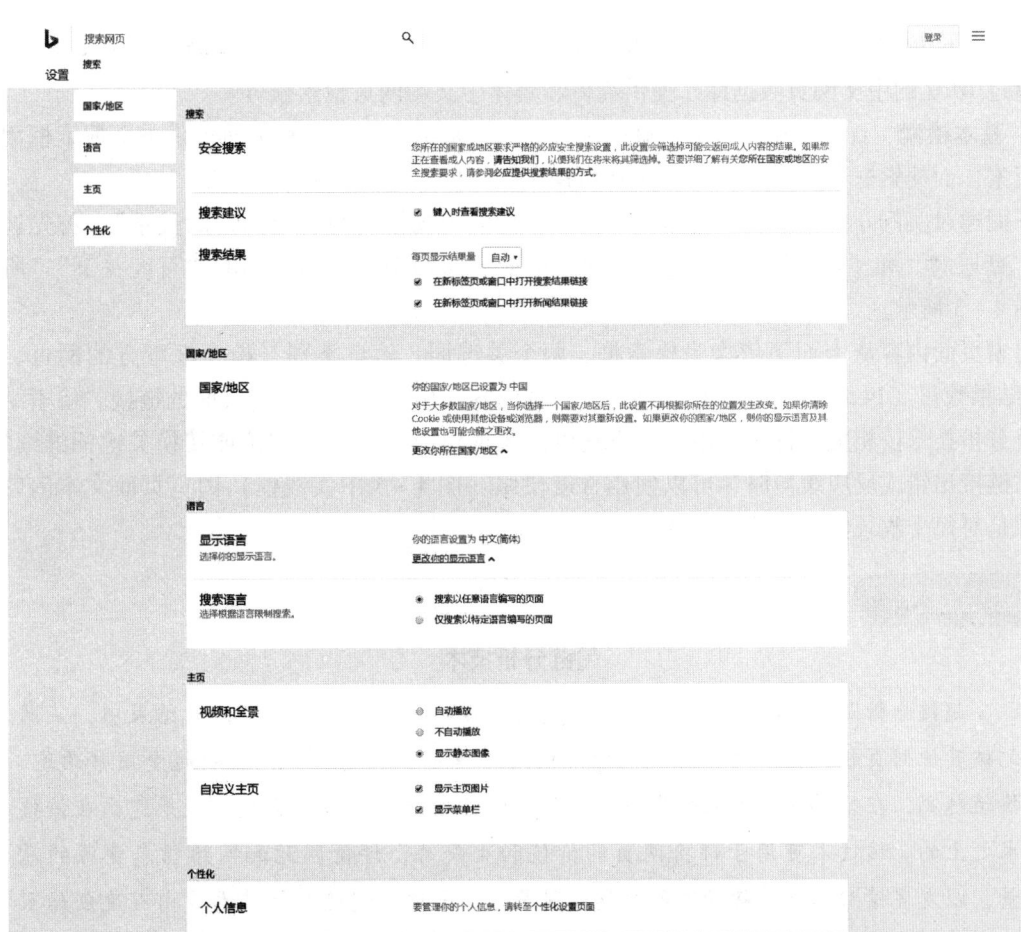

图4-3 必应的高级检索

三、检索技术应用

搜索引擎检索技术的政府机关、企业、新闻媒体、行业网站和网络信息监察有着广泛的应用价值，这里主要介绍在企业和行业中的应用优势。

（一）在企业中的应用

实时准确地追踪竞争对手的动态，获取公开信息便于研究行业发展与市场需求，大幅度地提高企业收集、存储和分析情报的效率，建立以知识管理为核心的竞争情报数据库，为企业决策部门提供便捷和多途径的战略决策依据，提高市场快速反应能力。

（二）在行业网站中的应用

实时跟踪行业信息，采集与网站相关的信息来源。实现信息浏览、编辑、管理和发布一体化，快速动态更新网站信息。对商业网站提出商务管理模式，提高网站的商务应用需求。提供用户网站分类结构，可以实时更新分类结构。通过搜索引擎优化（SEO）服务，建立行业网站联盟，快速提升行业网站的品牌和知名度。

四、综合性搜索引擎

（一）百度

百度（https://www.baidu.com/）由李彦宏于2000年创建，现为全球最大的中文搜索引擎，拥有超过10亿的中文网页数据库，提供简体和繁体中文的网页检索服务。

1. 基本检索　百度采用关键词精确匹配方式进行基本检索。检索页面提供单个搜索框用于关键词搜索，而搜索框右边的"📷"图标还可用于图片搜索（图4-3）。

下面通过实例介绍基本检索的功能。例如，检索"糖尿病与肠道菌群的关系"，首先选择关键词"糖尿病"和"肠道菌群"，而后在搜索框输入这两个关键词，点击"百度一下"，所得结果如图4-3所示。

检索页面内容从上而下依次为检索框、两个关键词、信息类别（检索框下方的网页、资讯等）、结果数量（14,300,000）、检索结果排序和内容、相关搜索和更多页面的链接。检索结果采用超链分析技术按相关度排序。用户点击搜索结果的链接进行深入阅读或转换关键词继续检索。当网站链接出错或反应缓慢时，可以使用百度快照（图4-4中实线框）浏览页面文本内容，百度快照是对每个收录网页的纯文本备份。

∞ 知识链接

超链分析技术

超链分析是一种投票机制，链接就是对网页的投票。通过分析检索结果中，某网站被其他网页超链指向的数量，来评价该网站质量，数量越高，表明越受用户欢迎，价值越高，在结果中的排名越靠前。常见的网站被链接和访问次数，也是建立在该技术之上的。该技术可用于评价网页的价值和生命力，评价网站和网络信息资源的质量，以发现核心网站，被世界各大搜索引擎普遍采用。超链分析技术是由百度创始人李彦宏提出并获得技术专利，这比Google的PageRank专利更早，它成为百度搜索引擎的重要支撑，使中国成为全球仅有的4个拥有搜索引擎核心技术的国家之一。

图4-4　百度基本检索（上）和检索示例（中、下）

2. 高级检索　有三种方式。一是在基本检索框内使用"-"、"|"、"《》"、双引号、"intitle："、"inurl"等特殊命令，对关键词精确检索。二是在基本检索后，使用检索框下方的网页、图片、百度文库等各类型选项，以及搜索结果数量右侧的搜索工具（图4-4中虚线框）中的显示时间、文档格式和站点的限定条件，对关键词二次检索（图4-5）。三是使用高级检索页面（图4-2，https://www.baidu.com/gaoji/advanced.html）或基本检索右上角"设置"中的"搜索设置"和"高级搜索设置"完成高极检索。"搜索设置"用于基本检索界面的检索设置（图4-6）；"高级搜索设置"的搜索结果中的四个检索框分别提供逻辑与、精确匹配、逻辑或和逻辑非功能参与检索，并提供时间、文档格式等限定条件用于精确检索（图4-6）。仍以检索"糖尿病与肠道菌群的关系"为例，使用第三种方式检索。糖尿病和肠道菌群为并列关系，肠道菌群是完整检索，即精确匹配，若想知道最新研究进展，可选最近一年，依次在检索框内输入关键词，检索结果与基本检索存在区别，可以对比分析差异（图4-7）。

3. 其他检索服务 百度是一个以信息和知识为核心的综合服务平台，提供多种网络服务，包括搜索服务、导航服务、社区服务、游戏娱乐、移动服务、站长与开发者服务和软件工具，并不断拓展和深化新业务，开发新的服务。搜索服务包括翻译、视频、音乐、图片、地图、学术等多种类型（图4-8）。

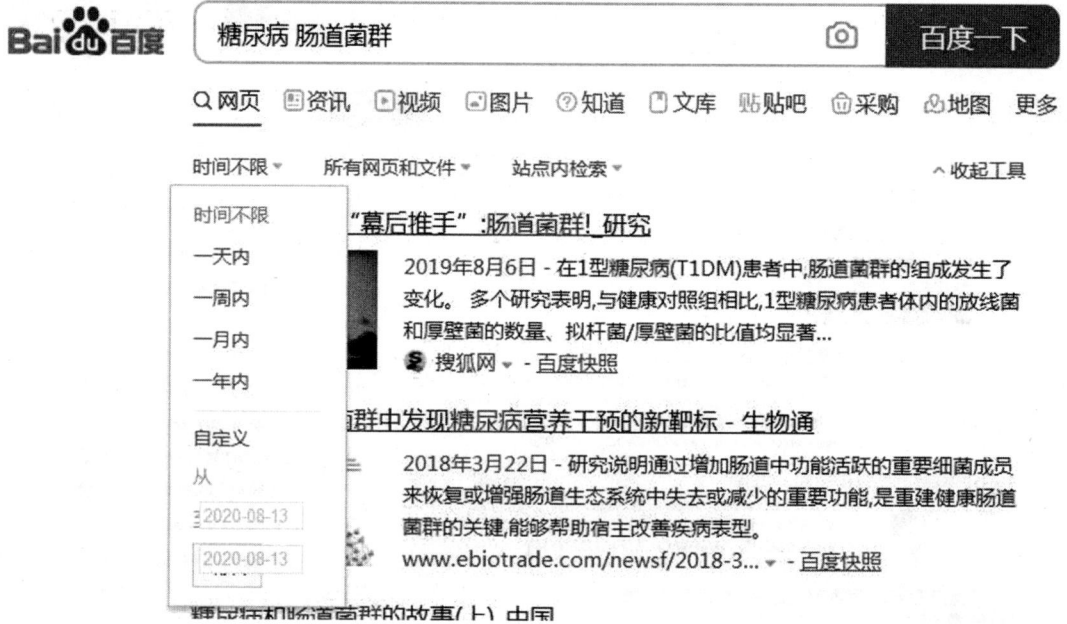

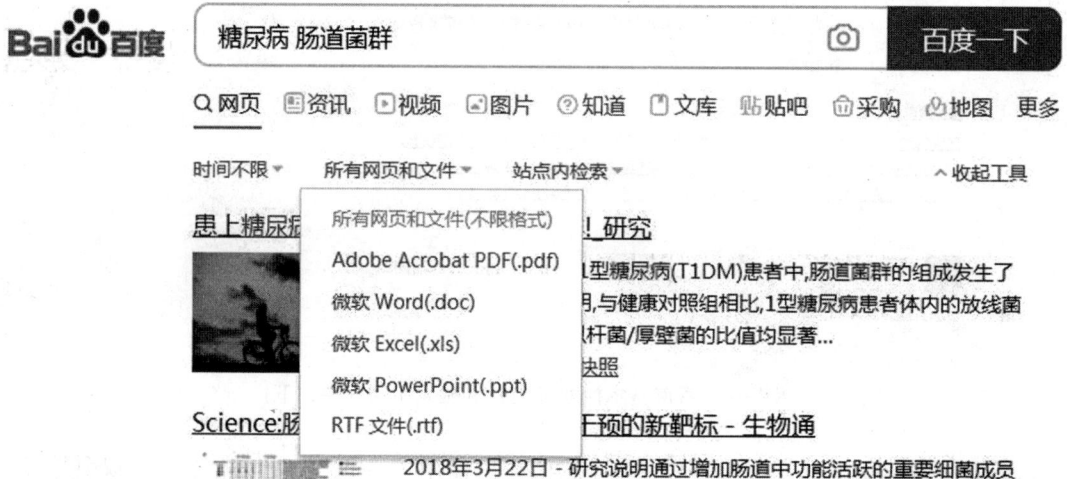

图4-5 百度基本检索的搜索示例和结果

搜索设置　　高级搜索　　首页设置　　　　　　　　　　　　　　　　　　　　✕

搜索框提示：是否希望在搜索时显示搜索框提示　　　　● 显示　　○ 不显示

搜索语言范围：设定您所要搜索的网页内容的语言　　● 全部语言　　○ 仅简体中文　　○ 仅繁体中文

搜索结果显示条数：设定您希望搜索结果显示的条数　　● 每页10条　　○ 每页20条　　○ 每页50条

实时预测功能：是否希望在您输入时实时展现搜索结果　　● 开启　　○ 关闭

搜索历史记录：是否希望在搜索时显示您账号下的搜索历史　　○ 显示　　● 不显示

恢复默认　　[保存设置]

搜索设置　　**高级搜索**　　首页设置　　　　　　　　　　　　　　　　　　　　✕

搜索结果：　[包含全部关键词]　　　　　　　[包含完整关键词]

　　　　　　[包含任意关键词]　　　　　　　[不包括关键词]

时间：限定要搜索的网页的时间是　　　　　　[全部时间 ∨]

文档格式：搜索网页格式是　　　　　　　　　[所有网页和文件　　∨]

关键词位置：查询关键词位于　　　　● 网页任何地方　　○ 仅网页标题中　　○ 仅URL中

站内搜索：限定要搜索指定的网站是　　　　[　　　　　　　　　] 例如：baidu.com

[高级搜索]

图4-6　百度基本检索设置（上）和高级检索设置（下）

搜索设置　　**高级搜索**　　首页设置　　　　　　　　　　　　　　　　　　　　✕

搜索结果：　[包含全部关键词 ｜ 糖尿病]　　　[包含完整关键词 ｜ 肠道菌群]

　　　　　　[包含任意关键词]　　　　　　　[不包括关键词]

时间：限定要搜索的网页的时间是　　　　　　[全部时间 ∨]

文档格式：搜索网页格式是　　　　　　　　　[所有网页和文件　　∨]

关键词位置：查询关键词位于　　　　● 网页任何地方　　○ 仅网页标题中　　○ 仅URL中

站内搜索：限定要搜索指定的网站是　　　　[　　　　　　　　　] 例如：baidu.com

[高级搜索]

Bai🐾百度　　[糖尿病 "肠道菌群"　　　　　　　　📷]　[百度一下]

🔍网页　　📄资讯　　▶视频　　📷图片　　②知道　　📑文库　　贴贴吧　　🛒采购　　📍地图　　更多

一年内 ▾　　所有网页和文件 ▾　　站点内检索 ▾　　　　　　　✕清除

多篇文章聚焦肠道菌群与糖尿病之间的神秘关联！- 组学专区 - 生物谷
2020年3月27日 - 本文中,小编整理了多篇重要研究成果,共同聚焦肠道菌群与糖尿病之间的神秘关联,分享给大家!图片来源:scitecheuropa.eu【1】Cell Rep:肠道菌群或许是治疗糖尿病的...
news.bioon.com/article/67527..... - 百度快照

糖尿病患者肠道菌群研究_百度文库
2020年8月1日 - 糖尿病患者肠道菌群研究 张弘超,金英朝,李成镇,刘大伟 黑龙江省医院普外科,黑龙江哈尔滨 150036【摘要】[摘要]目的该研究旨在通过对糖尿病患者肠道菌...
Ⓖ 百度文库 ▾ - 百度快照

图4-7　百度高级检索示例和检索结果

搜索服务

译 百度人工翻译 权威精准人工翻译	**网页** 搜索海量网络资料、资源	**视频** 搜索海量网络视频
音乐 搜索试听下载海量音乐	**地图** 搜索功能完备的网络地图	**新闻** 搜索浏览新闻资讯
百度识图 以图搜信息，发现更多可能！	**太合音乐人** 发现更好的原创音乐	**百度学术** 提供海量中英文文献检索！
		译 百度翻译 轻松解决语言差异困扰
		图片 搜索海量网络图片

图 4 - 8　百度搜索服务类型

∞ 知识链接

百度检索常见命令

1. 双引号（""）　检索结果不拆分关键词，保证精确匹配。

2. 减号"-"　相当于逻辑非，使用时，-前要留一个空格。

3. "|"　相当于逻辑或。

4. 『』　搜索论坛版块，格式为"『关键词』"。

5. Index　搜索含关键词的网站资源导航页，格式为"index of 关键词"。

6. Intitle　搜索网站标题包含关键词的网站，格式为"intitle：关键词"。

7. Inurl　搜索 URL 中包含关键词的网页，格式为"inurl：关键词"。

8. Filetype　搜索一般的文件格式，包括 doc、ppt、pdf、xls、rtf 等，格式为"关键词 filetype：文件格式"。

9. Site　在指定站点内搜索关键词，格式为"关键词 site：网站地址"。

10. Domain　搜索网站的外链情况，格式为"domain：关键词"。

（二）必应

必应（https：//cn. bing. com/？ FORM = BEHPTB）是微软公司于 2009 年 5 月 28 日推出的全球化搜索引擎，包括国内版和国际版，满足中英文的搜索需求（图 4 - 9）。必应可以无需打开浏览器，直接使用 Windows 8.1 的搜索框进行检索。

图片　视频　学术　词典　地图　|　Office　Outlook.com　　　　　　　　　登录

b Bing　　国内版　国际版

图 4 - 9　必应搜索页面

必应的基本检索和高级检索与百度相似。支持布尔逻辑检索，逻辑与使用"AND"或"&"

表示，逻辑或使用"OR"或"｜"表示，逻辑非使用 NOT 或"－"。使用双引号精确匹配检索。支持 filetype、intitle、site 等检索符，缩小搜索范围。基本的搜索不区分大小写，但 OR 和 NOT 必须使用大写。搜索关键字之间无需加 AND，搜索默认为 AND 搜索。

五、学术搜索引擎

学术搜索引擎是专门检索学术资源的特色搜索引擎，包括百度学术、读秀学术搜索、Google 学术、Scirus、比菲尔德学术搜索引擎（Bielefeld academic search engine，BASE）等。

（一）百度学术

百度学术（https://xueshu.baidu.com/）收录 120 多万个国内外学术站点，包括中国知网（CNKI）、维普、万方、Elsevier、Springer、Willey、Pubmed 等，索引超过 12 亿的资源页面，收录 6 亿多篇的中外文学术文献，1 万多中文学术期刊。以检索"糖尿病与肠道菌群的关系"为例，如图 4 - 10 所示，检索界面与专业数据库相近，检索结果可以按相关性（默认）、被引量、发表时间排序，在界面左边为分类目录，结果可按目录中的发表时间、领域、核心期刊、获取方式、关键词、文献类型、作者、发表期刊和机构进行筛选。

图 4 - 10　百度学术搜索示例

（二）CNKI 学术搜索（CNKI Scholar）

CNKI 学术搜索（https://scholar.cnki.net/）是中国知网整合各类国际学术资源所建的搜索引擎（图 4 - 11），收录了英、法、德、日等语种的国际期刊 7.7 万多种，图书 86 万多本，共计 1.2 亿余份文献，文献内容涵盖科学、生物医学、化学、药剂学、地球科学、医疗与公共卫生、计算机科学、地理学、建筑学、生命科学、数学、物理学、统计学、工程学、环境等学科领域。

CNKI 学术搜索提供关键词检索和分类检索，关键词检索与百度学术相似，它的特点在于可以跨库、跨语言检索中文、外文学术资源，并将外文文献重要内容翻译成中文。分类检索包括热点追踪和期刊检索，分为自然科学、工程技术、医学、农业科学、哲学、社会科学和人文科学七大类。热点追踪依据关键词频率以字体大小体现研究热度，用户可根据热点检索文献。期刊检索的各大类进一步分为若干亚类，各种期刊按英文字母排序。

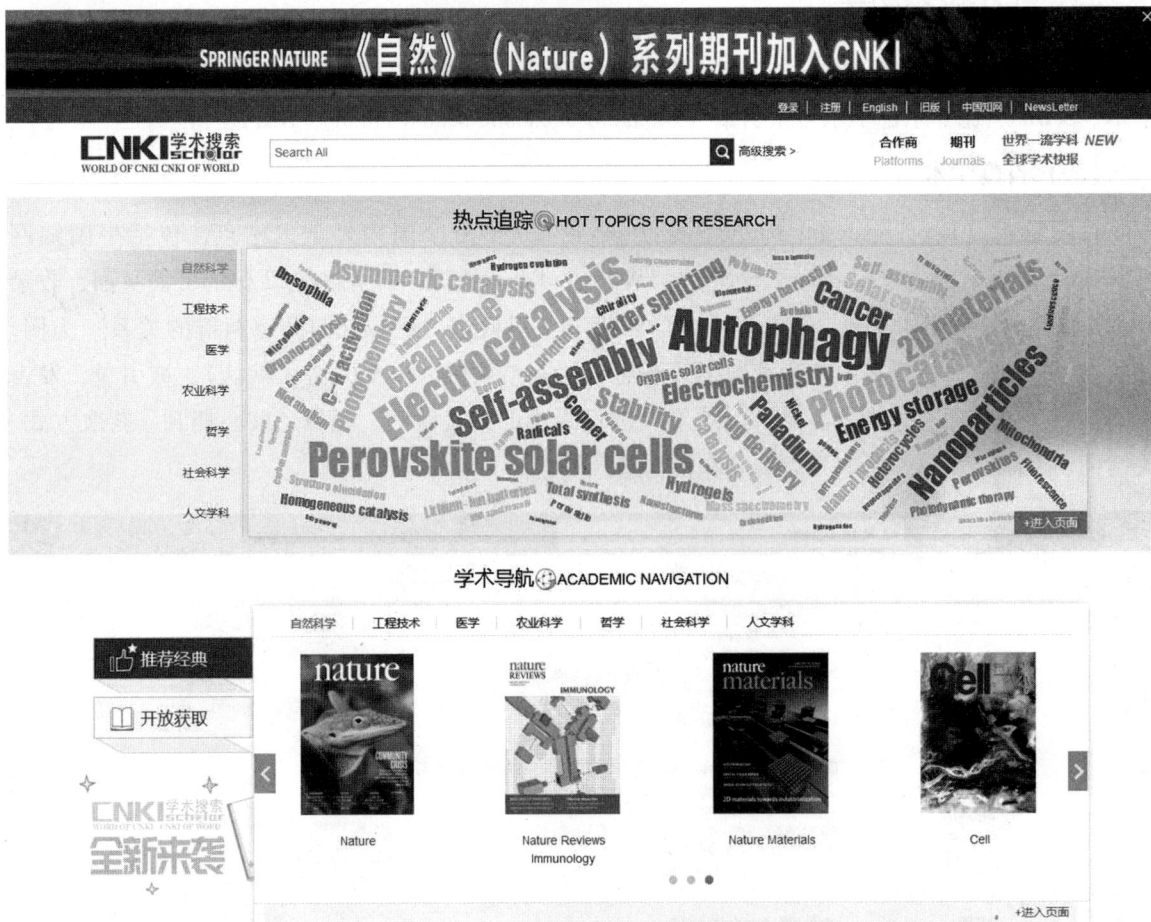

图 4 -11　CNKI 学术搜索页面

（三）读秀学术搜索

读秀学术搜索（http://edu.duxiu.com/）是全球最大的中文图书检索平台，它集文献搜索、试读、文献传递、参考咨询等多种功能为一体。

读秀学术搜索以超星公司的 430 多万种中文图书为根据，以每年新增十几万种新书，其图书收录量占中文总图书量的 95% 以上，同时收录了 10 亿页全文资料，包括图书、期刊、报纸、学位论文、会议论文、标准、专利、视频等各类学术信息资源。

读秀学术搜索为用户提供深入目录和内容的全文检索。检索结果显示与百度学术相似，见图 4 -12，用户可以选择左、右边栏的年代、学科、期刊种类、图书、报纸等条件进行二次检索。检索结果的内容除基本信息外，还包括前言页、版权页和正文前 17 页的试读，读者通过阅读文献的某个章节或通过文献传递来选择文献资源，并可为读者提供数字参考咨询服务，如文献互助、文献传递、图书推荐等，其中文献传递是一大特色，可将咨询的资源发送至读者的电子邮箱。

图 4 – 12 读秀学术搜索示例

（四）Google 学术

Google 学术（http://scholar.google.com/）于 2004 年推出，可以检索来自学术著作出版商、专业性社团、预印本、各大学及其他学术组织的经同行评论的文章、论文、图书、摘要、技术报告、专利、文献等，可以搜索中文（简/繁体）、英语、法语、德语、日语、朝鲜语等多种语言的文献资料，内容主要涉及医学、物理、经济、计算机等学科文献。Google 学术搜索包括基本检索和高级检索，可以通过关键词、题名、限定字词位置、作者、出版物名称、出版时间和逻辑运算的组配检索信息。

（五）Scirus

Scirus（https://www.sciencedirect.com/）是由爱思唯尔（Elsevier）科学出版社所开发，专注于搜索网站（Web）和期刊资源的科技内容，是互联网上最全面、综合性最强的科技信息搜索引擎之一（图 4 – 13）。虽然它于 2014 年初停止服务，但仍可搜索之前的科技文献，最早可追溯至 1900 年以前。它可搜索 4.1 亿个科学相关网页，包括 ScienceDirect、Medline、Beilstein、US Patent

Office、BioMedCentral 等知名数据库的文摘或全文，还可搜索其他引擎遗漏的最新报告，如同行评审文章、专利、杂志、预印本等。

Scirus 覆盖的学科范围广泛，包括农业与生物学、天文学、生物科学、化学与化工、计算机科学、地球与行星科学、经济、金融与管理科学、工程、能源与技术、环境科学、语言学、法学、生命科学、材料科学、数学、医学、神经系统科学、药理学、物理学、心理学、社会与行为科学和社会学等。

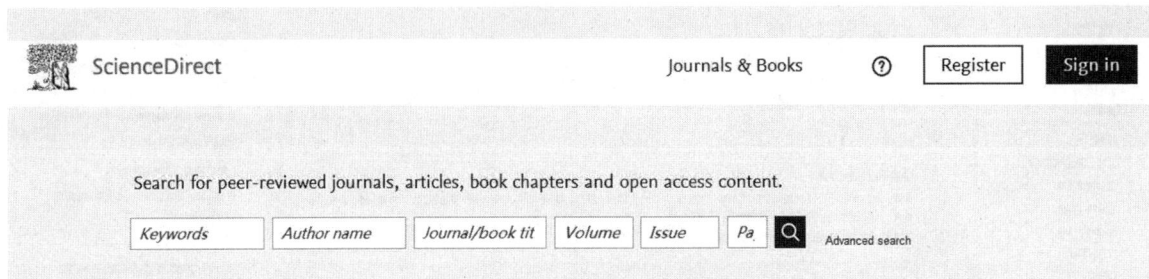

图 4-13　Scirus 搜索页面

（六）BASE

BASE（https://www.base-search.net/）是比菲尔德大学图书馆开发的一个多学科搜索引擎，提供对全球学术资源的集成检索服务，搜索界面支持中文、英文、德语等 8 种语言（图 4-14）。目前，BASE 提供来自 8300 个以上的信息源的超过 2.3 亿份文献，经过索引后可以获取 60% 的文献全文。BASE 可以智能化地选取资源，只收录符合学术质量和相关性等特殊要求的文件，以杜威十进分类法（DDC）和文件类型进行浏览。

图 4-14　BASE 搜索页面

六、医药专业搜索引擎

（一）Medical Matrix

Medical Matrix（http://www.medmatrix.org）由美国医学信息学会主办，是目前最重要的医学专业搜索引擎，收录 4600 多个医学网址，适合临床医师使用。它提供了关键词搜索和分类目录搜索，分类目录是其主要特色，按各种医学信息分为专业、疾病种类、临床应用、文献、教育、健康和职业、医学和计算机、市场等 8 大类，每一大类分为新闻、全文和多媒体、摘要、临床和病理图像等 11 个亚类。链接的网址进行分级和评论，便于用户决定是否继续阅读。

（二）Medscape

Medscape（https://www.medscape.com）是美国公司 Medscape 公司于 1995 年 6 月投入使用，是最大的免费提供临床医学全文文献和医学继续教育资源（CME）的网点，提供 Fulltext、Medline、DrugInfo、AIDSLine、Toxline、Whole、Medical Images 等 10 多种数据库的检索，可查阅近 38 个临床学科 125 种医学期刊的 2.5 万多篇全文文献，全世界 3900 多种医学杂志发表的 950 万多篇的文章摘要，查询 20 万种药物的使用剂量、毒副作用、注意事项等。主页（图 4 - 15）可直接进入新闻与观点、药物和疾病、医学继续教育、学会和视频栏目，医学教育为特色栏目。主页右上角提供检索框，新闻与观点导航栏提供 32 个主题链接，各主题根据疾病名称、所属学科和内容性质，按英文 26 个字母提供分类检索。

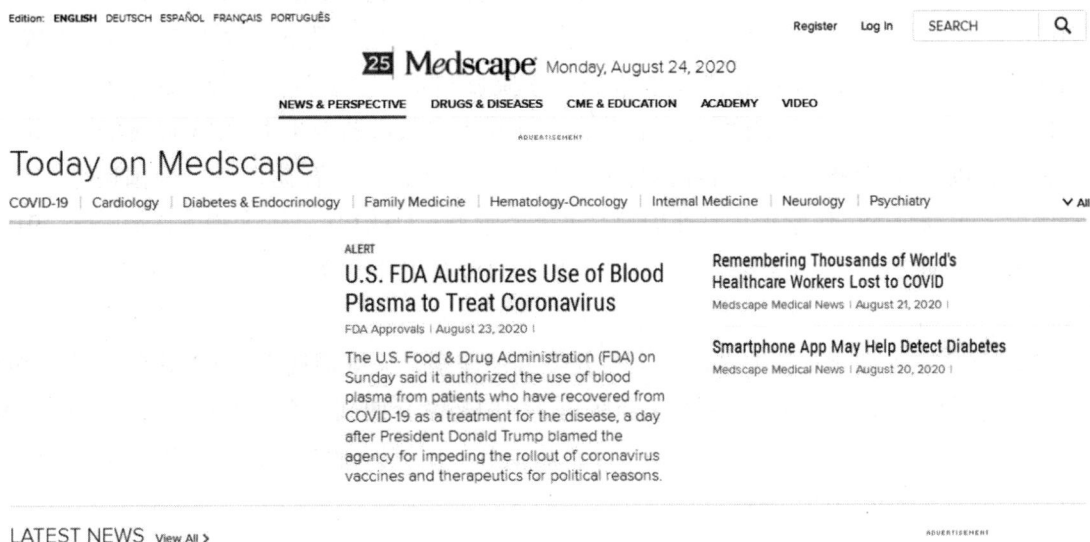

图 4 - 15 Medscape 搜索页面

（三）CNKI 医学学术搜索

CNKI 医学学术搜索（http://www.chkd.cnki.net/）由 CNKI 开发的基于知识发现的统一医学学术资源搜索引擎，它通过先进的智能标引和深度知识挖掘技术，实现文献和知识链接，建设全球范围的知识网络，为国内外医学专业人员提供一个跨语种、跨文献类型、权威的信息检索平台，可以检索期刊、学位论文、会议论文、报纸、专利、标准、图书等各类学术文献，搜索主页见图 4 - 16。

图 4 - 16 CNKI 医学学术搜索页面

CNKI 医学学术搜索与国内外出版商和数据库厂商版权合作，包括 Pubmed、Elsevier、Pro-Quest、Springer、Taylor & Francis、Wiley、Cambridge University Press（剑桥大学出版社）、IOS Press（荷兰 IOS 出版社）、Scientific Research（美国科技研究出版社）、Annual Reviews 出版社、欧洲专利局、世界知识产权组织等 19 个外文医学和健康资源，收录了 1650 多种国内期刊（截至 2019 年 11 月），1 万余种 PubMed 期刊，累计 2 千余万篇题录数据，提供 5 家国外出版社如美国科技研究出版社的 OA 资源；国内 80 家医学院校和 400 多家其他院校，超过 69 万篇的文献，以 5.4 万篇/年更新；近万本会议论文集；2000 年以来医药卫生类的 15 种报纸，500 多种相关报纸，以 6 万篇/年更新，内容涵盖基础医学、临床医学、预防医学、中国医学、药学、特种医学、生物科学、医学教育与外语学习等多个学科。CNKI 医学学术搜索还收录了 1912 年以来正式出版的 2927 种约 2.48 万本中国年鉴中的医药卫生相关资源，以及专利、标准、图书等。

CNKI 医学学术搜索提供关键词搜索和分类目录搜索，关键词搜索与 CNKI 学术搜索相似，分类目录包括资源导航、中华预防医学会期刊、中国药学会期刊、个刊发行列表、全球学术快报、军队医学期刊、实用临床医学期刊、中医药期刊、中国医师协会期刊、临床诊疗知识库和新型冠状病毒专题等 11 个类别。

（四）中国中医科学院图书馆的资源发现系统

中国中医科学院图书馆的资源发现系统（http://primo. cintcm. ac. cn:1701/primo_library/libweb/action/search. do）可以检索其图书馆收藏的纸质资源，如纸质图书、报刊和光盘等；以及订购的电子资源，如部分免费期刊、会议论文、学位论文、电子书、报纸、参考资料、图片、多媒体等。该图书馆收藏 32 万余册图书，包括 5 千余种 6 万余册的中医古籍，其中有 2 万余册珍善本医书、12000 多种中医药图书（1911 年至今）、1 万余册外文传统医学图书；收录2000 余种国内外期刊，其中 230 多种中医期刊，60 多种外文中医期刊；数百种缩微胶卷、声像资料及电子产品。系统提供一站式检索和高级检索，以及电子期刊导航，电子期刊导航可按关键字词和字母排序检索，检索结果点击后直接链接至 CNKI、维普和万方平台中收录该期刊的页面。

▶ **知识拓展**

搜索引擎的发展趋势

随着用户对互联网个性化和社会化需求的增加，以及智能化移动设备的普及，互联网产生许多新型的应用功能，搜索引擎也需要产生相应的转变，以满足互联网的发展趋势。

1. 社会化　社交网络平台成为主流，为用户提供准确度和信赖性更高的搜索结果。

2. 实时性　提高信息的时效性，尤其是突发事件。

3. 移动性　提供智能手机的移动版搜索服务。

4. 个性化　依据个人的网络行为，如搜索历史、点击记录、发布的信息，建立个人兴趣模型，提供满足用户个人需求的搜索结果。

5. 智能化　能感知人与人所处的环境，并以此建立模型，试图理解用户查询的目的。

6. 跨语言搜索　通过查询翻译和网页机器翻译，将中文翻译为英文进行查询。

7. 多媒体搜索　采用图片、音频和视频中的信息而非文本搜索。

8. 地理位置感知搜索　通过北斗和 GPS，准确为用户定位信息并提供相关的搜索服务，此类搜索已在手机 APP 中广泛应用。

第二节　开放获取资源

微课

💬 **案例讨论**

【案例】研究团队通过搜索引擎，检索到所需的文献信息，点击链接，只查到文摘，不能下载全文，需要支付费用。

【讨论】1. 从哪些途径可以获得这些论文？

　　　　2. 是否可以获得免费论文？

一、概述

（一）开放获取的定义及发展

开放获取（open access，OA），又称为开放存取、开放共享，是 20 世纪 90 年代国际科技界、学术界、出版界、信息传播界为推动科研成果，利用互联网自由传播而发起的运动。在尊重作者版权的前提下，通过新的数字技术和网络化通信，任何人都可以通过网络及时、免费、不受任何限制地获取各类文献，包括经过同行评议的期刊论文、参考文献、技术报告、学位论文等全文信息，用于科研教育和其他活动，其目的是促进科学及人文信息的广泛传播，学术信息的交流与出版，提高科学研究的公共利用程度和效率，保障科学信息的保存。

（二）开放获取的特征

1. 全文免费获取　作者付费出版，读者免费使用全文，前提是尊重作者版权，作者保留署名权和完整权，用户注明出处。

2. 数字化　通过网络获取。

3. 网络存储　全文信息存储于至少一个稳定可靠的网络服务器，以确保免费使用、不受限制传播和长期储存。

4. 实效性。

5. 学术性　开放资源为学术资源。

（三）开放获取的主要类别和实现途径

开放获取资源实现途径包括开放获取期刊（Open Access Journal，OAJ）、开放获取仓储（Open Repositories and Archives）、电子预印本、个人网络信息资源等。

二、开放获取期刊

开放获取期刊是一种经过严格的同行评审、免费的网络化期刊，一般由作者或其他机构支付论文评审、编辑、出版和维护费用，并保留版权，读者可以免费获得并无限制使用论文全文。

根据期刊的开放程度分为延时开放期刊、部分开放期刊和完全开放期刊。延时开放期刊是指出版一段时间后，再为用户提供免费获取的期刊，如《病毒性杂志》（JournalofVirology）。开放的时限短则一个月，长则两三年。部分开放期刊指只有部分文章向用户提供免费获取的期刊，如《美国医学会杂志》（Journal of the American Association，JAMA）。完全开放期刊是指在出版的同时即可被全部免费获取的期刊，如《英国医学杂志》（BritishMedical Journal，BMJ）、Frontiers in 在线出版的各种期刊。

根据出版形式分为纯网络版电子期刊和平行出版期刊两种，纯网络版电子期刊（Electronic - only）指完全依托计算机、网络和通信技术完成从投稿到出版过程的期刊，不发行印刷本。此种期刊内容新颖、表现形式丰富、周期短、版面限制较少、检索更方便直观、维护更方便、资源共享性更高，如 BioMed Central （BMC）和 Frontiers in 在线出版的各种期刊。平行出版期刊是指期刊印刷版出版的同时在网络发布全部或部分电子版，供免费使用，如《药理学评论》（Pharmaco-logical reviews）、《癌症研究》（Cancer Research），大部分开放获取期刊属于后者。

三、预印本

预印本（Preprint）或电子预印本（E - print）是指未公开发表的，出于与同行交流的目的而自愿先在互联网上或学术会议上发布的学术文献，包括科研论文、科技报告、进展综述、专题讲座、学位论文等。科研论文可以是没有投稿的、投稿了但未被采用的以及已被采用但尚未正式发表的。

预印本可以在投稿的同时公开研究成果，这有利于加快交流速度、建立优先权、收取反馈意见、更早获得引用、提供研究证据、提高合作机会、收到更多会议邀请、发表广泛的研究结果等。常见的预印本平台有中国预印本服务系统、ArXiv、国外预印本门户（SINDAP）等。

四、开放获取仓储

开放获取仓储也称 OA 仓储，不仅存放有版权，但出版社允许自存储的作品，如学术论文、专著等，还存放各种无版权的学术研究资料，包括实验数据、技术报告、讲义、PPT 和多媒体声像资料等，包括由机构创建的机构资料库或机构知识库（Institutional Repositories，IR）和按照学科创建的学科资料库（Disciplinary Repositories，DR），IR 主体多为高校图书馆、科研院校和学术组织。

OA 仓储一般不实施内容方面的实质评审工作，但要求作者提交的论文是基于某一特定标准格式（如 Word 或 PDF 等），并符合一定的学术规范。OA 仓储可存储预印本和后印本，但仍以预印本资源库的形式为主，对某一学科领域或多个学科领域中的研究者均开放，提供免费的文献存取和检索服务。

五、开放获取资源检索

（一）中文开放获取资源

1. 国家科技图书文献中心　国家科技图书文献中心（http://www.nstl.gov.cn）建有开放资源集成获取系统和中国预印本服务系统。

开放资源集成获取系统共收录 8123 种期刊，超过 568 万篇期刊文献，1000 多个会议，超过 15 万篇会议文献，近 2500 篇报告，8 万多篇学位论文，近 2600 个课件，近 7000 册图书。首页提供整合检索、学科分类的期刊和会议导航，以及字顺的浏览导航，如图 4 - 17 所示。

图 4 - 17　开放资源集成获取系统首页

中国预印本服务系统（https://preprint.nstl.gov.cn）是由中国科学技术信息研究所与国家科技图书文献中心联合建设的，于 2004 年 3 月 15 日正式开通服务。系统以提供预印本文献资源服务为主要目的，由国内预印本子系统和国外预印本门户 SINDAP 子系统组成，前者主要收藏国内科技工作者自由提交的预印本文章，涉及自然科学、农业科学、医药科学、工程与技术科学、图书馆、情报与文献学等领域，后者实现全球预印本文献资源的一站式检索，可检索全球知名的 17 个预印本系统，获得相应系统的预印本。系统首页提供分类浏览和关键词检索，能实现浏览全文、发表评论等功能，图 4 - 18 所示。

图 4 - 18 中国预印本服务系统首页

2. 中国科技论文在线 中国科技论文在线（http://www. paper. edu. cn）是经教育部批准、由教育部科技发展中心主办的科技论文在线网站，每日更新。该网站为作者提供论文发表的时间证明，以保证科研人员能及时发表新颖的学术观点、创新思想和技术成果，保护原创作者的知识产权，同时允许作者向其他专业学术刊物投稿，其中精品论文在《中国科技论文在线精品论文》期刊（刊号 CN 11 -9105/N5、ISSN 1674 -2850）上出版。

中国科技论文在线收录 10 万多篇首发论文（预印本论文）、近 130 万篇 OA 期刊论文、近 13.8 万篇学者论文，3.8 万多篇社区资源，首页提供关键词检索、学科导航、机构导航和 OA 资源导航，学科导航提供了数学、地理、生物、医学、化学、工程技术、信息科学和经济管理 8 类资源的分类检索。OA 资源单独建成集成平台，提供关键词检索、学科分类浏览和资源分类导航（图 4 -19）。

图 4-19　中国科技论文在线首页（上）、学科检索页（中）和 OA 资源集成平台（下）

3. 汉斯出版社国际中文开源期刊 汉斯出版社国际中文开源期刊（http://www.hanspub.org）覆盖数学、物理、生命科学、化学材料、地球环境、医药卫生、工程技术、信息通讯、人文社科、经济管理等领域，出版社主办的期刊有 160 本，均被维普、万方、超星等数据库及 DOAJ 开源数据库收录，有 23 本被美国《化学文摘》（Chemical Abstracts）收录，并收录预印本。期刊主页提供论文检索和期刊分类检索，如图 4-20 所示。

图 4-20 汉斯出版社国际中文开源期刊主页

4. 中国医学科学院/北京协和医学院/医学信息研究所/图书馆 中国医学科学院/北京协和医学院/医学信息研究所/图书馆（http://www.imicams.ac.cn）收录 91 个医药卫生领域数据库，1.6 万多种中外电子期刊、3471 种外文纸质期刊、2191 种全国高等医院校联盟 2018 年独家期刊，25.6 万种中外电子图书，近 20 万册纸质图书（2019 年），主页提供文章、图书、期刊和数据库的检索，以及资源与服务项目导航。

中国生物医学文献服务系统是该图书馆研制的，集文献检索、引文检索、开放获取、原文传递及个性化服务于一体的生物医学综合性文献服务系统，包括医学文献数据库（CBM）、中国生物医学引文数据库（CBMCI）、西文生物医学文献数据库（WBM）、北京协和医学院博硕学位论文库（PUMCD）和中国医学科普文献数据库（CPM）等 5 个数据库资源。CBM 收录 2900 多种自 1978 年以来国内出版的生物医学期刊；CBMCI 收录自 1989 年以来的 640 余万篇引文；WBM 收录 2900 余万篇全球重要的生物医学期刊文献题录，其中协和馆藏 6300 余种期刊，2600 余种免费期刊；PUMCD 收录自 1981 年以来北京协和医学院的医药专业领域博硕学位论文；CPM 收录自 1989 年以来近百种国内医学科普期刊，共计 43 万余篇科普文献，涉及健康保健内容。系统提供文献、引文和论文的关键词检索、期刊导航检索和原文索取服务，如图 4-21 所示。

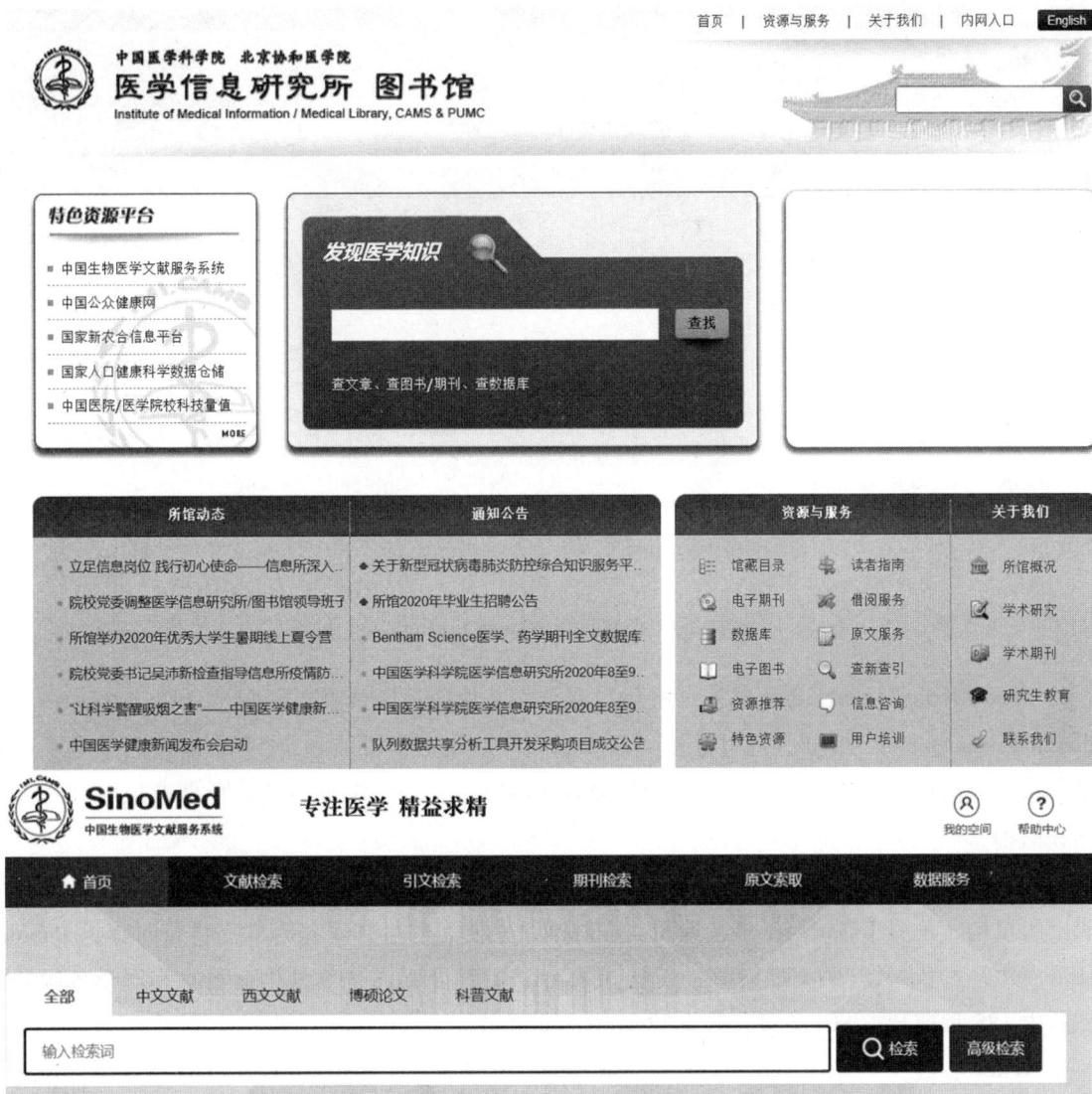

图4-21　中国医学科学院/北京协和医学院/医学信息研究所/图书馆（上）和中国生物医学文献服务系统（下）主页

5. Socolar Socolar（http://www.socolar.com/）是中国教育图书进出口公司开发的资源整合平台，为用户提供开放获取资源检索和全文链接服务，收录3万多种期刊，其中1.18万多种开放获取期刊，1000万篇开放获取文章。提供文章基本检索和高级检索、期刊学科分类浏览和字顺浏览等。

（二）外文开放获取资源

1. Pub Med Central（PMC） PMC（https://www.ncbi.nlm.nih.gov/pmc/）是由美国国家生物技术信息中心于2000年创建的一个提供生物医学、生命科学期刊文献的全文数据库，可在全球范围内免费使用。现收录2393种全刊免费期刊、331种NIH资助期刊以及7258种部分免费期刊，共有630万篇论文，是PubMed数据库中免费全文的重要来源。PMC提供关键词检索和期刊刊名浏览，刊名浏览按字母检索，如图4-22所示。

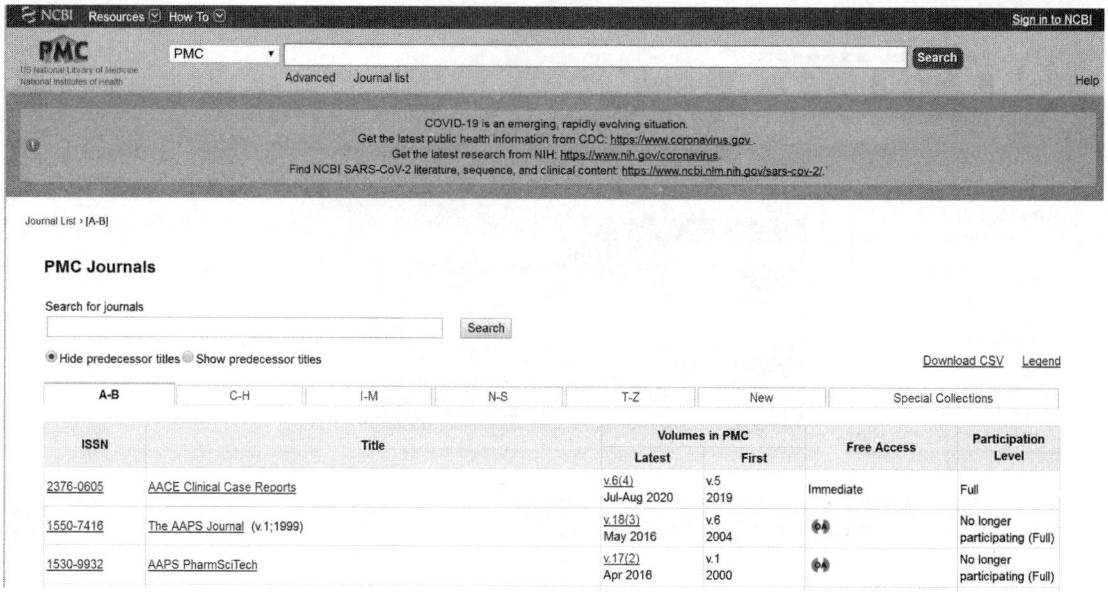

图 4 - 22　PMC 关键词检索和期刊浏览

2. Free Medical Journals 　是一个提供免费全文医学期刊目录服务的网站（http://www. free-medicaljournals. com/），主要是通过链接到具体期刊网站检索，目前收录 5000 多种医学电子期刊目录。系统只提供浏览法检索期刊，可按 5 种方式浏览：主题、影响因子、免费获取时间、刊名字顺和语种。

3. BioMed Central（BMC） 　BMC（http://www. biomedcentral. com/）是世界上最早的开放获取出版机构，隶属于 Springer 出版集团。在其网站上发表的所有研究论文都将及时存入 PubMed Central，并进入 PubMed 的文献索引。截至 2020 年，BMC 出版约 316 种生命科学和医学各领域期刊，其中 185 种期刊被 SCI 收录，刊发约 31.6 万篇论文。

4. Wiley 在线图书馆（Wiley Online Library） 　Wiley Online Library（http://onlinelibrary. wiley. com/）提供 1600 种期刊，超过 800 多万篇文献以及 15000 多在线书籍等，其中有 155 种开放获取期刊，学科范围包括农业、水产养殖、食品科学、生命科学、医学、化学、兽医学、建筑与规划、人文科学、社会科学与行为科学等。系统提供关键词检索和期刊分类检索，如图 4 - 23 所示。

5. 卫生领域研究网络计划（HINARI） 　HINARI（http://www. who. int/hinari/en/）是由世界卫生组织（World Health Organization，WHO）与主要文献出版商共同设立的一项计划，为中低收入国家卫生部门机构提供实时的高质量生物医学与健康文献，改善他们获取科学信息的机会。现已提供 2 万种期刊、6.4 万种电子书和 110 多种其他信息资源，如图 4 - 24 所示。

6. BMJ 出版集团 　BMJ 出版集团（http://www. bmj. com/cornpahy/）自 1840 年创刊出版旗舰刊综合性医学杂志《英国医学杂志》以来，已发展成为全球领先的医疗知识提供机构（图 4 - 25）。BMJ 目前出版 60 余种期刊，涵盖综合医学、临床专科、流行病学、药品、病例、医学教育、循证医学和健康等领域。期刊分为完全开放获取期刊和混合式期刊两种。完全开放获取期刊 23 种，混合式期刊多由传统订阅式期刊转变而来，作者可选择开放获取式或传统模式。该集团对发展中国家免费提供期刊全文。

7. Frontiers Frontiers（https://www.frontiersin.org/）　是瑞士洛桑的瑞士联邦理工学院于 2007 年创立的开放获取期刊出版社（图 4 - 26），现已出版 92 种期刊，17 万多篇论文，内容涉及自然科学、医疗卫生、工程、人文社会科学、创意和可持续发展。

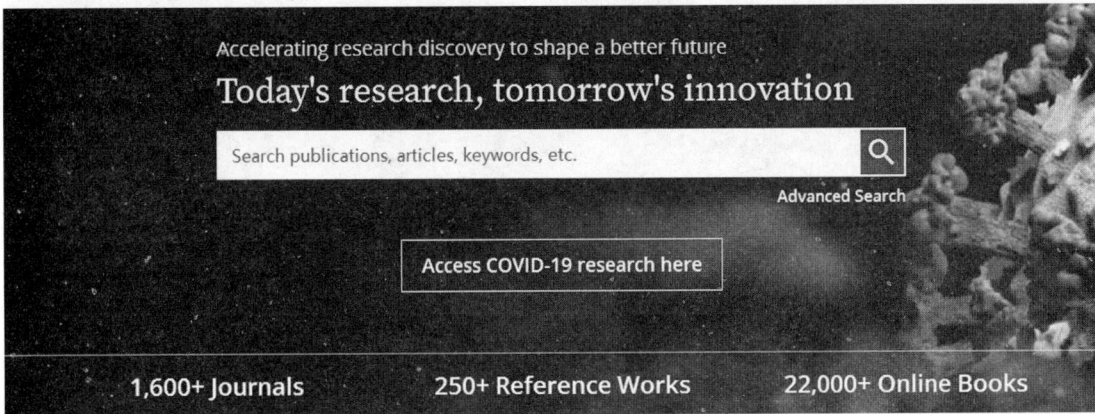

图 4 - 23　**Wiley 在线图书馆关键词检索和期刊分类检索**

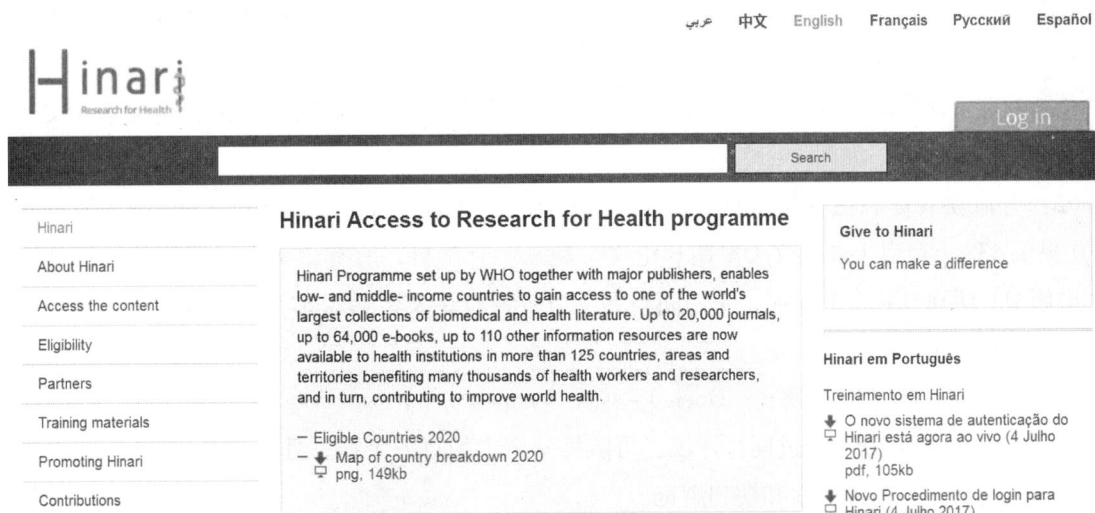

图 4 - 24　**卫生领域研究网络计划首页**

图 4 - 25　BMJ 出版集团首页

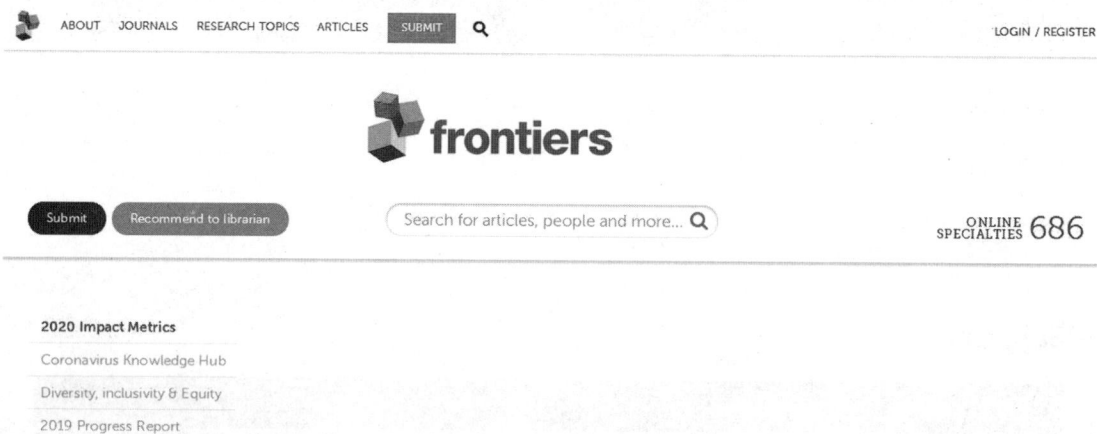

图 4 - 26　Frontiers 首页

8. 其他外文开放获取资源

（1）Directory of Open Access Journals（DOAJ）　由瑞典隆德大学图书馆于 2003 年 5 月推出的开放获取期刊的检索系统（https://www.doaj.org/）。截至 2020 年 8 月，DOAJ 收录了 1.5 万多种期刊，其中约 1.2 万种可搜索到的文章内容，收集约 521.6 万篇论文。期刊内容涵盖 20 类学科，包括农业、法学、医学、历史类、科学类、社会科学、技术等。系统提供刊名检索、文章检索和期刊浏览等功能，如图 4 - 27 所示。

（2）开放获取资源图书馆（Open access library）　Open Access Library（http://www.oalib.com）提供 438 万篇以上的英文 OA 期刊论文，涵盖所有学科，所有论文实行严格的同行评审制度。出版 OA 期刊 OALib Journal，采用同行评审方式发行论文，涵盖 311 个领域。首页提供论文检索、出版社、期刊和排名导航。

（3）Open J - Gate 电子期刊　Open J - Gate（http://openj - gate.org/）收录 6000 余种的 OA 期刊，其中 3800 多种期刊经过同行评议，可链接到全文的百万余篇，且每年新增全文 30 万篇左右，提供快速检索、高级检索和期刊浏览。

（4）High Wire 出版社　High Wire（http://highwire.stanford.edu/lists/allsites.dtl？view = by + publisher#O）是美国斯坦福大学著名的学术出版商，全球三个最大的免费学术论文全文的出版商之一。已收录电子期刊 382 种，765 万多篇期刊论文，其中 243 万多篇文章可免费获取全文。

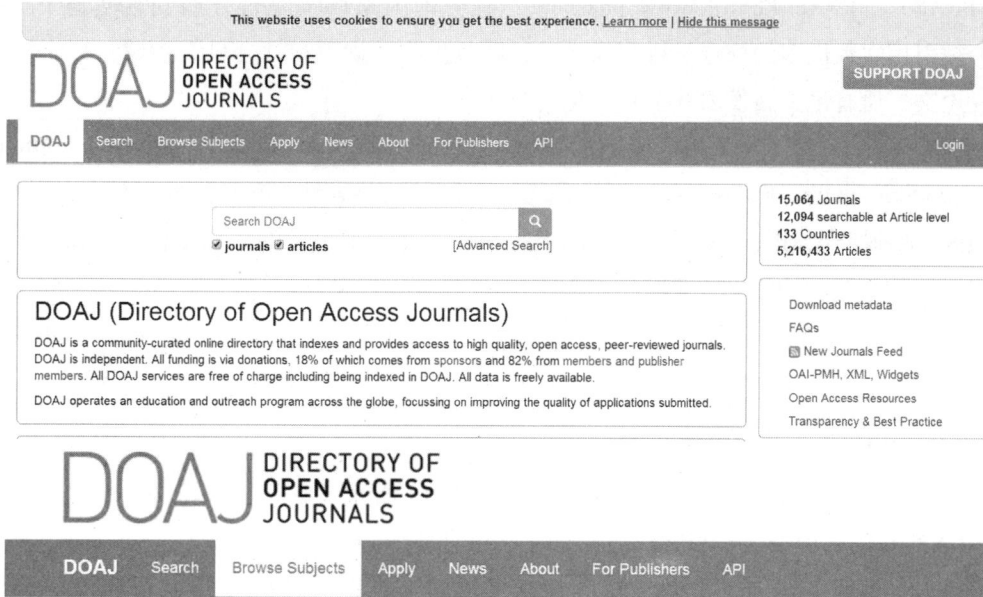

图 4 - 27　DOAJ 检索主页（上）和期刊浏览（下）

（5）ArXiv　ArXiv（https://arxiv.org/）由美国洛斯阿拉莫斯（Los Alamos）国家实验室于 1991 年创立的电子预印本文献库，2001 年转由康奈尔大学（Cornell University）维护和管理，提供物理、数学、计算机科学、定量生物学等领域的 175 万多篇的电子预印本，论文一旦在某种期刊上发表，其正式发表的卷期信息将会添加入 e - print arXiv 中的该论文记录处。

（6）科学公共图书馆（The Public Library of Science，PLoS）　PLoS（https://plos.org/）于 2000 年 10 月成立，是一个致力于使全球科技和医学文献成为可免费存取公共信息资源的非营利性出版商。自 2003 年 10 月开始，PLoS 出版了 7 种生命科学与医学领域的期刊，所有发表的论文均在 PMC 中建立索引，可以免费获取全文。

（7）发展中国家联合期刊库（Bioline International）　Bioline International（http://www.bioline.org.br/）是一个非营利性数字平台，提供来自发展中国家出版的高质量开放获取期刊全文，这些国家包括中国、孟加拉国、巴西、智利、哥伦比亚、埃及、加纳、印度、伊朗、肯尼亚、马来西亚、尼日利亚、坦桑尼亚、土耳其、乌干达和委内瑞拉，期刊共有 26 种，涉及公共卫生、国际发展、热带医学、粮食和营养安全以及生物多样性等领域。

（8）美国科学院院报（Proceedings of the National Academy of Sciences of the United States of America，PNAS） PNAS（http：//www. pnas. org）是美国国家科学院官方期刊，创刊于 1914 年，是世界上被引用次数最多的综合学科刊物之一，涉及生物、物理和社会科学领域，每年发表 3300 多篇研究论文，所有论文在发表 6 个月后免费开放。

（9）加利福尼亚大学国际和区域数字馆藏（eScholarshipRepository） eScholarshipRepository（http：//repositories. cdlib. org/escholarship）是由加利福尼亚大学图书馆创立的一个开放获取出版平台，出版 80 余种期刊，提供 29 万多篇已出版的期刊论文、未出版的研究手稿、会议文献以及其他连接出版物的文章，均可免费获取。

（10）剑桥大学机构知识库（Apollo） Apollo（http：//www. dspace. cam. ac. uk）提供剑桥大学相关的期刊、学术论文、学位论文等电子资源。

（三）公共信息开放获取资源

网络上还有许多医药公共信息资源网站，提供专利、标准文献等资源等。

1. 中国专利信息中心（CNPAT） 中国专利信息中心（https：//www. cnpat. com. cn/）是国家级大型专利信息服务机构，收集 1985 年以来中国的全部专利和 1790 年以来全球的全部专利。共享平台提供防疫专利信息共享、专利检索、专利管理与运营服务、智能翻译、检索服务（如科技查新、专利分析等）等 14 个产品与服务（图 4 - 28）。专利检索提供智能检索、表格检索、专家检索、号单检索和分类检索等方式，可检索中外专利的详细信息包括项目基本信息、全文 PDF、外观图形、权利要求、说明书、法律状态。

图 4 - 28 中国专利信息中心首页（上）和专利检索系统（下）

2. 全国标准信息公共服务平台　全国标准信息公共服务平台（http://std. samr. gov. cn/）由国家市场监督管理总局国家标准化管理委员会主管，国家标准技术审评中心主办的标准服务平台（图 4 - 29）。平台收集近 3.8 万个现行的国家标准、67 个行业的近 6.9 万个标准、近 4.6 万个地方标准、7900 多个团体标准、企业标准、近 4.6 万个国际标准、11 万以上的国外标准、60 多个示范试点标准和 25 个重点工程标准（军民标准通化工程），提供各类标准的关键词检索和分类检索，同时建立团体标准和企业标准检索平台，独立检索两类标准。多数标准可以免费获取，国际标准和国外标准需要购买。

图 4 - 29　全国标准信息公共服务平台首页（上）、团体标准检索平台（中）和企业标准检索平台（下）

此外，还可从 PCT 国际专利、欧洲专利局、美国专利、国际标准化组织（ISO）等网站获得开放资源。

（四）开放教学资源

网络上还有许多在线教学资源库、教学课程等开放资源，如麻省理工学院的"开放式课程网页"（http://ocw. mit. edu/index. html）、国家级职业教育专业教学资源库导航（http://zyk. ouchn. cn/portal/index）、国家精品课程在线学习平台——中国大学 MOOC（慕课）（https://www. icourse163. org/）。教学资源网站和内容不断增加，可以使用百度、必应等搜索引擎检索资源站点，或通过开放获取资源网站导航检索。

（五）个人网络信息源

除上述各类开放资源外，个人网站、电子图书、博客、微博、学术论坛、文件共享网络等各类形式的 OA 资源也不断出现，作者可以将有版权但允许自存储的作品或者没有版权的作品放在网络上，但是与其他几类相比，这些资源的发布较为自由，缺乏严格的质量保障机制，随意性更强，学术价值良莠不齐，需要鉴别使用。

第三节　网络医药学术资源网站

💬 **案例讨论**

【案例】除了论文外，医药研究者还需获得医药的基础数据、背景知识、政策信息、行业发展动态，并与他人进行交流等。

【讨论】1. 国内外有哪些知名的医药学术资源网站？
　　　　2. 如何获取所需的资源？

一、国内医药信息网站导航

（一）中医药在线

中医药在线（http://www. cintcm. com/）是中国中医科学院中医药信息研究所研发的中医药多库检索平台——中国中医药数据库检索系统。目前，中医药多库融合平台有 40 个数据库，约 110 万条数据，包括中医药期刊文献数据库、疾病诊疗数据库、各类中药数据库、方剂数据库、民族医药数据库、药品企业数据库、各类国家标准数据库（中医证候治则疾病、药物、方剂）等相关数据库。检索系统提供中医药多库融合平台、结构型数据库和集成平台导航，中医药多库融合平台提供期刊文献类、中药类、方剂类、药品类、不良反应类、机构类、标准类及其他类目分类导航；结构型数据库提供中药基础数据库、中药实验数据仓库、中药实验–化学数据平台和中医临床数据库导航；集成平台导航提供有毒中药数据平台、公共卫生突发事件救治数据平台和临床医学平台导航。该系统需要购买才能使用，不提供免费检索（图 4 – 30）。

图 4 – 30 中医药在线首页

(二) 国家人口与健康科学数据共享平台——药学科学数据中心（NCMI）

药学科学数据中心（http://pharmdata.ncmi.cn/）由科技部支持建立的科学研究共享平台，平台收集、整合全国药学科学及相关数据，建立 3 类数据库（图 4 – 31）。资源型数据主要包括药物基本数据、天然药物资源数据、化学药物资源数据、生物资源数据等。研究型数据主要包括各种应用与药物研究和开发的科学数据，如生物活性数据、药效学数据、药物靶点相关数据等。普及型数据主要包括面向社会各阶层的药学科学数据及相关数据。共享平台按不同开放程度，向全社会、专业人员、政府和科研人员，提供相应的政府决策、科学研究和信息咨询服务。

图4-31 药学科学数据中心首页（上）和数据库类别（下）

（三）国家人口与健康科学数据共享平台——中医药学科学数据中心（NSTI）

中医药学科学数据中心（http://dbcenter. cintcm. com/）由中国中医科学院中医药信息研究所科学数据研究室于1984年开始建设，现有43个主题数据库，形成100多个涵盖医药期刊文献、疾病诊疗、民族医药等领域的中医药科技数据库群。数据中心可为用户提供中医临床文献、针灸和古籍的基本信息、中药基础信息以及方剂组方的信息检索服务。该中心还建有中医药虚拟研究院，提供中医药经典古方、临床研究、药理化学实验、验案等数据库的数据检索（图4-32）。

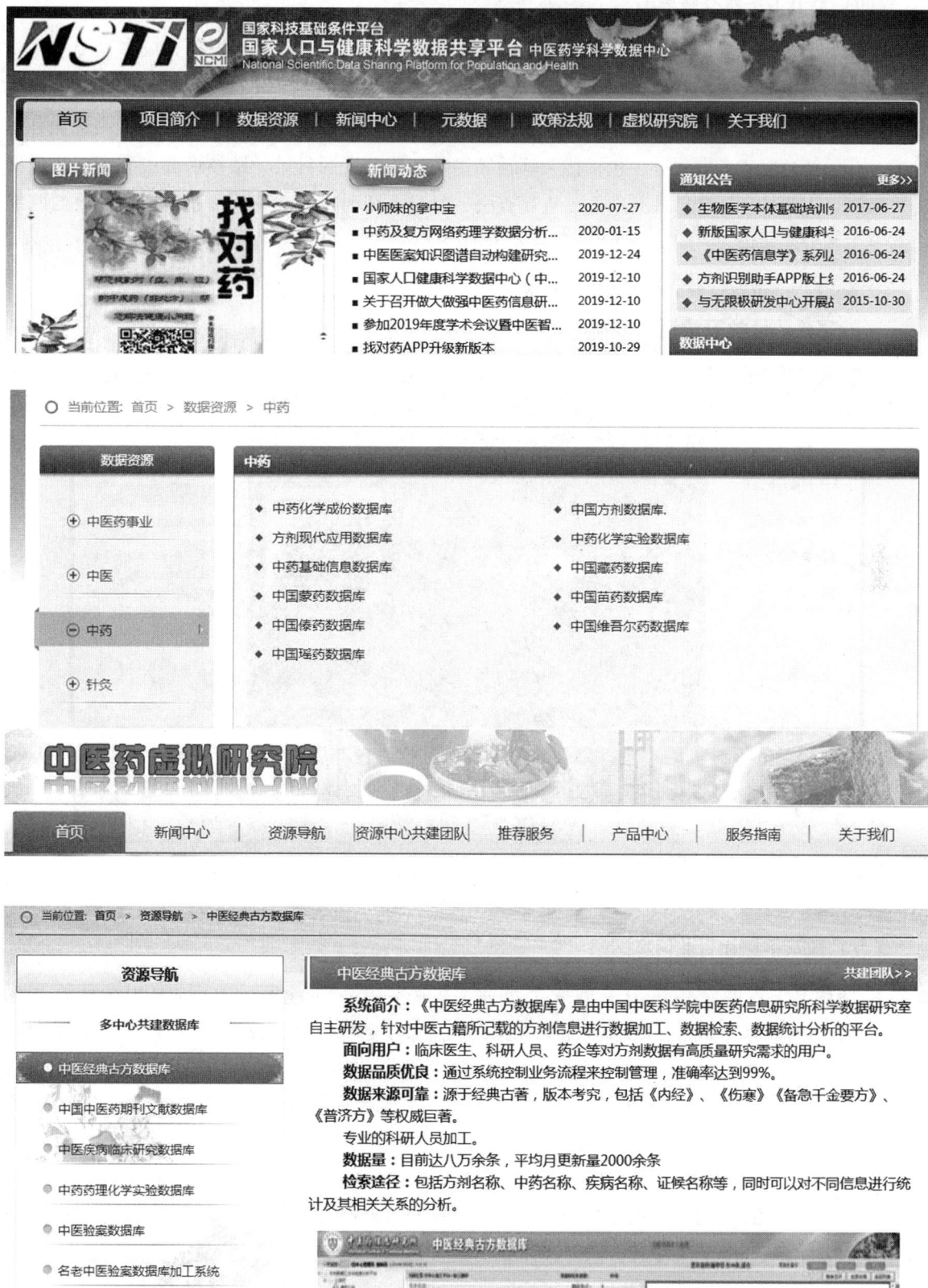

图 4-32 中医药学科学数据中心首页（上）、数据库类别（中）和中医药虚拟研究院资源导航（下）

（四）公共卫生科学数据中心

公共卫生科学数据中心（http：//www. phsciencedata. cn/Share/index. jsp）由中国疾病预防控制中心开发，提供公共卫生数据服务（图4－33）。公共卫生数据包括传染性疾病、慢性非传染性疾病、健康危险因素、生命登记、基本信息和其他六大类数据库72个数据库，提供检索服务和分类检索。开设特色服务专题服务，包括传染病预警追踪、信息资源目录、结核病健康教育、法定报告传染病、卫生信息标准、视频中心、查新查引、公卫百科和公卫文库等专题，提供开放的网络公共卫生和健康知识。

图4－33　公共卫生科学数据中心主页

（五）政策信息和行业信息网站

1. 医药卫生官网　国家卫生健康委员会（http：//www. nhc. gov. cn）、国家中医药管理局（http：//yzs. satcm. gov. cn）、各省卫生健康委员会、各省市级疾病预防控制中心、国家药品监督管理局（https：//www. nmpa. gov. cn）、国家药典委员会（https：//www. chp. org. cn）、国家药品监督管理局药品审评中心（http：//www. cde. org. cn）、国家药品监督管理局药品评价中心（国家药品不良反应监测中心）　（http：//www. cdr － adr. org. cn）、国家中药品种保护审评委员会（http：//www. zybh. org. cn）、中国医药信息网（http：//www. cpi. ac. cn）等。

2. 医药学（协）网站　中国医院协会（http：//www. cha. org. cn）、中华医学会（https：//www. cma. org. cn）、中华中医药学会（http：//www. cacm. org. cn）、中华预防医学会（http：//www. cpma. org. cn）、中国康复医学会（http：//www. carm. org. cn）、中国药学会（https：//www. cpa. org. cn）、中国药理学会（http：//www. cnphars. org. cn）、中国中西医结合学会（http：//www. caim. org. cn）、中国针灸学会（http：//bencao. cintcm. ac. cn）、中国药师协会（http：//www. clponline. cn）、中国医药信息学会（http：//www. cmia. info）、中国中医药信息学会（http：//www. ciatcm. org）等。

3. 医药技术类网站　中国食品药品检定研究所（https：//www. nifdc. org. cn/nifdc/）、国家卫生健康委临床检验中心（https：//www. nccl. org. cn/mainCn）、各省市临床检验中心、中华检验医学网（http：//www. labweb. cn/m/）、检验医学网（http：//www. labmed. cn/）、检验医学信息网（http：//www. clinet. com. cn/）、中国卫生检验网（http：//www. zgwsjy. cn/）、中华医学会检验医学分会（http：//www. cslm. org. cn/cn/）、中国体外诊断网（中国检验医学网）（http：//www. caivd－org. cn/）等。

4. 生物医学类网站　生物谷（http：//www. bioon. com）、生物在线（http：//www. bioon. com. cn）、梅斯医学（http：//www. medsci. cn）、医药生物汇展网（http：//www. bioevent. cn）、医学论坛网（http：//www. cmt. com. cn）等。

（六）医药导航网站

汇集医药网址资源的网站，为用户提供导航，如医学导航（http：//www. meddir. cn）、医药网址导航（http：//www. yiyaodh. cn）、医药网（http：//www. pharmnet. com. cn）、药源网（http：//hao. yaopinnet. com）等。

二、国外医药信息网站导航

（一）世界卫生组织

世界卫生组织（http：//www. who. int/en/）（WHO，简称世卫组织）是联合国系统内卫生问题的指导和协调机构，成立于1948年4月7日，总部设在瑞士的日内瓦，是国际上最大的政府间卫生组织，共有6个区域办事处，194个会员国，宗旨是使全世界人民获得尽可能高水平的健康，工作领域包括卫生系统、生命全程促进健康、非传染性疾病、传染病、全组织范围服务、防范检测和应对。

世卫组织网站主页有阿拉伯文、中文、英文、法文、俄文、西班牙文6种语言版本（图4－34），提供疫情通报会、新闻、实况报道、出版物、简报文章、聚焦、特写故事、常见问题、疾病暴发、视频、总干事的讲话、会议和活动等，导航栏目主要有健康主题、国家、媒体中心、突发卫生事件、数据和关于世卫组织，其中特色的栏目有健康主题、数据等。

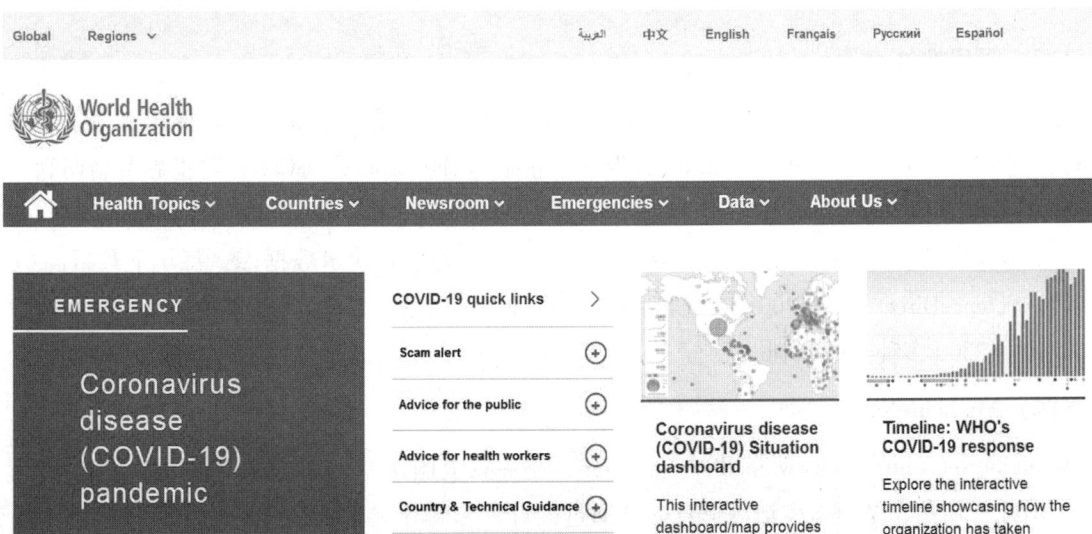

图4－34　世卫组织主页

健康主题按字母顺序列出 180 多个主题，每个主题点入后，可查找相关主题的一般信息、技术信息、实况报道、特写、要事等相关信息。数据包括数据平台、特色数据和数据库。数据平台包括数说故事、报告、收集和分析工具以及标准等。特色数据包括全球卫生观测站数据、三亿目标数据、新冠疫情数据、健康公平监测数据，其中全球卫生观测站提供世卫组织统计数据，并为监测全球、区域和国家情况与趋势的 194 个会员国提供便捷的卫生相关数据。

（二）美国国立卫生研究院

美国国立卫生研究院（Natinal Institutes of Health，NIH）（https://www.nih.gov）创建于 1887 年，隶属于美国卫生部，是最高水平的生物医学与行为学科研机构，由 27 个研究所和中心组成。NIH 主要支持生物医学领域的基础性研究，涉及分子生物学、细胞生物学、新药研发、预防诊断和治疗各种疾病和残障等领域。

NIH 网站设有健康资讯、资助经费、科研与培训、NIH 研究机构和 NIH 介绍 5 个导航栏目，右上侧有一个检索框（图 4 - 35），提供丰富的资源。科研与培训栏目提供医学研究计划、科研发展重点、科学教育、NIH 实验室与诊断研究、培训机会、图书馆资源、科研资源、诊断研究资源以及安全、法规和指南等信息。

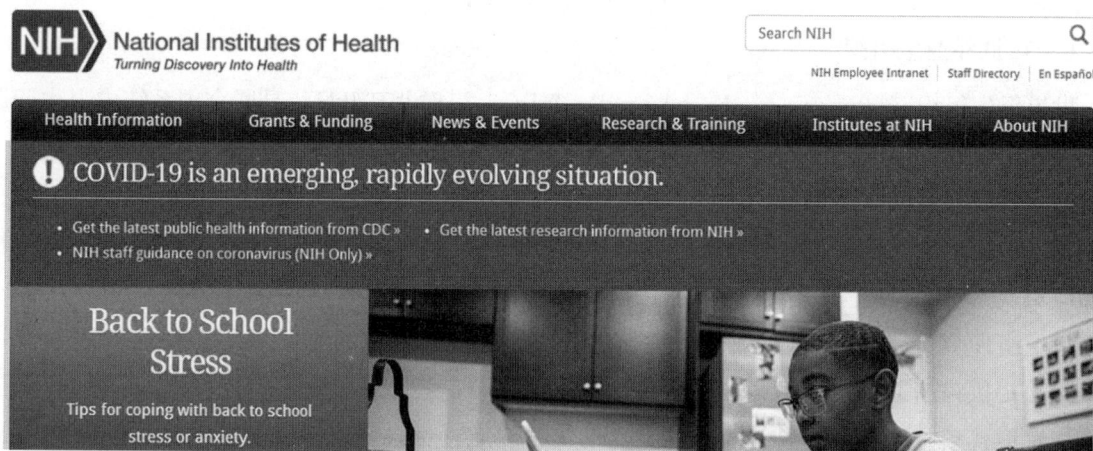

图 4 - 35　美国国立卫生研究院主页

（三）爱思唯尔

爱思唯尔（Elsevier）（https://www.elsevier.com/zh - cn）是一家荷兰多媒体出版集团（图 4 - 36），创建于 1880 年，每年出版 2500 种期刊，包括《The Lancet》《Cell》等世界著名期刊，出版近 3.9 万种图书，内容涉及生命科学、医学、物理与工程技术、人文与社会科学等领域。公司建有 ScienceDirect 和 Scopus 数据库。ScienceDirect 为全球著名的学术数据库，每年下载量高达 10 亿多篇。ScienceDirect 收录 4200 多种期刊和 3 万多种电子图书，其中 3300 多种生命科学和医学类期刊，包括 2300 多种开放期刊。

（四）MedicineNet

MedicineNet（https://www.medicinenet.com）是一家美国医疗与健康资讯网站，提供疾病与症状、治疗、用药、健康与生活等信息，并通过幻灯片和图片展示疾病症状。主页提供基本检索和分类导航两种方式检索，各类导航则提供按字母顺序的检索。

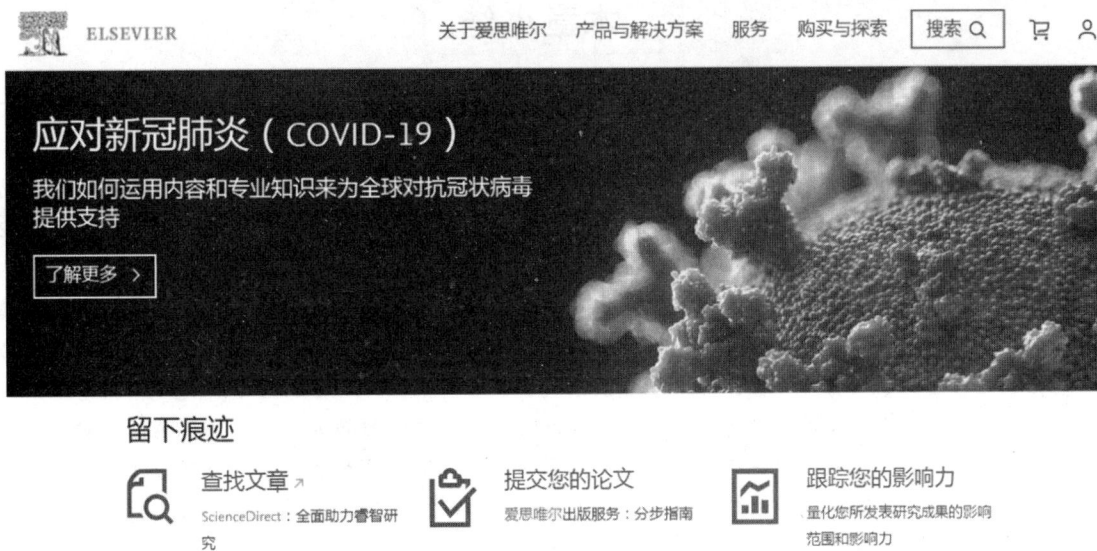

图4-36　爱思唯尔主页

（五）政策信息和行业信息网站

美国食品药品监督管理局（https://www.fda.gov）、美国医学会（https://www.ama-assn.org）、英国医学会（https://www.bma.org.uk）、美国医院药师协会（https://www.ashp.org）、加拿大医学会（https://www.cma.ca）、美国心脏病协会（https://www.heart.org）、美国癌症协会（https://www.cancer.org）、美国临床内分泌学会（https://www.aace.com）、斯坦福大学生物科学论坛（http://www.bio.net）。

实训一　网络学术资源检索实践

【实训目的】

1. 掌握学术搜索引擎和学术资源网站搜索医药论文、药物数据、医案的检索方法。

2. 应用医药论文、药物数据、医案解决实际问题。

【实训内容】

1. 医药论文、药物数据、医案的检索方法。

2. 应用医药论文、药物数据、医案解决不同的文献需求。

【实训参考项目】

1. 请通过百度学术、CNKI医学学术搜索、Medscape、读秀学术搜索糖尿病的研究进展。

2. 请通过中国科技论文在线、国家科技图书文献中心、PubMed Central、BioMed Central、Wiley在线图书馆、ScienceDirect检索糖尿病与肠道微生物关系的文献，比较不同检索方法的异同点。

3. 请通过药学科学数据中心、中医药学科学数据中心、中医药在线查找防治糖尿病的药物类别、特征和应用等数据。

4. 请通过美国国立卫生研究院查询糖尿病的治疗医案。

本章小结

章节名称	学习小结
第一节 搜索引擎	搜索引擎具有收集网络信息资源和提供网络的信息导航与检索服务的双重功能，本质是一个储存网络资源的索引数据网站。搜索引擎可以为医药行业、企业提供行业信息，为企业提供战略决策，提高行业知名度。 　　检索途径包括模糊检索和精确检索，均可以在检索框内输入关键词完成，精确检索需要在关键词前、后和之间，加入逻辑运算符和限定符号进行检索，而为了方便用户的操作，许多搜索引擎将逻辑运算符和限定符号转化为不同检索框并集成在同一页面中，并增加其他的筛选条件作为高级检索，实现精确检索操作。 　　常见的学术搜索引擎有百度学术、CNKI 学术搜索、读秀学术搜索、Google 学术等；常见的医药专业搜索引擎有 Medical Matrix、Medscape、CNKI 医学学术搜索等，这些搜索引擎的检索资源丰富。
第二节 开放获取资源	开放获取资源通过开放获取期刊和开放获取仓储两种途径实现，开放获取资源供用户免费使用，有助于促进科研的互相交流和高效发展。 　　许多中外开放资源网站提供期刊论文、参考文献、技术报告、学位论文、实验数据等类型的资源，这些资源包括经同行评价的论文和未评价的预印本。
第三节 网络医药 学术资源网站	除开放获取资源外，网络还有众多的中外医药学术资源网站，包括书籍出版社，提供期刊论文、书籍、数据、教学资源、政策信息和行业信息等资源。 　　网络上还存在汇集医药网址资源的导航网站，提供各医药网站的链接。

目标检测

一、选择题（1~10 单选题，11~15 多选题）

1. 下列关于搜索引擎的说法正确的是（ ）。

    A. 百度是目录检索搜索网站

    B. 搜索引擎网站的主要资源与一般网站没有什么不同

    C. 通过关键词搜索肯定能搜索到用户所需的信息

    D. 包括目录检索和关键词查询两种方式

2. 百度属于（ ）。

    A. 全文检索搜索引擎   B. 目录搜索引擎

    C. 专题搜索引擎   D. 元搜索引擎

3. 要求查询结果中必须同时包含两个关键词，应选用（ ）逻辑符连接。

    A. not   B. and

    C. or   D. near

4. 如果在百度学术中查询生物或化学类的药物，应使用（ ）表达式。

    A. 生物 | 化学 药物   B. （生物 | 化学）| 药物

    C. 生物化学药物   D. （生物 | 化学）药物

5. 下列逻辑符与 and 功能不同的是 （　　）。

  A.   B. +

  C. ，   D. —

6. 在必应的搜索栏中输入"生物医药"，然后点击"搜索"，这种搜索是属于 （　　）。

  A. 全文搜索   B. 分类搜索

  C. 专业搜索   D. 目录搜索

7. 为了让"生物化学"作为一个关键词进行精确搜索，需要采用 （　　）。

  A. "　"   B. |

  C. or   D. not

8. 以下属于学术搜索引擎的是 （　　）。

  A. 百度   B. 必应

  C. Google   D. CNKI 学术搜索

9. 以下不是开放获取资源特点的是 （　　）。

  A. 时效性强   B. 不受版权限制

  C. 学术价值高   D. 网络获取

10. 下列不属于开放获取资源的是 （　　）。

  A. 开放获取期刊   B. MOOC

  C. DVD   D. 预印本

11. 搜索引擎的主要任务有 （　　）。

  A. 信息搜索   B. 信息整合

  C. 信息检索   D. 信息修改

12. 通过百度学术查得的结果过多，可通过 （　　） 优化检索结果。

  A. 词组检索   B. 字段限定

  C. 发表时间限制   D. 多词组组合

13. 以下对于开放获取资源的描述正确的是 （　　）。

  A. 开放获取资源包括期刊论文、参考文献、技术报告、学位论文等

  B. 开放获取期刊都是从创刊第一卷第一期开始免费发布的

  C. 开放获取资源的学术水平都比较低

  D. 开放获取期刊是经过严格的同行评审期刊

14. 为了获得成果发布优先权，可以在 （　　） 网站发布成果并保护版权。

  A. 博客   B. 中国预印本服务系统

  C. ArXiv   D. 中国科技论文在线

15. （　　） 可以查询药物基础数据。

  A. 药学科学数据中心   B. 中医药学科学数据中心

  C. 中医药在线   D. 美国科学院院报

二、思考题

1. 搜索引擎的工作原理是什么？

2. 搜索引擎的特点和常见类型有哪些？

3. 当检出的文献数量较少时，可能有哪些原因？可采用哪些措施提高检出数量？

4. 开放获取资源的获取方法有哪些？

5. 论文投稿预印本有哪些优势？

6. 现要检索近 5 年来关于糖尿病与肠道菌群关系的中英文文献，请制定检索方案，包括步骤、关键词和搜索引擎或资源网站。

（林俊涵）

第五章 图书馆的利用

📖 **学习目标**

知识目标

1. 掌握图书馆的定义；图书馆网站操作技巧；医药、卫生分类一级类目和二级类目；图书著录的相关项目及其含义。

2. 熟悉图书馆服务；《中图法》22大类的相关类目。

3. 了解其他文献分类法。

技能目标

熟练操作图书馆OPAC检索系统和图书馆网站的相关模块及使用技巧，能够自助完成图书馆续借。

第一节 图书馆及其服务

💬 **案例讨论**

【案例】高校图书馆是学校的信息资源中心，阅览室内不仅有丰富的纸质资源，同时还有多种数据库下载科研期刊论文，这些电子资源都会在图书馆网站主页上显示，所以读者想要充分利用图书馆资源，必须要熟练操作图书馆网站的各个菜单栏。

【讨论】1. 图书馆有哪些数据库可以下载期刊论文？

2. 如果对某篇文献有特定需求，可以通过哪些途径获取？

伴随着信息科学技术的迅猛发展，图书馆被誉为没有围墙的大学。在图书馆中不仅有丰富的图书资源，更是一个网络化、数字化的学习资源中心。图书馆为人们提供的学习场所，是其他形式教育机构所不能达到的，是课堂教育、继续教育、终生学习教育的延伸和扩展。图书馆本身存在的价值就是为知识的传播奠定基础和条件，最大限度发挥图书馆文献的作用，"让每本书有其读者"，服务于政治、经济、文化、科学等众多领域，为人类文明发展提供文献保障。

一、图书馆的定义和类型

图书馆的产生是社会发展过程中人类对知识积累和信息交流的客观需求。人们在改造客观世界的同时，一方面靠自身的知识和经验，另一方面也要借鉴和继承前人的知识和成果，最终达到改变世界的目的。当社会发展到一定的高度，知识的积累和传播，就显得尤为重要。在这一过程中文献就是重要的渠道之一。随之而产生了专门的机构去从事文献的收集、保管、传播，图书馆就在这种环境下产生的。所以可以理解，图书馆是人类社会发展过程中客观需要的产物。我国图书馆这一名称的产生始于清光绪三十一年，即公元1905年设立湖南公立图书馆，才有图书馆之称。

（一）古代藏书楼

古代的"藏书楼"，就是专门收藏图书的地方。中国人历来重视历史记录与文化传承，故书籍数量可谓汗牛充栋，而藏书楼则是民族智慧最好的保存之处，以其规模之大，堪称"现代图书馆之父"。

我国古代收藏书籍的地方大都以楼、阁、殿、院相称，统称"藏书楼"。周王朝建立后，设置了掌管文书、档案等各种史官，专门收藏典籍，为学术界认为是我国图书馆的起源。战国时期，开始出现私家藏书。秦始皇统一中国后，开始建立各种由朝廷官府管理的藏书处。从汉代开始，建立了石渠阁、天禄阁、兰台阁、麒麟阁等专门收藏秦代档案资料，使我国藏书事业走上正轨。隋朝建立了修文殿、观文殿，藏书设施和图书文献数量剧增。唐代开始使用"书院"一词，建立了丽正修书院。宋代设有四大书院：白鹿洞书院、岳麓书院、应天书院、嵩阳书院，主要收藏国子监印刷的各种书籍。清朝时修订《四库全书》，并抄写四份，分藏于文渊阁、文源阁、文津阁、文溯阁，在江浙两省的文宗、文汇、文澜三阁，被后人称为"清代七大藏书楼"。

▶ **知识拓展**

相关藏书楼介绍

天一阁位于浙江宁波市区，是中国现存最早的私家藏书楼，也是亚洲现有最古老的图书馆和世界最早的三大家族图书馆之一。天一阁占地面积2.6万平方米，建于明朝中期，由当时退隐的兵部右侍郎范钦主持建造。天一阁之名，"天一生水"之说，因为火是藏书楼最大的祸患，而"天一生水"，可以以水克火。天一阁现收藏各类古籍近30万卷，其中以地方志、登科录等史料性书籍居多。

文渊阁位于北京故宫博物院东华门内文华殿后，是紫禁城中最大的一座皇家藏书楼。1776年建成，由乾隆皇帝赐名文渊阁，用于专贮第一部精抄本《四库全书》。文渊阁坐北面南，阁制仿自浙江宁波范氏天一阁，为三层楼房，楼上通为一间，楼下分为六间，取"天一生水，地六承之"，意在防火。

文津阁于乾隆三十九年（1774）建成，1954年重建。位于避暑山庄平原区的西部，它不仅是清代的重要藏书之所，也是一处很有特色的小园林。文津阁的营造法式仿照明代建筑的"天一阁"。外观为两层，实际是三层，阁中辟一暗层，这样阳光不能直射到藏书库。室内油漆彩画也很考究，深绿色的柱子，蓝色封套卷册，白色的书端，都以冷色为主，给人以宁静的气氛。

文澜阁位于杭州西湖孤山南麓，浙江省博物馆内。初建于清乾隆四十七年（公元1782年），是清代为珍藏《四库全书》而建的七大藏书阁之一，也是江南三阁中唯一幸存的一阁。文澜阁是一处典型的江南庭院建筑，园林布局的主要特点是顺应地势的高下，适当点缀亭榭、曲廊、水池、叠石之类的建筑物，并借助小桥，使之互相贯通。园内亭廊、池桥、假山叠石互为凭借，贯通一起。

（二）图书馆的定义

对于图书馆的科学定义，由于认识角度不同，表述也不相同。到目前为止，国内外图书馆学者、专家进行了不同的表述，比较有代表性的有以下几种。

法国的《大拉鲁斯百科全书》定义：图书馆的任务是保存各种不同文字写成的、用多种方式表达的人类思想资料，……图书馆收藏各种类别、按定方法组织起来的图书资料，这些资料用于学习、研究或属于一般信息。《苏联大百科全书》定义：图书馆是组织社会利用出版物的文化教育和科学辅助机关。《英国百科全书》定义：图书馆是收藏图书并使人们阅读、研究或参考的设施。《美国百科全书》定义：图书馆出现以来，经历了许多世纪，一直担负着三项主要职能：收集、保存和提供资料。日本《图书馆用语词典》定义：图书馆是收集组织、保存各种图书和其他资料、信息，并根据使用者的要求予以提供的公共性服务机构。

在我国，从 20 世纪 30 年代开始就有学者相继探讨过图书馆是什么，在探讨中不断将图书馆的概念深化、完善。刘国钧先生认为，图书馆乃是集人类一切思想与活动之记载为目的，用最科学、最经济的方法保存它们、整理它们，以便社会上的一切人利用的机关。黄宗忠先生在其《图书馆学论》一书中指出，图书馆是对以信息、知识、科学为内容的图书文献进行收集、加工、整理、存储、选择、控制、转化和传递，提供给一定的社会读者使用的信息系统。吴慰慈先生在其《图书馆概论》中指出，图书馆是收集、整理、保管和利用书刊资料，为一定的社会经济服务的文化教育机构。《图书馆百科全书》将其定义为：图书馆是收集、整理和保存文献信息，并向读者提供利用的科学、文化、教育机构。

综上所述可以这样回答图书馆是什么。图书馆是收集、整理、存储和利用文献信息，并为社会的政治、经济服务的文化教育机构。图书馆是一个专门收集、整理、保存、传播文献并提供利用的科学、文化、教育和科研机构。促进知识发现，知识进步，知识创新，提供资源与服务，构建多元文化创新空间，使读者受益终身。

（三）图书馆的类型

根据不同的标准，图书馆可以划分不同的类型。同时不同的国家根据具体情况也做出了不同的划分。要想准确的划分图书馆的类型，就需要找出各种图书馆的共同因素、相近因素，因为这些因素从不同的角度看，有不同的结果，所有导致图书馆类型具有多样性。

有的着重图书馆藏书内容和读者工作内容，有的把图书馆按用途作为划分图书馆类型的基本标志，有的则着重于图书馆本身所隶属的部门关系，有的按藏书规模来划分。例如，苏联根据图书馆的专门用途这个标志，把图书馆划分成大众图书馆和科学与专门图书馆两大类。而美国和加拿大则把图书馆划分为大学图书馆、学院图书馆、专业图书馆、公共图书馆、中小学知识传播媒体中心等类型。

由于各国对图书馆类型的划分标准不一致，给图书馆事业的统计和交流带来困难。在联合国教科文组织的支持下，国际标准化组织（ISO）和国际图书馆协会联合会（IFLA）为制订图书馆统计的国际标准，从 1966 年开始进行了一系列工作，于 1974 年由国际标准化组织颁布了"ISO 2789 – 1974（E）国际图书馆统计标准"在这个标准中，有"图书馆分类"一章，把图书馆的类型区分为：国家书馆、高等院校图书馆、其他主要的非专门图书馆、学校图书馆、专门图书馆和公共图书馆 6 大类型。并对每个类型图书馆作了概念性的规定。

1. 国家图书馆 是按照法律或其他规定，负责收集和保管国内出版的所有的主要出版物的副本，并起储藏图书馆的作用，不管其名称如何，都是国家图书馆，是国家其他图书馆发展的领军者，其功能如下。

（1）完整、系统地收集本国主要出版物，成为国家图书总库。我国在1950年召开第一次出版工作会议上明确规定全国各出版社出版的书刊，要向北京图书馆（现国家图书馆）缴送。1955年4月25日再一次重申了缴送图书的规定。此种制度保证了国家图书馆真正成为国家的总书库。

（2）采选外国出版物，使国家图书馆有丰富的外文馆藏。苏联国立列宁图书馆的外文书刊收藏各种文字、各种类型的各学科中反映本学科现状及其发展趋势综述性并具有国际或国家水平的著作。美国国会图书馆对外文书刊的采选，首先满足国会议员的需要，其次是联邦政府馆员及政府各部门的需要，最后才是满足普通大众的需要。

（3）编制全国总书目、全国新书目以及联合目录等书目，承担国家书目信息中心的作用。编制全国总书目，是综合反映一个国家一定时期内全国出版物的统计性书目。编制联合书目是揭示若干收藏图书馆、单位全部或部分馆藏情况的书目。每条目录下都标注了收藏情况的记录。

（4）面向全国用户，特别是国家重点科研项目和重点工程，提供文献信息服务。为科学研究服务，是国家图书馆重要的职能之一。很多国家都大力加强国家图书馆的科学情报工作，并在图书馆法中赋予国家图书馆情报职能。

（5）开展图书馆学、信息学研究以及组织图书馆现代化技术装备的研究、试验、应用和推广工作，使国家图书馆在推动图书馆学研究的发展和图书馆现代化建设中起中心和枢纽作用。

（6）代表本国图书馆界利益，参加国际图书馆组织及国际交流，成为本国图书馆对外交流的中心和窗口。在北欧一些国家，大学图书馆（如丹麦的哥本哈根大学图书馆、挪威的奥斯陆大学图书馆、芬兰的赫尔辛基大学图书馆）肩负着国家图书馆的任务。而美国以国会图书馆作为国家图书馆，另设有国立医学图书馆、国立农业图书馆和国立教育图书馆。世界上大部分发达国家的国家图书馆，其管理体制有两个特点：一是立有专门的国家图书馆法；二是采用董事会制度来管理国家图书馆。如在英国，1972年首先制定了《不列颠图书馆法》，然后于1973年正式建立不列颠图书馆。不列颠图书馆由专门成立的国家图书馆董事会管理。该董事会通常包括8~13名委员。董事长由国务大臣任命，委员中，一位由女王任命，其余的由国务大臣任命。董事会负责制定国家图书馆政策，审定预算，任命馆长等决策事务；图书馆馆长是董事会的所属成员，负责图书馆的日常管理工作。我国的国家图书馆一直隶属于文化部，文化部直接负责制定国家图书馆的方针政策和发展规划等；国家图书馆馆长由文化部任命，负责管理图书馆的日常业务及行政工作。

2. 高等院校图书馆　担负着为教学和科研服务的双重任务，是培养人才和开展科学研究的重要基地之一。其任务包括：①采集各种类型的文献资料，进行科学的加工整序和管理，为学校的教学和科学研究工作提供文献资源保障。②开展阅览和读者辅导工作。③开展读者教育，培养师生的情报意识和利用文献情报的技能。④开展参考咨询和情报服务工作，开发文献情报资源。⑤统筹、协调全校的文献情报工作。⑥开展馆际协作，实现更大范围的资源共享，参加全国图书馆和情报事业的整体化建设。⑦开展学术研究和交流活动。

3. 其他主要的非专门图书馆　是指有学术特征的非专门图书馆，它们既不是高等院校图书馆，又不是国家图书馆，但它们在特定的地理区域履行一个国家图书馆的作用。

4. 学校图书馆　是指那些属于第三级院校以下的所有类型的学校图书馆，虽然它们也向公众开放，但主要服务于这些学校的教师和学生。用于同一学校若干班级的单独馆藏应认为是一个单一的图书馆，它们应算为一个行政管理单位和一个服务点。

5. 专门图书馆　是指那些由协会、政府部门、议会、研究机构（大学研究所除外）、学术性学会、专业性协会、博物馆、商业公司、工业企业商会等或其他有组织的集团所支持的图书馆。它们收藏的大部分是有关某一特殊领域或课题，例如自然科学、社会科学、农业、化学、医学、经济学、工程法律历史等方面的书刊。注意应作如下区分：第一，对需要服务的所有社会成员提供材料和服务的图书馆；第二，虽然在某些情况下也为那些负责支持图书馆的团体外的专家的信息需求提供服务，但它的馆藏与服务主要是针对它的基本用户的情报需求而设计的。

二、大学图书馆的主要服务

（一）产生与发展

大学图书馆或称为高校图书馆，大学图书馆的诞生有一段很长的历史。起初大学中没有建立图书馆，学生需要看书时只能向老师去借书或者是购买图书。后来学生自发组织将图书收集起来或者接受相关赠书，从而组成了相关学科的教学资料。

据说最早有藏书的大学是法国的巴黎大学和英国的牛津大学。巴黎大学约在 1257 年建立索邦学院图书馆。牛津大学于 1327 年开始收藏书籍。此后，在欧洲另外一些历史悠久的大学（1348年创办的布拉格大学；1365 年创办的维也纳大学；1386 年创办的海德堡大学）都先后出现了一些属于教授私有，满足学生读书需求的图书室。随后大学中的图书室不断壮大，形成了大学图书馆。因世界各国社会经济发展的不同，图书馆出现时间也各不相同。

巴黎大学的索帮学院图书馆，是在教父索帮献出自己藏书的基础上建立起来的。著名的哈佛学院图书馆，是在 1638 年由一位年轻的英国牧师约翰·哈佛捐献了 400 本书的基础上建立起来的。

我国的大学图书馆是与建立高校同时发展起来的。1962 年清政府为培养外语人才设立京师同文馆，同时建立了书阁；京师大学堂 1898 年创办，1902 年设立了藏书楼，1912 年改为北京大学，藏书楼改名为图书部，1930 年改为图书馆。这是在我国大学图书馆历史中建立最早、规模最大高校图书馆。

现如今大学图书馆在高等教育学校发展中已经成为最重要教育资源。图书馆中的藏书、建筑面积、服务手段等多项指标可以来衡量大学之间的实力和水平。

（二）主要服务内容

图书馆自诞生以来，始终把读者服务放在第一位，全心全意为读者服务是图书馆工作的基础和核心。2016 年教育部印发了《普通高等学校图书馆规程》中明确指出：高等学校图书馆是学校的文献信息资源中心，是为人才培养和科学研究服务的学术性机构，是学校信息化建设的重要组成部分，是校园文化和社会文化建设的重要基地。图书馆的建设和发展应与学校的建设和发展相适应，其水平是学校总体水平的重要标志。图书馆的主要任务：建设全校的文献信息资源体系，为教学、科研和学科建设提供文献信息保障；建立健全全校的文献信息服务体系，方便全校师生获取各类信息；不断拓展和深化服务，积极参与学校人才培养、信息化建设和校园文化建设；积极参与各种资源共建共享，发挥信息资源优势和专业服务优势，为社会服务。

大学图书馆的整个工作运行机制是面向读者的，每一项业务活动都是为读者服务的。工作重心已经从藏书转变为服务读者需求，从一般的借阅服务转向个性化读者咨询，从收藏在图书馆转变为注重馆际互借、文献传递，利用现代网络系统打造图书馆新服务。

1. 外借服务　是满足读者将藏书借出馆外阅读的一种服务方式。读者根据阅读需要挑选合适书刊，在规定的借阅时间内，承担保管书刊的义务，借到图书馆以外的空间阅读。外借服务尤为重要，是图书馆服务读者的前沿阵地，也是一项最基础的服务内容之一。

大学图书馆的外借服务方式有个人外借、集体外借、预约借书和续借等，有一部分大学图书馆还开展了馆际互借工作。

其中预约借书是指向图书馆预约登记某种特定需要而暂时借不到的图书，待该书到馆后由图书馆按照预约顺序通知读者来图书馆借书。可以通过图书馆服务台、图书馆网页或微信公众账号等多种方式进行预约。预约借书可以更好地服务读者，解决读者的特定阅读需要，有助于提高图书的借阅率，充分发挥图书馆藏书的作用。

馆际互借是图书馆领域的一个传统业务，其目的在于通过各个成员馆之间的协作，实现资源共享、服务共担、优势互补，是传统图书馆服务能力的扩展。数字技术的出现给了该业务以新的动力，网络的出现使得馆际互借的效率极大提高，并能够实现 7×24 的服务方式。而资源普遍数字化后，特别是数字图书馆的出现，使得馆际互借在运作形式上发生了巨大的改变，不再需要有物流的过程，事实上也不需要"互借"，从而极大地提高了响应速度，降低了运行成本。目前我国高校图书馆普遍开展的馆际互借服务是由中国高等教育文献保障系统 CALIS 提供的，其目的是实现信息资源共建、共知、共享，以发挥最大的社会效益和经济效益，为中国的高等教育服务。2004 年 6 月 21 日，CALIS 馆际互借与文献传递网正式成立，该文献传递网由众多高校图书馆组成，包括服务馆、用户馆、请求馆、提供馆等。CALIS 馆际互借系统联系和组织全国范围内的各高等院校，以最大限度实现共享服务为目标，通过建立高校内完善的公共检索、馆际互借、文献传递、协调采购、联机合作编目系统，形成统一规划的、多层次的文献保障网络，充分满足全国高校范围内的文献信息需求。

2. 阅览服务　是图书馆利用一定的馆藏文献和空间，组织读者阅读文献的一种服务方式。为了尽可能全面而又有区分地满足各类型读者的阅读需要，大学图书馆设置了不同类型的阅览室，如社科阅览室、现刊阅览室、报纸阅览室、电子阅览室、专业阅览室、考级、考证阅览室等阅览室，以及满足高层次需求的研究生和教师的专业资料室、文献检索室、中文过刊室、外文期刊室。越是大馆，设置的阅览室也就越多，划分得也就越细。

随着社会经济、网络信息技术的发展，20 世纪 90 年代美国图书馆界提出了"信息共享空间"的服务模式，旨在提供一站式信息服务、提高信息素养及推动研究和学习等。经过 10 余年的发展，伴随当今读者需求的变化，学习共享空间成为大学图书馆服务的新趋势。那这些顺势而生的学习共享空间也是阅览服务的一部分。其主要特点是以整合多种信息资源、教学资源和工具，促进个人及小组学习研究的协作空间，把图书馆服务与环境融入读者学习过程中，便于交流经验、促进学习和知识创新。

比如北京大学图书馆、福州大学图书馆、中国人民大学图书馆新馆、汕头大学图书馆新馆等，实现了藏、借、阅、检、参五位一体的文献信息服务、网络数字资源服务、师生自修服务等。杭州图书馆建筑采取大柱网、大开间、同荷载的设计，围绕核心功能灵活布局，在保障文献信息一体化服务的基础上，增设了专题研究室、多功能报告厅、展览厅、图书超市、咖啡吧、茶室等空间。

3. 参考咨询服务　是图书馆专业的技术人员对读者在利用文献、查询专业知识、使用图书馆遇到问题等方面提供的帮助，协助读者检索，向读者提供科学、详细的事实和数据。

1876 年，美国伍斯特公共图书馆馆长格林在《图书馆与读者的个人关系》中提出"图书馆员应对需求知识和信息的读者提供个别帮助""指导读者利用图书馆，帮助读者解答咨询问题，辅导读者选择好书，在社区中推广图书馆"。格林对图书馆开展参考咨询服务提出倡议，被称为"参考咨询之父"。从此，图书馆参考咨询产生并发展，服务内容不断丰富，形式多样化、手段现代化，为读者提供个性化、专业化服务发挥了重要作用。

我国的参考咨询工作开始于 20 世纪 20 年代，清华大学图书馆设立参考咨询部后，国内其他大学也都纷纷效仿。设立参考咨询部门后通过多种形式解答读者咨询的问题，包括电话咨询、E－mail 咨询、QQ 在线咨询、FAQ 常见问题等。内容涉及图书馆资源利用、数据库使用方式、现刊是否可以外借等多种问题。伴随信息技术的迅猛发展，虚拟咨询服务形式已成为主要的服务形式，图书馆利用现有的网络平台不受地域、时间限制，在网上实时解答读者提出的问题，从而使读者能够及时得到问题的答案。其中参考咨询中对于高层次需求有以下几个方面。

（1）科技查新　简称查新，是指查新机构根据查新委托人提供的需要查证其新颖性的科学技术内容，按照《科技查新规范》操作，经过文献检索与对比分析，并做出结论。科技查新是科学研究、产品开发和科技管理等活动中的一项重要基础工作。以文献为基础，以文献检索和情报调研为手段，以检出结果为依据，通过综合分析，对查新项目的新颖性进行情报学审查，写出有依据、有分析、有对比、有结论的查新报告。也就是说查新是以通过检出文献的客观事实来对项目的新颖性做出结论。图书馆以其丰富的信息资源和经验丰富的专业人员、具有科技查新资质的部级综合类科技查新工作站，面向单位、高校、科研机构及企事业单位的科研立项、成果鉴定等提供科技查新与咨询服务。

（2）代查代检　是指用户根据自己的实际需求，委托图书馆，通过国际联机和国内相关数据库，为用户检索最新、最全的收录、引文信息，出具论文（或期刊）被国内外权威性检索刊物（数据库）收录及被引用情况，并依据检索结果出具检索证明，为用户开展的一项信息有偿服务。

（3）定题服务　是指图书馆为节省用户的时间，对科研人员或用户某项特定专题的需求，利用馆内外传统文献资源、网络电子资源等，提供全面、系统、深入及最新时间的信息服务，不定期地提供给用户，直至协助课题完成的一种连续性的服务。

4. 阅读推广服务　自 1995 年联合国教科文组织确定每年的 4 月 23 日为"世界图书与版权日"，1997 年以来，"阅读推广"逐渐成为国内图书馆界、出版界的一个常用词、高频词。按照字面解释，"阅读推广"就是为推动全民阅读的实现而开展的所有引导阅读、激励阅读的活动的统称。

万行明认为："阅读推广就是推广阅读，是图书馆及社会相关方面为培养读者阅读习惯，激发读者阅读兴趣，提升读者阅读水平，进而促进全民阅读所从事的一切工作的总称"。

王辛培认为："阅读推广是图书馆、出版机构、媒体、网络、政府及相关部门等为培养读者阅读习惯、激发阅读兴趣、提升阅读水平、促进全民阅读所开展的有关活动和工作"。

张怀涛认为："阅读推广"顾名思义就是推广阅读；简言之就是社会组织或个人为促进人们阅读而开展的相关活动，也就是将有益于个人和社会的阅读活动推而广之；详言之就是社会组织或个人，为促进阅读这一人类独有的活动，采用相应的途径和方式，扩展阅读的作用范围，增强阅读的影响力度，使人们更有意愿、更有条件参与阅读的文化活动和事业。

随着《公共文化服务保障法》《全民阅读"十三五"时期发展规划》《全民阅读促进条例》

《公共图书馆法》等国家层面法律法规的颁布与实施，赋予了阅读推广新的内涵。

图书馆的绝大多数服务与阅读相关，图书馆服务就是阅读服务。如馆员或读者开展有声阅读，在图书馆设立朗读亭，为书面阅读兴趣或能力不足的人提供阅读服务；图书馆资源数据库竞赛、猜书名竞赛活动，促进读者扩大阅读范围，增进阅读理解；图书馆开展的电子资源讲座或展览活动，将知识生动形象地传递给更多的用户。如真人图书馆、阅读推广人、图书漂流等服务的目的是促进读者阅读，帮助读者提升阅读意愿和阅读能力，都属于阅读推广。这类新型阅读服务，现在都被称为阅读推广。

5. 图书馆读者教育服务　教室是同学们的第一课堂，图书馆则是同学们的第二课堂。实践证明，一个学生的知识是否丰富、专业学习是否扎实，很大程度上与他利用图书馆能力相关。作为一名大学生必须学会利用图书馆，学会查阅有关文献资料，学习选择、检索评价的能力，充分利用馆藏来有效地提高自己知识水平和研究能力。作为图书馆来说要开展多层次的读者教育，教会大学生利用图书馆的方法、文献检索与利用、文献分析与研究等。大学生信息检索教程教育，其教学目标是增强学生信息意识，培养学生独立获取、收集分析、处理信息的能力，改善知识结构，为自主学习、继续学习和终身学习打下良好的基础。其核心是培养学生的信息意识和全面提高学生的信息能力。同时，教学过程不仅仅是让学生去寻找知识、识记知识，还要有意识地培养学生的创造性思维，培养学生提出问题、分析问题及解决问题的能力，这种思维和能力的培养将为其现在的学习和日后的工作奠定良好的基础。

图书馆越来越倾向于把用户教育课程制作成课件放在网上供用户学习和使用。清华大学把文献检索课、图书馆概论课等信息用户教育课程列为首批上网课程。西安交通大学图书馆在图书馆主页上醒目地设置了"信息检索课件"，包括医学信息检索与利用多媒体课件、研究生信息教育课件、本科生科技信息检索教学大纲、新生图书馆导引等多种课件。南京大学、浙江大学、华东理工大学等图书馆也制作了网络课件投入使用。有的课件还具有网上注册选课、网上答疑、网上递交批改作业、网上考试等多种功能。

美国威斯康星大学图书馆的信息素质教育计划开发了"计算机化图书馆用户教育系统"是一个基于网络的多媒体教学系统。该系统于 2001 年发布，由 3 个部分组成。第一部分介绍信息资源的基本概况，包括图书馆目录、报刊数据库等内容；第二部分帮助学生学习基本的检索方法；第三部分介绍数据库的选择方法、检索技巧、检索策略。每个部分都有相应的实习题和测试题供学生练习。

三、图书馆网站的利用

互联网的崛起和普及，打造了图书馆为用户服务的第二个阵地。高校图书馆都建立了自身的网站。通过网站可以接收用户的意见和反馈信息，对用户的服务更加及时，图书馆与用户的沟通更加流畅，不受时间和地理位置的限制。通过网站可以拓展和延伸图书馆的服务，将海量化的馆藏资源数字化、虚拟化，实现了资源的扩展。一个优秀的图书馆网站不仅要反映本馆的文献信息资源，而且要能够反映本馆的服务方式、服务内容与服务水平，是用户体验图书馆服务的网络窗口。图书馆网站的功能是通过图书馆主页体现出来，主页的设计模块关系到网站能提供什么样的功能。一般应包括：①馆藏资源查询续借功能。通过馆藏资源查询模块可以实现中外图书目录查询、期刊目录、专题文献等相关的纸质资源。利用自动化图书馆管理系统实现新生浏览、预约借书、续借、馆际互借等信息服务。②电子资源数据库资源功能。电子资源数据库已经成为图书馆网络信息服务的主要服务方式。全校用户只有通过图书馆网站才能免费使用数据库资源。一般包括中国知网、维普数据库、万方知识服务平台、读秀数据库、外文数据库等多种电子资源。③参考咨询服务功能。图书馆在向用户提供参考咨询服务时包括科技查新、收录引证、定题服务等多种服务都是通过访问网站后填写相关咨询表格后完成的。图书馆网站已经成为参考咨询的数字化参考平台，通过网络为用户提供咨询服务的一种服务方式。④信息发布功能。向用户发布、展示、宣传相关信息是图书馆网站的基本功能。包括发布图书馆新闻、通知、新书推荐、读者手册等功能。同时也包括图书馆的自然情况，包括图书馆简介、历史、馆藏分布、借阅制度等需要用户了解的一般情况。

第二节 《中国图书馆分类法》、图书排检和 OPAC 系统应用

一、《中国图书馆分类法》及其类目排列基本规则

《中国图书馆分类法》（原称《中国图书馆图书分类法》）是新中国成立后编制出版的一部具有代表性的大型综合性分类法，是当今国内图书馆使用最广泛的分类法体系，简称《中图法》。《中图法》初版于 1975 年，2010 年出版了第五版。它是图书馆进行图书分类上架的依据，同时也是读者索书的主要依据。《中图法》以科学分类和知识分类为基础，并结合文献内容特点及形式特征，将文献分为 22 大类。每一个大类又分为若干小类，进行层层划分，形成树状的知识结构。其 22 大类类目（表 5-1）如下。

表 5-1 《中国图书馆图书分类法》基本大类

A 马克思主义、列宁主义、毛泽东思想、邓小平理论	N 自然科学总论
B 哲学、宗教	O 数理科学和化学
C 社会科学总论	P 天文学、地球科学
D 政治、法律	Q 生物科学
E 军事	R 医学、卫生
F 经济	S 农业科学
G 文化、科学、教育、体育	T 工业技术
H 语言、文字	U 交通运输
I 文学	V 航空、航天
J 艺术	X 环境科学
K 历史、地理	Z 综合性图书

《中图法》的类目配号采用字母和阿拉伯数字相结合的混合号码制，即一个字母表示一个大类，在字母后由数字表示大类下的类目划分（图 5-1）。如 R 类医药、卫生的二级类目如下。

一级类目 R	医药、卫生
二级类目 R1	预防医学、卫生学
三级类目 R18	流行病学与防疫
四级类目 R181	流行病学基本理论与方法
五级类目 R181.1	基本理论
六级类目 R181.12	流行过程

```
                              ┌─ R1 预防医学、卫生学      ┌─ R20 中国医学理论
                              ├─ R2 中国医学 ─────────────┤  R21 中医预防、卫生学
                              │                           │  R22 中医基础理论
                              ├─ R3 基础医学               │  R24 中医临床学
                              │                           │  R25 中医内科
                              ├─ R4 临床医学               │  R26 中医外科
                              │                           │  R28 中药学
                              ├─ R5 内科学                 │  R281 本草
                              │                           │  R281.2 本草经
  R 医学、卫生 ───────────────┤  R6 外科学                 │  R281.3 综合本草
                              │                           │  R281.4 地方本草
                              ├─ R71 妇产科学              │  R281.5 食物本草
                              │                           │  R282 中药材
                              ├─ R72 儿科学                └─ R29 中国少数民族医学
                              │
                              ├─ R73 肿瘤学
                              │
                              ├─ R74 神经病学与精神病学
                              │
                              ├─ R75 皮肤病学与性病学
                              │
                              ├─ R76 耳鼻喉咽喉科学
                              │                           ┌─ R91 药物基础科学
                              ├─ R77 眼科学                │  R917 药物分析
                              │                           │  R92 药典、药方集（处方集）、药物鉴定
                              ├─ R78 口腔科学              │  R93 生药学（天然药物学）
                              │                           │  R94 药剂学
                              ├─ R79 外国民族医学          │  R95 药事组织
                              │                           │  R96 药理学
                              ├─ R8 特种医学               │  R97 药品
                              │                           └─ R99 毒物学（毒理学）
                              └─ R9 药学 ──────────────────┘
```

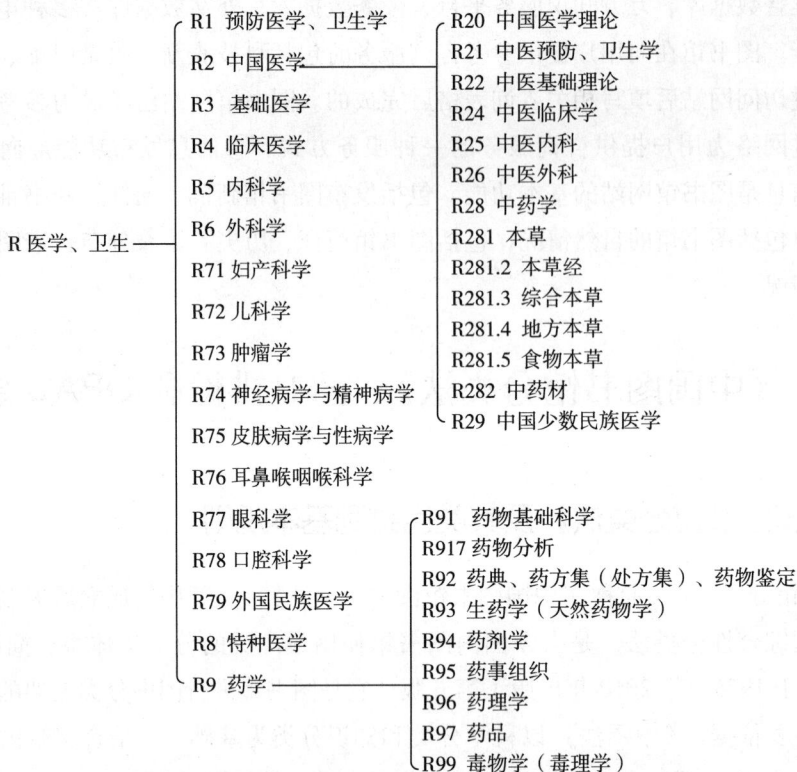

图 5-1 《中国图书馆分类法》层累制结构示意

同类图书的排列方法是多种多样的，但目前图书馆通常采用的书次号排法主要有两种，按著者号排和按种次号排。同类图书取著者号排列时，有的按著者的汉语拼音字母顺序排列；有的按著者的笔划笔形排序；有的按著者的四角号码排序等。例如，按著者的汉语拼音字母排列，先确定首字字母顺序，如果首字字母相同，则按第二个字母排，第二个字母相同，就按第三个字母排，依次类推排列的顺序，如下例：

R473.72　Z　B　H　儿科护理学/赵炳华主编

R473.72　C　P　X　儿科护理学/程佩萱主编

R473.72　T　X　Z　儿科护理学/童秀珍主编

同类图书取种次号排列时，为了区分不同种的图书，根据图书到馆先后依次给出 1、2、3……不同的顺序号码，同一类中的每一种图书，按小的在前、大的在后排列。例如，有关中医学的图书排法，同类不同种根据到馆先后不同，分别给出不同的种次号。例如：

R244.1/274　小儿推拿实用技法

R244.1/275　拉筋拍打治百病

R244.1/276　按按手脚耳　老病全治好

此外，为了区分一种图书的不同卷次、册次、版次，仅靠分类号和书次号是不够的，要达到每种图书个别化要求，还需加上卷次号、册次号、版次号、年代号、型类符号等辅助区分号区别。例如：

R9-54/1/1987　中国药学年鉴 1985

R5-54/1/1987　中国内科年鉴 1987

R28-54/1/1992　中国中医药年鉴 1992

二、图书的排检

图书馆是学校的文献信息资源中心，动辄藏书几十万、上百万册，当读者来到图书馆借阅室时，面对海量的图书怎么能迅速准确找到所需图书，就需要读者了解图书馆中图书的分类和排序。当一本新书来到图书馆，编目的工作人员首先要做的就是按照《中图法》的分类原则将图书进行著录，一般应包含以下几项。

1. 书名项 是图书的名称，这是最重要的事项，读者将依据著录的书名查询和借阅图书。

2. 著者项 是记录编写图书的作者，告诉读者是独著、合著或团体著。同时还可以知道著作方式是著、编、译等信息。

3. 版本项 记录图书的出版时间、地点、出版社、版次、书号等情况，帮助读者了解文献的具体信息。

4. 载体形态项 记录图书文献外形特征，如册数、页数、图表、开本、附件等内容，向读者提供有关文献物质形体数量制作特点。有时还包括文献内所记载着的丛书名称帮助读者认识该文献性质。

5. 注释项 它包括附注项和提要项。附注项是补充或解释图书文献著录正文中任何一项，帮助读者进一步确认文献，识别文献内容特征或形式特征。提要项是一部图书文献的简要评价，帮助读者了解文献的主要内容，以便于认识和选择文献。

6. 摘要项 为了更好宣传图书，会将内容简介和图书评价进行著录，让读者了解自身的阅读需求。

7. 本馆的著录项 为了更好地记录本馆图书，通常都会加上条码号来表示图书的到馆顺序，也是借阅图书的标识，加上图书的种次号或著者号表示图书在书架上的位置，以便读者能够迅速找书。

三、图书馆 OPAC 系统及其利用

（一）图书馆 OPAC 系统

OPAC 即公共联机书目查询系统，是按照特定的方法组织起来用于揭示、检索一所或多所图书馆各种文献入藏情况的书目数据库，是目前国内外图书馆书目网上查询的通用模式。是基于自动化的图书馆管理系统，利用计算机终端查询图书馆局域网内的馆藏数据资源的一种现代化检索方式。它支持布尔逻辑组合的复杂检索，并提供多种检索限制。关键词字段一般有：文献索取号、文献名称（如书名、期刊名称）、责任者、主题词 ISBN/ISSN、收藏地点等，收藏地点和文献索取号是借阅文献的重要依据。

1. CALIS 联合目录公共检索系统 该系统网址为 http://opac.calis.edu.cn（图 5-2），它提供简单检索、高级检索、古籍四部类目浏览三种检索方式，检索数据范围包括 CALIS 成员馆的中、西、日文所有文献数据。在 CALIS 联合目录公共检索系统首页先选择检索途径，再输入检索词，单击"检索"按钮或按回车键即可。

2. 中国国家图书馆联机公共目录查询系统 进入中国国家图书馆主页，单击"馆藏目录检索"图标便可进入国家图书馆联机公共目录馆藏查询系统（图 5-3）。在检索框中可以选择正题名、著者、主题词等相关检索词，还可以选择文献中文文献或外文文献，最后点击书目检索即可以看到检索结果。

图 5 – 2　CALIS 联合目录公共检索系统网站主页

图 5 – 3　中国国家图书馆联机公共目录查询系统网站主页

四、数字图书馆 OPAC——资源发现系统

资源发现系统打破了图书馆各种资源载体的限制，实现了一站式检索，涌现出不少国内外产品，如国外的 Summon、EDS、Primo 等，国内比较常见的是超星百链发现系统和维普数据库的智立方系统。

（一）超星百链发现系统

目前百链实现 368 个中外文数据库系统集成，利用百链云服务可以获取到 1000 多家图书馆几乎所有的文献资料，为读者提供更加方便、全面的获取资源服务。百链拥有 6.5 亿条元数据（包括文献有外文图书、外文期刊、外文学位论文、会议论文、专利、标准等），并且数据数量还在不断增加中，目前收录中文期刊 10500 万篇元数据，外文期刊 26141 万篇元数据。利用百链不仅可以从获取到图书馆所有的文献资料，包括纸本和电子资源，例如外文图书、期刊、论文，标准，专利和报纸等，还可以通过文献传递方式获取到图书馆中没有的文献资料。中文资源的文献传递满足率可以达到 96%，外文资源的文献传递满足率可以达到 90%。百链预先索引国内外出版的各种学术元数据，实现了读者可以同时从来自不同国家和数据库的文章中获取资源，读者的获取资源范围从本馆馆藏扩展到了全部出版文献。百链可以帮助图书馆实现资源的整合与利用，将图书馆购买的各种数据库和开放资源进行准确链接，特别是将图书馆各种特色数据库的整合，使得每个数据库不再是信息孤岛。

百链最早实现基于元数据的应用模式，在行业中成长最快，全国已建立联合分中心 70 个，应用的图书馆超过 1000 多家，每天超过 100 万人次在这里获取学术资源。

（二）维普智立方发现系统

维普智立方既是一个文献类型全覆盖的资源发现平台，也是一个情报分析视角的知识服务平台，更兼具知识管理的功能，为图书馆、科研单位和个人用户提供全方位、基于云平台架构的一体化解决方案。智立方·知识发现系统整合了中外文期刊、学位论文、会议论文、专利、专著、标准、科技成果、产品样本、科技报告、政策法规等中外文文献元数据 3 亿余条，资源覆盖了近 20 年来国内产出中外文文献资源的 95%。支持对用户特色资源的个性化整合，云服务周更新。

第三节　移动图书馆及其应用

一、移动图书馆概述

移动图书馆利用了当前移动互联技术及多媒体技术，将图书馆中的各类数字信息资源转变为不受时间、地点和空间限制，随时可以方便用户查询、获取的资源。移动图书馆突破了学校 IP 范围限制，可以通过使用各种移动设备（手机、笔记本、平板电脑、掌上电脑等）方便灵活地进行图书馆各类信息的查询、浏览与获取。

2000 年 9 月日本富山大学图书馆开发出 I－MODE 手机的书目查询 OPAC 系统；2001 年 11 月

芬兰赫尔辛基科技大学图书馆建立了为读者提供短信和 WAP 及其他接入技术服务系统。

国内的移动图书馆服务从 2000 年开始起步，2005 年进入发展阶段。2003 年 12 月北京理工大学图书馆开通了国内最早的手机短信息服务平台，随后上海图书馆、国家图书馆、吉林大学图书馆等大型图书馆相继开通了不同规模的移动图书馆。

在互联网技术不断发展的基础上，智能手机普及的影响下，利用手机进行阅读、学习已成为用户的一种日常行为，越来越多的行业已经重视手机端的应用开发。包括微信支付、电子医保卡、电子公交卡等多种功能在手机上都可以完成。因此对于图书馆来说做好移动图书馆的相关服务前景广阔，移动图书馆的技术应紧跟潮流，提高用户体验，整合海量资源，在移动服务上崭露头角。

二、超星移动图书馆应用

（一）超星移动图书馆

超星移动图书馆是专门为各图书馆制作的专业移动阅读平台，方便用户可在手机、平板等移动设备上自助完成个人借阅查询、馆藏查阅、图书馆最新咨询浏览，同时拥有超过百万册电子图书，海量报纸文章以及中外文献元数据供用户自由选择，为用户提供快捷的移动阅读服务。

1. 特点 超星移动图书馆依托集成的海量信息资源与云服务共享体系，为移动终端用户提供了资源搜索与获取、自助借阅管理和信息服务定制的一站式解决方案，具有十分突出的特点与技术优势。

（1）基于元数据的一站式检索 系统应用元数据整合技术对馆内外的中外文图书、期刊、报纸、学位论文、标准、专利等各类文献进行了全面整合，在移动终端上实现了资源的一站式搜索、导航和全文获取服务。

（2）适合手机的信息资源 充分考虑到手机阅读的特点，超星移动图书馆专门提供上万册的 ePub 电子图书、7800 多万篇报纸全文供手机用户阅读使用。

（3）云服务 共享超星移动图书馆接入功能强大的云共享服务体系，平台提供 24 小时云图书馆文献传递服务，无论是电子图书还是期刊论文，都可以通过邮箱接收到电子全文。系统接入文献共享云服务的区域与行业联盟已达 78 个，加入的图书馆已有 723 家；24 小时内，文献传递请求的满足率：中文文献 96% 以上，外文文献 85% 以上。

（4）个性化服务体验 通过设置个人空间与图书馆 OPAC 系统的对接，实现了馆藏查询、续借、预约、挂失、到期提醒、热门书排行榜、咨询等自助式移动服务。并可以自由选择咨询问答、新闻发布、公告（通知）、新书推荐、借书到期提醒、热门书推荐、预约取书通知等信息交流功能。

2. 使用方法

（1）扫描二维码下载客户端 选择相应的版本，会进入相应的页面，然后选择安装或者下载。

（2）登录 在左上角进入个人中心，点击进入院校页面，选择对应的单位。输入借阅证号及密码，点击登录，即可成功进入移动图书馆。利用馆藏模块，打开馆藏书目查询页面，输入查询的图书，点击搜索即可看到馆藏信息。在借阅记录里可以查看所借图书，如果进行续借点击按钮即可操作完成。

（二）超星学习通

超星学习通又叫超星云舟，整合了超星移动图书馆的应用功能。学习通平台是北京超星公司在 2016 年 3 月基于知识空间理论研发的一种新型学习平台。学习通平台是一款全媒体、全介质、全时空的移动阅读平台，汇集了 6500 余种媒体期刊、3 万册 e-pub 格式电子全文图书、7800 万篇电子报纸资源、15000 集的有声读物、2 万集名师讲座视频、近 10 万精品域专题、约 6.3 亿条元数据和近亿条全文数据，联合近千家中外数据库和图书馆，为阅读和科研提供全方位的资源保障。学习通的出现改变了传统获取信息的途径、方法，实现了实体空间和虚拟空间的完美结合，"学习通借助于空间的一种重构与凝聚将资源、技术、服务、馆员、读者整合一起"，创新了用户的学习体验，对于全面开展大学生信息素养教育提供了最重要的技术支持。

1. 特点

（1）开创了移动阅读体验　超星学习通 APP 的出现，开辟了教育 APP 的空白，改变了用户获取信息行为。现常见的手机客户端服务一般为信息通知服务，例如图书馆讲座、公告、读书活动等定向通知作用。稍好一点的客户端可以实现馆藏 OPAC 查询、数据库资源的题录查询，但是往往缺少了图书馆与用户之间的互动与服务，超星学习通的出现改变了这种现状，实现了资源的个性化、共享性，具有很强的交互性和实时性，用户根据个人的需要可以建立、持有、使用相关资源，建立自身的"知识空间"。同时可以在手机端和 PC 端进行相关操作。

（2）构建了用户的虚拟知识空间　学习通平台为每一位用户准备了一个虚拟的知识空间，用户可以根据自己的实际需要进行知识的管理，在空间中人们可以把自己的资料创作成专题进行保存、分享，将自身的感悟、笔记等记录到个人空间中，同时可以订阅别人的专题来进行自我学习。专题是平台中最基本的知识单元，一个好的专题可以包含文字内容、音频资料、视频资料等多种内容（图 5-4）。

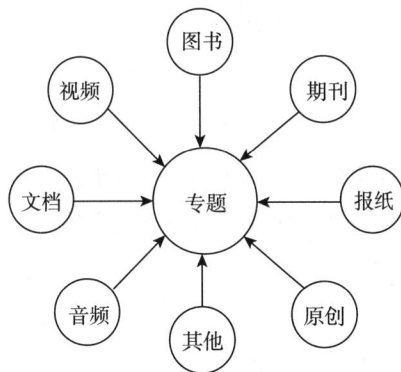

图 5-4　专题组成模式图

（3）海量的专题资源及其共享弥补了传统课程的缺陷　在传统的大学生信息素养教学模式中以教师、教材知识输出为主，学习通平台的出现弥补了传统课程弊端。在学习通知识空间中，专题是知识的表现形式。平台中把专题分为多种类别包括考试就业、思想政治、人文社科、历史文化、计算机等 17 个分类，同时在二级类目中共有约为 211 个类别的专题域，每个专题域中又包含多个相关专题。用户可以根据自身的喜好订阅相应的专题，存储在智能终端中，可以在自由的时间内浏览、学习。

（4）多样化的学术社交　学习通平台的小组功能建立了一个互动交流学术圈，在一个小组的专题用户可以交流、讨论。可以邀请志同道合的好友进行相关讨论，可以了解好友创作的专题，可以看到好友的"书房"（已经收藏的专题），可以看到好友加入的小组，因此，一个专题通过小组内好友的传递，使专题迅速扩大，达到"裂变"的效果，在某种程度上做到了学术上的"取长补短"。小组中的文化、教育、交通、医药等33个一级类目是系统设定的，二级类目中的话题是用户根据自身的兴趣建立的。

（5）构建智慧课堂

1）建立电子教案、上传相关资源　在学习通平台的PC端和手机端可以建立课程的目录、上传电子教案、参考教材、推荐视频和课程公共资源。在学生上课前对课程有一定的了解，及时进行预习，查看相关文献，观看相关视频教材，进行自主学习，把握课程难点和重点，在教师上课时有目的地去学习，带着问题去思考，最终达到良好的教学目标。

2）构建自动化的题库　教师上课前根据课程的目的和要求，可以构建自动化的题库、作业库和试卷库，在试题库中可以建立单选题、多选题、填空题、简答题等多种类型题。给学生留作业、考试时可以做到随机组题，保证试卷区分度的稳定，做到试卷的科学、规范、严谨。进行考试时教师可以设定发放时间和截止时间，学生可以选择直接在手机上作答，或者在作业本上作答后以手机拍照的形式，传回到系统中，点击提交后可以直接看到自己的分数。当考试结束后教师可以设定系统，让每位学生可以看到正确答案和问题解析，及时有效地找到错误的根源。

3）创新学习体验　通过学习通平台教师可以实现利用手机端进行课堂签到，包括已签到、未签到，监控学生的出勤情况；课堂上教师可以通过手机端提出问题，发送抢答，对于积极的学生，系统给予一定的奖励分数，同时也可以进行系统随机选人，抽取回答问题的学生。通过平台教师可以发布通知和进行直播。教师发布通知后，传统的聊天软件并不能识别学生是否已经阅读，学习通平台中发布通知后系统会自动判定有多少人阅读或未阅读，让教师做到心中有数。

4）大数据分析　学习通平台中可以对学生的作业记录、学习笔记、读书记录、课堂记录等多种数据进行分析，有利于教师直观地掌握学生的学习状态，让教师能更加科学全面地了解每一个学生，深度反观自我，及时调整教学方案和进度，从多维度、多层次掌控学科的发展。

实训二　图书馆利用实践

【实训目的】

1. 掌握图书馆网站中各个类目的功能；《中图法》中22大类的类目。

2. 利用图书馆自动化系统解决馆藏图书借阅、续借等问题。

【实训内容】

1. 图书馆网站应用。

2. 图书馆OPAC检索系统操作。

【实训参考项目】

1. 列举图书馆网站中常用的菜单栏。

2. 请说明借阅服务台中的"代书板"的具体功能。

3. 请利用 OPAC 检索系统查询《平凡的世界》索书号。

4. 通过查询图书馆网站列举自己学校的电子资源数据库。

5. 请列举图书续借的几种方法。

实训三　超星移动图书馆应用实践

【实训目的】

1. 掌握超星移动图书馆中各个模块的功能。

2. 熟悉超星移动图书馆中各个资源类型。

【实训内容】

1. 超星移动图书馆的下载方式。

2. 熟练操作超星移动图书馆应用。

【实训参考项目】

1. 利用超星移动图书馆公开课模块，检索公开课《古文字与中国传统文化》。

2. 利用超星移动图书馆学术资源模块，查找并下载图书《心怀民族的嘱托》。

3. 请比较查询同一种书在超星移动图书查询与 OPAC 检索系统查询的优缺点。

4. 登录超星移动图书馆，选择自己喜欢的五种书收藏到"书架"模块上。

5. 请利用超星移动图书馆查询《中国免疫学杂志》的连续出版物号。

本章小结

章节名称	学习小结
第一节 图书馆及其服务	1. 图书馆主要功能是提供文献保障和信息服务，高效地利用图书馆是读者提高检索效率的主要途径之一。 2. 图书馆的类型呈现多样性特点，掌握现代图书馆服务的特点及技术应用手段、图书馆网络平台利用方法是有效利用图书馆的基础。 3. 参考咨询是图书馆服务的重要组成部分，是读者向图书馆工作人员或专家提问并获得解答的一种信息服务方式。 4. 联盟式资源的共建共享是图书馆协作服务的发展趋势，为读者提供了更广泛的可供选择的资源范围，是有效提高文献资源保障的重要手段之一。 5. 图书馆网站是读者了解图书馆指南及特色服务、进行参考咨询服务、书目检索、获取文献信息的重要门户。通过访问与使用图书馆数据库是专业信息资源获取的主要途径。

续表

章节名称	学习小结
第二节 《中国图书馆分类法》、图书排检与OPAC系统应用	1.《中国图书馆分类法》是新中国成立以后编制出版的一部具有代表性的大型综合性分类法，是当今国内图书馆使用最广泛的分类法体系。按照人们认识事物的习惯，以学科分类为基础，方便族性检索。 2. 体系分类法的分类号能够体现类目的等级关系，便于扩检或缩检。利用分类法便于相同学科专业的文献集中检索，同时还能揭示出相关学科间的逻辑关系。其查准率的准确度与类目的粗细有关，类目越细，专指度越高，查准率也就越高。 3. 图书的排检与书刊目录检索系统保证了馆藏资源的有序化管理组织，是读者查找资源的有效途径。图书馆馆藏图书是按索书号排架的，索书号是表明馆藏中的某一图书的排架位置以便提取和归架的一套编号。索书号由分类号和种次号（排架号）两部分组成。 4. OPAC公共联机书目查询系统，主要用于检索馆藏所有书刊著录信息和收藏信息。通过一个图书馆的OPAC可获取一个图书馆的馆藏。通过一个联合目录文献保障体系可获取一个地区、一个系统、一个国家、几个国家收藏的信息资源。 5. 发现系统是学术研究中的一个有力工具，可以帮助学术研究选题与实施，进行学术研究成果管理，从而深入地进行知识挖掘与数据分析，是现代化的数字图书馆的OPAC。
第三节 移动图书馆及其应用	1. 移动图书馆是帮助用户建立随时随地获得全面信息服务的现代图书馆移动服务平台。 2. 移动图书馆系统平台将图书馆已有的系统功能延伸到移动网络平台，通过应用元数据整合技术对馆内外的各类文献进行了全面整合，在移动终端上实现了资源的一站式搜索、导航和全文获取服务。

目标检测

一、选择题（1～15单选题，16～20多选题）

1. "世界图书与版权日"是每年的（ ）。

    A. 3月14日   B. 4月23日

    C. 5月24日   D. 6月3日

2. 超星电子图书阅览器是（ ）。

    A. SSReader   B. CAJViewer

    C. Apabi Reader   D. TSPReader

3. 图书《中国特色社会主义建设的路径选择》，书脊粘贴标签部分"D616－53/2"，其中"D616－53"是指（ ）。

    A. 种次号   B. 索书号

    C. 分类号   D. ISBN号

4.《中国图书馆分类法》（简称《中图法》）将图书分成（ ）。

A. 5 大部分 22 个大类   B. 5 大部分 26 个大类

C. 6 大部分 22 个大类   D. 6 大部分 26 个大类

5. 《中国图书馆分类法》是我国常用的分类法，要检索医药、卫生方面的图书，需要在
（　　）类目下查找。

     A. S 类目   B. Q 类目

     C. T 类目   D. R 类目

6. ISSN 1672 – 514X 是（　　）。

     A. 国际标准连续出版物编号   B. 强制标准文献的编号

     C. 图书分类号   D. 国际标准书号

7. 在《中图法》的 22 个大类中，"I" 类表示（　　）。

     A. 政治法律   B. 文学

     C. 历史地理   D. 医药卫生

8. "中国高等教育文献保障体系" 简称（　　）。

     A. NSTL   B. BALIS

     C. TALIS   D. CALIS

9. （　　）做过图书馆专业工作。

     A. 毛泽东   B. 列宁

     C. 马克思   D. 周恩来

10. 下列分类号，按文献排架要求排列正确的是（　　）。

     A. TP391.3、H314、C512、D631.1、D918.3、D633

     B. C512、D631.1、D918.3、D633、TP391.3、H314

     C. C512、D631.1、D633、D918.3、H314、TP391.3

     D. H314、C512、D631.1、D918.3、D633、TP391.3

11. 中国图书馆图书分类法的分类号采用了（　　）混合号码制。

     A. 拼音字母 + 数字   B. 英语字母 + 数字

     C. 全部拼音字母   D. 全部数字

12. CALIS 全称是（　　）。

     A. 中国数字化文献保障系统   B. 中国高等教育文献保障系统

     C. 中国高等教育阅读推广系统   D. 中国高等教育文献联盟

13. 国际标准刊号是（　　）。

     A. ISSN   B. OCLC

     C. ISBN   D. CSSCI

14. 一种图书的 ISBN 是 "978 – 7 – 03 – 044330 – 4"，其中第二段 "7" 表示（　　）。

     A. 地区码即：中国   B. 文献种类：图书

     C. 校验码   D. 出版机构代码

15. 利用超星电子图书数据库成功下载一本电子图书，在阅读前要下载（　　）阅读软件。

     A. 超星阅览器   B. 知网阅览器

     C. 维普阅览器   D. 万方阅览器

16. 利用超星移动图书馆可以完成（　　）。

A. 个人借阅信息查询   B. 馆藏查阅

C. 报纸阅览   D. 电子书下载

17. 使用超星移动图书馆的用户可在（   ）等移动设备上自助完成个人借阅查询、馆藏查阅、图书馆最新咨询浏览。

A. 手机   B. pad

C. 台式机电脑   D. 缩微平片

18. 利用超星移动图书馆公开课模块，检索公开课《中国民间的经典话语》，下列说法正确的是（   ）。

A. 主讲人奇安达   B. 主讲人孟宪明

C. 所属学校河南大学   D. 所属学校清华大学

19. 下列图书按《中国图书分类法》分类，放在 A 类的有（   ）。

A.《毛泽东选集》   B.《历史唯物主义》

C.《周恩来选集》   D.《恩格斯反杜林论》

20. 交流学说是国内外图书馆学理论研究的代表流派之一。我国的交流说大致可以分为（   ）三种观点。

A. 文献交流说   B. 知识交流说

C. 文献信息交流说   D. 传输交流说

二、思考题

1. 列举《中图法》22 大类中的任意五个类别及代表含义。

2. 简述图书馆五定律。

3. 国内学位论文常用的检索数据库有哪些？

4. 馆藏图书在进行数据著录时应包含哪些项？

（么洪岩）

第六章 医学类工具书及其利用

PPT

微课

📖 学习目标

知识目标

1. 掌握医学工具书的分类及代表；医学类工具书的查阅；线上医药参考工具的相关资源、特性及检索方法。

2. 熟悉医学类工具书的类型、概述和特点。

3. 了解医学类工具书的基本知识。

技能目标

能在学习和科研中充分利用医学类工具书检索医药相关内容。

第一节 概 述

💬 案例讨论

【案例】某医学专业的同学近期需要着手毕业设计的工作，根据其实习的工作环境该同学首先确定了其毕业设计的选题，接下来该同学需要了解该主题相关的专业术语、试验方法及该主题目前的研究动态，掌握这些信息需要通过医学类工具书进行相关资料的收集。

【讨论】你了解的常用医学类工具书有哪些？

一、医学类工具书的定义及其作用

医学类的参考工具书主要是将分散在原始文献中的医学知识、理论、数据、图表等，按照医学中某一具体学科或某一学科的具体方面的要求，用简明扼要的形式，全面、系统地组织起来，就形成了医学类的辞典、手册和参考书。医学类的参考书普遍具有知识的浓缩性能，属于三次文献，是医学类的数据检索和事实检索常用工具书，它以特定的编排形式和检索方法供读者学习、参考及使用。

医学类工具书的基本功能主要包括：为医学研究提供相关线索，解决医学相关知识的疑难，为医学文献检索者提供参考资料等。

二、医学类工具书的编排体例

医学类的辞典、手册和参考书是医学相关知识的确定性检索工具之一，其编排结构和排检方法与其他类辞典、手册和参考书相近，如图6-1、6-2所示。

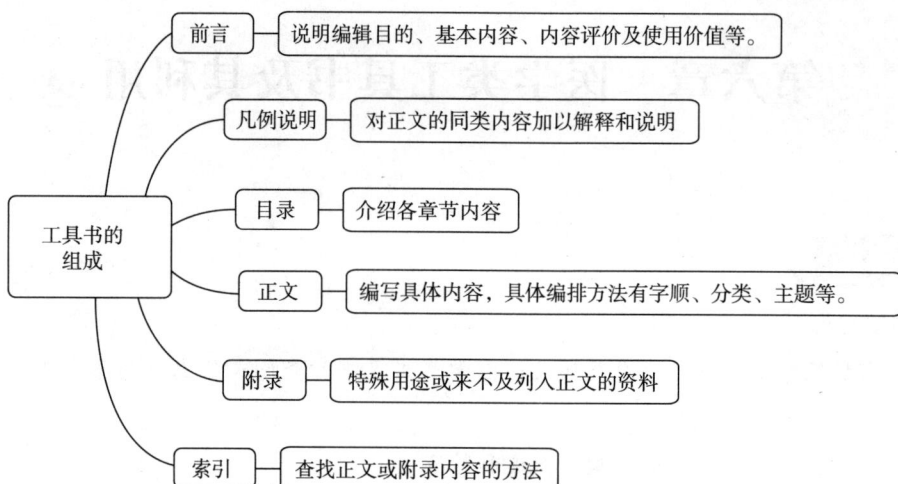

| | 前言 | 说明编辑目的、基本内容、内容评价及使用价值等。 |

工具书的组成
- 前言 —— 说明编辑目的、基本内容、内容评价及使用价值等。
- 凡例说明 —— 对正文的同类内容加以解释和说明
- 目录 —— 介绍各章节内容
- 正文 —— 编写具体内容，具体编排方法有字顺、分类、主题等。
- 附录 —— 特殊用途或来不及列入正文的资料
- 索引 —— 查找正文或附录内容的方法

图6-1　参考性工具书的结构编排

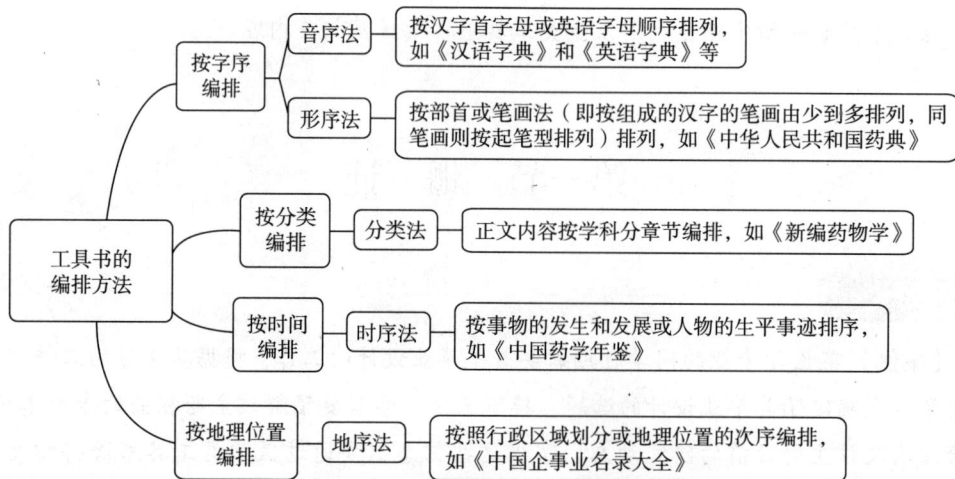

工具书的编排方法
- 按字序编排
  - 音序法 —— 按汉字首字母或英语字母顺序排列，如《汉语字典》和《英语字典》等
  - 形序法 —— 按部首或笔画法（即按组成的汉字的笔画由少到多排列，同笔画则按起笔笔型排列）排列，如《中华人民共和国药典》
- 按分类编排
  - 分类法 —— 正文内容按学科分章节编排，如《新编药物学》
- 按时间编排
  - 时序法 —— 按事物的发生和发展或人物的生平事迹排序，如《中国药学年鉴》
- 按地理位置编排
  - 地序法 —— 按照行政区域划分或地理位置的次序编排，如《中国企事业名录大全》

图6-2　参考工具书的主要排检方法

三、常见医药类参考工具书简介

（一）字典与词典

字典和词典是收录字、词的出版物，其内容在于注释字、词、科技名词术语、缩略语的形、音、义、全称、用法、不同文种的对译等。科技类的辞（词）典，主要是学科名词术语或定义的解释或不同文种互译对照。如《现代电子学辞典——英汉、汉英名词对照》《英汉计算机辞典》《电子工业技术词典》均属于此类，它们还兼备英汉对照的功能。字、词、辞典是汉语划分，英语没有这种区别。

字典与词典一般按字顺法编排。字典是主要以字为收录单位，解释文字形、音、义的工具书。辞典（也称词典）是以词语为收录单位，说明一般语词和特殊语词的概念、用法和读音的工具书，基本作用是解答有关字和词的问题。

常用医学辞典有《辞海》（医药卫生分册）、《英汉医学词典》、《诊断学大辞典》、《临床医学综合征词典》、《道兰图解医学词典》，综合性在线词典有韦氏词典、金山词霸在线词典等。医学在线词典有 Medical Dictionary Online、英汉医学词典等。

（二）药典

世界上已有 30 多个国家制订药典，欧洲第一部药典是 1546 年在德国出版的《纽伦堡药典》，之后相似的药典在不同的城市中不时出现。坚持正常出版的除中国外有美、英、日、德和欧洲药典等，我国的药典名为《中华人民共和国药典》，每 5 年修订一次。

药典是国家颁布的有关药品质量标准的规定。它是药品生产、供应、使用和监督管理部门共同遵循的法定依据，是一个国家记载药品标准、规格的法典，一般由国家卫生行政部门主持编纂、颁布实施药品标准。现行版具有法定约束力，药典内容组成一般包括四大部分：凡例说明、正文、附录和索引。

（三）手册

医药手册是以简明扼要的方式汇集某领域的基本知识、参考资料或数据的参考书，具有主题性强、信息量大、数据科学实用等特点，按内容和编排形式分为数据手册、图谱手册、条目型手册及总结性手册，一般篇幅不大，通常为一卷，是常用的医药参考工具。通常不定期修订，常用的医疗手册有《临床医师手册》《常用药物手册》《医学常用数据手册》《默克诊疗手册》和《医师桌上手册》等。

（四）百科全书

我国综合性医学百科全书主要有《中国医学百科全书》和《中华医学百科全书》，该类工具书主要针对中华现代医学和传统医学的核心知识与基本概念进行综合、梳理和编撰，使之规范化和标准化，以医学百科全书的形式最终呈现，达到促进中华医学理论体系的规范、记录与传承之目的。

（五）年鉴

年鉴是收录某年内发生的事情和其他动向性问题的年度性出版物。其内容包含年内的各类事实、数据、统计资料、图表、图片及近期发展动向等。年鉴有综合性和专科性之分。按照习惯不同，分为 Almanacs（多指综合性年鉴）和 Yearbooks（多指专科性年鉴）。按其收录的地域范围不同，则有地区性年鉴、国际性年鉴和世界性年鉴等。

作为年度性的各类统计资料，尤以统计年鉴最有权威和详尽。如要查找我国某年度电气电子类工业企业的人员、各种产品的产销数据、重要研究成果或产品的进出口等各类事实和数据，可以在专业性年鉴或统计年鉴中检索。

我国医学类年鉴主要有《中国医学科学年鉴》《中国卫生年鉴》《中国外科学年鉴》《中国内科学年鉴》《中国药学年鉴》等。

（六）名录

名录是收录专名（人名、地名和机构名等）、提供其基本信息的工具书。人名录，又叫名人录，简要介绍特定地域、时间、专业领域内专家或知名人士的姓名、生卒时间、生平、职务、论著、成就等情况，如《国际医学名人录》《中国中医人名录》等。机构名录是介绍组织机构名称及有关信息的工具书，一般包括以下内容：机构名称、地址、电话、成立日期、宗旨、成员、历史及当前业务状况等。

（七）图谱

图谱是以图像揭示事物的工具书。包括：①地图集，是指用图像表述地球表面各种自然现象、社会现象、地理分布的工具书，如《世界地图集》和《精神卫生地图集》；②历史、文物图录，是指用图像表述历史事件、历史人物和文物的工具书，如《简明中国历史图册》；③学科图谱，是指汇集了某一学科的图像，如解剖图谱、病理组织学图谱、细胞图谱、中药图谱等。同时，网上也有许多免费图谱。

（八）表谱

表谱是汇集某一方面资料，采用表格或类似表格的形式编制而成的工具书。包括：①年表，可用来查考历史年月、大事，如《中外历史年表》；②历表，可用来换算不同历法，如《两千年中西历对照表》；③人物表谱，可查考某人物逐年活动，如《马克思恩格斯生平事业年表》；④各种学科用表，可用来查考该学科常用数据、公式等，如《高等数学公式表》。

第二节 医药类常用参考工具书的利用

💬 案例讨论

【案例】 某药学专业的同学近日需要开展阿司匹林药物的合成试验，在试验开始前，老师要求同学通过自行查阅医学工具书，找到阿司匹林的实验室合成方法及合成条件。

【讨论】 1. 如果选择《中国药典》作为工具书，请问应选择哪一部进行查阅？
2. 讨论如何通过《中国药典》查阅阿司匹林的合成途径及合成条件？

一、药典类工具书的应用

《中华人民共和国药典》，简称《中国药典》（Chinese Pharmacopoeia，ChP），是国家为保证药品质量、保护人民用药安全有效而制定的法典，是执行《中华人民共和国药品管理法》、监督检验药品质量的技术法规，也是我国药品生产、经营、使用和监督管理所必须遵循的法定依据。第一版是1953年版，现行版是2020年版（第11版），于2020年12月30日正式实施。《中国药典》由一部、二部、三部、四部及其他增补本组成。一部收载中药，二部收载化学药品，三部收载生物制品及相关通用技术要求，四部收载通用技术要求和药用辅料。《中国药典》（2020年版）新增品种319种，修订3177种，不再收载10种，因品种合并减少6种，共收载品种5911种。其中，一部中药收载2711种，其中新增117种、修订452种。二部化学药收载2712种，其中新增117种、修订2387种。三部生物制品收载153种，其中新增20种、修订126种；新增生物制品通则2个、总论4个。四部收载通用技术要求361个，其中制剂通则38个（修订35个）、检测方法及其他通则281个（新增35个、修订51个）、指导原则42个（新增12个、修订12个）；药用辅料收载335种，其中新增65种、修订212种。《中国药典》（2020年版）稳步推进药典品种收载，进一步满足了国家基本药物目录和基本医疗保险目录品种的需求。《中国药典》（2020年版）的颁布实施，将有利于整体提升我国药品标准水平，进一步保障公众用药安全，推动医药产业结构调整，促进我国医药产品走向国际，实现由制药大国向制药强国的跨越。

1. 凡例 是为正确使用《中国药典》，对品种正文、通用技术要求以及药品质量检验和检定中有关共性问题的统一规定和基本要求。

2. 品种正文 正文编排及内容详见每部的凡例部分，形式略有差异。

3. 索引 各部的索引情况详见表 6－1。

表 6－1 《中国药典》各部索引汇总表

索引	索引名称	标识	编排	著录格式	示例
一部索引 中药	中文索引	中文名	汉语拼音	中文名···页码	白果···112
	汉语拼音索引	汉语拼音名	汉语拼音	拼音名···页码	baiguo 白果···112
	拉丁学名索引	拉丁学名	字顺 ABC	拉丁学名···页码	*Acacia catechu*（L. F.）Willd. 儿茶···10
	拉丁名索引	拉丁名	字顺 ABC	拉丁名···页码	Aconiti Radix 川乌···40
二部索引 化学药品	中文索引	中文名	汉语拼音	中文名···页码	阿卡波糖···660
	英文索引	英文名	英文字顺	英文名···页码	Acarbose···660
三部索引生 物制品及相 关通用技术 要求	中文索引	中文名	汉语拼音	中文名···页码	白喉抗毒素···207
	英文索引	英文名	英文字顺	英文名···页码	Botulinum Antitoxins 肉毒抗毒素···221
四部索引	中文索引	中文名	汉语拼音	中文名···页码	澄清度检查法···124
	英文索引	英文名	英文字顺	英文名···页码	Agar 琼脂···755

4. 检索途径 《中国药典》中的索引，就是检索途径。用户关键是要确定自己待查的课题内容应该属于第几部药典收载的内容，从而选择适当的索引。主要检索途径如下（图 6－3）：

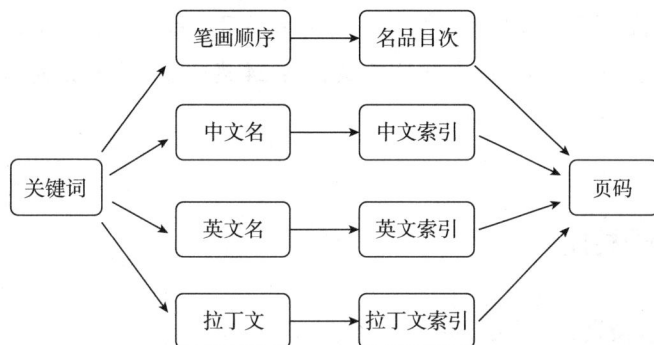

图 6－3 《中国药典》主要检索途径

二、医药类百科全书的利用

（一）《中国医学百科全书》

《中国医学百科全书》由上海科学技术出版社出版，收录题目 20000 多条，主要内容包括祖国医学、基础医学、临床医学、预防医学和特种医学等各个学科和专业，共计 93 个分卷本。全书用条目形式撰写。1991 年后又在分卷本基础上编纂出版了包括中医学、军事医学、预防医学、基础医学、临床医学五部综合本。综合本同样以条目分类编排，以知识体系分类为主，附有字顺索引。网络版由中国学术期刊（光盘版）电子杂志社出版，并被收录在《中国工具书网络出版总库》中。

（二）《中华医学百科全书》

《中华医学百科全书》是系统、概要地介绍现代医药卫生领域知识和中国传统医药卫生领域知识的大型专业百科全书，定位于通用医学参考工具书。《中华医学百科全书》总共分为138卷，其包括基础医学、临床医学、药学、中医药学、公共卫生学、军事与特种医学6大类，覆盖我国医学领域各个方面。主要读者是医药卫生专业人员及其他相关专业人员，汇集了医药卫生领域国内著名学者及国外杰出华人学者，保证了学术水平和权威性，内容以全、准、精、新为原则，包括图书版、电子版和网络版三种出版形态，《中华医学百科全书》纸质版分为基础医学、临床医学、公共卫生、军事医学与特种医学、中医药学、药学6类144卷，1.2亿字。《中华医学百科全书》的使用方法主要是通过关键词，查找目录，最后找到相关内容的正文。

∞ 知识链接

著名的综合性百科全书

《中国大百科全书》是由中国大百科全书出版社出版的图书。全书共计74卷，包括哲学、社会科学、文学艺术、文化教育、自然科学、工程技术等各个学科和领域。

《美国百科全书》（EA）于1829年至1833年在美国出版，共13卷，全书条目按字顺编排，主要读者是普通成年人至高级知识分子；《新不列颠百科全书》（EB）又称《大英百科全书》，被认为是当今世界上最知名也是最权威的百科全书，于1771年在苏格兰爱丁堡出版，共三卷，以后不断修订出版。1941年版权归美国芝加哥大学所有。现由总部设在美国芝加哥的不列颠百科全书公司出版。《科利尔百科全书》（EC）由是美国科利尔出版公司1949年创编出版，共24卷，是20世纪新编的大型英语综合性百科全书。

三、药学辞典的利用

（一）《中国药学大辞典》

《中国药学大辞典》由人民卫生出版社出版，是我国收载药学学科词汇量最大的工具书。主要阐明药学专业基础词、常用词、重要词及其主要派生词的定义、概念等，起到释疑解惑的作用。根据学科（专业）分类的科学性和组织编写的可操作性，《中国药学大辞典》分类进行收词编写，即药剂学（含制药工程）、药理学、药物化学、临床药学和医院药学、微生物药学、生化药学（含生物技术药物）、中药和生药学、药物分析、药品类名、药学史、药事管理学（含药学教育）、综合类（含军事药学、药物经济学、药学机构等与各专业学科关系不大的词汇），按词条标题的汉语拼音字母顺序排列。《药学大辞典》词义明确、定义准确、数据可靠、文字严谨、释文科学，具有高度的可查性和内容广泛、全面、新颖、实用的特色，可供药学及相关领域、部门的专业人员查阅，也可供一般读者使用。

（二）《中国医学大辞典》

《中国医学大辞典》是由天津科学技术出版社出版的图书。收载了我国众多的医学名词，如温、清、补、夺等十三剂，大方脉、小方脉等十三科，汗、和、下、消等八法，古方分量之沿革，君臣佐使、汤丸膏散之解释，亦皆源本而详释之。全书辞条不下七万，排比之法，以首字笔画为序，首字相同者，则以次字笔画为序，依此类推；另设辞头索引、辞条索引，以便检索。书中难字，采用直音注音。

（三）《中医方剂大辞典》

《中医方剂大辞典》由彭怀仁编写，2005 年由人民卫生出版社出版的。本书对所有方剂分散在各种文献中的不同主治、方论、验案以及现代实验研究资料分别设项进行整理筛选，汇集于各方之下，为读者全面了解方剂提供了极大的便利。《中医方剂大辞典》对我国上自秦、汉，下迄现代（1986 年）的所有有方名的方剂进行了一次系统的整理，力求使上述各种问题得到合理的解决。以方剂检索而言，本书汇集古今有方名的医方，按照辞书形式编纂，既有目录，又有索引，从而解决检方的难题。以方源而言，本书参考古今各种中医药文献，对每一首方剂的方源进行认真的考证，而注明其原始出处，这对研究方剂的历史，澄清方剂的源流，是十分必要的。

（四）《中药大辞典》

《中药大辞典》是中华人民共和国成立后出版的第一部大型中药专业工具书，共收载中药 5767 味，其中包括植物药 4773 味，动物药 740 味，矿物药 82 味，以及传统作为单味药使用的加工制成品等 172 味。第二版于 2006 年出版，共收载药物 6008 味，增补了初版后近 30 年来有关栽培（饲养）技术、药材鉴定、化学成分、药理作用、炮制、现代临床研究等方面的中药研究成果。

【例 6 - 1】 利用《中国药学大辞典》进行氨基糖苷类药物方面知识的检索。

基本过程如下。

（1）明确氨基糖苷类药物有哪些，《中国药学大辞典》是否收录该药物。

（2）以半合成氨基糖苷类药物阿米卡星为例，可根据中文名阿米卡星利用中文索引找到阿米卡星所在页码。

（3）检索中文索引，发现阿米卡星在第 4 页。

（4）翻阅至第 4 页即可查看关于阿米卡星的英文名、别称、临床应用等相关知识。

（5）也可根据阿米卡星的英文名 Amikacin 利用英文索引找到阿米卡星所在页码，然后再查看相关知识。

四、药学年鉴的利用

（一）《中国药学年鉴》

《中国药学年鉴》是我国唯一的药学学科专业年鉴，系统、全面、概括地记载了我国药学领域各方面的发展和成就，自 1980 年起逐年连续出版。全书共分十一个大栏目，内容包括专论、药学研究、药学教育、药物生产与流通、医院药学、药品监督管理、药学人物、学会与学术活动、药学书刊、药学记事、附录等。《中国药学年鉴》对从事医药教学、科研、生产、使用、经营、管理的药学工作者具有良好的参考价值。《中国药学年鉴》的使用方法也是通过关键词，查找目录，最后找到相关内容的正文。

（二）《中国中医药年鉴》

《中国中医药年鉴》由国家中医药管理局主办，由中国中医药出版社出版，是综合反映中国中医药工作各方面情况、进展、成就的史料性工具书，自 1983 年起连续出版，自 2003 年起分为行政和学术两卷出版。行政卷是综合反映中国中医药工作各方面情况、进展、成就的史料性工具书。学术卷是一本反映中医药学术进展的资料性工具书。

（三）《中国卫生和计划生育统计年鉴》

《中国卫生和计划生育统计年鉴》是一部反映我国卫生计生事业发展情况和居民健康状况的资料性年刊。本书收录了全国及 31 个省、自治区、直辖市卫生计生事业发展情况和目前居民健康水平的统计数据，以及历史重要年份的全国统计数据。全书分医疗卫生机构、卫生人员、卫生设施、卫生经费、医疗服务、基层医疗卫生服务、中医药服务等 16 个部分。分为纸质版和电子版，电子版主要收录在随书的光盘内。

【例 6-2】利用《中国药学年鉴》了解药学专业师资队伍建设基本情况

检索基本过程如下。

（1）明确《中国药学年鉴》由专论、药学研究、药学教育、药物生产与流通、医院药学、药品监督与管理、药学人物、药学记事等部分组成。

（2）在《中国药学年鉴》中药学教育部分包括高等药学教育、中等药学教育、专业介绍、师资队伍建设等内容。

（3）在目次中，以此检索药学教育——专业介绍-＊＊年高等药学院校（系）师资队伍情况，可获得相关的资料信息，如 2011 年《中国药学年鉴》就有 2010 年底统计的 47 所高等药学院校（系）师资队伍基本情况以及专业课教师情况。

五、药学手册、名录、指南的利用

（一）《默克诊断和治疗手册》

《默克诊疗手册》自第一版问世以来，100 多年间作为一种临床工作指南，提供医生们在诊疗时参照，经过几代人的不断努力和完善，这本手册已经成为世界著名的临床工作指南。目前已出版至第十九版。

《默克诊疗手册》不但是发行量最大的临床工作指南，也是广大患者的良师益友。最大的特点是其公益性，在互联网上也可以免费检索，查询全文，了解国际医学界主流观点和可靠治疗方法。增长知识的同时，还可以自觉抵制和监督不规范的医疗行为，客观上有利于减少医患纠纷。在国外，一直是发行量最大的临床医学工作指南，有"医师圣经"之美誉。

（二）《临床用药速查手册》

《临床用药速查手册》由华中科技大学同济医学院附属协和医院心血管内科博士苏冠华撰写，结合当前最新的循证医学证据和疾病防治指南，按通用名、常用商品名、英文名、药理作用特点、适应证、禁忌证、不良反应、注意事项、剂型规格、用法与用量、临床应用要点分项阐述。《临床用药速查手册》取材多贴近临床实际应用，书中所介绍的中药注射液，仅供参考，其用法用量及注意事项应以国家药监（检）部门的相关规定为准。是临床主治医师、住院医师、进修医师、研究生、实习医师值得拥有的一本"新颖、科学、简明、实用"的"口袋书"。

（三）《国家基本药物目录》

《国家基本药物目录》是医疗机构配备使用药品的依据，包括两部分：基层医疗卫生机构配备使用部分和其他医疗机构配备使用部分。基本药物目录中的药品是适应基本医疗卫生需求，剂型适宜、价格合理、能够保障供应、公众可公平获得的药品，国家基本药物目录是各级医疗卫生机构配备使用药品的依据。

目录中的药品包括化学药品和生物制品、中成药和中药饮片 3 部分。目录后附有索引。化学药品和生物制品为中文笔画索引、中文拼音索引和英文索引；中成药为中文笔画索引、中文拼音索引。化学药品和生物制品主要依据临床药理学分类，共 317 个品种；中成药主要依据功能分类，共 203 个品种；中药饮片不列具体品种，用文字表述。药品的使用不受目录分类类别的限制。

（四）《中国药品通用名称》

《中国药品通用名称》（China Approved Drug Names，CADN）是中国药品命名的规范。CADN是以国际非专利药品名称为依据，结合具体情况制定的。CADN 由国家药典委员会负责组织制定并报国家药品监督管理局备案。命名原则中的"药品"一词包括中药、化学药品、生物药品、放射性药品以及诊断药品等。药品的命名避免了可能给患者以暗示的有关药理学、解剖学、生理学、病理学或治疗学的药品名称，并不得用代号命名。

（五）《中国中医名人榜》

《中国中医名人榜》是由中医古籍出版社出版的图书，全书介绍了中华人民共和国成立初期到 21 世纪初期中医战线涌现的共计 300 位老中青中医代表和典型事迹，包括国家级名中医、各省市名中医代表、中医世家三部分。

（六）《中国医师药师临床用药指南》

《中国医师药师临床用药指南》是由重庆出版社出版的图书，国家食品药品监督管理局药品审评中心对本书中所有专论信息进行了质量监督。包括药物分类索引、药物名称索引、药物专论、附录等内容，是临床医师和药师必备的工具书。

【例 6 - 3】利用《国家基本药物目录》进行抗感染药物的检索

利用《国家基本药物目录》进行抗感染药物的检索基本过程如下。

（1）明确抗感染药物属于化学药品和生物制品，进而明确应检索第一部分。

（2）明确《国家基本药物目录》第一部分包括抗微生物药、抗寄生虫病药、麻醉药等二十四种，而抗感染药物并不属于这二十四种。

（3）明确抗感染药物在皮肤科用药和眼科用药均有涉及。

（4）以阿昔洛韦为例，若需要检索阿昔洛韦相关知识，可从第一部分找到眼科用药，在眼科用药下找到阿昔洛韦，查看页码，直接翻阅至相应页码，如阿昔洛韦在第 271 页。

（5）翻阅至第 271 页即可查看关于阿昔洛韦的相关知识。

第三节　常用在线医药参考工具简介

一、在线参考工具概述

在线工具书从狭义上讲，是指将传统的印刷型工具书数字化后形成的网络版。从广义上看，在线工具书是指一切用来查检和查考的数字型网络资料，如百度百科、爱问知识人、金山词霸。

二、常用在线医药参考工具

（一）中国大百科全书数据库

本数据库内容源自《中国大百科全书》第一版和第二版。收录近 16 万条目，80 余个学科，近 100 万知识点，2 亿文字量，近 10 万幅高清晰图片、地图，提供图片检索数据。总容量超过 6G。该数据库作品还可以根据用户需求，增加其他专业百科全书、地区百科全书的内容。本着忠于印刷版作品原貌的原则，作品未对原内容进行更改。具有完善的检索手段和浏览功能，提供跨库检索、多卷检索、条目顺序检索、条目分类检索、全文检索、组合检索、逻辑检索等途径。可按学科体系浏览、按汉语拼音顺序浏览。根据用户单位不同的性质，提供公共版、教育版、政府机关版、军队版、国际版等多个定制版本。其网址为：http://www.ecph.com.cn/。

【例 6 - 4】利用中国大百科全书数据库进行胰岛素的检索

利用中国大百科全书数据库进行胰岛素的检索基本过程如下。

（1）打开网址 http://www.ecph.com.cn/访问大百科全书出版社网页。

（2）选择"产品中心"栏目中的"数字出版"进入检索界面。

（3）基本检索下直接输入检索词"胰岛素"即可得到相关知识。

（4）也可以进入高级检索功能限定范围进行检索或直接点击搜索栏下方的选择检索范围进行检索。

（5）还可以按字母顺序浏览条目或按学科分类体系浏览条目进行层层检索。

（6）得到初步检索结果后可以点击进入条目进行查看或对检索结果进行二次检索。

（二）大英百科全书在线数据库（EB online）

大英百科全书公司 1994 年推出了不列颠百科全书网络版，是因特网上的第一部百科全书。大英百科全书公司以其强大的内容编辑实力及数据库检索技术，成为全球工具书领域的领航者。目前，不列颠百科全书网络版已被世界各地的高等院校、中学、小学、图书馆及政府机构等广泛使用。除印刷版的全部内容外，不列颠百科全书网络版还收录了最新的修订和大量印刷版中没有的文字，可检索词条达到 100000 多条，并收录了 24000 多幅图例、2600 多幅地图、1400 多段多媒体动画音像等内容，提供 120000 个以上的优秀网站链接，从而拓宽了知识获取渠道。提供全文检索、按大事纪年表浏览、按分类浏览、世界地图浏览、字母顺序浏览等多种查阅方式，功能强大，使用方便。其网址为：http://www.search.eb.com/。

【例 6 - 5】利用 EB online 进行 Cancer 的检索

利用 EB online 进行 Cancer 的检索基本过程如下。

（1）打开网址 http://www.search.eb.com/访问大英百科全书在线数据库。

（2）在搜寻栏中，选择"Cancer"所属条目，接着点"Go"即可开始搜寻。

（3）在检索区中输入所需检索的"Cancer"，或输入前几个字母，模糊搜索建议相关的标题接着选择所需搜寻的百科数据来源，最后点选"Go"。

（4）选取其中的主题，大英百科《Encyclopedia Britannica》的检索结果显示在荧屏。

（5）点击任何一个标题，左边会显示文章的简介。

（6）在搜寻结果页面左边"导航菜单"中，可依个人需求点选数据类别：大英百科《Encyclopedia Britannica》，大英年鉴《Year in Review》，韦氏《Merriam – Webster》字典，辞典及格言等。

（三）生命大百科全书

网络生命大百科全书（Encyclopedia of Life，EOL）是史无前例的科学研究群体和公众共同合作的网络信息共享平台。其目标是为所有人提供完全免费获取的有关世界生物有机体的知识。任何人都可以通过登记注册成为 EOL 的成员，为其提供生物物种的文本、图片、多媒体、评论或标签等信息。EOL 专门的专家管理系统来保证从各个研究项目、个人所提供数据的质量。EOL 是由 John D. and Catherine T. MacArthur Foundation 基金和 Alfred P. Sloan Foundation 基金及澳大利亚生命图谱、中国科学院、自然历史博物馆、哈佛大学、海洋生物实验室、密苏里植物园、荷兰生物多样性中心、亚历山大图书馆、美国国立博物馆、南非国家生物多样性研究所、生物多样性遗产图书馆等多个研究机构提供支持，目前已经有超过 40 多个研究组织加入了 EOL 系统。其网址为 http：//www. eol. org/。

（四）药品标准查询数据库

药品标准查询数据库（药品质量标准）是药物在线开发的系列药物数据库之一。该数据库收载国内外药品标准及药典在线全文。目前该数据库收载包括中国药典、美国药典、欧洲药典、英国药典、日本药典、WHO 药典诸版，以及大量国内药品标准。其网址为：http：//www. drugfuture. com/standard。

（五）事实数据库 MICROMEDEX

MICROMEDEX 为综述型事实数据库，通过医药学专家针对全球 7000 余种医药学期刊文献进行收集、筛选、分类后，按临床应用的需求，编写具有实证的综述文献。数据库由药品信息（drug & complementary medicine）、病人教育信息（patient education）、紧急救护信息（disease management）、毒理学信息（toxicology）四部分内容组成，能提供专业、快速且完整的药物、疾病、毒物、检测与另类辅助医学等信息，同时可以协助降低药物治疗的失误、支持病患安全方案，确保医院一贯的照护。产品广受全球医药界的重视，在全球医院、药厂、研究机构、政府单位、医学院校中广泛使用。其网址为：http：//truvenhealth. com/products/micromedex。

（六）缩略语词典

缩略语词汇，http：//www. acronymfinder. com/

网络缩略语服务，http：//silmaril. ie/cgi – bin/uncgi/acronyms

缩略语辞典，http：//www. chemie. fu – berlin. de/cgi – bin/acronym

（七）其他在线参考工具简介

1. 百科全书

中华百科全书，http：//living. pccu. edu. tw/chinese/index. asp

互动百科，http：//www. hudong. com

百度百科，http：//baike. baidu. com

维基百科，http：//zh. wikipedia. org/wiki/Wikipedia

美国国立医学图书馆卫生插图百科全书 ADAM，http：//www. adam. com/

2. 字典、词典

中华在线词典，http：∥www. ourdict. cn

新华字典，http：∥www. fzepc. com/chinapoem/word. asp

汉典，http：∥www. zdic. net/

中国译典，http：∥www. chinafanyi. com/default. asp

在线康熙字典，http：∥www. name999. com/zd/

百度词典搜索，http：∥www. baidu. com/search/dict. html

汉英医学词典，http：∥www. esaurus. org/

医学词典，http：∥www. drdict. com/

化工字典，http：∥cheman. chemnet. com/dict/zd. html

计算机专业词典，http：∥foldoc. org/contents. html/

韦氏大词典，http：∥www. m－w. com

CNKI 翻译助手，http：∥dict. cnki. net/

万方汉英英汉双语科技词典，http：∥libwf. gdut. edu. cn/kjxx/yhcb. htm

美国 Your Dictionary，http：∥www. yourdictionary. com

One Look Dictionary Search，http：∥www. onelook. com

3. 药典类

药典在线，http：∥www. newdruginfo. com

4. 年鉴类

中华人民共和国国家统计局网站，http：∥www. stats. gov. cn

中国统计年鉴医药卫生计生专题，http：∥www. tongjinianjian. com/

CNKI《中国年鉴网络出版总库》，http：∥nianjian. cnki. net/

联合国统计数据库，http：∥unstats. un. org/unsd/default. htm

5. 手册类

网上化学元素周期表，http：∥www. webelements. com/

《默克诊疗手册》，http：∥www. merckmanuals. com/home

6. 综合类 中国工具书网络出版总库（知网版），该数据库是高度集成、方便快捷的工具书检索系统，是目前国内资源最完备、功能最强大的工具书系统。共收录我国 200 多家出版社正式出版的工具书，包括语言词典、专科辞典、百科辞典、百科全书、图录（鉴）、年表、手册等各类工具书。目前共收录 1700 多种、4000 多册工具书，1500 多万条词条，70 多万张图片。其网址为：http：∥cnki. gongjushu. cn/或 http：∥cnki. gongjushu. cn/refbook/。

7. 医药学类专题数据库

临床医药学知识互动平台，http：∥cmkd. hnadl. cn

国家人口与健康科学数据共享平台，http：∥www. ncmi. cn/

病毒资源数据库，http：∥www. virus. csdb. cn/

药用植物图像数据库，http：∥library. hkbu. edu. hk/electronic/libdbs/mpd/

中药材图像数据库，http：∥library. hkbu. edu. hk/electronic/libdbs/mmd/

中药标本数据库，http：∥library. hkbu. edu. hk/electronic/libdbs/scm_specimen/

实训四　工具书及线上医药参考工具的利用

【实训目的】

1. 掌握《中国药典》《中国药学大辞典》《中国药学年鉴》的使用。

2. 熟悉中国大百科全书数据库的操作。

3. 了解中文工具书主要编排方式和种类。

4. 学会通过在线工具书获取医药信息资源。

【实训内容】

1. 熟悉查找数据与事实信息的基本方法。

2. 各种在线参考工具资源的检索方法。

【实训参考项目】

1. 利用《中国药典》查出阴凉、常温及热源的名词解释。

2. 利用万方汉英英汉双语科技词典，翻译各自专业的名词术语3个（自选），记录检索的网址及检索操作过程。

3. 利用《中国药学大辞典》进行罗加米定的检索。

4. 利用《中国药学年鉴》进行科学基金项目的检索。

5. 利用《国家基本药物目录》进行青霉素的检索。

6. 利用中国大百科全书数据库进行阿司匹林的检索。

7. 利用 EB online 进行 Confucius 的检索。

本章小结

章节名称	学习小结
第一节 概述	1. 工具书就是汇总了用来解决某一类问题知识的书。 2. 工具书在编排上通常采用多种排检方法，包括字顺法、分类法、主题法、地序法和时序法等。 3. 中文工具书主要有字典与词典、药典、百科全书、年鉴、手册、名录、指南、图谱、表谱等。
第二节 医药类常用参考 工具书的利用	1. 医药学常用参考工具书有中国药典、药学工具书、药学百科全书、药学大辞典、药学年鉴以及药学手册、名录、指南等。 2. 在工具书领域，著名的综合性参考工具书及本专业权威性参考工具书，具有系统完整，数据精确可靠，内容不断更新的特点。只有掌握工具书的编制体例和使用方法，才能根据问题的要求，确定正确的检索途径，达到迅速查检的目的。 3. 检索工具属于二次文献，主要提供文献线索；参考工具属于三次文献，主要提供各种基本知识，即数据与事实资料。

章节名称	学习小结
第三节 常用在线医药 参考工具简介	1. 工具书包括参考工具和检索工具，是以特定编排方式和检索方法，为人们提供某方面的基本知识或资料线索，当人们遇到疑难问题时，提供查考和检索的出版物。 2. 参考工具属于三次文献，主要提供各种基本知识，即数据与事实资料。其类型主要有字词典、百科全书、年鉴、手册、名录、表谱与图谱等。在编排上通常采用字顺法、分类法、主题法、地序法和时序法等多种排检方法。 3. 网络版工具书的优点是内容更丰富、使用更方便、数据更新颖。包括数据库、百科全书、地图、年鉴、词典等类型。

目 标 检 测

一、选择题（1~3 单选题，4~9 多选题）

1. 中文工具书的编排方式中最常用的方法是（   ）。

   A. 字顺法　　　　　　　　　　B. 分类法

   C. 主题法　　　　　　　　　　D. 时序法

2. 下列不属于工具书具有的应用是（   ）。

   A. 查字词　　　　　　　　　　B. 查事项

   C. 查文献　　　　　　　　　　D. 查产品

3. （   ）不属于工具书。

   A. 附录　　　　　　　　　　　B. 药典

   C. 百科全书　　　　　　　　　D. 年鉴

4. 属于工具书特点的是（   ）。

   A. 查考性　　　　　　　　　　B. 概括性

   C. 易检性　　　　　　　　　　D. 权威性

   E. 多样性

5. 工具书具有（   ）的应用。

   A. 查字　　　　　　　　　　　B. 查事项

   C. 查人物　　　　　　　　　　D. 查产品

   E. 查数据

6. 中文工具书的编排方式大致有（   ）。

   A. 字顺法　　　　　　　　　　B. 分类法

   C. 主题法　　　　　　　　　　D. 顺序法

   E. 地序法

7. 下列属于工具书的是（   ）。

   A. 字典与词典　　　　　　　　B. 药典

   C. 百科全书　　　　　　　　　D. 年鉴

   E. 手册

8. 常用的医学辞典有（　　）。

    A.《辞海》　　　　　　　　　　　　B.《英汉医学词典》

    C.《诊断学大辞典》　　　　　　　　D.《临床医学综合征词典》

    E.《汉语大词典》

9. 我国医学类年鉴主要有（　　）。

    A.《中国医学科学年鉴》　　　　　　B.《中国卫生年鉴》

    C.《中国外科学年鉴》　　　　　　　D.《中国内科学年鉴》

    E.《中国药学年鉴》

二、思考题

1. 工具书的类型有哪些？

2. 医药学常用参考工具书有哪些？请列举 1～3 个示例。

3. 常用的在线医药参考工具有哪些？

（黄仕芳）

医药大学堂
WWW.YIYAODXT.COM

第七章　国内外医药文献数据库检索与利用

知识目标

1. 掌握国内常用医药文献数据库检索方法及结果利用。
2. 熟悉国外常用医药文献数据库检索方法及结果利用。
3. 了解各个数据库的收录范围；引文检索与传统检索的区别与联系。

技能目标

1. 能根据信息需求判定位在哪些数据库进行检索。
2. 能运用常用的国内外医学文献数据库检索和分析处理信息。

第一节　文献数据库概述

【案例】 孙同学毕业后在一家药企的研发部门工作，入职第一天，领导让小孙调研青蒿素衍生物新药研发新课题，小孙绞尽脑汁思考要通过哪些途径去搜索新药研发课题资料，还是想不出来结果，于是向身边同事请教，同事百忙中给他回了一句：查文献数据库。

【讨论】 1. 什么是文献数据库？新药研发课题在哪些中外文数据库中检索？

2. 如何利用这些数据库搜索有关课题的资料？

一、数据库类型

（一）概念

数据库（database）指长期的储存在计算机内部的且可以共享的大量的数据的集合。数据库就像一个黑盒子，使用者提供一个条件，到里面去索引寻找后，就能得出一个结果。

数据库具有按照一定的模型进行组织，具有冗余度非常小、易扩展、可在不同的用户间共享以及数据间独立性高的特点。简单来说，人们所使用的数据库的逻辑结构，就是由无数张数据表组成的。

（二）类型

数据库的内容和形式非常丰富，数据库的分类方法也很多。但由于各类数据不存在标准化的格式，而且缺乏定义数据库类型的标准，故难以对不同的分类方法做出评价，数据库没有统一的分类方法。最常见的两种数据库类型划分方法，一是根据存储结构来划分；二是根据数据库存储的信息内容来划分。

1. 根据存储结构划分

（1）关系型数据库　为传统数据库模型，以表格为模型，以行和列来存储数据，行和列组成二维表，很多二维表又组成一个数据库，如 MySQL、MS–SQLserver 等，深受初学者喜爱。关系型数据库可以简单地理解为二维数据库，如 Excel 有行有列。关系型数据库应用最多的模型是配以结构化查询语言，用户只需发出各种"指令"，数据库管理系统根据收到的指令，对数据进行分析、理解、处理、新增、删除和修改表中的数据，但不会影响表中的其他数据，并返回相应结果的过程。

（2）非关系型数据库　又称作 NoSQL 数据库，即处理非结构化数据的数据库，所谓非结构化数据是指不能用传统的行列格式二维表来表示的数据，例如 HTML、XML、图片、音频、视频等。NoSQL 是一种不同于关系数据库的数据库管理系统设计方式，是对非关系型数据库的统称，它所采用的数据模型是类似键/值、列族、文档等非关系型模型，具有灵活的水平扩展性，可以支持海量数据存储。同时，NoSQL 数据库支持 MapReduce 风格的编程，可以较好地应用于大数据时代的各种数据管理。此外，NoSQL 数据库可以凭借自身良好的横向扩展能力，充分自由利用云计算基础设施，很好地融入云计算环境中，构建基于 NoSQL 的云数据库服务。

2. 根据数据库所含信息内容划分

（1）文献型数据库　文献型数据库的存储信息内容为各种文献资料。它包括已出版物，如期刊论文、研究报告、专利、学位论文、会议录、图书或新闻报纸的著录项目。

早期的文献型数据库主要存储二次文献，如文摘和题录等，故又称为书目型数据库。书目型数据库的检索结果是提供所需文献的线索，既文献的简要特征，如篇名、著者、文献来源（出处）、摘要、出版单位等，查得线索后还要再转查原文。常用书目型数据库有 MEDLINE、PubMed、中国生物医学文献数据库（CBM）等。

能存储文献全文或节选其中主要部分内容的数据库即全文型数据库，如期刊论文、会议论文、政府出版物、研究报告、法律条文和案例、商业信息等。全文数据库数据更新速度快，检索结果查准率更高，同时可直接提供全文，如中国期刊全文数据库（CJFD）、中国知网 CNKI 学术文献总库、维普中文科技期刊数据库等。

（2）事实型数据库　事实数据库存储的内容为有关事物、人物、机构等方面的事实性信息和数值型数据。如医学术语，疾病分类、机构名录、化合物的结构与化学反应等。例如美国 MED-LARS 中的 PDQ（Physician Data Query 医生咨询数据库）能为医生提供有关癌症的预防、相关病因、诊断标准、治疗方案以及最新研究进展等信息。再如中国经济金融研究（CSMAR）数据库是涵盖中国证券、期货、外汇、宏观、行业等经济金融主要领域的高精准研究型数据库，是投资和实证研究的基础工具。

（3）数值型数据库　主要存储科学实验、科学测量、统计等一些能够直接使用的数据信息。主要包含的是数据，有的也包含文字，但它是用来定义数字所必需的最小量的文字。数值数据库所涉及的主题范畴，主要是科学技术和社会科学。在科学技术方面，国际科学联盟科技数据委员会按采集方式提出了三类科技数据，即在所规定的系统上可重复测量数据、观测数据和统计数据。社会科学领域的数值型数据库主要涉及经济和经营方面，包括经济统计及预测、财政金融及商业方面的内容。数值数据库具有两个明显的特性：①学科特性，即每个数据库都使用了专门化的学科语言，如化合物数据库中的化学结构图；②无国界性，许多科技领域的数值型数据库必须依赖于国际的合作。例如美国国家生物技术信息中心（NCBI）的 GenBANK，世界卫生组织流行病学数据系统（WHOSIS）等。

（4）多媒体数据库 是按一定方式组织在一起的可以共享的相关多媒体数据的集合，数据包括文字、图像、声音、动画等多种形式的信息，与传统数据库应用中的主流数据库系统（关系模型数据库）相比，多媒体数据库中的数据是非格式化的、不规则的且数据量大，没有统一的取值范围，没有相同的数量级，也没有相似的属性集。

（三）结构

从使用者观点看，数据库主要由文档、记录和字段三个层次构成。

1. 文档 文档的概念有两种含义，一是指大型检索系统中的子数据库，它是根据数据库所属学科范围和时间年限而定。二是指构成数据库内容的基本形式。后者按其结构编排和功能的不同分为顺排文档和倒排文档。每个数据库都存有一个顺排文档和若干个倒排文档。在书目型数据库中，顺排文档是若干个记录构成的信息集合。它以文献记录作为信息存储单元，按照文献记录号从小到大排列的文献集合，相当于印刷型检索工具的正文部分。顺排文档是数据库的主体，亦称主文档，检索结果的信息都来自顺排文档。倒排文档是将顺排文档中所有记录的各种文献特征标识作为存储单元，按其字顺排列，并在每一个特征标识后注明相应的文献记录顺序号。不同的文献特征标识集合就构成了不同类型的倒排文档，如著者倒排文档、主题词倒排文档等，它们相当于印刷型检索工具的索引部分，亦称辅助文档。检索时，计算机将输入的检索提问词先在指定的倒排文档中找到相匹配的标识词，然后根据该标识词后的记录顺序号到顺排文档中调出相关的记录。可见，倒排文档的作用是供计算机直接检索索使用。

2. 记录 是构成数据库的一个完整的信息单元，由若干个字段构成。每条记录都描述了与原始文献信息有关的各种特征，这些特征（字段）为判定检索结果是否符合检索需要提供了依据。书目数据库中的一条记录代表一篇完整的文献，其他类型数据库中的记录则是某种信息单元，如一组理化指数、一种治疗方案等。

3. 字段 是构成记录的基本信息单元（数据项），是对原始信息的具体属性进行描述的结果。书目型数据库中的字段是描述文献内外特征的各项标识内容，如标题、著者、文摘、主题词语种等。每个字段都有各自的字段标识符，以供识别其所表达的文献特征，如标题字段的标识符为 TI，著者字段的标识符为 AU 等。另外在有些数据库中，某些字段是复合字段，如来源字段（LA）有期刊名、年、卷、期、页码等。

二、全文型文献数据库选择与评价

全文型检索数据库的特色之处就是"全文检索"，因为文献检索的最终目的就是查找到相关的原始文献，所以这也是全文型数据库最受欢迎、发展迅速的主要原因。鉴于此特点，全文型数据库同时具备集成度高、信息量大而全、可获得性强等特点。国内，清华同方股份有限公司和中国学术期刊电子杂志社出版的中国知网期刊数据库（简称知网）、万方数据电子出版社出版的中国学术期刊数据库（简称万方）、重庆维普资讯有限公司出版的中文科技期刊数据库（简称维普）是我国三大中文期刊文献数据库；国外有 Elsevier、EBSCO、Black-well 等公司，也有各自的全文型文献数据库对外提供服务。

（一）评价原则

1. 整体性原则 评价指标应全面反映评价对象多方面的主要特性。因此，评价指标体系应体现主客观相结合、定性与定量相结合的特点。整体性原则还要求各指标间相互独立，各指标反映的信息不应重叠。

2. 可行性原则 评价指标应力求简便、实用、含义明确，数据便于获取。同时，数据在时间和空间上要具有可比性。

3. 动态性原则 指标应能够反映系统动态变化的特点，即应该反映全文型文献数据库内容变更、软件升级、软件服务变化等动态特性。

4. 科学性原则 全文型文献数据库既是网络资源，也是科技文献的一种。要求指标的定义、计算方法等应符合网络资源评价分析和一般文献评价的基本理论，在考虑应用的同时需要与此相互协调。

5. 针对性原则 指标体系应该符合读者使用需求的特点。

（二）评价标准

综合分析国内外诸多全文型文献数据库，评价标准可概括为内容、界面设计、检索功能和可获得性4个要素。

1. 内容 代表了一个数据库的真正价值，内容的质量又可由权威性、覆盖面和收录时间3个方面来体现。①权威性：全文型文献数据库的权威性主要体现在出版者、审查制度和收录文献三个方面，例如Science Direct是Elsevier公司出版的全文型文献数据库，该公司是国际知名的科学和工程技术文献提供商，历史悠久，并且在业内享有很高的声誉和口碑，用户普遍有认同感，该数据库收录的文献都是特定专业领域的高质量论文，有非常严格的审查制度，因此数据库的权威性得到了保障。②覆盖范围：包含覆盖内容和覆盖时间两方面的含义。全文型文献数据库根据覆盖内容和领域分为综合性和专业性两类全文型文献数据库，如Science Direct是世界上最大的科学、技术和医学文献数据库，而Emerald则是管理学和图书馆学情报学专业类数据库，可见数据库覆盖的范围广度提供内容的多少是至关重要的；从时间的覆盖范围来说，文献数字化的浪潮出现在20世纪90年代末和21世纪初，文献全文数字化与其加工能力有很大关系，因此许多全文型文献数据库加工年代一般都是从20世纪90年代开始的，这也是判断全文型文献数据库好坏的重要依据。③时间性：这里指全文型文献数据库与纸质型文献相比在出版上要滞后一个时间差，这个时间差如果过长，读者就会去查阅纸质型文献或其他数据库产品，随着读者需求的进一步提高，许多数据库生产商正在努力减少甚至消除这种时间差，有的数据库产品与纸质型文献做到了零时差，有的数据库生产商能够提供预印本期刊全文，有效地消除了时间差。

2. 界面设计 因为读者对数据的浏览和检索都要通过人机界面来实现，优秀的人机界面会对用户起到良好的引导作用，而不好的人机界面常常会有误导、出错等情况产生，因此界面的设计也是评价数据库系统的重要指标。有的数据库系统界面除了有很多类信息外，还提供了很多使用工具和选择项，界面显得过于纷乱复杂；而有些数据库界面就比较简洁直观，读者也比较容易上手，类似于搜索引擎的Google和百度。ScienceDirect有一个"主题页面"的界面，对用户使用数据库提供了记忆功能，可以记忆用户使用系统的路径，避免了老用户对使用路径的多次反复操作，而且作为国际文献提供商，它还提供了多种非英语语言的支持。

3. 检索功能　优秀的全文型文献数据库可以提供读者适用的检索工具，包括检索语句、下拉菜单等，检索功能的优劣要靠系统响应速度、使用灵活性以及读者对人机交互能力的控制来判断。同时，强大的浏览功能也是必不可少的，因为许多读者的需求需要用检索和浏览交替进行来实现。系统提供的下载速度和功能也很重要，下载速度过慢会导致读者心理焦虑和信心丧失，对数据库评价降低。

4. 可获得性　数据库产品目前有单机版和网络版之分。网络版的数据库可通过局域网进行共享，产品可获得性较好，单机版数据库只能在 1 台计算机上使用，共享性差。除此之外，数据库还应配有 FAQ 和 HELP 等性质的文档供用户学习借鉴，用户可以方便进入和使用数据库，有的数据库系统还专门为图书馆员配备了专门 HELP 系统，可以帮助他们更好地开展参考咨询服务。

全文型文献数据库选择则主要根据用户具体查阅需求，重点考虑内容和时间覆盖范围及可获得性。

>> **知识拓展**

文献的起源

"文献"一词最早见于《论语·八佾》，南宋朱熹《四书章句集注》认为"文，典籍也；献，贤也"。所以这时候的文是指典籍文章，献是指古代先贤的见闻、言论以及他们所熟悉的各种礼仪和自己的经历。《虞夏书·益稷》也有相关的引证说明"文献"一词的原意是指典籍与宿贤。

宋代马端临《文献通考》中将文与献，作为叙事与论事的依据："文"是经、史历代会要及百家传记之书；"献"是臣僚奏疏、诸儒之评论、名流之燕谈、稗官之记录，在他的影响之下，关于文献的认识，便只限于一般的文字记载，不能表达为文字记载的东西，则不能称之为文献。

第二节　常用国内医药文献数据库

常用国内医学文献数据库主要有中国国家知识基础设施工程（CNKI）、万方数据知识服务平台、维普中文期刊服务平台、中国生物医学文献服务系统。

一、中国国家知识基础设施工程（CNKI）

（一）CNKI 简介

国家知识基础设施（National Knowledge Infrastructure，NKI）的概念由世界银行在《1998 年度世界发展报告》提出。1999 年 3 月，以全面打通知识生产、传播、扩散与利用各环节信息通道，打造支持全国各行业知识创新、学习和应用的交流合作平台为总目标，王明亮提出建设中国知识基础设施工程（China National Knowledge Infrastructure，CNKI），并被列为清华大学重点项目。CNKI 工程集团经过多年努力，采用自主开发并具有国际领先水平的数字图书馆技术，建成了世界上全文信息量规模最大的 CNKI 数字图书馆，并正式启动建设《中国知识资源总库》（以下简称《总库》）及 CNKI 网格资源共享平台。

《总库》是具有完备知识体系和规范知识管理功能的、由海量知识信息资源构成的学习系统和知识挖掘系统。是一个大型动态知识库、知识服务平台和数字化学习平台。目前，《总库》拥有国内 9100 多种期刊、700 多种报纸、600 多家博士培养单位的优秀博硕士学位论文、数百家出版社已出版图书、全国各学会/协会重要会议论文、百科全书、中小学多媒体教学软件、专利、年鉴、标准、科技成果、政府文件、互联网信息汇总以及国内外上千个各类加盟数据库等知识资源。内容涵盖数学、物理、力学、天文，地理、生物、化学、化工、冶金、环境、航空、交通，水利、建筑、能源、农业，医药卫生、文史哲、政治军事和法律、教育与社会科学、电子技术与信息科学、经济与管理等学科领域。《总库》中数据库的种类不断增加，数据库中的内容每日更新，每日新增数据上万条。CNKI 文献资源数据库主要包括内容如下。

1. 源数据库

（1）期刊 中国学术期刊网络版、中国学术辑刊全文数据库、世纪期刊等五个数据库。

（2）学位论文 中国博士学位论文全文数据库、中国优秀硕士学位论文全文数据库。

（3）报纸 中国重要报纸全文数据库。

（4）会议 中国重要会议论文全文数据库、国际会议全文数据库。

2. 特色资源 ①中国年鉴网络出版总库；②工具书总库；③中国科技项目创新成果鉴定意见数据库；④专利总库；⑤标准总库；⑥学术图片知识库；⑦职业教育特色资源总库。

3. 国外资源 主要包括 EBSCO、DynaMed 询证医学数据库、Wiley（期刊/图书）、PubMed 期刊、美国数学学会期刊等。

（二）检索途径与方法

1. 检索页面 中国知网的产品体系包括文献资源数据库和知识服务平台。中国知网网址是 https://www.cnki.net。中国知网对机构用户采用 IP 地址控制使用权限，机构内用户不需要登录账户即可访问并检索获取本机构购买的相关资源信息。有授权使用中国期刊网或建有镜像站点的单位，在首页填入正式注册账号和密码，选中购买了使用权的全文数据库，单击"登录"按钮即可进入主页（图 7-1）。

图 7-1 CNKI 主页面

2. 检索方式

（1）一框式检索 又称快速检索，其特点是将检索功能浓缩至"一框"中，根据不同检索项的需求特点采用不同的检索机制和匹配方式，体现智能检索优势，操作便捷，检索结果兼顾检全和检准。

1）检索途径　在平台首页选择检索范围，下拉选择检索途径，在检索框内输入检索词，点击检索按钮或键盘回车，执行检索（图7-2）。

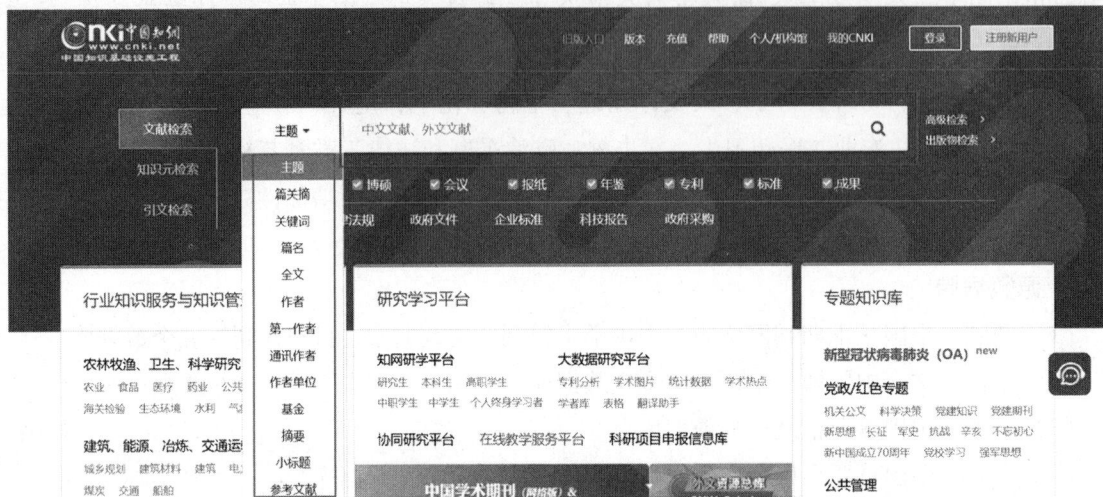

图7-2　一框式检索操作方式

总库提供的检索途径有主题、关键词、篇名、全文、作者、第一作者、通讯作者、作者单位、基金、摘要、参考文献、分类号、文献来源。

主题检索途径：是在中国知网标引的主题字段中进行检索，该字段内容包含一篇文章的所有主题特征，同时在检索过程中嵌入了专业词典、主题词表、中英对照词典、停用词表等工具，并采用关键词截断算法，将低相关或微相关文献进行截断。

关键词检索途径：范围包括文献原文给出的中、英文关键词，以及对文献进行分析计算后系统标引出的关键词。系统标引的关键词基于对全文内容的分析，同时还结合专业词典给出联想，解决了文献作者给出的关键词不够全面准确的问题。

篇名检索途径：期刊、会议、学位论文、辑刊的篇名为文章的中、英文标题。报纸文献的篇名包括引题、正标题、副标题。年鉴的篇名为条目题名。专利的篇名为专利名称。标准的篇名为中、英文标准名称。成果的篇名为成果名称。古籍的篇名为卷名。

全文检索途径：指在文献的全部文字范围内进行检索，包括文献篇名、关键词、摘要、正文、参考文献等。

作者检索途径：期刊、报纸、会议、学位论文、年鉴、辑刊的作者为文章中、英文作者。专利的作者为发明人。标准的作者为起草人或主要起草人。成果的作者为成果完成人。古籍的作者为整部书的著者。

第一作者检索途径：只有一位作者时，该作者即为第一作者。有多位作者时，将排在第一个的作者认定为文献的第一责任人。

通讯作者检索途径：目前期刊文献对原文的通讯作者进行了标引，可以按通讯作者查找期刊文献。通讯作者指课题的总负责人，也是文章和研究材料的联系人。

作者单位检索途径：期刊、报纸、会议、辑刊的作者单位为原文给出的作者所在机构的名称。学位论文的作者单位包括作者的学位授予单位及原文给出的作者任职单位。年鉴的作者单位包括条目作者单位和主编单位。专利的作者单位为专利申请机构。标准的作者单位为标准发布单位。成果的作者单位为成果第一完成单位。

基金检索途径：根据基金名称，可检索受到此基金资助的文献。支持基金检索的资源类型包括期刊、会议、学位论文、辑刊。

摘要检索途径：期刊、会议、学位论文、专利、辑刊的摘要为原文的中、英文摘要，原文未明确给出摘要的，提取正文内容的一部分作为摘要。标准的摘要为标准全文。成果的摘要为成果简介。

参考文献检索途径：检索参考文献中包含检索词的文献。支持参考文献检索的资源类型包括期刊、会议、学位论文、年鉴、辑刊。

分类号检索途径：通过分类号检索，可以查找到同一类别的所有文献。期刊、报纸、会议、学位论文、年鉴、标准、成果、辑刊的分类号是指中图分类号。专利的分类号是指专利分类号。

文献来源检索途径：文献来源指文献出处。期刊、辑刊、报纸、会议、年鉴的文献来源为刊载文献的刊物。学位论文的文献来源为相应的学位授予单位。专利的文献来源为专利权利人/申请人。标准的文献来源为发布单位。成果的文献来源为成果评价单位。

2）检索推荐/引导功能　平台提供检索时的智能推荐和引导功能，根据输入的检索词自动提示，可根据提示进行选择，更便捷地得到精准结果。使用推荐或引导功能后，不支持在检索框内进行修改，修改后可能得到错误结果或得不到检索结果。

主题词智能提示：输入检索词，自动进行检索词补全提示。适用字段：主题、篇名、关键词、摘要、全文。例如，输入"基因"，下拉列表显示"基因"开头的热词，通过鼠标（键盘）选中提示词，鼠标点击检索按钮（直接回车）或者点击提示词，执行检索（图7-3）。

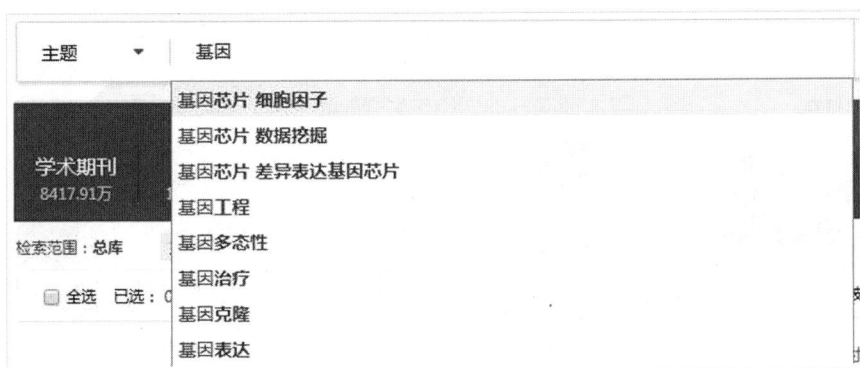

图7-3　主题词智能提示

作者引导：输入检索词，进行检索引导，可根据需要进行勾选，精准定位所要查找的作者。例如，输入"王大中"，勾选第一层级的"王大中清华大学"，就能够检出所有清华大学的王大中所发表的文献，检索时精准定位所查的作者，排除同名作者，并且不管原文机构是否含"清华大学"字样，只要规范为清华大学的，都可以被检索到（图7-4）。

如作者同时有多个单位，或需检索该作者在原单位与现单位所有发文的，则在引导列表中勾选多个单位。例如，检索语言学领域的李行德所发的文献，勾选他的所有单位，即可得到结果，如图7-5所示。

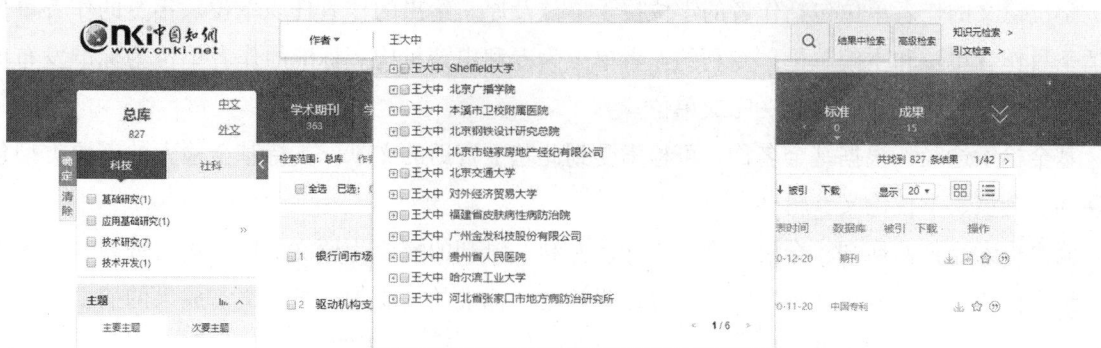

图7-4 作者引导（1）

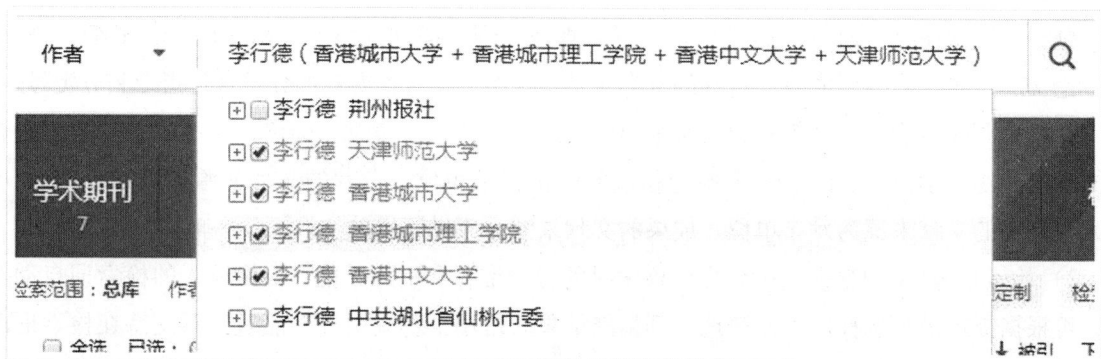

图7-5 作者引导（2）

若两个作者的一级机构相同，二级机构不同，通过勾选相应的二级机构，可精准定位。例如，要检索北京大学物理学院张欢所发的文章，则勾选二级机构名含"北京大学物理学院"的条目，如图7-6所示。

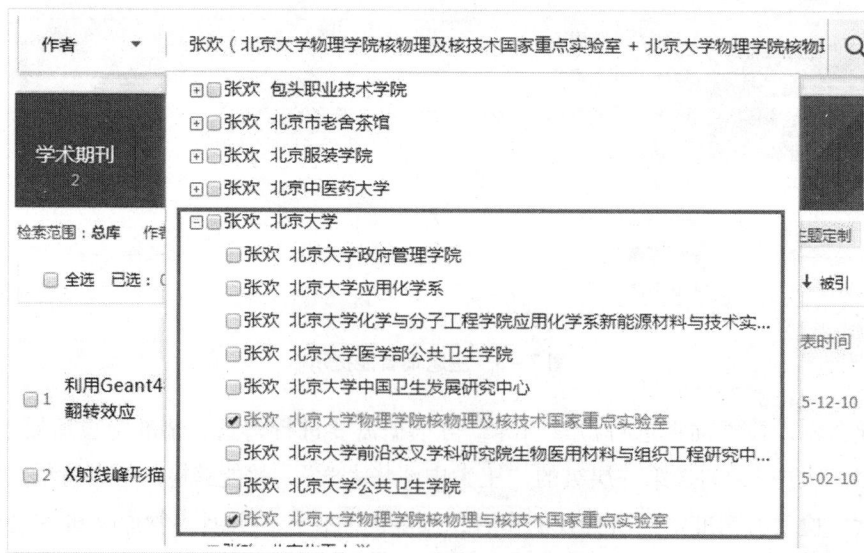

图7-6 作者引导（3）

基金引导：输入检索词，下拉列表显示包含检索词的规范基金名称，勾选后用规范的基金代码进行检索，精准定位。例如，输入"自然科学"，勾选"国家自然科学基金"后点击检索，检索结果是将原文基金名称规范为国家自然科学基金的全部文献，如图7-7所示。

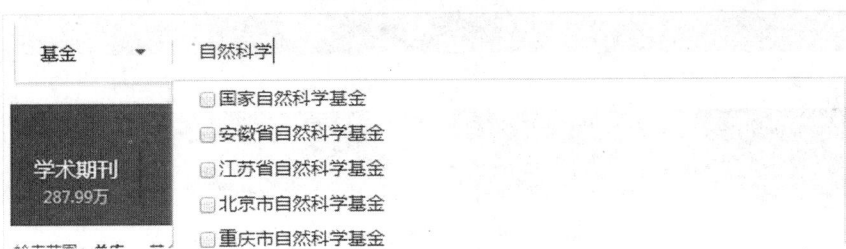

图7-7　基金引导

文献来源引导：输入检索词，下拉列表显示包含检索词的规范后的来源名称，勾选后用来源代码进行检索，精准定位。有文献来源引导功能的资源类型包括期刊、报纸、学位论文、年鉴、辑刊。例如，输入"工业经济"，列表中勾选所要查找的来源名称，检索结果会包含此来源现用名及曾用名下的所有文献，如图7-8所示。

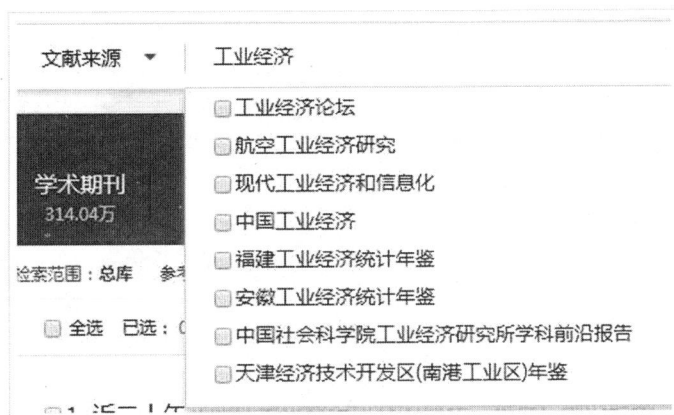

图7-8　文献来源引导

3）匹配方式　一框式检索根据检索项的特点，采用不同的匹配方式。

相关度匹配：采用相关度匹配的检索项为主题、篇名、全文、摘要、参考文献、文献来源。根据检索词在该字段的匹配度，得到相关度高的结果。

精确匹配：采用精确匹配的检索项为关键词、作者、第一作者、通讯作者。

模糊匹配：采用模糊匹配的检索项为作者单位、基金、分类号。

结果中检索：是在上一次检索结果的范围内按新输入的检索条件进行检索。输入检索词，点击"结果中检索"，执行后在检索结果区上方显示检索条件，如图7-9所示。例如第一次检索主题为"人工智能"的文献，在此结果中检索文献来源为"电脑知识与技术"的文献。点击最后的×，清除最后一次的检索条件，退回到上一次的检索结果。

图7-9　结果中检索

（2）高级检索

1）高级检索入口　在首页点击"高级检索"进入高级检索页，如图7-10所示，或在一框式检索结果页面点击"高级检索"进入高级检索页，如图 7 – 11 所示。

图 7 – 10 高级检索入口（1）

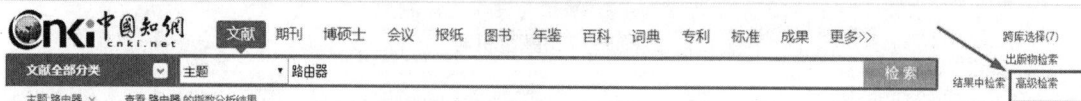

图 7 – 11 高级检索入口（2）

高级检索页点击标签可切换至高级检索、专业检索、作者发文检索、句子检索，如图 7 – 12 所示。

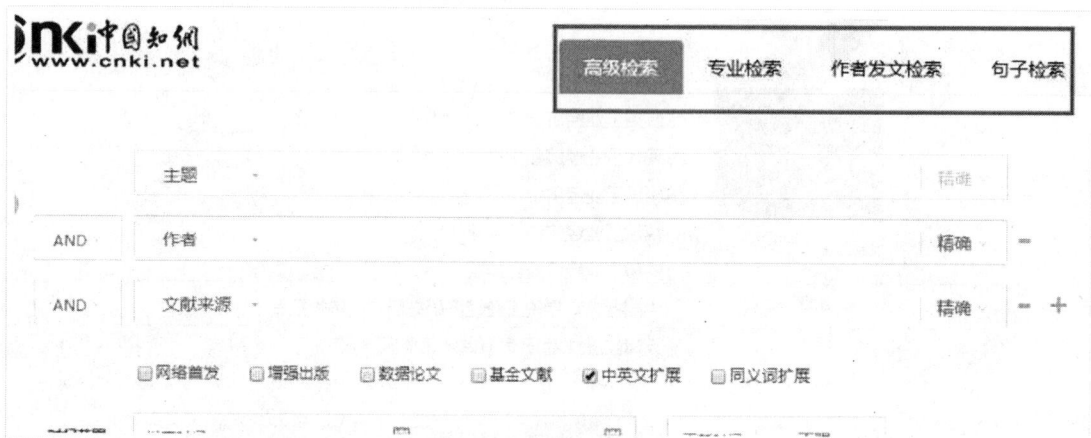

图 7 – 12 高级检索页面

2）高级检索的特点　高级检索支持多字段逻辑组合，并可通过选择精确或模糊的匹配方式、检索控制等方法完成较复杂的检索，得到符合需求的检索结果。

多字段组合检索的运算优先级，按从上到下的顺序依次进行。

3）检索区　主要分为两部分，上半部分为检索条件输入区，下半部分为检索控制区。

检索条件输入区：默认显示主题、作者、文献来源三个检索框，可自由选择检索项（检索项间的逻辑关系见图 7 – 13，检索词匹配方式见图 7 – 14）等。

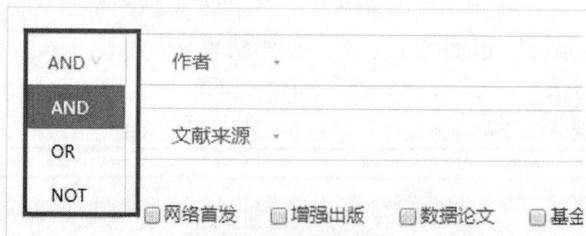

图 7 – 13 检索条件输入区

图 7 - 14　检索条件输入区

点击检索框后的 + 、- 按钮可添加或删除检索项，最多支持 10 个检索项的组合检索。

4）检索控制区　主要作用是通过条件筛选、时间选择等，对检索结果进行范围控制。控制条件包括出版模式、基金文献、时间范围、检索扩展，如图 7 - 15 所示。

图 7 - 15　检索控制区

检索时默认进行中英文扩展，如果不需要中英文扩展，则手动取消勾选。

5）检索项　高级检索提供多个检索项，满足不同的检索需求。检索项包括：主题、关键词、篇名、全文、作者、第一作者、通讯作者、作者单位、基金、摘要、参考文献、分类号、文献来源。各检索项具体描述如图 7 - 12 所示。

6）切库区　高级检索页面下方为切库区，点击库名，可切换至某单库高级检索（图 7 - 16）。

图 7 - 16　切库区

7）文献导航　文献分类导航默认为收起状态，点击展开后勾选所需类别，可缩小和明确文献检索的类别范围。总库高级检索提供 168 专题导航，是知网基于中图分类法而独创的学科分类体系。年鉴、标准、专利等除 168 导航外还提供单库检索所需的特色导航。

8）检索推荐/引导功能　与一框式检索时的智能推荐和引导功能类似，主要区别是：高级检索的主题、篇名、关键词、摘要、全文等内容检索项，推荐的是检索词的同义词、上下位词或相关词；高级检索的推荐引导功能在页面右侧显示。勾选后进行检索，检索结果为包含检索词或勾选词的全部文献。例如，输入"人工智能"，推荐相关的机器智能、决策系统等，可根据检索需求进行勾选，如图 7 - 17 所示。

9）匹配方式　除主题只提供相关度匹配外，其他检索项均提供精确、模糊两种匹配方式。

篇名、摘要、全文、参考文献的精确匹配，是指检索词作为一个整体在该检索项进行匹配，完整包含检索词的结果。模糊匹配，则是检索词进行分词后在该检索项的匹配结果。

关键词、作者、机构、基金、分类号、文献来源的精确匹配，是指关键词、作者、机构、基金、分类号或文献来源与检索词完全一致。模糊匹配，是指关键词、作者、机构、基金、分类号或文献来源包含检索词。

图 7 - 17　检索推荐/引导

词频选择：全文和摘要检索时，可选择词频，辅助优化检索结果。

选择词频数后进行检索，检索结果为在全文或摘要范围内，包含检索词，且检索词出现次数大于等于所选词频的文献。

10）结果中检索　高级检索支持结果中检索，执行后在检索结果区上方显示检索条件，与之前的检索条件间用"AND"连接。例如，检索主题"人工智能"后，在结果中检索主题"机器人"，检索条件如图 7 - 18 所示。

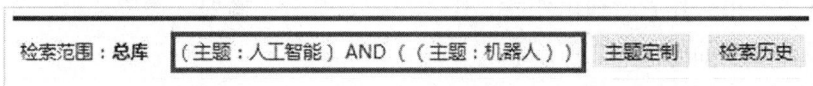

图 7 - 18　结果中检索

检索区的收起与展开：高级检索执行检索后，检索区只显示第一行的检索框，缩减检索区空间，重点展示检索结果，点击展开按钮即显示完整检索区，如图 7 - 19 所示。

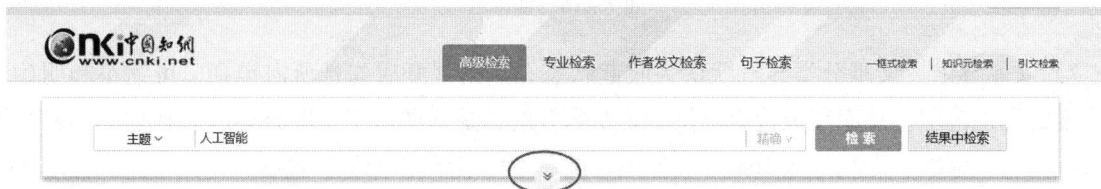

图 7 - 19　检索区收起

（3）作者发文检索　在高级检索页切换"作者发文检索"标签，可进行作者发文检索。作者发文检索通过输入作者姓名及其单位信息，检索某作者发表的文献，功能及操作与高级检索基本相同。

（4）句子检索　在高级检索页切换"句子检索"标签，可进行句子检索。句子检索是通过输入的两个检索词，在全文范围内查找同时包含这两个词的句子，找到有关事实的问题答案。句子检索不支持空检，同句、同段检索时必须输入两个检索词。例如，检索同一句包含"人工智能"和"神经网络"的文献，如图 7 - 20 所示。

图 7-20 句子检索（1）

检索结果如图 7-21 所示，句子 1、句子 2 为查找到的句子原文，"句子来自"为这两个句子的源文献题名。

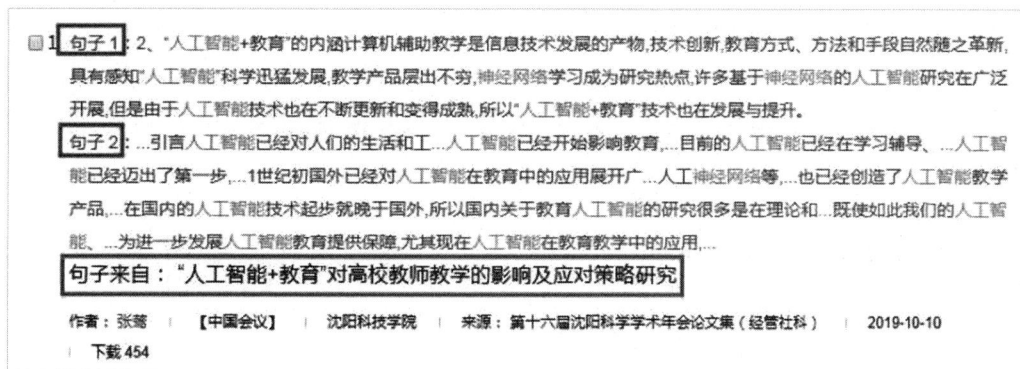

图 7-21 句子检索（2）

句子检索支持同句或同段的组合检索，例如在全文范围检索同一句中包含"数据"和"挖掘"，并且同一句中包含"计算机"和"网络"的文章，如图 7-22 所示。

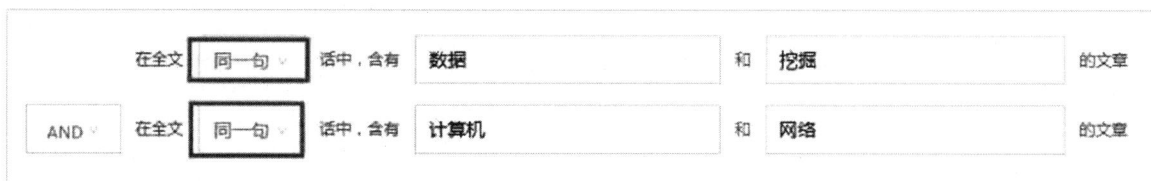

图 7-22 句子检索（3）

检索到的文献，全文中有同一句同时包含"数据"和"挖掘"，并且另有一句同时包含"计算机"和"网络"。例如图 7-23 所示文献，并没有在同一句中同时出现输入的 4 个检索词。

（5）专业检索 在高级检索页切换"专业检索"标签，可进行专业检索。专业检索用于图书情报专业人员查新、信息分析等工作，使用运算符和检索词构造检索式进行检索。

专业检索的一般流程：确定检索字段构造一般检索式，借助字段间关系运算符和检索值限定运算符可以构造复杂的检索式。

专业检索表达式的一般式：＜字段＞＜匹配运算符＞＜检索值＞，如图 7-24 所示。

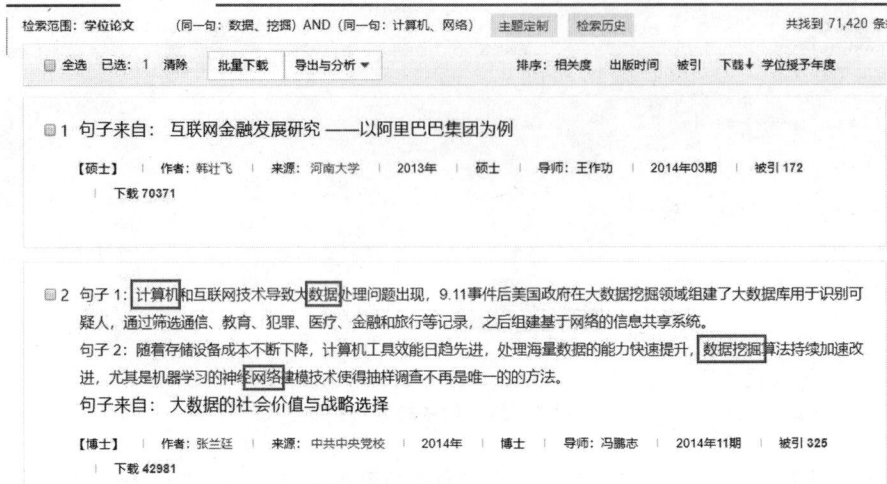

| 检索范围：学位论文 | （同一句：数据、挖掘）AND（同一句：计算机、网络） | 主题定制 | 检索历史 | 共找到 71,420 条 |

全选 已选：1 清除 批量下载 导出与分析▼   排序：相关度 出版时间 被引 下载↓ 学位授予年度

□ 1 句子来自：互联网金融发展研究 ——以阿里巴巴集团为例
【硕士】 作者：韩壮飞 来源：河南大学 2013年 硕士 导师：王作功 2014年03期 被引172
下载 70371

□ 2 句子1：计算机和互联网技术导致大数据处理问题出现，9.11事件后美国政府在大数据挖掘领域组建了大数据库用于识别可疑人，通过筛选通信、教育、犯罪、医疗、金融和旅行等记录，之后组建基于网络的信息共享系统。
句子2：随着存储设备成本不断下降，计算机工具效能日趋先进，处理海量数据的能力快速提升，数据挖掘算法持续加速改进，尤其是机器学习的神经网络建模技术使得抽样调查不再是唯一的方法。
句子来自：大数据的社会价值与战略选择
【博士】 作者：张兰廷 来源：中共中央党校 2014年 博士 导师：冯鹏志 2014年11期 被引325
下载 42981

图 7 - 23 句子检索（4）

检索字段：在文献总库中提供以下可检索字段。SU = 主题，TI = 题名，KY = 关键词，AB = 摘要，FT = 全文，AU = 作者，FI = 第一责任人，RP = 通讯作者，AF = 机构，JN = 文献来源，RF = 参考文献，YE = 年，FU = 基金，CLC = 分类号，SN = ISSN，CN = 统一刊号，IB = ISBN，CF = 被引频次。

图 7 - 24 专业检索

匹配运算符（表 7 - 1）：

表 7 - 1 匹配运算符

符号	功能	适用字段
=	='str'表示检索与 str 相等的记录	KY、AU、FI4、RP、JN、AF、FU、CLC、SN、CN、IB、CF
	='str'表示包含完整 str 的记录	TI、AB、FT、RF
%	%'str'表示包含完整 str 的记录	KY、AU、FI、RP、JN、FU
	%'str'表示包含 str 及 str 分词的记录	TI、AB、FT、RF
	%'str'表示一致匹配或与前面部分串匹配的记录	CLC
% =	%='str'表示相关匹配 str 的记录	SU
	%='str'表示包含完整 str 的记录	CLC、ISSN、CN、IB

举例：

①精确检索关键词包含"数据挖掘"的文献：KY＝数据挖掘。

②模糊检索摘要包含"计算机教学"的文献：AB％计算机教学，模糊匹配结果为摘要包含"计算机"和"教学"的文献，"计算机"和"教学"两词不分顺序和间隔。

③检索主题与"大数据"相关的文献：SU％＝大数据，主题检索推荐使用相关匹配运算符"％＝"。

比较运算符（表7-2）：

表7-2　比较运算符

符号	功能	适用字段
BETWEEN	BETWEEN（'str1'，'str2'）表示匹配str1与str2之间的值	YE
＞	大于	
＜	小于	YE
＞＝	大于等于	CF
＜＝	小于等于	

举例：

①YE BETWEEN（'2010'，'2018'），检索出版年份在2010至2018年的文献。

②CF＞0或CF＞＝1，检索被引频次不为0的文献。

逻辑运算符　适用于字段间的逻辑关系运算（表7-3）。

表7-3　逻辑运算符

符号	功能
AND	逻辑"与"
OR	逻辑"或"
NOT	逻辑"非"

举例：

①检索邱均平发表的关键词包含知识管理的文章，检索式：KY＝知识管理 AND AU＝邱均平。

②检索主题与知识管理或信息管理相关的文献，检索式：SU％＝知识管理 OR SU％＝信息管理。

③检索篇名包含大数据，但不是大数据集的文章，检索式：TI＝大数据 NOT TI＝大数据集。

④检索钱伟长在清华大学或上海大学时发表的文章，检索式：AU＝钱伟长 AND（AF＝清华大学 OR AF＝上海大学）。

⑤检索钱伟长在清华大学期间发表的题名或摘要中都包含"物理"的文章，检索式：AU＝钱伟长 AND AF＝清华大学 AND（TI＝物理 OR AB＝物理）。

提示：

①使用AND、OR、NOT可以组合多个字段，构建如下的检索式：＜字段＞＜匹配运算符＞＜检索值＞＜逻辑运算符＞＜字段＞＜匹配运算符＞＜检索值＞，逻辑运算符"AND（与）""OR（或）""NOT（非）"前后要有空格。

②可自由组合逻辑检索式，优先级需用英文半角圆括号"（）"确定。

复合运算符　主要用于检索关键字的复合表示，可以表达复杂、高效的检索语句（表7-4）。

表7-4　复合运算符

符号	功能
*	'str1 * str2'：同时包含 str1 和 str2
+	'str1 + str2'：包含 str1 或包含 str2
-	'str1 - str2'：包含 str1 但不包含 str2

举例：

①检索全文同时包含"催化剂"和"反应率"的文献：FT = 催化剂 * 反应率。

②检索关键词为"铝合金"或"钛合金"的文献：KY = 铝合金 + 钛合金。

③检索关键词包含大数据，但不含人工智能的文献：KY = 大数据 - 人工智能。

提示：

①在一个字段内可以用"* 、+ 、-"组合多个检索值进行检索。

②多个复合运算符组合可以用"( )"来改变运算顺序。

位置描述符　适用于字段间的逻辑关系运算（表7-5）。

表7-5　位置描述符

符号	功能	适用字段
#	'STR1#STR2'：表示包含 STR1 和 STR2，且 STR1、STR2 在同一句中	
%	'STR1%STR2'：表示包含 STR1 和 STR2，且 STR1 与 STR2 在同一句中，且 STR1 在 STR2 前面	
/NEAR N	'STR1/NEAR N STR2'：表示包含 STR1 和 STR2，且 STR1 与 STR2 在同一句中，且相隔不超过 N 个字词	
/PREV N	'STR1/PREV N STR2'：表示包含 STR1 和 STR2，且 STR1 与 STR2 在同一句中，STR1 在 STR2 前面不超过 N 个字词	TI、AB、FT
/AFT N	'STR1/AFT N STR2'：表示包含 STR1 和 STR2，且 STR1 与 STR2 在同一句中，STR1 在 STR2 后面且超过 N 个字词	
$ N	'STR $N'：表示所查关键词 STR 最少出现 N 次	
/SEN N	'STR1/SEN N STR2'：表示包含 STR1 和 STR2，且 STR1 与 STR2 在同一段中，且这两个词所在句子的序号差不大于 N	
/PRG N	'STR1/PRG N STR2'：表示包含 STR1 和 STR2，且 STR1 与 STR2 相隔不超过 N 段	

举例：

①FT = '人工智能#推荐算法'，表示检索全文某个句子中同时出现"人工智能"和"推荐算法"的文献。

②FT = '人工智能%推荐算法'，表示检索全文某个句子中同时出现"人工智能"和"推荐算法"，且"人工智能"出现在"推荐算法"前面，间隔不超过10个字词。

③FT = '人工智能/NEAR 10 推荐算法'，表示检索全文某个句子中同时出现"人工智能"和"推荐算法"，且两个词间隔不超过10个字词。

④FT = '人工智能/PREV 10 推荐算法'，表示检索全文某个句子中同时出现"人工智能"和"推荐算法"的文献，"人工智能"出现在"推荐算法"前，且间隔不超过10个字词。

⑤FT = '人工智能/AFT 10 推荐算法'，表示检索全文中某个句子同时包含"人工智能"和"推荐算法"的文献，"人工智能"出现在"推荐算法"后，且间隔不超过10个字词。

⑥FT＝′人工智能/SEN 1推荐算法′，表示检索全文中某个段落同时包含"人工智能"和"推荐算法"的文献，且检索词所在句子间隔不超过1句。

⑦FT＝′出版/PRG 5法规′，表示检索全文中包含"出版"和"法规"，且这两个词所在段落间隔不超过5段。

⑧FT＝′大数据 \$5′，表示检索在全文中"大数据"出现至少5次的文献。

提示：

①需用一组英文半角单引号将检索值及其运算符括起。

②"#、%、/NEAR N、/PREV N、/AFT N、/SEN N、/PRG N"是单次对单个检索字段中的两个值进行限定的语法，仅限于两个值，不适用于连接多值进行检索。

3. 检索结果

（1）按资源类型查看文献　横向展示总库所覆盖的所有资源类型，总库检索后，各资源类型下显示符合检索条件的文献量，突显总库各资源的文献分布情况，可点击查看任一资源类型下的文献，如图7－25所示。

图7－25　按资源类型查看文献

（2）按中文、外文筛选文献　点击"中文"或"外文"，查看检索结果中的中文文献或外文文献。点击"总库"回到中外文混检结果（图7－26）。

图7－26　按中、外文筛选文献

（3）单库检索　当选中某单库时，上文检索区为该单库的检索项。例如选中"学术期刊"，检索项为主题、期刊名称、DOI等，如图7－27所示。

图7－27　学术期刊单库检索

点击上方检索按钮，则进入单库检索，检索范围为"学术期刊"。单库内检索，检索结果显示在检索结果区右上角（图7－28）。

图7－28　学术期刊单库检索结果

（4）检索条件显示　检索结果区左上方显示检索范围和检索条件，并提供查看检索历史、检索表达式的定制功能（图7-29）。

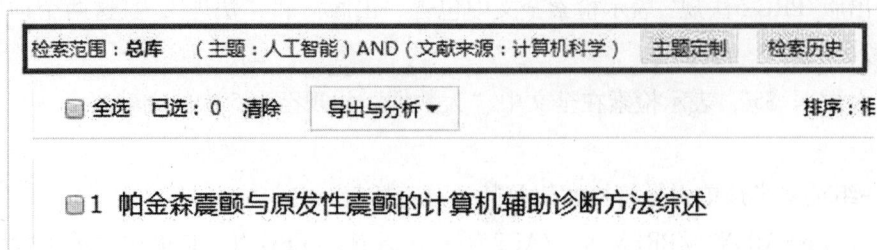

图7-29　检索条件显示

（5）主题定制　登录个人账号，点击"主题定制"，定制当前的检索表达式至个人书房，可了解所关注领域的最新成果及进展。

（6）检索历史　点击"检索历史"，可查看检索历史，未登录个人账号的情况下可查看最近的10条记录。在检索历史页面点击检索条件，直接查看检索结果。

（7）分组筛选功能　检索结果区左侧为分组筛选区，提供多层面的筛选角度，并支持多个条件的组合筛选，以快速、精准地从检索结果中筛选出所需的优质文献。除科技、社科分组外，每个分组项默认显示两条分组内容，点击分组标签上的下拉箭头（图7-30），查看全部分组内容。

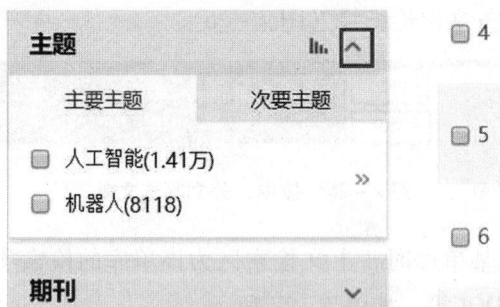

图7-30　分组标签上的下拉箭头

勾选分组条件后，点击左侧确定按钮，执行筛选；点击左侧清除按钮，清除所有勾选，如图7-31所示。

1）分组项细化　①研究层次细化为科技、社科，依据知识服务对象划分，用户可以根据自己的研究领域筛选文献。②主题分组细化为主要主题、次要主题，依据某主题词在文献中所占的比例划分。③作者、机构分组细化为中国、国外，分别指中文文献的作者/机构和外文文献的作者/机构。

2）分组内容排序　①作者分组按作者H指数降序排列，将H指数高的作者排在前面，作为筛选权威性文献的参考。②期刊分组将中外文期刊统一按CI指数降序排

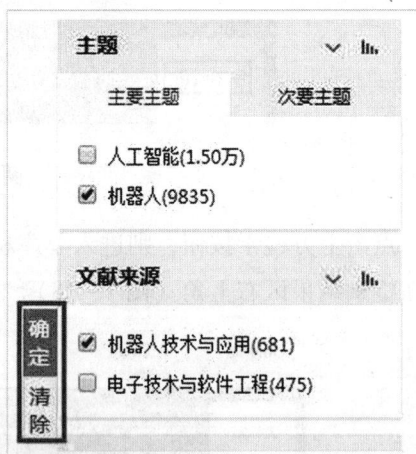

图7-31　分组确定/清除按钮

列，实现中英文学术期刊同台竞技，便于按照期刊质量筛选好文献。

3）分组可视化　除科技、社科分组外，各分组项提供可视化分析功能，直观反映检索结果某个分组类别的文献分布情况，点击图标（图7-32），查看可视化图像，结果如图7-33所示。

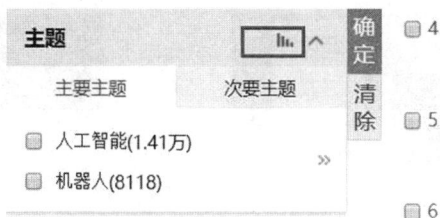

图7-32　分组可视化图标

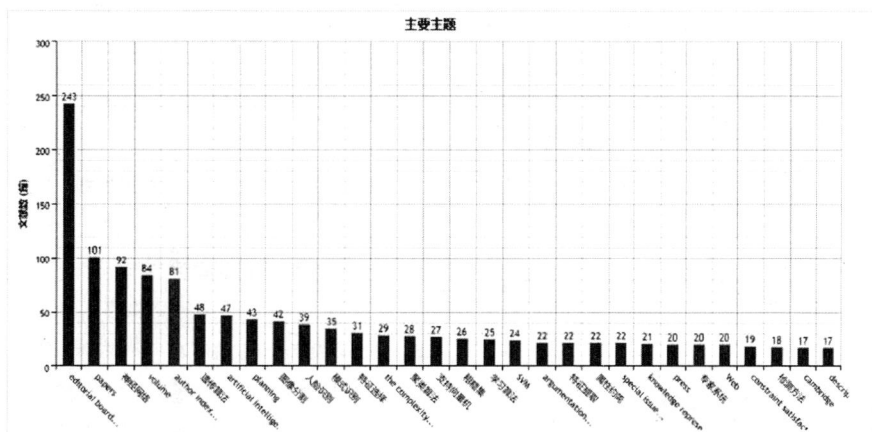

图7-33　分组可视化结果

（8）横向资源类型与纵向分组筛选的配合使用　横向资源类型区与纵向分组区形成知识服务矩阵，两者配合使用，可快速、有效地找到所需文章。例如，检索主题"人工智能"，得到如图7-34所示结果。点击学术期刊查看主题为人工智能的学术期刊文献，左侧分组变为针对学术期刊的分组项，可进一步按刊选文。

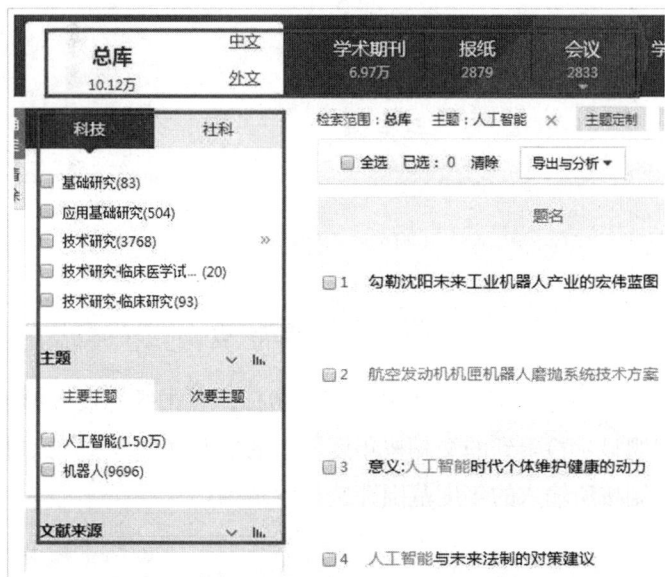

图7-34　资源类型与分组筛选

筛选期刊：农业工程学报，筛选结果显示在检索结果区右上角（图7-35），结果如图7-36所示。

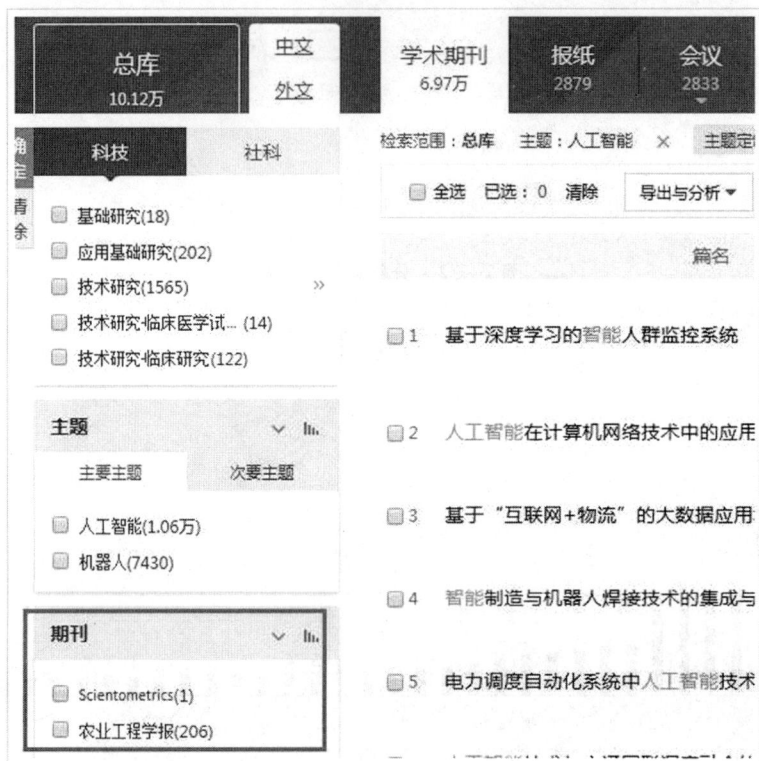

图7-35 分组筛选

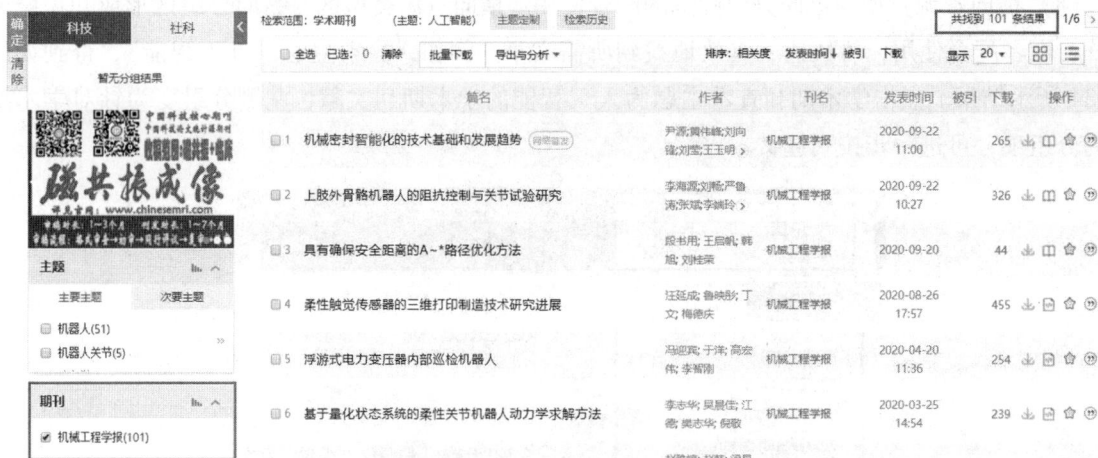

图7-36 期刊筛选结果数

（9）发表年度趋势图 位于页面右侧，悬浮显示图标，点击图标展开检索结果的发表年度趋势图，以可视化形式直观显示检索到的文献按年度分布的情况（图7-37）。折线图下方输入起止年份，点击筛选按钮，则按所输入的年度范围筛选检索结果。

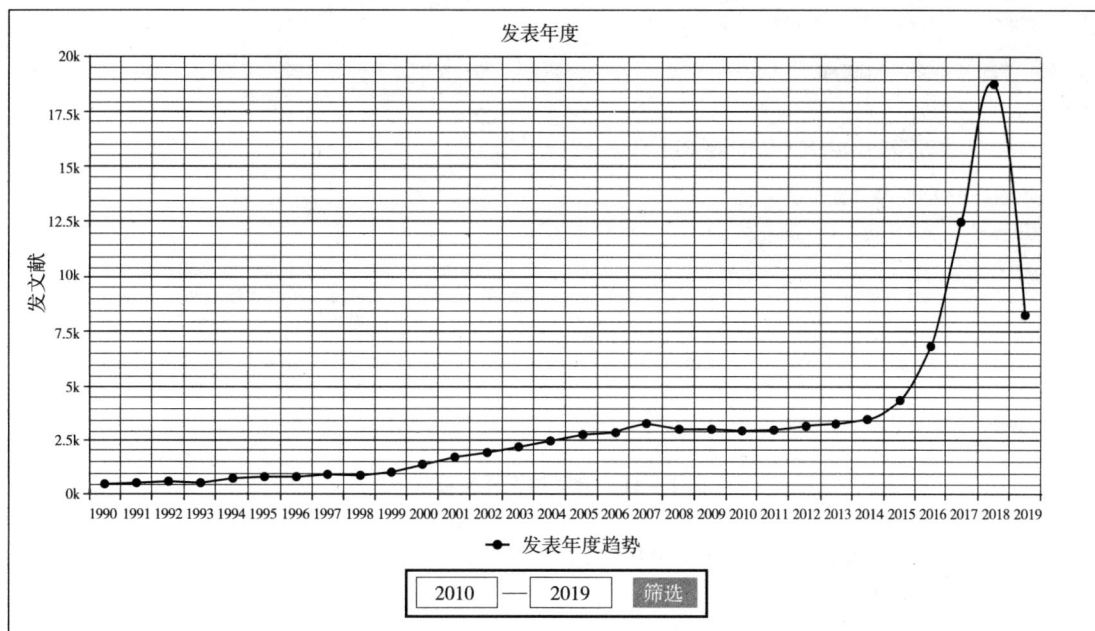

图 7-37 发表年度趋势图

（10）排序 提供发表时间、相关度、被引、下载排序，可根据需要选择相应的排序方式，如图7-38所示。全文检索默认按相关度降序排序，将最相关的文献排在前面。其他检索默认按发表时间降序排序，展示最新研究成果和研究方向。

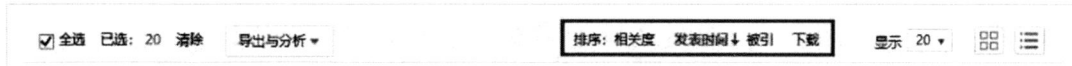

图 7-38 排序

（11）显示条数 选择每页显示条数（图7-39）。

图 7-39 显示条数

（12）显示模式 检索结果的浏览模式可切换为详情模式或列表模式（图7-40）。

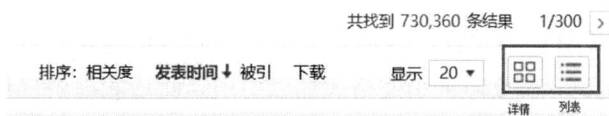

图 7-40 显示模式

1）详情模式 显示较为详细的文献信息，可通过浏览题录信息确定是否为所查找的文献。详情模式的页面布局分为两个部分，左半部分为题录摘要区，右半部分为操作功能区，如图7-41所示。

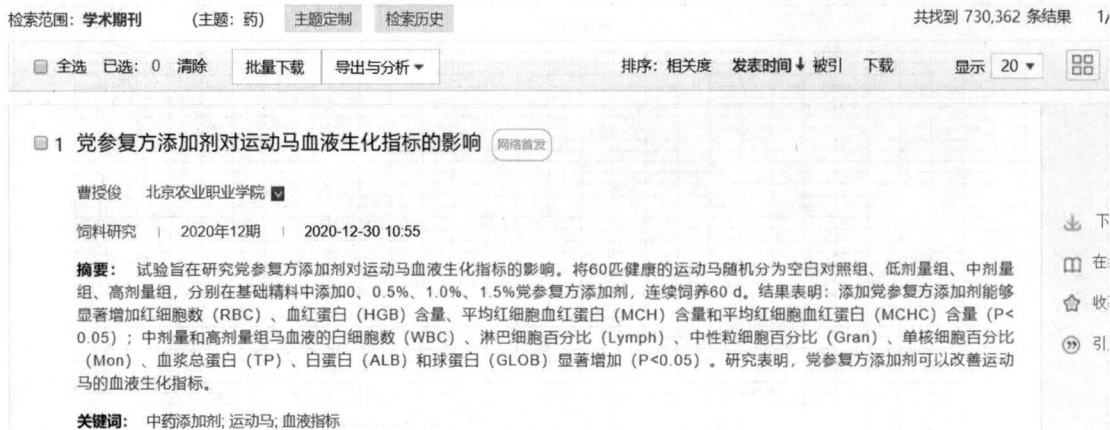

图7-41 检索结果详情模式

题录摘要：显示文章题名、作者及单位、资源类型、文献来源、发表时间、被引频次、下载频次、文章摘要、原文关键词。

点击题名进入文献知网节，点击文献来源名称，如刊名，进入出版物详情页，点击关键词进入关键词知网节。

期刊、会议、辑刊文献经规范后的作者，作者及其单位对应显示，默认显示第一作者及其单位，点击展开箭头可查看全部作者及其对应单位。作者及其机构经过规范的，点击作者或单位名称，跳转至作者知网节或机构知网节（图7-42）。

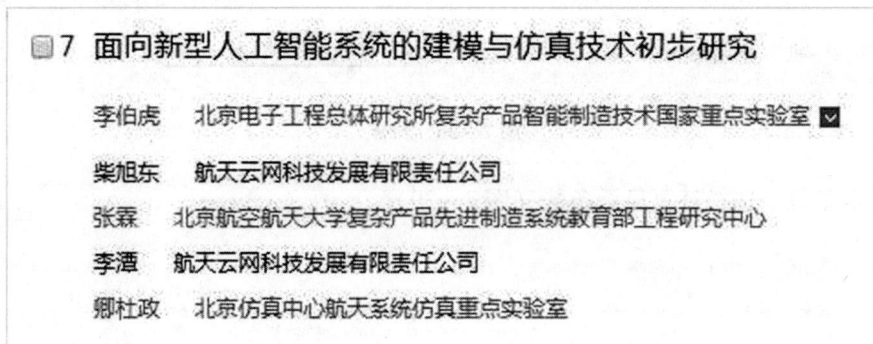

图7-42 作者信息

功能区：单篇文献提供收藏、阅读、下载、引用等功能。①收藏功能，需登录个人账号，收藏后可在个人书房"我的收藏"查看。②阅读功能，已加工为html的文章，登录机构账号后可进行html阅读，未加工html的文章可在线阅读原文。③下载功能，有下载权限的账号可点击下载原文。海外合作题录文献（期刊、图书）提供原文链接，通过该链接访问合作数据库下载全文。④引用功能，点击后可复制该篇文献的引文格式加以引用。此功能提供三种格式的引文，国标格式默认选中，可直接复制粘贴，其他格式点击文字内容则选中。引用单篇文献的，不需再勾选后导出，操作更加便捷（图7-43）。

2）列表模式　简洁明了，便于快速浏览和定位。列表模式以列表形式展示检索结果，提供文章题名、作者、来源、发表时间、被引频次、下载频次等关键信息，同时也提供下载、阅读等功能，操作及跳转规则与详情模式相同（图7-44）。

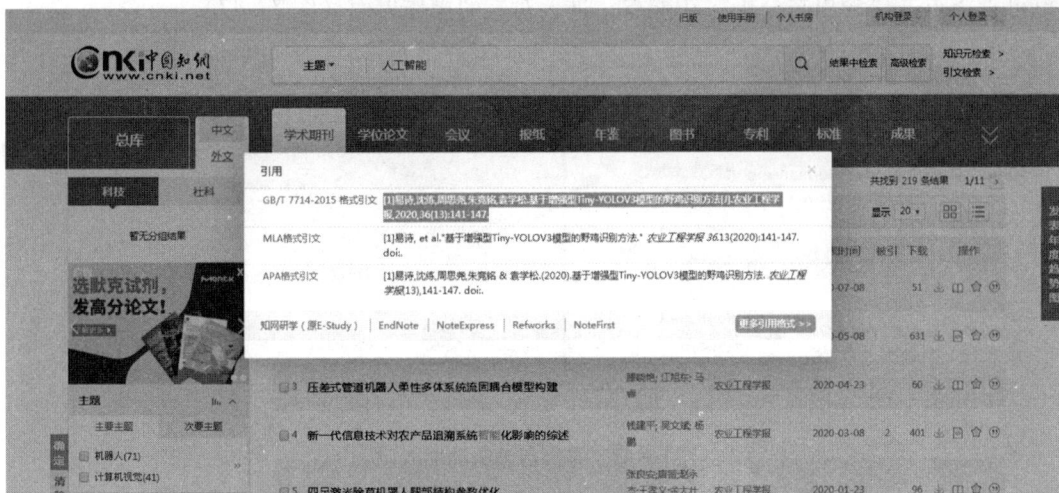

图7－43　引用功能

	题名	作者	来源	发表时间	数据库	被引	下载	操作
□1	Pursuing superior performance of service innovation through improved corporate social responsibility	Lan Li;Gang Li;Xue Yang;Zhilin Yang	Asia Pacific Journal of Marketing and Logistics	2019-08-22	Emerald journal			
□2	大数据与创新双驱动的知识创新服务需求与趋势研究	范丽鹏; 王日芬; 李瑛	情报工程	2019-06-15	期刊			
□3	新时代、新挑战、新策略——“2018年学术图书馆发展”高端论坛会议综述	郭晶林; 张甲; 王日芬; 余厚强	大学图书馆学报	2019-05-21	期刊		354	
□4	Service innovation capabilities as the precursor to business model innovation: a conditional process analysis	Malkah Noor Kiani;Mehboob Ahmad;Syed Hussain Mustafa Gillani	Asian Journal of Technology Innovation	2019-05-04	Taylor journal			

图7－44　检索结果列表模式

（13）文献管理　可在文献管理中心对选定的文献进行相关处理，包括导出文献、生成检索报告、可视化分析和在线阅读等（图7－45、图7－46）。

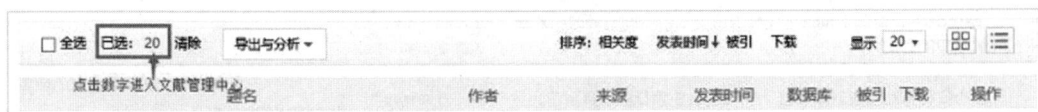

图7－45　点击已选文献进入文献管理中心

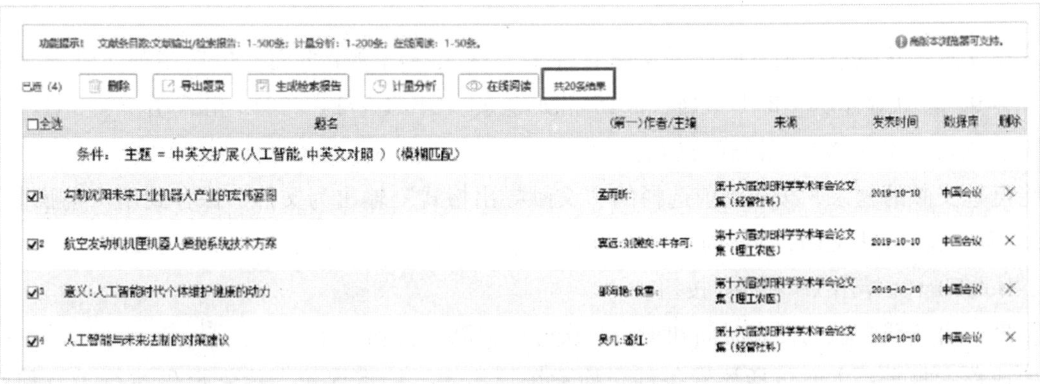

图7－46　文献管理中心

也可直接点击"导出与分析"功能点，进入对应的操作界面（图7-47）。

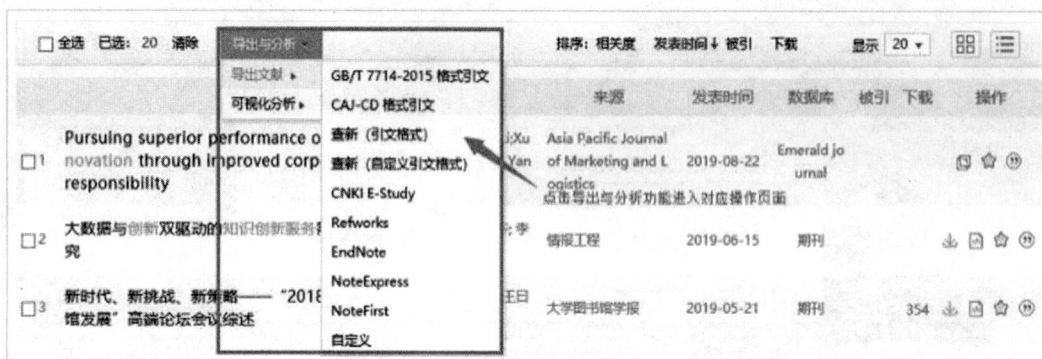

图7-47　导出与分析功能入口

已选文献：以列表形式显示全部已经勾选的文献，并按历次的检索条件分组显示历次检索条件下所选的文献条目。

可对已选文献进行再次选择，并以再次选择的文献，进行导出题录、生成检索报告等功能操作。

可点击任意一条已选文献后的"×"删除当前文献；也可勾选文献前的复选框，选择一篇或多篇文献，点击上方删除按钮，删除选中的多条文献，如图7-48所示。

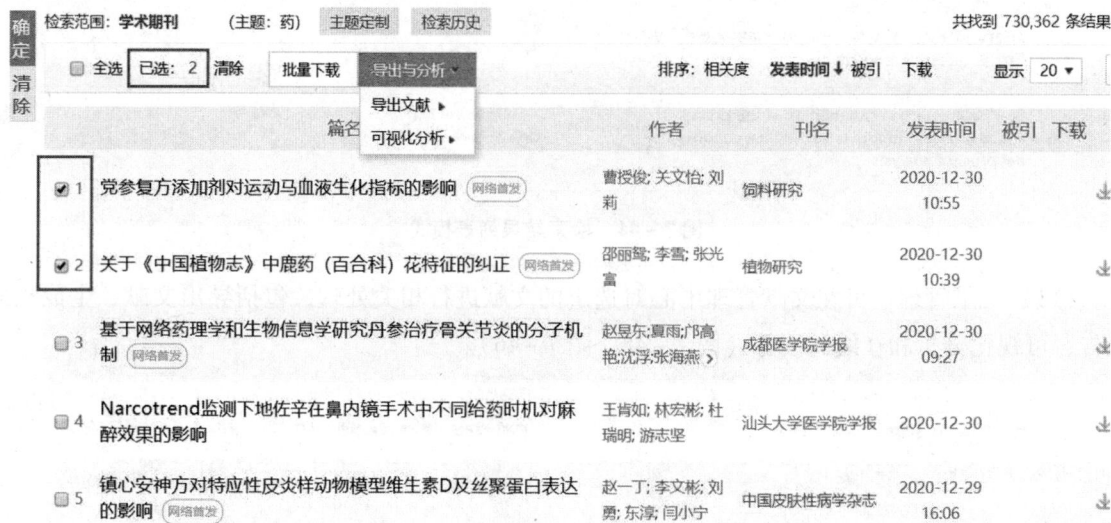

图7-48　已选文献

导出文献：从检索结果页面或者文献管理中心进入导出题录页面，包括多种文献导出格式，如图7-49，默认显示为GB/T 7714-2015格式题录。GB/T 7714-2015格式引文、CAJ-CD格式引文、查新（引文格式）样式与功能一致。

将已选文献的题录，按照当前选择的"文献导出格式"输出为文件，保存到用户电脑上。

xls为生成Excel文档，doc为生成Word文档。CNKI E-Study、Refworks、EndNote、NoteExpress、NoteFirst无导出xls和doc按钮。

排序：可按照文献的发表时间和被引频次升序或降序排列显示。

生成检索报告：主要包括检索条件、检索统计报表、检索评价、检索报告执行人及保存/打印检索报告等（图7-50）。

图 7 - 49 GB/T 7714 - 2015 格式引文

图 7 - 50 检索报告

在线阅读：不同于检索结果的单篇文献预览，在线阅读选中的多篇文献在线阅读，如图7－51 所示。

文献在线阅读
论文集合
选中的多篇论文集合
基于“云计算”的数字图书馆服务模式

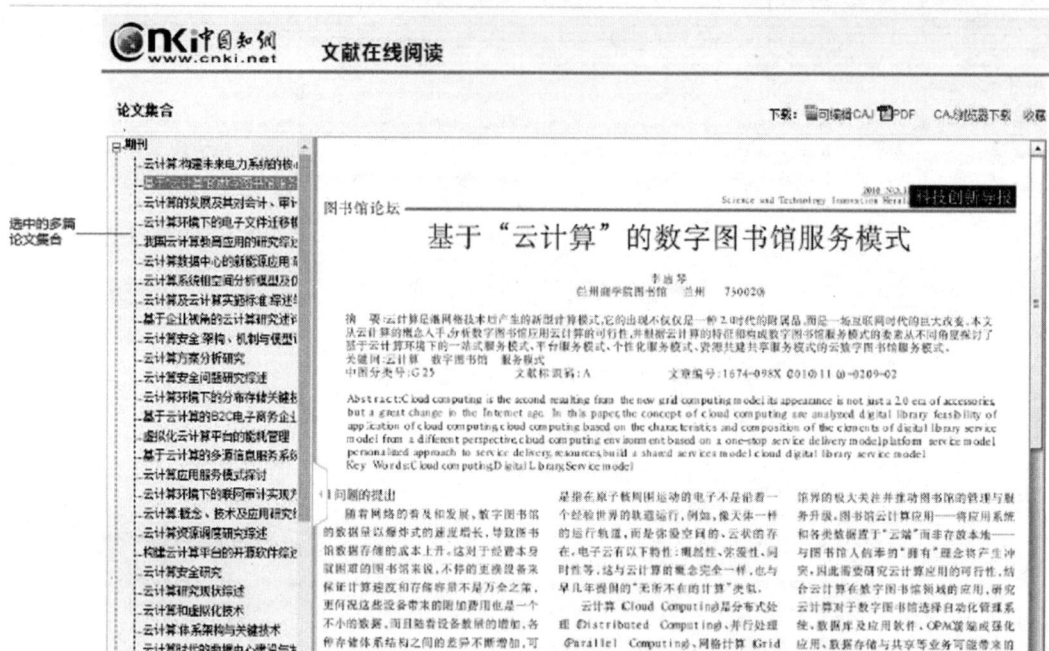

图 7－51　组合阅读

（14）相关搜索推荐　在检索结果的下端，提供相关搜索功能。相关搜索是系统推荐与用户输入相关的词，包括相关搜索的研究主题和相关的知名学者，作为系统性学术研究的参考。相关搜索，最多推荐 14 个与输入的检索词相关的主题词，点击主题词，则以该主题词为检索词执行主题检索，如图 7－52 所示。

知名学者，在检索到的作者中最多提取 G 指数最高的前 14 位专家学者，点击姓名可进入作者知网节。

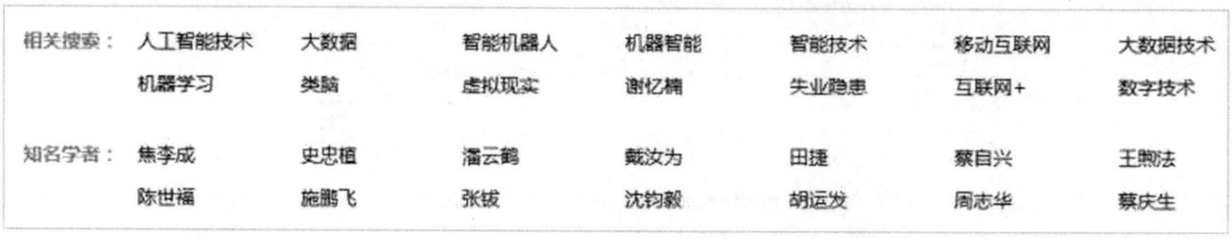

相关搜索：
人工智能技术
大数据
智能机器人
机器智能
智能技术
移动互联网
大数据技术
机器学习
类脑
虚拟现实
谢忆楠
失业隐患
互联网+
数字技术
知名学者：
焦李成
史忠植
潘云鹤
戴汝为
田捷
蔡自兴
王熙法
陈世福
施鹏飞
张钹
沈钧毅
胡运发
周志华
蔡庆生

图 7－52　相关搜索推荐

4. 检索设置　总库的检索设置功能，提供总库检索的个性化服务，可根据个人使用习惯进行检索偏好设置，方便操作。

此功能只针对总库检索，位于总库一框式检索结果页、总库高级检索页的页头处。设置内容包括跨库检索范围、检索结果格式，如图 7－53 所示。

如果想要长久保存设置，需登录个人账号进行设置。未登录个人账号进行的设置，在关闭浏览器后或 20 分钟未在此平台进行任何操作则恢复为系统默认设置。

（1）设置跨库检索范围　设置总库跨库检索所包含的资源类型及其显示顺序（图 7－54）。

图 7 – 53　检索设置

图 7 – 54　设置检索范围

　　打开检索设置后，默认显示参与总库统一检索的资源类型，鼠标放至资源名称上，出现"■"，点击删除该资源类型，则总库检索时不包含此资源类型。点击最后的"＋"号，在打开的资源列表中添加需要参与跨库检索的资源类型。

　　拖动各资源类型模块，可以调整资源顺序，检索结果页按所做的设置显示。

　　例如，设置学术辑刊、会议、学位论文、学术期刊参与总库统一检索，显示顺序为学术辑刊、会议、学位论文、学术期刊，如图 7 – 55 所示。

图 7 – 55　资源类型

　　点击"保存设置"后刷新页面，在总库检索主题为"药"的文献，页面显示如图 7 – 56

所示。

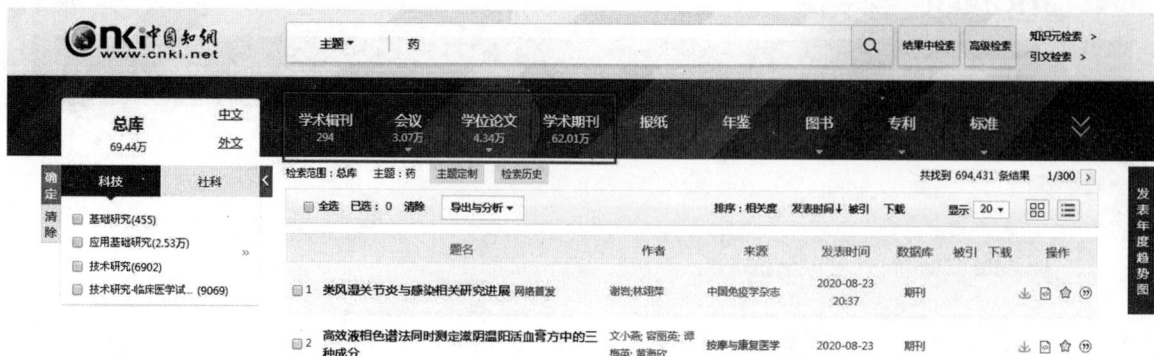

图 7 – 56 检索设置效果

会议、学术期刊、报纸依次排在最前面，其他资源不参与总库检索，资源名称下不显示文献量。

（2）设置检索结果格式 包括设置检索结果的每页默认显示条数、默认显示方式、默认排序，如图 7 – 57 所示。

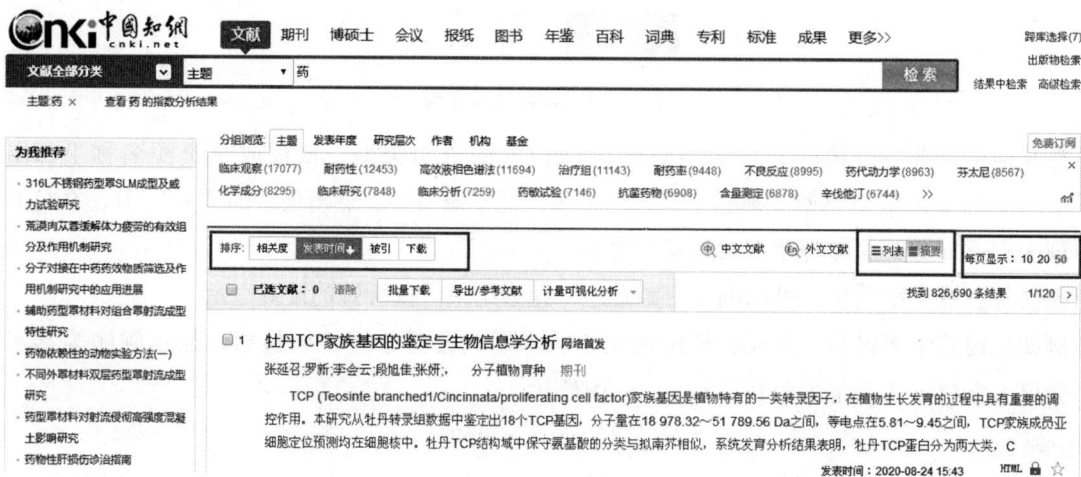

图 7 – 57 检索结果默认设置

设置后刷新页面，检索结果区的条数、显示方式、排序默认按所选项显示。

5. 知网节 主要包括文献知网节、作者知网节、机构知网节、学科知网节、基金知网节、关键词知网节、出版物知网节，如图 7 – 58 所示。

（1）文献知网节

1）入口 检索结果 > 文献列表的题名，即凡是出现文献题名的地方，只要有文献题名的链接，点击文献题名即可进入文献知网节。

2）基本信息 学术期刊、学术辑刊、会议、学位论文文献知网节的页面为三栏结构，从左到右分别为文章目录、题录摘要信息和引证文献。文章目录和引证文献可以收起或者展开，无内容时两侧默认收起。其他单库产品的知网节为单栏结构。

（2）作者知网节

1）入口 检索结果 > 作者；文献知网节 > 作者、关联作者、相关作者，即凡是出现作者的地方，只要有作者的链接，点击作者姓名即可进入作者知网节，如图 7 – 59、图7 – 60、图 7 – 61、

图 7 - 62 所示。

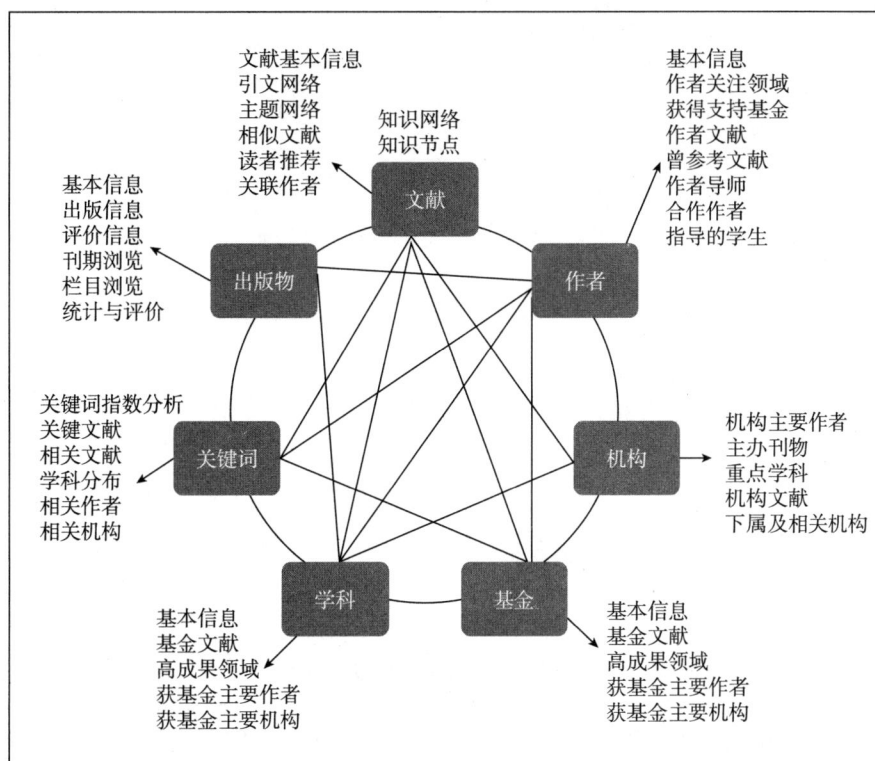

图 7 - 58　知识网络

图 7 - 59　作者知网节入口 1

图 7 - 60　作者知网节入口 2

合作作者 （发文量排名前20的主要合作者。）

同机构主要合作者

柯平	陈荣梯	李洪远	白志鹏	佟家栋	李维安	朱志昂	方志良
林润辉	杨勇	张清敏	吴建会	黄毅	马君潞	赵星	许家云
王颖	王永兴	袁小聪	王海东				

图7-61 作者知网节入口3

相似文献　　读者推荐　　相关基金文献　　关联作者

本文引用了谁的文献？

秦伯强	晏刚	邱新法	胡维平	吴业正	张运林	陈伟民	翁笃鸣
苏志	李庆祥						

谁引用了本文？

师庆东	潘学标	谷晓平	金志凤	马振峰	张春桂	于飞	董旭光
申彦波	古书鸿						

图7-62 作者知网节入口4

2）页面　作者知网节页面列出了作者基本信息、同名作者、作者关注领域、作者文献、作者导师、合作作者、获得支持基金、指导的学生等相关内容，给读者提供更加丰富的资料（图7-63）。

王芳

南开大学

行政学与国家行政管理;图书情报与数字图书馆;新闻与传媒;

总发文量：152　总下载量：139299

同名作者　本人认领，创建自己的成果库｜搜索更多

王芳　华中科技大学　计算机硬件技术;医药卫生方针政策与法律法规研究;...
王芳　郑州大学　轻工业手工业;计算机软件及计算机应用;金融;
王芳　河南师范大学　仪器仪表工业化学;有机化工;
王芳　上海理工大学　工业通用技术及设备;建筑科学与工程;电力工业;
王芳　北京大学第一医院　儿科学;泌尿科学;临床医学;

作者关注领域　作者文献　作者导师　合作作者　获得支持基金　指导的学生　主讲视频

作者关注领域

电子政务	政府网站	政府信息公开	情报学	大数据	评价指标体系	天津滨海新区	网络舆情
信息社会	收入波动	数字档案馆	信息伦理	政府信息资源	内容分析	G2B服务	政务微博
文献计量	农民工	区块链	信息资源管理				

作者文献

总发文量：152　　总下载量：139299

最高被引

图7-63 作者知网节页面

6. 出版来源导航　提供文献来源出版物的检索、浏览等功能，以整刊或供稿单位为主要对象，帮助用户了解文献来源的出版物详情，或查找权威优质的出版物，按出版物浏览文献。

（1）导航入口　在知网首页点击"出版物检索"，可进入出版来源导航页面，如图7-64所示。

图 7 - 64　出版物导航入口

（2）导航介绍　点击"介绍"展开导航介绍，包括导航收录情况、覆盖领域等（图 7 - 65）。

图 7 - 65　导航介绍

（3）左侧导航　左侧显示学科导航体系，包括十大专辑和 168 个专题内容，可选择导航类别，浏览该类别下的所有出版来源。各单库根据知识体系及架构的不同，提供具有单库特色的导航，后文分产品详述（图 7 - 66）。

图 7 - 66　左侧导航

（4）出版来源检索　切换检索项，输入检索词可进行检索。点击文献检索，进入文献检索页面，实现导航检索与文献检索的切换，如图 7 - 67 所示。

图 7 - 67　出版来源检索页面

（5）出版来源检索结果　根据检索条件显示检索结果。例如，选择"来源名称"，输入检索词"药物"，点击"出版来源检索"，结果如图 7 - 68 所示。

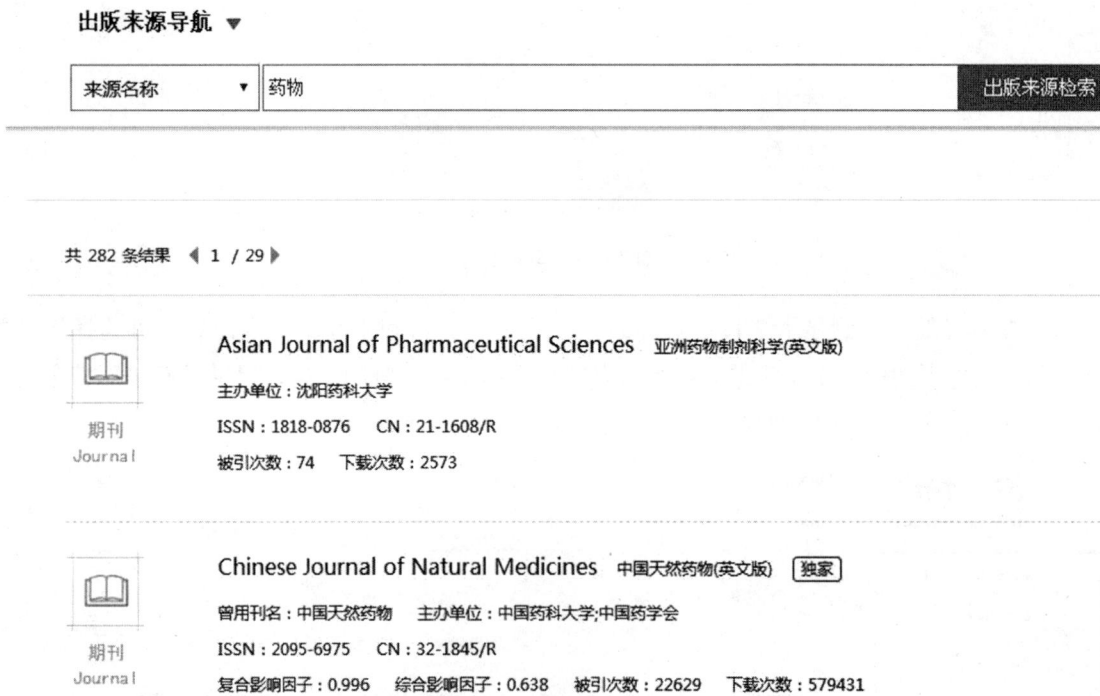

图 7 - 68　出版来源检索结果

（6）各产品导航　出版来源导航主要包括期刊、辑刊、学位授予单位、会议、报纸、年鉴和工具书的导航，可在下拉菜单中选择某产品导航，切换到该产品的导航首页，如图 7 - 69 所示。各单库导航的布局与功能与出版来源导航大致相同，以下仅描述单库导航的特有功能。

期刊导航：支持按刊名（曾用刊名）、主办单位、ISSN、CN 检索期刊。

左侧导航除学科导航外，另设有数据库刊源导航、主办单位导航、出版周期导航、出版地导航、发行系统导航、核心期刊导航。可以通过左侧导航体系，查找浏览相关领域内的期刊，点击导航内容后，则返回该领域下的期刊列表。

横向设有产品分类标签：全部期刊、学术期刊、网络首发期刊、独家授权期刊、世纪期刊、个刊发行。

左侧导航与横向分类可结合使用，例如点击导航"核心期刊导航→第二编经济"，出现检索结果列表，点击标签"学术期刊"，可查看该导航下的学术期刊，如图 7 - 70 所示。

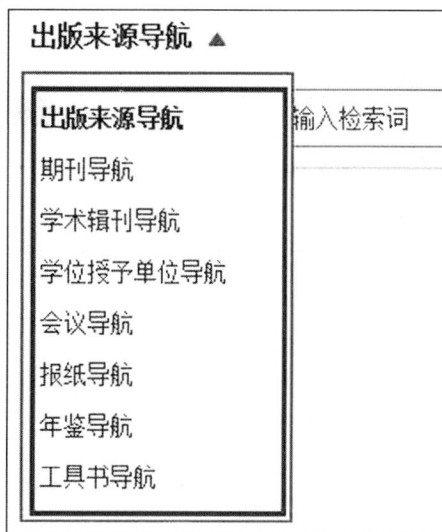

图 7 - 69　各产品导航

图 7 - 70　学术期刊导航

勾选"核心期刊"，可从检索结果中筛选北大核心期刊。提供四种排序方式（复合影响因子、综合影响因子、被引次数、最新更新），提供详情和列表两种浏览模式，可点击切换。点击期刊封面或名称，可进入期刊详情页，如图 7 - 71 所示。

（7）各产品详情页　主要包括期刊/辑刊详情页、学位授予单位详情页、会议论文集详情页、会议主办单位详情页、报纸详情页、年鉴详情页。期刊/辑刊详情页简介如下。

1）期刊详情页入口　期刊导航检索结果；期刊文献知网节＞出版来源；文献检索结果＞出

图 7-71 核心期刊导航

版来源。详情页主要包括页头检索框、介绍信息、刊期浏览、栏目浏览、统计与评价以及刊内检索结果版块。

2）介绍信息 主要包括优先出版期刊的单篇文献网络出版声明、整刊功能（收藏、RSS 订阅、投稿、分享功能）、期刊中英文名称、该刊被收录的数据库情况、基本信息、出版信息、评价信息。其中评价信息包括影响因子、被数据收录情况、期刊荣誉等。默认展示 3 行信息，点击"更多介绍"，可以查看全部信息。

3）刊期浏览 左侧展示该刊出版的年期信息，包括优先出版或网络首发的信息。点击年，展开该年的出版的期；点击某期，右侧为该年期的文献目录，展示该期的栏目、文献篇名、作者、页码信息等。点击篇名，可进入相应知网节；鼠标悬停到某篇文献，点击按钮可下载（登录后）、阅读、分享该篇文献；点击"原版目录页浏览"，可以查看纸刊封面、目录等，提供打印功能。

4）栏目浏览 左侧默认展示近十年的栏目信息，可以切换标签查看近五年、近三年、近一年的栏目信息。右侧为该栏目下的文献列表。默认按照相关性排序，还可以按发表时间、按被引次数、按下载次数排序。点击篇名，可进入相应知网节；鼠标悬停到某篇文献，点击按钮可下载（登录后）、阅读、分享该篇文献。

5）检索结果 设置检索条件，如主题、篇名、作者、关键词等，输入检索词后，点击检索按钮，可在本刊内检索，出现"检索结果"版块。左侧展示检索结果的分组，包括发布年度、学科、基金，移入展开按钮，可以查看全部分组内容。右侧为刊内检索结果列表，展示文献的篇名、作者、年/期、被引次数、下载次数信息。默认按照相关性排序，还可以按发表时间、按被引次数、按下载次数排序。点击篇名，可进入相应知网节；鼠标悬停到某篇文献，点击按钮可下载（登录后）、阅读、分享该篇文献。

（三）检索示例

例如，检索近 5 年高血压临床方面的文献。

分析：核心概念为"高血压"和"临床"，时间：2016 年至 2020 年，可以用高级检索限定。检索操作步骤如下。

第一步：输入中国知网网址 https://www.cnki.net/，进入 CNKI 首页，点击"高级检索"按钮，进入高级检索页面；

第二步：点击右上角跨库选择，勾选目标数据库，也可以直接点全选按钮在所有库检索；

第三步：检索菜单默认"主题"字段，检索条件框输入"高血压""临床"两个检索词之间选择"并且"布尔逻辑运算符；选择精确匹配；

第四步：发表时间点击日历按钮选择从 2016 年 1 月 1 日至搜索日；

第五步：默认中英文扩展，点击"检索"按钮；

第六步：检索结果显示搜索到二万四千二百多条数据，如图 7 - 72 所示；

第七步：浏览检索结果，根据检索目的，若需要进一步检索出相关性更强的文献，提高精确率，可以调整检索条件，例如通过重新限制检索数据库，改变检索条件即从下拉菜单选择"篇名"或者"关键词"；左侧导航文献分类可限制选择医药卫生科技等方式，再次点击检索按钮，检索出相关性更强的文献。

图 7 - 72　示例检索结果

二、万方数据知识服务平台

（一）万方数据库简介

万方数据知识服务平台是在原万方数据资源系统的基础上，经过不断改进和创新，整合数亿条全球优质知识资源，集成期刊、学位、会议、科技报告、专利、标准、科技成果、法规、地方志、视频等十余种知识资源类型，覆盖自然科学、工程技术、医药卫生、农业科学、哲学政法、社会科学、科教文艺等全学科领域，实现海量学术文献统一发现及分析，支持多维度组合检索，是国内一流的品质信息资源出版、增值服务平台。与中国知网相似，万方数据是一个综合性的中文文献检索工具，也提供全文下载。

（二）万方检索方法与途径

1. 检索页面　万方智搜网址为 http://www.wanfangdata.com.cn，点击进入检索页面，如图 7 - 73 所示。

2. 检索方式

（1）快速检索　即首页一框式检索，用户在检索框中可输入题名、作者、作者单位、关键词、摘要等进行检索；如果对检索结果不满意，可以进行二次检索，通过再次输入检索词、选择限制标题/作者/关键词/起始和结束时间等，对检索结果进一步筛选（图7-74），或者进行高级检索。

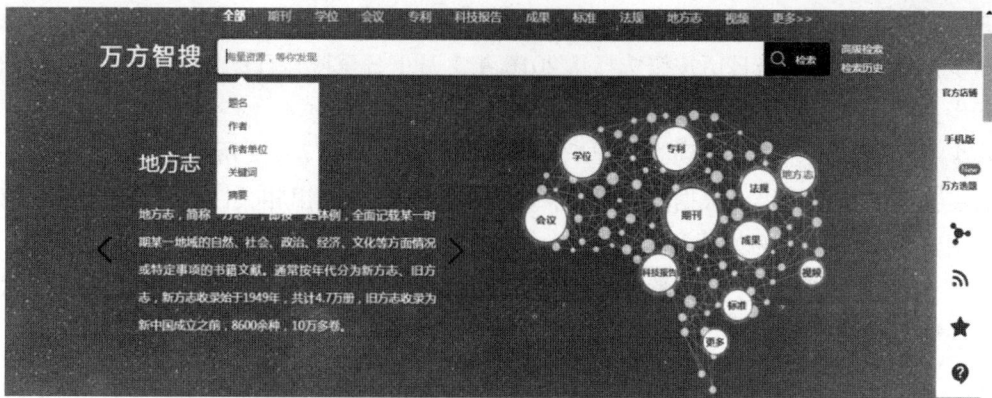

图7-73　万方检索页面

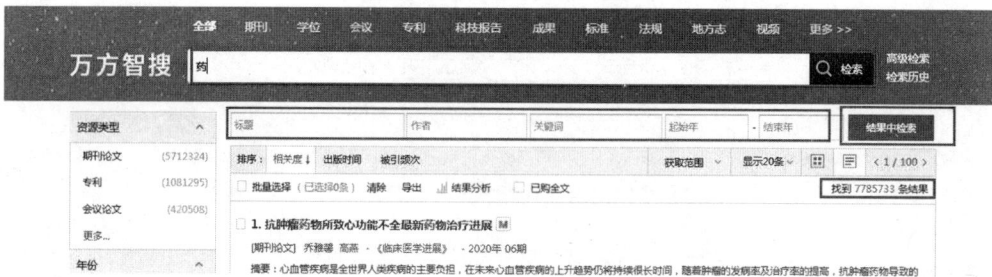

图7-74　万方快速检索页面

（2）高级检索　可以选择跨库检索，也可以选择单库检索。点击"文献类型"旁边的"全部"选择全部子库进行检索，点击"清除"按钮取消全选，进一步可以勾选单个子库进行检索，如图7-75所示。

图7-75　万方高级检索页面

选择字段，输入检索词，组配检索式，限定发表时间，可以通过"＋""－"符号增减选择字段。

检索说明：

①数据库选择不同则可检索字段不一样；

②共同可检索字段为主题、题名、关键词、作者单位等。主题字段包含标题、关键词、摘要；

③期刊论文检索提供作者、论文标题、作者单位、中图分类号、来源、关键词、摘要、发表日期等检索项；

④学位论文检索提供标题、作者、导师、关键词摘要、学校、专业、发表日期等检索项；

⑤会议论文检索提供作者、论文标题、中图分类、关键词、摘要、会议名称、主办单位、会议时间等检索项。

示例：要查找"发表在《中华医学杂志》上的有关高血压的文章"，可以选择主题字段输入"高血压"，刊名字段输入"中华医学杂志"，点击"检索"按钮后显示检索结果。

（3）专业检索 是专业人士根据检索需求，自己人工构建检索表达式进行检索。表达式由多个空格分隔的部分组成，每个部分称为一个 Pair，每个 Pair 由冒号分隔符"："分隔为左右两部分，"："左侧为限定的检索字段，右侧为要检索的词或短语。

表达式格式字段名称 1：（检索词 1）逻辑符字段名称 2：（检索词 2）。

检索说明：

①表达式检索时，在检索词部分使用引号""或书名号《》括起来，表示精确匹配。例如，作者"张晓"表示作者字段中含有并且只含有"张晓"的结果。

②符号（（空格、冒号、引号、横线））可任意使用全角、半角符号及任意的组合形式；

③可检索字段为主题、题名或关键词、题名、第一作者、作者单位、作者、关键词、摘要、日期、DOI 号。期刊论文：期刊名称/刊名、期刊—期、期刊—基金。

④逻辑关系：（ ）（ ）（ ）包括逻辑与、逻辑或和逻辑非。

示例：刊登在《中华内科杂志》上的有关高血压的文章。检索表达式为：题名或关键词（（高血压））期刊名称/刊名：（中华内科杂志）。

（4）作者发文检索 可以检索个人论文、专利或科技报告等成果，还可以检索以第一作者身份发表的相关成果。文献类型可以选择期刊论文、学位论文、会议论文、专利、科技报告进行单库检索或者同时选择其中的几个进行跨库检索。点击"文献类型"旁边的"全部"选择全部子库进行检索，点击"清除"按钮取消全选，进一步可以勾选单个字库进行检索。不同的数据库检索信息字段不完全一致，同时可以限制作者单位和发表时间，如图 7-76 所示。

图 7-76 作者发文检索页面

（5）期刊检索　在万方数据知识服务平台主页，点击"期刊"，可进入期刊检索（图7－77）。可检索字段包括刊名、ISSN 号、CN 号、主办单位。检索结果可显示相关期刊的所属地域、出版状态、学科分类、核心收录情况、出版周期等信息。每种期刊还显示详细的影响因子、文献量、被引量、下载量。可以进一步点击刊名，进入期刊网页，进行论文浏览和刊内文章检索、查看征稿事项等，如图7－78所示。

图7－77　万方期刊检索入口

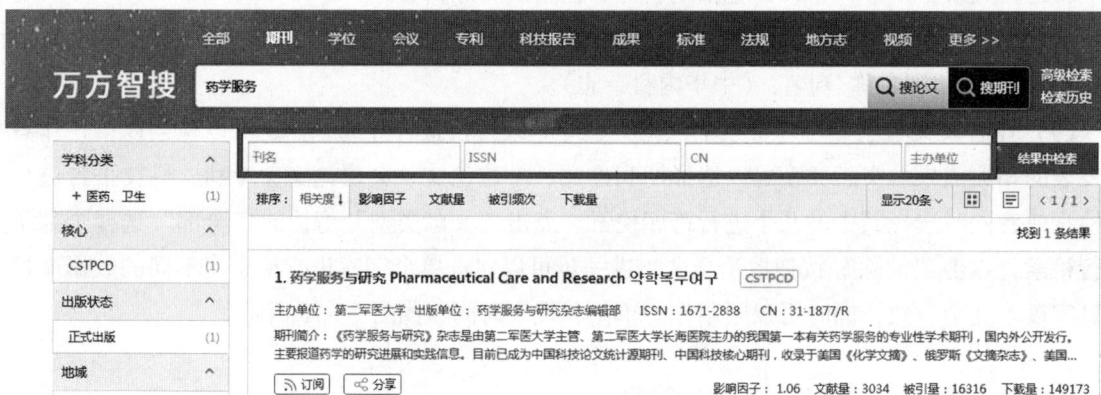

图7－78　万方期刊检索界面

3. 检索结果

（1）检索结果显示　检索结果可以按"相关度""出版时间""被引频次"排序，可通过下拉键选择获取范围和显示条数，可以选择每页显示20条、30条或50条，如图7－79所示。

图7－79　检索结果显示界面

（2）结果输出　勾选批量选择或者部分题录，点击导出按钮，可以按照参考文献格式、NoteExpress、自定义、查新格式等8种格式输出。可以进一步点击下载按钮下载全文（有权限或者付费情况下），如图7-80所示。

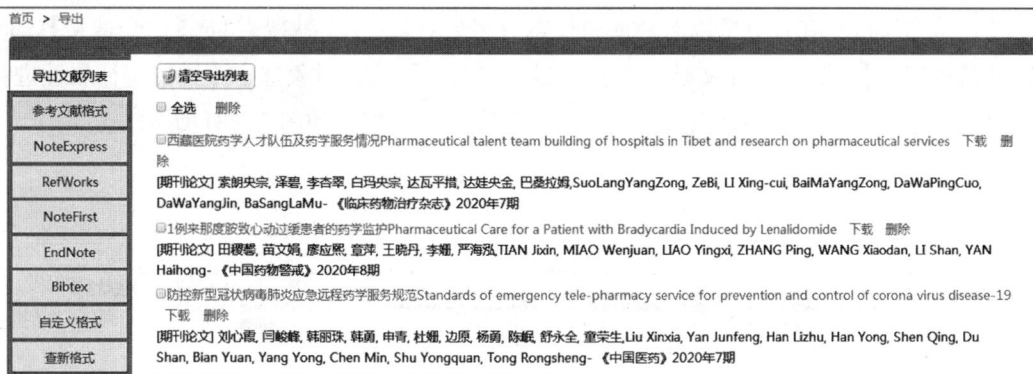

图7-80　检索结果输出界面

（三）检索示例

检索有关"基因与糖尿病关系"方面的文献。

1. 检索分析　对检索题目进行分析，本题核心概念为"基因""糖尿病"。

2. 操作步骤

方法一：选择主题检索，2个概念用AND组配。

（1）点击高级检索索按钮，进入高级检索界面。

（2）选择字段"主题"，输入检索词"基因"。

（3）选择字段"主题"，输入检索词"糖尿病"。

（4）点击"查找"，进入检索结果显示页面。

（5）根据题目要求，筛选合适的记录，点击"导出"按钮，下载保存检索结果。

方法二：选择专业检索。

（1）点击专业检索按钮，进入专业检索界面。

（2）点击"可检索字段"，选择"题名或关键词"字段。

（3）在括号内输入"基因"，在添加逻辑关系处点击 * （与），输入"糖尿病"。

（4）最终检索式为"题名或关键词（基因 * 糖尿病）"点击检索，完成专业检索。

三、维普中文期刊服务平台

（一）维普数据库简介

重庆维普资讯有限公司的主导产品《中文科技期刊数据库》是经国家新闻出版总署批准的大型连续电子出版物，收录中文期刊12000余种，全文2300余万篇，引文3000余万条，分三个版本（全文版、文摘版、引文版）和8个专辑（社会科学、自然科学、工程技术、农业科学、医药卫生、经济管理、教育科学、图书情报）定期出版。

维普网上供广大读者检索使用的是《中文科技期刊数据库》（全文版）。网站提供的检索方式有两种：适用于大众用户的简单检索和适用于专业检索用户的高级检索。

（二）维普检索方法与途径

1. 简单检索　登录维普网（http://www.cqvip.com）首页，在数据库检索区，输入需要查找的检索词点击【开始搜索】按钮即实现简单检索。

（1）检索字段　在首页可以看到简单检索有多个对象：【文献搜索】、【期刊搜索】、【学者搜索】、【机构搜索】。默认为【文献搜索】字段。可对不同检索对象选定不同的特征属性进行检索。

（2）检索入口　在网站首页上就能看到数据库的检索框，如图7-81所示。适用于大众用户的简单检索。

图7-81　维普检索界面

（3）检索规则　简单检索的表达式输入类似于baidu等搜索引擎，直接输入需要查找的检索词，点击【开始搜索】按钮即实现检索。多个检索词之间：用空格或者"＊"代表"与"，"＋"代表"或"，"－"代表"非"。

注意检索过程中，如果检索词中带有括号或逻辑运算符＊、＋、－、（）、《》等特殊字符，必须在该检索词上用双引号括起来，以免与检索逻辑规则冲突。系统会将双引号外的＊、＋和－当成逻辑运算符（与、或、非）进行检索。

（4）检索结果及重新检索　在检索框中输入检索词，点击【开始搜索】按钮，即得到检索结果，点击"导出本页题录"按钮，可以下载记录题录，如图7-82所示。

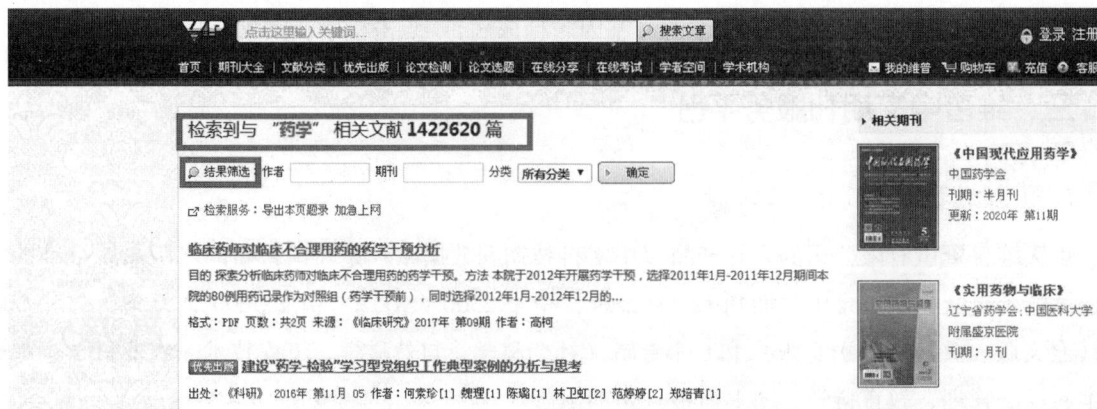

图7-82　检索结果

（5）单篇文章详细信息浏览　在检索结果展示区，提供了文章的标题、摘要、作者、刊名、出版日期等信息供浏览。如果想浏览更详细的文章信息或者下载全文，可点击"下载全文 PDF"或"在线阅读"按钮。也可点击文章标题，进一步阅读或下载全文。

单篇文章的详细信息展示页面上，除了有文章的基本信息（文章标题、作者及所在机构、文章所属期刊、摘要）以外，还提供了分类、关键词、出处和收录，展示了引文网络和相关文献。

2. 高级检索

（1）检索界面　登录维普网首页，在检索框右边，通过点击"高级检索"，即可进入高级检索页面，如图 7 - 83 所示。高级检索提供了向导式检索和检索式检索，如图 7 - 84 所示。

图 7 - 83　维普高级检索入口

图 7 - 84　维普高级检索界面

（2）向导式检索　提供分栏式检索词输入方法。除可选择逻辑运算、检索项、匹配度外，还可以进行相应字段扩展信息的限定，最大程度地提高"检准率"。检索操作严格按照由上到下的顺序进行，可根据检索需求进行检索字段的选择。

同义词扩展功能：输入检索词，点击"同义词扩展"按钮可查看同义词，比如输入"药学服务"，即可检索出药学服务的中英文同义词，点击确定后进行检索以扩大搜索范围，如图 7 - 85 所示。

（3）检索式检索　可在检索框中直接输入逻辑运算符、字段标识等，并对相关检索条件进行限制后点"检索"按钮即可。检索式输入有错时检索后会返回"查询表达式语法错误"的提示，看见此提示后请使用浏览器的【后退】按钮返回检索界面重新输入正确的检索表达式。

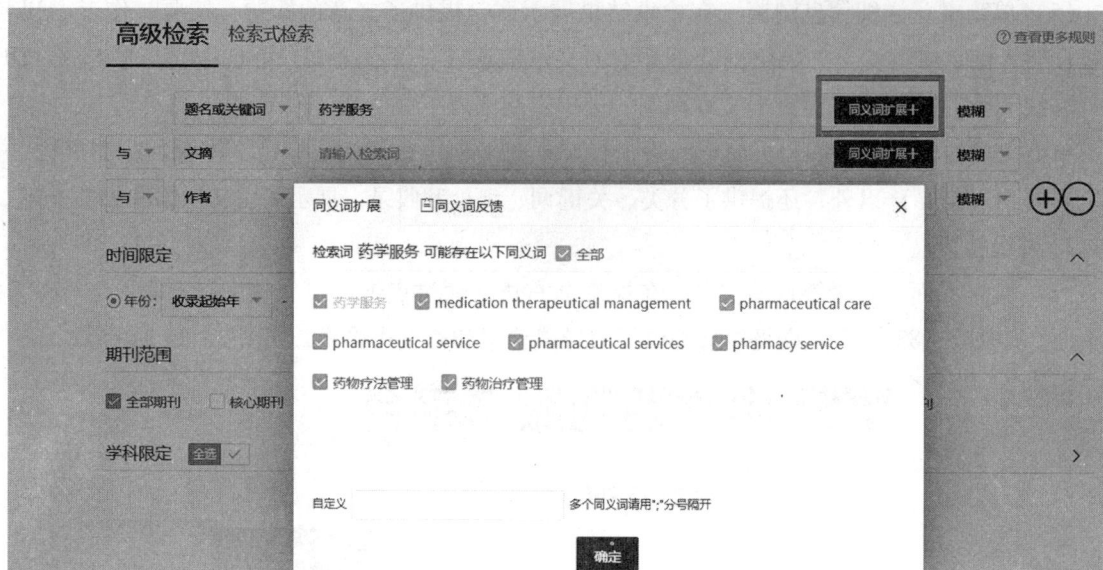

图 7-85　同义词扩展结果

（三）检索示例

检索 2010 年以来有关萎缩性胃炎胃镜诊断的相关文献。

方法一：使用简单检索，检索词："萎缩性胃炎""胃镜"。

①进入简单一框式检索界面。

②根据课题需求，限定检索时间"2010 年至 2020 年"。

③选择检索入口"题名或关键词"，输入"萎缩性胃炎"。

④点击检索按钮。

⑤选择二次检索入口"关键词"，输入"胃镜"，点击"在结果中检索"按钮。

方法二：使用高级检索。

①进入高级检索界面。

②选择检索入口"题名或关键词"，输入"萎缩性胃炎"。

③选择检索入口"关键词"，输入"胃镜"，选择"与"。

④根据课题需求，限定检索时间"2010 年 - 2020 年"。

⑤点击检索按钮即可显示检索结果。

四、中国生物医学文献服务系统

（一）数据库简介

中国生物医学文献服务系统 SinoMed，由中国医学科学院医学信息研究所/图书馆研制，2008年首次上线服务，整合了中国生物医学文献数据库（CBM）、中国医学科普文献数据库（CPM）、西文生物医学文献数据库（WBM：收录世界各国出版的重要生物医学期刊文献题录 2900 余万篇，其中协和馆藏期刊 6300 余种，免费期刊 2600 余种；年代跨度大，部分期刊可回溯至创刊年，全面体现协和医学院图书馆悠久丰厚的历史馆藏）、北京协和医学院博硕学位论文库（PUMCD：收录 1981 年以来北京协和医学院培养的博士、硕士学位论文全文，涉及医学、药学各专业领域及其他相关专业，内容前沿丰富）等多种资源，是集文献检索、引文检索、开放获取、原文传递及个性化服务于一体的生物医学中外文整合文献服务系统。中国医学科普文献数据库（CPM）收录1989年以来近百种国内出版的医学科普期刊，文献总量达43万余篇，重点突显养生保健、心理健康、生殖健康、运动健身、医学美容、婚姻家庭、食品营养等与医学健康有关的内容。本章节重点介绍中国生物医学文献数据库（CBM）。

CBM收录1978年至今国内出版的生物医学学术期刊2900余种，其中2019年在版期刊1890余种，文献题录总量1080余万篇。CBM收录题录年增长量约40万条，每月更新。学科覆盖范围涉及基础医学、临床医学、预防医学、药学中医学及中药学等生物医学的各个领域。CBM是国内目前收录中文生物医学期刊最全的题录型数据库。

CBM全部题录均根据美国国立医学图书馆最新版《医学主题词表》、中国中医研究院中医药信息研究所《中国中医药学主题词表》以及《中国图书馆分类法医学专业分类表》进行主题标引和分类标引。同时对作者、作者机构、发表期刊、所涉基金等进行规范化加工处理；2019年起，新增标识2015年以来发表文献的通讯作者，全面整合中文DOI（数字对象唯一标识符）链接信息，以更好地支持文献发现与全文在线获取。CBM特点如下。

1. 兼容性好　与Pubmed检索系统具有良好的兼容性。

2. 词表辅助检索功能　检索系统具有多种词表辅助检索功能，附有主题词表、中英文主词轮排表、分类表、期刊表、索引词表、作者表等多种词表，且有丰富的注释信息。

3. 检索入口多　除30多个检索入口外，还提供特色的主题词检索、分类检索、第一著者索引、文献类型、资助项目和参考文献等检索方式，尤其是主题词和副主题词检索功能将有效地提高查准率和查全率。

4. 检索功能完备　定题检索、限定检索、截词检索、通配符检索，各种逻辑组配检索功能可提高检索效率。

5. 全文获取　目前CBM已经实现了与维普全文数据库的链接功能，对于1989年以来的全文资料，可以直接链接到维普全文数据库。

（二）检索途径和方法

1. 检索界面　网址为http://www.sinomed.ac.cn，点击进入SinoMed首页，点击文献检索，默认进入CBM数据库，通过下拉键选择VBM等其他数据单库或跨库进行检索。也可直接通过网址http://old.sinomed.ac.cn/zh/进入CBM检索页面进行检索，如图7-86所示。

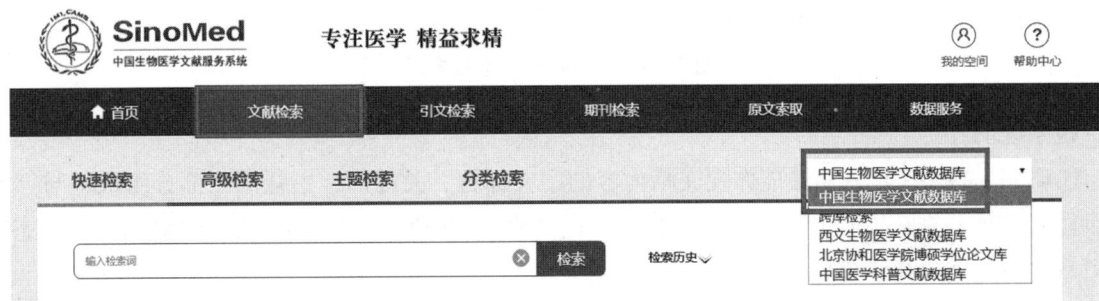

图7-86　CBM数据库检索页面

2. 检索方法

（1）**快速检索**　在检索框中直接输入检索词或检索式，点击"检索"按钮，系统自动进行全字段的智能检索。

检索说明：

①只要检索词在某记录的任何一个字段出现，该记录即为命中结果。如输入"艾滋病"，点击"检索"按钮，系统自动检出在全部字段中含"艾滋病"和"获得性免疫缺陷综合征"的所有文献。

②智能检索不支持逻辑组配检索的多个检索词，但可以使用布尔运算符（（AND，OR，NOT））组配检索式。

③输入多个检索词时，词间用空格分隔，默认为"AND"逻辑组配关系。

④检索索词含有特殊符号时（（如带有括号、连字符等）），须用英文半角双引号标识。

⑤支持单字通配符（?）和任意通配符（%）检索，通配符的位置可以置首、置中或置尾。如：胃?癌、肝%疫苗、%PCR。

（2）高级检索　多个检索词之间的逻辑组配检索，方便构建复杂检索表达式，如图7-87所示。

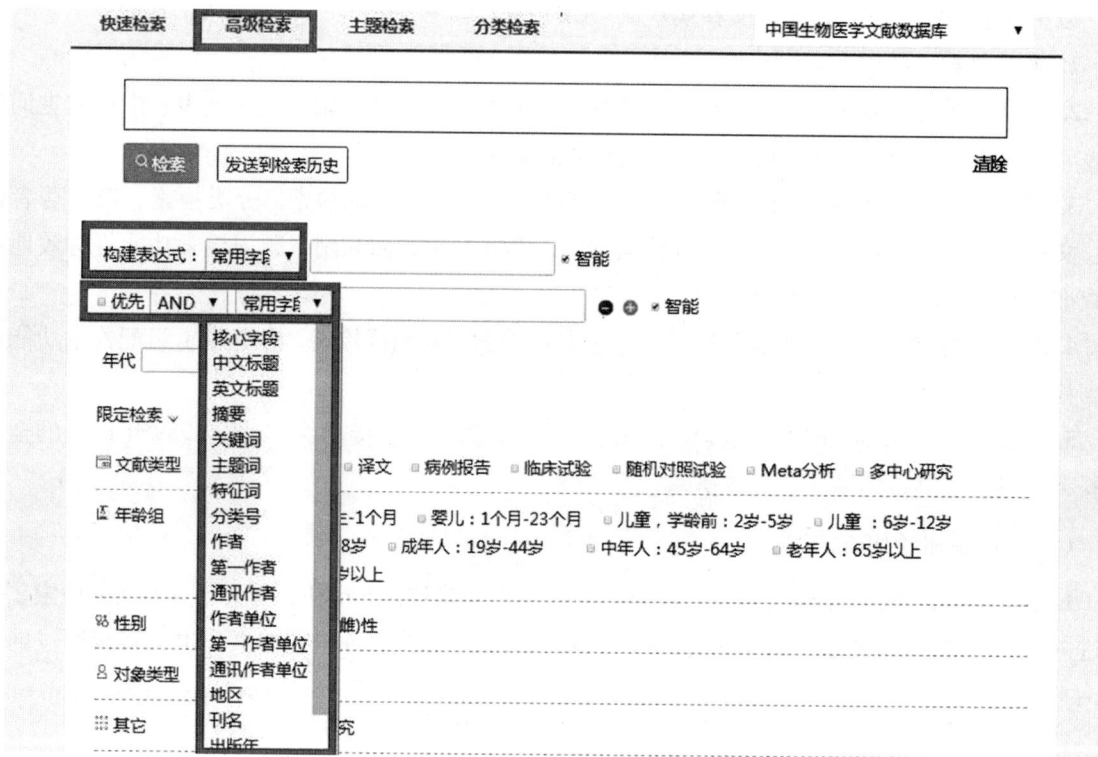

图7-87　CBM高级检索界面

检索说明：

①CBM-核心字段：由最能体现文献内容的中文标题、关键词、主题词三部分组成，与"常用字段"相比，剔除了"摘要"项，以进一步提高检索准确度。检索表达式实时显示编辑状态以及可直接发送至"检索历史"。

②构建检索表达式每次可允许输入多个检索词功能。

③扩展CBM检索项，新增"核心字段"检索及通讯作者/通讯作者单位检索。

④在中文资源库中，针对作者、作者单位、刊名、基金检索项增加智能提示功能，西文库中增加刊名智能提示功能。

⑤字段选择：CBM 数据库中的常用字段是指中文标题、摘要、关键词、主题词。同时检索（（组合））下拉列表中可设置的字段包括全部字段、中文标题、英文标题、摘要、关键词、主题词、特征词、分类号、作者、第一作者、作者单位、国省市名、刊名、出版年、期、ISSN、基金。可单独选择进行字段限制检索。

⑥智能检索：自动实现检索词及其同义词（（含主题词））的同步扩展检索。

⑥限定检索：限定检索表示对检索式加以条件限制。系统将部分常用检索条件整合到一起供用户使用来提高检索效率。可以限定的条件包括文献的年代、文献类型、年龄组、性别、研究对象等。

⑦检索条件按内容划分为若干组，组内关系为"OR"，组间关系为"AND"。注意，限定条件一旦设定，在取消前一直处于激活状态。

⑧检索史：最多允许保存200条检索表达式，可从中选择一个或多个检索表达式用恰当的逻辑运算符组成检索策略。检索策略可以保存到"我的空间"。检索历史记录了整个课题的检索过程。每次的检索步骤都被记录在"检索历史"中，包括检索式序号、命中文献数、检索表达式和检索时间。检索历史界面按照时间顺序从上到下依次显示检索式，最新的检索式列在前面。重新检索时可从中选择一个或多个检索式用逻辑运算符 AND、OR 或 NOT 组配。如：1 and 3。

⑨精确检索：是检索结果等同于检索词的一种检索，适用于关键词、主题词、作者、刊名等字段。如王丽［作者］。

（3）主题检索　是基于主题概念检索文献，支持多个主题词同时检索，有利于提高查全率和查准率。通过选择合适的副主题词、设置是否加权（即加权检索）、是否扩展（即扩展检索），可使检索结果更符合需求。输入检索词后，系统将在《医学主题词表（MeSH)》中文译本及《中国中医药学主题词表》中查找对应的中文主题词。也可通过"主题导航"，浏览主题词树查找需要的主题词。

主题检索包括主题词表检索和主题导航检索，如图 7 - 88 所示。

图 7 - 88　主题检索界面

检索说明：

①扩展检索：表示对当前主题词及其所有下位主题词进行检索。通过主题树可以了解该主题词所处的具体位置。系统默认状态为扩展检索。如"消化系统硬化"的下位主题词包括"肝硬化，酒精性""肝硬化，胆汁性""肝硬化，实肝硬化性"等，选择"扩展检索"可同时将下位主题词相关文献全部检出。

②不扩展检索：表示仅对选定的主题词进行检索，而不检索其下位主题词。

③加权检索：即主要概念主题词检索。一篇文章可能论述了多个主题，其中最能反映文章主要内容的主题词称之为主要概念主题词，其表现形式是主题前带有"＊"号。进行主题词加权检索时，只在记录的主题词字段中的主要概念主题词中查找。默认状态为非加权检索。

④副主题词列表：列出了可与当前主题词组配的所有副主题词及其注释。副主题词扩展检索对该主题词及其下位词进行检索，非扩展检索则仅限于当前副主题词的检索。如副主题词"病因学"的下位词包括化学诱导、并发症（继发性）、先天性、胚胎学、遗传学、免疫学、微生物学（病毒学）寄生虫学、传播、中医病机。

（4）分类检索　是从文献所属的学科角度进行查找，支持多个类目同时检索，能提高族性检索效果。可用类名查找或分类导航定位具体类目，通过选择是否扩展、是否复分，使检索结果更符合需求。分类检索方式适用于对某一课题做比全的文献收集或对所需文献的学科分类体系比较熟的情况，如图7-89所示，CBM数据库的分类表以《中国图书馆分类法·医学专业分类表》为依据，部分类目根据使用《中国图书馆分类法》（第4版）进行了复分。

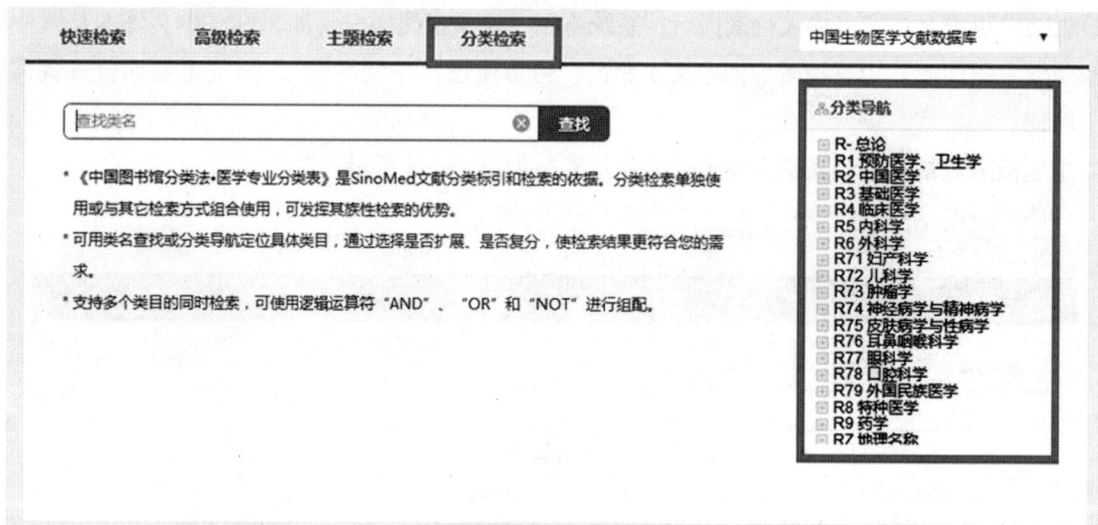

图7-89　分类检索页面

如在CBM的"分类检索"中查找"肺肿瘤的药物疗法"方面的文献。

第一步：在CBM分类检索页面的检索框中输入"肺肿瘤"后点击"查找"，在列出的所有分类名中查找"肺肿瘤"，点击分类名"肺肿瘤"。

第二步：在分类词注释详细页面，显示了该分类可组配的复分号、详细解释和所在的树形结构。可以根据检索需要，选择是否"扩展检索"。

"肺肿瘤的药物疗法"应选择复分号"药物疗法、化学疗法"，"添加"后"发送到检索框"，再点击"检索"按钮，即可检索出"肺肿瘤的药物疗法"方面的文献。

检索说明：

①对分类系统不熟悉可以通过导航系统，逐层查找合适的类目。

②分类词表辅助检索中，也可执行"扩展"检索，表示对该类号及其下位类号进行查找，"不扩展"表示仅对该类号检索。

（三）检索示例

利用 CBM 数据库查找有关心肌炎药物治疗方面的文献。

对检索题目进行分析，本题核心概念为"心肌炎""药物治疗"。

方法一：选择主题检索，组配相应的副主题词。

（1）点击主题检索按钮，进入主题检索界面。

（2）选择检索入口"中文主题词"，输入检索词"心肌炎"，点击"查找"，进入相关主题词列表界面。

（3）在列表中选择恰当的主题词，进入主题词注释及检索界面。

（4）根主题词注释及树状结构表，选择扩展检索"全部树"（默认），不选择"加权检索"；在副主题词表中选择"药物治疗""中药疗法""中医药疗法"，点击"主题检索"按钮，返回检索结果显示页面。

（5）根题目要求，选择合适的记录，点击"结果输出"按钮，下载保存检索结果。

方法二：选择分类检索，类号＋复分号。

（1）点击分类检索按钮，进入分类检索界面。

（2）选择检索入口"类名"，输入检索词"心肌炎"，点击"查找"，进入相关类目列表界面。

（3）在列表中选择恰当的类目（（心肌炎 R542.21）），进入复分号选择界面。

（4）根据类目下所列的复分表，选择复分号"03（（药物疗法、化学疗法））"，"0531（（中药疗法））"，点击"分类检索"按钮，返回检索结果显示页面。

（5）根据题目要求，筛选合适的记录，点击"结果输出"按钮，下载保存检索结果。

▶ 知识拓展

百度学术搜索

百度学术搜索是百度旗下的提供海量中英文文献检索的学术资源搜索平台，2014年6月初上线，网址为 https://xueshu.baidu.com。涵盖了各类学术期刊、会议论文，旨在为国内外学者提供最好的科研体验。百度学术搜索可检索到收费和免费的学术论文，并可通过时间筛选、标题、关键字、摘要、作者、出版物、文献类型、被引用次数等细化指标提高检索的精准性。百度学术搜索频道还是一个无广告的频道，页面简洁大方保持了百度搜索一贯的简单风格。在百度搜索页面下，会针对用户搜索的学术内容，呈现出百度学术搜索提供的合适结果。用户可以选择查看学术论文的详细信息，也可以选择跳转至百度学术搜索页面查看更多相关论文，供用户自由选择。在百度学术搜索中，用户还可以选择将搜索结果按照"相关性""被引频次""发表时间"三个维度分别排序，以满足用户的不同需求。

第三节　常用国外医药文献数据库

一、SCI 科学引文数据库

（一）WOS 概述

1955 年 Eugene Garfield 博士在 Science 上发表了一篇文章，首先提出了将引文索引应用于科研检索，随后他创建了美国科技信息研究所（Institute for Scientific Information，ISI），并在 1963 年出版了科学引文索引（Science Citation Index，SCI），之后又出版了社会科学引文索引（Social Sciences Citation Index，SSCI），艺术与人文引文索引（Arts & Humanities Citation Index，A & HCI）等。

WOS（Web of Science）是基于 ISI Web of Knowledge（WOK）平台的综合性文摘索引数据库，其核心合集有 8 个子数据库组成，即 3 个引文数据库、2 个会议论文引文子数据库和 2 个化学数据库。收录来自各个研究领域的数千种学术期刊及会议录上的文献信息。目前，Web of science 核心合集包括以下数据库。

（1）Science Citation Index Expanded（SCI – EXPANDED，科学引文索引）　收录年限范围是 1900 年至今。该数据库收录 6800 种科技期刊的文献信息，涉及 150 个学科，每篇论文都有参考文献信息，1991 年以来的论文还提供作者、摘要等。涉及的主要学科包括数学、物理、化学、生命科学与技术、医学、天文学、药理学、植物学、计算机科学、环境、材料科学、农业、兽医学、动物学等。

（2）Social Sciences Citation Index（SSCI，社会科学引文索引）　收录年限范围是 1900 年至今。收录 1800 多种社会科学期刊的文献信息，1992 年以来的论文提供作者、摘要等，还选择性地收录了 3300 种科技期刊中有关社会科学的研究论文。涉及的主要学科有人类学、商业、经济学、教育、语言学哲学、心理学、历史、图书馆学和信息科学、法律、社会学、城市规划以及妇女研究等学科。

（3）Arts & Humanities Citation Index（A & HCI，艺术人文索引）　收录年限范围为 1975 年至今。收录 1100 多种艺术与人文科学期刊的文献信息，2000 年以来的文献提供作者、摘要等，选择性地收录 6800 种自然和社会科学期刊中有关艺术与人文科学的研究论文。涉及的学科有考古学、建筑、艺术、亚洲研究、电影广播电视、民俗、历史、哲学、语言、语言学、文学评论、文学、音乐、哲学、诗歌、宗教、戏曲等。

（4）Conference ProceedingsCitationIndex（CPCI，会议论文引文）　包括 Conference Proceedings Citation Index – Science（CPCI – S，科学会议论文引文索引）和 Conference Proceedings Citation Index – Social Science &Humanities（CPCI – SSH，社会人文科学会议论文引文索引）两个子库，收录年限范围为 1990 年至今，共收录 1.2 万余会议文献，数据每周更新，年新记录 8.5 万条，会议文献类型包括图书、期刊科技报告、出版商或学会出版的联系出版物、预印本、国际会议录等。

（5）Current Chemical Reactions（CCR – EXPANDED，化学反应事实数据）　包括 Institut National dela Propriete Industrielle 化学结构性数据，可回溯至 1840 年，收录一步或多步反应的新方

法，数据源自重要期刊和 39 个专利授权机构的专利，每一步反应都提供精确的反应式及反应详细信息，收录了超过 100 万个反应，每月新增反应 3000 个左右。

（6）IndexChemicus（IC，化学物质事实性数据）　目前收录有 1993 年至今的 260 万个化合物，包含重要国际期刊中报道的新有机化合物结构及重要相关数据，许多记录具有从原料到终产物的全过程，是关于生物活性物质和天然产物新信息的重要来源。

（7）Emerging Sources Citation Index（ESCI）　收录年限范围为 2015 年至今，2015 年 1 月 Thomson Reuters 推出了 Emerging Sources Citation Index（ESCI）数据库，这是在之前的科学引文索引（SCIE）、社会科学引文索引（SSCI）和艺术与人文引文索引（AHCI）的引文索引基础上，纳入的新兴科学领域中高品质、经同行查审、重要的期刊。Emerging Sources Citation Index 主要定位于有"活力和潜力"，且在学术界已产生"地区"影响力的期刊，新兴资源索引（ESCI）收录的期刊已经通过了初始的期刊评价，在未来仍有机会被收录进 Web of Science 核心合集数据库，所有进入 ESCI 的期刊，可以按照全文、引用、学科分类索引和所有作者及地址等方式进行索引。数据检索年代依据各图书馆定购情况而定，数据除了核心合集以外还包括其他一些数据库，如 KCI 韩国期刊数据库，对 KCI 所包含的多学科期刊中的文章提供访问。KCI 由韩国国家研究基金会（National Research foundation of Korea）管理，包含了在韩国出版的学术文献的题录信息。

（8）MEDLINE　美国 National Library of Medicine（美国国家医学图书馆，NLM）的主要生命科学数据库，探索生物医学与生命科学、生物工程学、公共卫生、临床护理以及植物和动物科学，使用 MesH 词表和 CAS 注册号进行精确检索，链接到 NCBI 数据库与 PubMed，相关论文文献可回溯到 1950 年。

（9）Russian Science Citation Index　数据库中包含的优质出版物是由俄罗斯最大的科研信息提供方 Scientific Electronic Library 精心遴选的。Scientific Electronic Library Online Citation Index 可以访问 1997 年至今的数据资源，收录拉丁美洲、葡萄牙、西班牙及南非等国在自然科学、社会科学、艺术和人文领域的前沿公开访问期刊中发表的权威学术文献。

（二）检索方法

1. Web of Science 检索平台　Web of Science 是一个综合的数据库系统服务平台，具体以各单位订购为准。检索界面如图 7 - 90 所示。

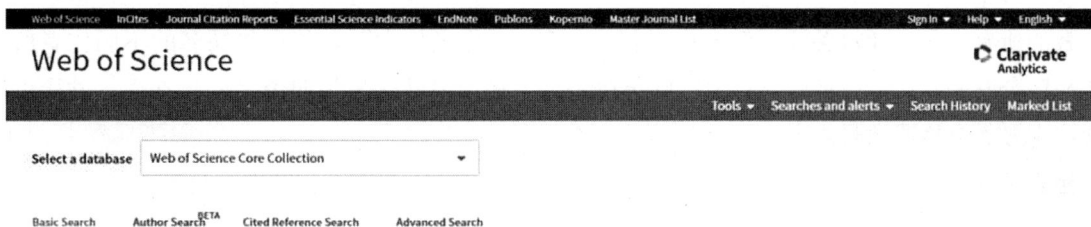

图 7 - 90　Web of Science 检索界面

2. 检索方式

（1）基本检索　即利用主题、标题、作者、出版物名称等字段组配检索，这种检索方式适用于检索特定的研究主题、某个作者或机构发表的文献、特定期刊特定年代发表的文献等。Web of Science 数据库的默认检索界面为基本检索，在此界面可按如下步骤进行检索。

1）选择检索途径　可供选择的字段包括 Topic（主题）、Title（标题）、Author（作者）、

Group Author（团体作者）、Editor（编者）、Publication Name（出版物名称）、Year Published（出版年）、Address（地址）、Conference（会议）、Language（语种）和 Grant Number（授权号）等。如选择主题途径，是指在文献的题名、摘要和关键词中检索。

2）输入检索词　确定检索字段后，在检索词输入框中输入单个检索词或由逻辑运算符连接多个检索词构成的检索表达式。如要检索"SARS 诊断试剂方面"的相关文献，可使用检索式"SARS AND diagnostic agent"进行检索。查找有关"帕金森病基因治疗方面"的英文文献可在检索提问框中输入"Parkinson"、"Disease" AND "Gene Therapy"。出版物名称检索时要求使用期刊的全称，此时可结合其他字段进行组配检索，如输入 Cancer * OR Journal of Cancer Research 可查找发表在《Journal of Cancer Research》或《Cancer》或《Cancer Letters》杂志上的文章。

3）确定检索时间范围　默认为 All Years，或直接输入时间范围。这里，需要注意的是作者、地址字段的输入方法。

作者字段的输入方法：国内作者，姓的全拼＋空格＋名的拼音首字母；国外作者，姓的全拼＋空格＋名的首字母。如检索汪和平教授论文收录情况，在作者字段对应的检索框中可输入：WANG HP（姓、名之间有空格）。如要检索钟世镇院士（Zhong Shi－zhen）发表的文章被 SCI 收录情况，可输入"ZHONG S *"。多个作者检索时可用 AND 或 OR 连接，如"O' BRIAN C * OR OBRIAN C *"。利用通配符检索对于查找国内作者发表的文献特别有用，如要检索姚开泰院士（YAO Kai－tai）的论文是否被 SCI 收录，可考虑使用"YAOK"进行检索以防遗漏。团体作者检索同人名作者，只不过团体名称使用简称，如 WHO、NHH。

地址字段的输入方法：选用地址字段时，要注意查看缩写列表，并优先选用。机构名称经常使用缩写，例如 university 用 univ，college 用 col，hospital 用 hosp。如检索东北师范大学的论文收录情况。首先，写出对应的英文：Northeast Normal University 然后，查看缩写列表，Northeast 的缩写为 Ne，University 的缩写为 Uni。最后，列出检索式：地址 Ne Nor Univ OR Northeast Nor Univ。为提高文献的查全率，也要注意机构名的不同表达方式。例如检索 University of California－LosAngeles 的学者发表的文献，可以在地址检索提问框内输入"UCLA OR Univ CalifLos Angeles"，检索时可用 SAME 连接机构及地点，如"南方医科大学生物化学教研室"，可输入"South Med Univ SAME Dept Biochemistry"。

（2）作者检索　使用"作者检索"（Author Search）功能，可以简单方便地确认并检索出特定作者的所有作品。通过关注了解的作者相关信息，"作者检索"功能可将同名的不同作者所著的作品区分开来。作者姓名的形式为：姓氏在先，名字首字母（最多四个字母）在后。姓氏可以包含连字号、空格或撇号。

检索步骤：

①在"姓氏"字段中输入作者的姓氏。

②在"姓名首字母"字段输入作者姓名中的最多 4 个首字母。单击"添加作者姓名的不同拼写形式"显示另一行的"姓氏"和"姓名首字母"字段。此功能允许检索作者姓名的多个不同拼写形式。可以检索作者姓名的最多 5 种不同拼写形式。系统查找所有记录，其中包含该作者以其姓名的这两种不同拼写形式发表的论文。

③选中"仅限精确匹配"复选框。此步骤为可选操作。此功能将检索限定为与所输入的内容完全匹配的作者姓名。

④界面中"选择研究领域"按钮为可选操作，单击"完成检索"按钮直接转至"检索结果"

页面。

⑤界面中"选择组织"按钮为可选操作，单击"完成检索"按钮直接转至"检索结果"页面。

（3）被引参考文献检索 是从被引用文献查到引用文献的过程，即用发表文章的参考文献作为检索点进行检索，主要用于查找作者论文的被引用情况，揭示文献之间引用与被引用的关系，进一步揭示与研究相关的文献信息。这是该检索系统特有的检索方式，将一篇文献作为检索对象，直接检索引用该文献的文献，特别适用于检索一篇文献或一个课题的发展，并了解和掌握研究思路。在利用该种检索方式时，一定要注意查看"被引著作"字段提供的"期刊缩写列表"。在检索结果的基础上，可进一步查看"引证关系图"，了解该文献引证与被引证情况，从而追踪课题的发展。被引参考文献检索界面提供的可检索字段主要有：①Cited Author（被引作者），输入格式为第一作者的姓（不超过 5 个字符）＋空格＋名的首字母（不超过 3 个字符）。②Cited Work（被引著作），著作的标题，输入著作标题缩写的部分字符（不超过 20 个）。输入框下方点击期刊缩写列表可显示 ISI 来源期刊的缩写形式。③Cited Year（被引年份）即该被引用文献的发表年代。另外，被引参考文献检索界面还可以进行被引卷、期刊和标题检索。

被引作者检索是输入被引作者的姓名来进行检索，可参看被引作者索引（Cited author index），被引作者的输入规则与作者检索的输入相同。检索结果显示的为简单记录格式，包括论文被引频次、被引作者、被引期刊、年代、卷、起始页码。如为图书则只有被引频次、被引作者、被引期刊和出版年代。如为专利则只有被引频次、被引作者、被引专利号和专利授权国家。点击被引频次隐含链接，可获得所有引用该论文的来源文献。也可输入期刊或图书名称进行检索，输入专利号可查专利的被引用情况。因为被检索的期刊或图书书名要求用缩略语，此时可参考被引文献索引或 ISI 期刊简称一览表如果对刊名的缩写和全称无把握时，可用截词符，如 brit ∗ j ∗ ophthalmol ∗、Chinese J Med。还可输入被引论文的出版年代，如 2003 也可输入某一时期发表论文的时间跨度 2002 – 2003 年，这样就可检索该时间段内所有文章的被引用情况。

（4）高级检索 指使用字段标识、运算符来创建检索式，只适用于经验用户。Web of Science 中的高级检索只限于来源文献检索，不用于引文检索。高级检索在检索表达式中可以使用字段标识符、逻辑运算符、括号、截词符等。高级检索界面利用字段标识符、检索词和运算符构建复杂的检索式时，不能在一个检索式中混合使用字段标识符。高级检索界面可使用的检索字段包括 TS ＝主题、TI ＝标题、AU ＝作者、GP ＝团体作者、SO ＝出版物名称、PY ＝出版年、AD ＝作者地址、OG ＝组织扩展、SG ＝下属组织、SA ＝街道地址、CI ＝城市、PS ＝省/州、CU ＝国家/地区和 ZP ＝邮政编码等。可使用的运算符包括 AND、OR、NOT、SAME 和 NEAR。

高级检索页面的下方列出了检索历史。对于复杂的课题，可在检索提问框中一次性输入复合检索式，也可以先分步检索，然后通过检索式序号进行逻辑组配。

3. 检索结果

（1）检索结果显示

1）排序方式 可将检索结果按照出版日期、被引频次、第一作者、来源出版物名称、会议标题等升序或降序排列。每页显示记录数：默认每页显示 10 条记录，还有 25 条或 50 条记录可供选择。

2）全记录显示格式 点击单篇论文标题，获得记录的详细内容。SCI – EXPANDED 单篇文献的全记录显示内容如下。①文章标题：非英文文献翻译成英文；②所有作者姓名：第一个列出的作者是通讯作者，如果期刊提供通讯作者，通常还提供电子邮箱地址；③被引用频次：点击可显示引用该篇文献的一组相关文献；④引用的参考文献：点击可显示该篇文献的参考文献；⑤英文摘要：不收录非英文摘要；⑥关键词：为作者提供的关键词；⑦附加关键词：来自被引参考文献的标题，不是所有文章都有附加关键词；⑧作者地址：所有作者地址都被收录，并可进行查询；⑨此外，还有出版商、学科分类、ISSN 等内容。

（2）精炼检索结果　在检索结果界面可选择多种方式对检索结果进行精炼，如按照学科领域、文献类型、作者、来源刊名、出版年、会议名称、机构名称、语种和国家/地区等方式进行操作。

（3）分析检索结果　引文索引数据库不仅提供检索功能，还具备引文分析功能，可用来评价个人的科研学术成就，评价某种期刊的质量，评价某一组织机构的科研水平，评价某一学科的发展状况和趋势等。在检出文献的基础上，可从多个角度对文献进行分析，检索结果可按照作者、国家/地区、文献类型、机构名称、语种、出版年、来源出版物名称等对检索结果进行分析，在分析结果列表界面可对分析结果进行保存。

（4）检索结果输出　选择输出记录范围，可勾选记录前的复选框，将切题文献做标记。也可以选择列表中的所有记录，或页面上的所有记录，或某一范围内的记录。然后选择输出方式，系统输出主要有将所选记录打印、通过电子邮件发送所选记录、将所选记录添加到标记结果列表、将所选记录保存到 Endnote online 等多种方式。

（三）检索示例

利用 Advanced Search 检索有关"肝癌的基因芯片"的文献。

方法一：分别检索"基因芯片"和"肝癌"的文献，再进行逻辑组配。

#1 TS. ＝（microarray * OR gene chip *）

#2 TS. ＝（liver * OR hepatocellular）SAME（cancer * OR carcinoma * OR neoplasm *）

#3 TS. ＝ hepatoma *

#4 #1 and（#2 OR #3）

方法二：一次性输入检索词和逻辑运算符。

TS ＝（microarray * OR genechip *）ANDTS ＝（（（liver * OR hepatocellular）SAME（cancer * OR carcinoma * OR neoplasm *））OR hepatoma *）

本例中，因肝癌有多种表达方式，为避免漏检，使用了同义词和位置符号 SAME（表示检索词出现在同个句子中）。该检索系统对高级检索中检索表达式的书写有一定要求，只有那些熟练运用逻辑运算符和字段标识符的检索者才能获得满意的检索结果。

二、PubMed 医学数据库查询系统

（一）数据库简介

1. Pubmed 概况　Pubmed 由美国国立医学图书馆（National Library of Medicine，NLM 下设的国家生物技术信息中心（National Center for Biotechnology Information，NCBI）研制开发，免费向全球开放的基于网络的生物医学信息检索系统，也是国际公认的最具权威、使用最广泛、影响最大的生命科学领域文摘数据库。

Pubmed 检索系统的数据以 MEDLINE 数据库为核心来源，加之免费向用户开放，因此又被称为网络免费版 MEDLINE。作为 NCBI 平台上生物医学信息检索资源的重要组成部分，Pubmed 提供了丰富的链接，可方便地切换到 NCBI 平台及美国国立医学图书馆（NLM）的其他数据库。此外，Pubmed 所收录期刊的出版商同时参与了该库数据的在线提交，较大程度提升了文献信息报道和更新的效率，用户检索到文献线索后还可通过出版商/数据商网站上的全文链接成本地图书馆馆藏资源等第三方链接获取全文及相关信息。由于 PubMed 具备期刊收录范围广泛、内容覆盖全面、免费开放检索、数据更新速度快、检索体系完备、检途径多样、使用方便快捷、外部链接丰富等特点，该库已成为当下全球生物医学领域研究者检索生物医学息的首选工具。

2. Pubmed 收录范围及内容 Pubmed 收录的文献包括生物医学及健康领城的多个学科，涉及世界范围内近 60 个语种的 5200 余种期刊及部分在线图书的摘要信息。Pubmed 现有记录超过 2800 万条（至 2018 年 5 月）可回溯至 20 世纪 40 年代。Pubmed 收录的文献主要来源于以下三个数据库子集。

（1）MEDLINE Pubmed 的主要数据来源，是 20 世纪 70 年代美国国立医学图书馆（NLM）推出的世界权威的生物医学数据库，也是 NLM 最大的书目数据库。其前身为 NLM 创建的 MED-LARS 系统，其后进一步实现了联机检索，发展为 MEDLINE（MEDLARS online）。该库目前收录了 1940 年至今的 5632 种期刊，其中近一半是美国期刊（截至 2017 年 6 月），MEDLINE 数据库最大的特色即所有记录均按照医学主题词表（MeSH）进行了 MeSH 主题词（MeSH terms）的标引加工处理，从而有效地保障了文献检索的查全率和查准率。该部分数据每条记录的 PMID 后均带有 Pubmed – indexed for MEDLIN 的标识。

MEDLINE 数据库通常被整合在不同类型的数据库平台上，便于实现跨库检索。常见的有：WebSPIRS 系统的 MEDLINE、Ovid 系统的 MEDLINE、Web of Science – MEDLINE、EBSCO – MED-LINE 等。

（2）In Process Citations 指由正在加工处理的文献记录组成的临时数据库，通常被标识为 Pubmed – in process。收录了尚未经过 NeSH 主题词引的期刊文献题录及摘要信息。由于该库每天都在不断地增加新纪录数据，加工完毕会自动转入 MEDLINE 数据库中，有效地缩短了文献报道的时差，因此也被称为 MEDLINE 的前期数据库（PreMEDLINE）

（3）Publisher Supplied Citation 即由数据出版商直接向 PubMed 发送的电子文献记录，通常带有 Pubmed as supplied by publisher 的标识。这些文献包括两种来源。①MEDLINE 收录范围的文献：PubMed 每天（周二至周六）会接收大量的电子文献，大多数会自动转入 Process Citations 中换上 Pubmed in proces 标识并赋予一个 MEDLINE 的数据识别号 UI，待标引完毕转入到 MEDLINE 中；②部分记录所在刊物因不属于 MEDLINE 收录（如一科学中的生物医学文献和化学志中的生命科学文献等），会被继续保留在 PubMed，因此其记录状态会不变或仅标注为 PubMed，这部分记录只有 PubMed 数据识别号 PMID 而没有 MEDLINE UI；③为加快文献报道速度，出版商会通过 Pubmed 在线平台优先发布印刷版文献的电子版题录标注为 Epubabead of print.，并提供每篇文献的 DOI（数字对象唯一标识符）及全文链接地址信息。

3. Pubmed 常用检索字段 PubMed 数据库的文献由 80 多个字段组成，其中可检索的字段有 43 个，表 7–6 列出了常用检索字段的标识符（Tags）、字段名称及含义。

表 7-6 PubMed 常用检索字段

字段名称	字段标识	字段含义
Affiliation	[AD]	第一著者单位及通讯地址
All Fields	[ALL]	全部字段
Auther	[AU]	著者姓名
Auther – Corporate	[CN]	合作者或团体著者
Author – First	[1AU]	第一作者
Author – Full	[FAU]	著者全称
Author – Identifier	[AUID]	由出版商提供的作者识别码
Author – Last	[LASTAU]	排名最后的作者
Date Completion	[DCOM]	文献完成时间
DateEntrez	[EDAT]	文献被 PubMed 收录的日期
Date Publication	[DP]	文献的出版日期
EC/RN Number	[RN]	美国 FDA 物质登记系统唯一识别码，或国际酶学委员会给予特定酶的编号，或化学物质的 CAS 登记号
Filter	[LILTER]	链接外部资源站点所使用的限定文献的技术标识
Issue	[IP]	期刊的出版刊号
Journal	[TA]	期刊搜索，包括期刊的标题缩写或 ISSN 编号等信息
Language	[LA]	语种
Location ID	[LID]	定位网页文献的编号，包括 DIO 或出版商 ID 号
MeSH Major Topic	[MAJR]	主要 MeSH 主题词，在主题词后面加 " * " 作为标识
MeSH Subheadings	[SH]	MeSH 副主题词
MeSH Terms	[MH]	MeSH 主题词
Pagination	[PG]	文献在期刊中的起始页码
Publication Type	[PT]	文献类型
Supplementary Concept	[NM]	补充概念，包括化学物质、实验报告、疾病术语等
Text Words	[TW]	文本词，来自标题、摘要、主题词、出版类型等
Title	[TI]	文献题名
Title/Abstract	[TIAB]	文献题名/摘要
Volume	[VI]	期刊卷号
UID（Unique Identifier）	[PMID]	PubMed 文献的唯一识别码

（二）PubMed 检索途径及方法

1. 检索途径 PubMed 可以通过以下几个地址打开：http://www. ncbi. nlm. nih. gov/pubmed、http://www pubmcd. com 或者 http://www. pubmed. com。其中的 ncbi、nlm、nih 分别是美国国立卫生研究院、美国国立医学图书馆、美国国国立生物技术信息中心的英文缩写。

打开 PubMed 主页大致可分为三个功能区。页面上方为检索区，除可实现 PubMed 基本检索、高级检索和帮助功能外，还可通过下拉单自由切换 NCBI 平台上包括基因库（Genes）、基因组库（Genomes）、蛋白质库（Proteins）、文献库（Literature）、健康库（Health）以及化学物质库等在内的 6 个大类的 45 个数据库，完成单个数据库检索或跨库检索。页面中部为 PubMed 的 3 个使用专栏，分别是 Using Pubmed（使用指南）、Pubmed Tools（检索工具）、More Resources（更多资源）。页面下方为 NCBI 的资源总览，包括资源更新、热门文献、讨论区及 NCBI 平台资源访问链接等。

2. 检索方法　Pubmed 的检索方法主要包括基本检索、高级检索、MSH 数据库主题词检索及专项检索。

（1）基本检索　是 Pubmed 主页默认的检索途径，也称"智能检索"，多用于完成检索条件较少等一般难度课题的检索。如图所示，界面简洁清晰，在检索框里输入有效的检索词或检索式，点击"search"按钮或回车键（Enter）系统便会执行自动词语匹配检索，并显示检索结果。基本检索的"智能"一方面体现在可自动实现词语匹配，同时完成 Mesh 主题词扩展检索和自由词检索；另一方面则体现在其智能拼写检查及词语自动提示的功能，可辅助用户规范选词，值得注意的是，系统自动词语匹配功能的匹配度并不是完全正确的，如若不及时调整，有时得到的检索结果可能是完全错误的。因此在使用过程中，用户可通过界面右侧的"Search Detail"框查看检索转换过程详情，结合实际情况重新调整检索词，完善检索式。

另外，对特定著者或期刊的检索也是一种常见的检索方式，可看成是基本检索的一种特例，下面加以简单介绍。

Pubmed 著者检索（Author Searching）：用于查找某一作者的发文情况。著者检索（author）不区分大小写，也无须添加任何标点符号，规范格式为：姓氏全称在前，名字首字母缩写在后。姓名后可添加字段限定符［AU］或［author］，也可不做限定，如输入 smith ja［au］，smith ja［author］，smith ja 均可检索出结果。2002 年及以后的文章可以用著者全名进行检索，如 Garcia Algar，Oscar［au］，姓名前后排列顺序不再限定。

Pubmed 自动执行前方一致的截词检索功能。如输入 Thomas H 系统会同时检索出 Thomas HC、Thomas HE 等所有姓氏为 Thomas、名字首字母为 H 的作者。若要关闭自动截词功能，可通过使用半角双引号的词组检索实现，如"Thomas H"［au］。

（2）期刊检索　检索某期刊发表的所有文献在 Pubmed 中的收录情况，可以采用刊名全称检索，加上字段限定符［TA］，例如，ca – a cancer journal for clinicians［TA］；也可以采用 MED-LINEA 标准刊名缩写检索，例如，CA Cancer Clin［TA］；还可以采用国际标准期刊号（ISSN）检索，例如 1542 – 4863［TA］。

如果刊名中包含了特殊字符，如连字符、括号等，检索时可以省去这些符号。如检索 j hand-surg［TA］（journal of hand surgery – american volume《手外科杂志（美国卷）》），应去除"［ ］"号，直接输入"J hand surg am"即可搜索到结果。检索中文刊名可直接输入汉语拼音检索，如中华心血管病杂志，输入"Zhonghua Xin Xue Guan Bing Za Zhi"。

（3）高级检索　适用于完成相对复杂的课题。点击基本检索框下方的 Advanced 链接即进入 PubMed 高级检索界面。该界面主要由输入显示框（Edit）、检索构建器（Builder）和检索历史（History）三部分组成。

1）输入显示框（Edit）　用于编辑或显示检索式的功能窗口。对于熟悉 Pubmed 检索方法和技巧的专业用户，为了提高检索效率，可点击检索式输入显示框左下方的"Edit"链接，进入人工编辑检索式界面，此时的检索构建器（Builder）将退出不再显示。普通用户则可通过检索构建器和检索历史分步构建检索式，最终检索式将呈现在输入显示框（Edit）中。

2）检索构建器（Builder）　可以帮助用户便利地构建检索式。检索时，可先在左侧的下拉菜单中选择适当的检索字段认为全字段，接着输入相应的检索词，如果想进一步规范所输入的检索词，还可考检索框后的"Show index list"索引表，然后再根据需要选择逻辑运算符 AND、OR、NOT 对不同行检索框里的检索词进行组配，最终点击 Search 按钮即可进入检索结果页面。检索构建器默认的输入框是两行，用户可点击检索框后的" + "号来不断增加检索框输入检索词，每添加一个检索词，输入显示框（Edit）中就会出现按照输入顺序构建的检索式，如需调整或修改检索式，可点击"Edit"编辑完成。

3）检索历史（History）　用于完整的记录检索过程中的详细步骤，简单明了地揭示了检索序号（Search）、检索式（Query）、检索结果数量（Items found）以及检索时间等。单击检索式序号，可在弹出的菜单栏中选择相应逻辑运算符（AND/ORT），并将该检索式添加到检索构建器（Builder）里，也可以执行删除检索式（Delete from history）、显示检索结果（Show search results）、显示实际执行的检索式（Show search details）或将检索式保存到 My NCBI（Save in My NCBI）等操作。

检索历史通常与检索构建器（Builerd）配合使用，点击检索式序号右侧的"Add"链接同样可将该检索式添加到检索构建器（Builder）的最后一行，便于做进一步的编辑修改。同样，在检索构建器（Builder）中选择检索字段并输入检索词，点击"Add to history"按钮，可将检索词及检索结果输入到检索历史中，重复上述步骤，完成所有检索词输入后，点击"Search"便可完成相应复杂课题的检索。应注意的是检索历史在 NCBI 网站中最多可保存前 100 条，最久保留 8 个小时。

3. 检索结果处理

（1）检索结果显示　PubMed 提供了 Format（显示格式），sort by（排序方式），Items per page（每页显示记录数）三种常用工具栏用于调整检索结果的显示格式。

（2）检索结果输出　PubMed 提供了 7 种保存及输出检索结果的方式，点击检索结果页面右上角的"send to"即可显示选择菜单。

1）File　以文件格式保存到本地计算机，可选格式包括了 Summary（txt）、Abstract（text）、MEDLINE（xmL）、PMID（List）、CSV 等。

2）Clipboard　将选中的文献临时保存到 PubMed 的剪贴板中，通过页面右上方的 Clipboard items 链接，可以查看暂存的文献记录。同时，已被缓存的文献下方还会显示"Item in clipboard"的标识，点击"Remove from clipboard"可将记录删除。剪贴板中最多存储 500 条记录，且 8 小时无操作后会自动失效。

3）Collections　将文献保存到 Pubmed 的个性化管理空间 My NCBI 中，用户只有注册了个人账号后才可查看调用。

4）Email　用户只需选择相应显示格式及排序方式，设定好主题或附加说明便可将检出或选中文献发送至指定的电子邮箱，每次最多发送 200 条记录。

5）Order　如果用户无法获取所需的全文，可点击 Order，登录 Loansome Doc 页面付费订购检出或选中文献的全文。

6）My Bibliography　将文献保存在 MNCB 中的 My Bibliography 栏目中，便于对检索结果的后续管理。

7）Citation manager　将文献保存在参考文献管理软件中。如选中 Format 下的 MEDLINE 格式，导出的 txt 文件就可以方便地导入 Note Express 等文献管理工具。

此外，检索策略也可以保存下来，方便日后检索更新的文献，主要途径即应用 Details 按钮的 url 功能。在检索结果界面点击其右侧的 Details 信息框下的 Search 按钮，将自动在其地址栏生成一条新的网址，将此网址收藏到浏览器收藏夹，以后直接点击所收的网址执行相同检索。

应用 My NCBI 功能保存检索式，前提是需要开通 My NCBI 功能。

（三）检索示例

检索有关糖尿病病因临床方面的文献。

方法：在 Pubmed Tools 下面打开 Clinical Queries（图 7 - 91），在检索框中输入 diabetes。在 Clinical Study Categories 下选择 etiology，并进行 Narrow 限定。这样就能查询出糖尿病因临床方面的相关文献，如图 7 - 92 所示。

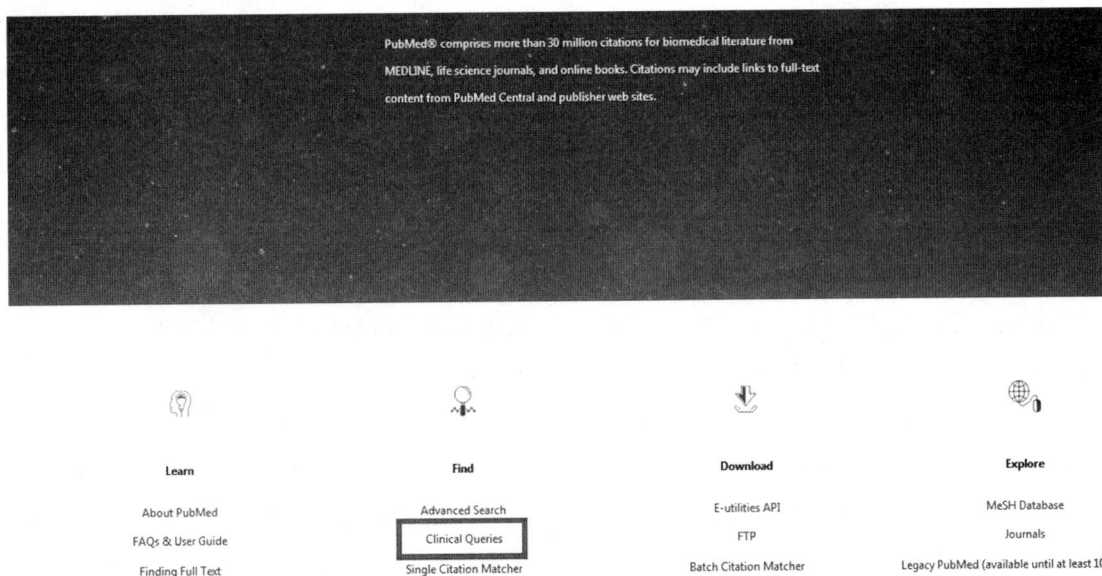

图 7 - 91　PubMed 的 Clinical Queries 检索

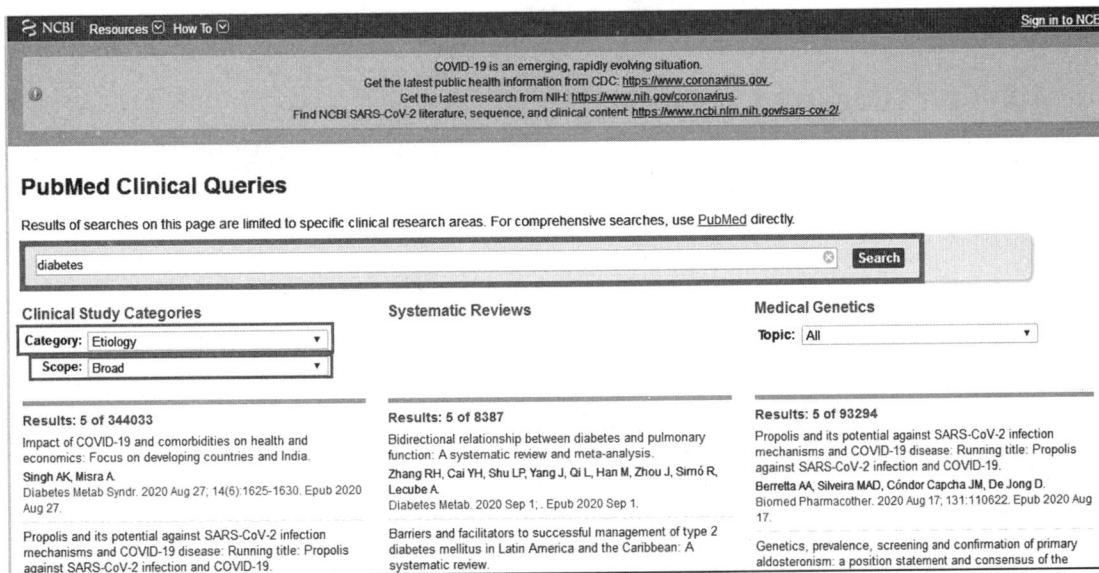

图 7 - 92　糖尿病病因临床文献检索

三、美国化学文摘数据库

（一）SciFinder 数据库概述

化学文摘（Chemical Abstract，CA），是由美国化学学会（ACS）旗下的化学文摘服务社 CAS Chemical Abstract Service）所出版的化学资料，CA 曾有 4 种出版类型：印刷版、光盘数据库、网络数据库和联机数据库。

SciFinder 是 CA 的网络版数据库，内容不仅涵盖了 CA 从 1907 年至今的所有内容，更整合了其他 5 个数据库（包括生物医学、物质和反应数据库），能通过主题、分子式、结构式和反应式等多种方式进行检索，是全世界最大、最全面的化学和科学信息数据库。SciFinder 数据库整合了 Medline 医学数据库、全球 180 多个国家和地区的 50 多种语言的 1 万多份期刊，63 家专利机构的专利、评论、会议录、论文、技术和图书中的各种化学研究成果。Scifinder 报道的内容几乎涉及了化学家感兴趣的所有领域，其中除了包括无机化学、有机化学、分析化学、物理化学、高分子化学外，还涵盖冶金学、地球化学、药物学、毒物学、环境化学、生物学以及物理学等诸多学科领域。

（二）SciFinder 检索方法与结果处理

SciFinder 访问地址为 https：//scifinder. cas. org，但需要用户注册后才能登录设置访问，Scifinder 用户名和密码时，用户名必须是唯一的，且包含 5～15 个字符。可以只包含字母或字母组合、数字和（或）以下特殊字符：——（破折号）、＿＿（下划线）、.（句号）、@（表示"at"的符号）；密码必须包含 7～15 个字符，并且满足下面情形中的至少三项：字母、混合的大小写字母、数字、非字母数字的字符（例如@、%、&、*）且不要和账号中有重复的字符。

用户注册以后登录 https：//scifinder. cas. org，输入账号、密码，即可登录数据库（机构用户采用 IP 控制使用权限，并有并发用户数限制）。数据库首页如图 7 - 93 所示。

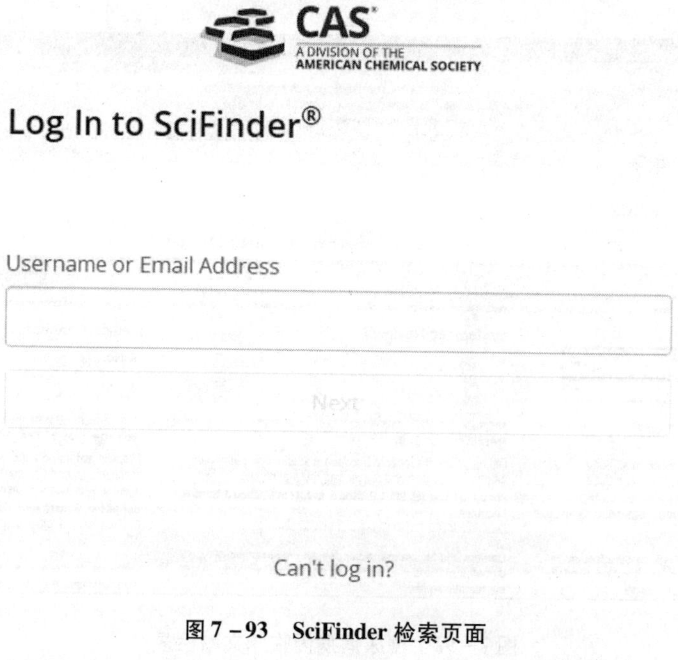

图 7 - 93　SciFinder 检索页面

（二）检索方法

Scifinder 提供文献检索（Explore Reference）、物质检索（Explore Substance）、反应检索（Explore Reaction）三种检索途径，默认检索途径为文献检索。

1. 文献检索　主要用于检索期刊、专利、会议、图书、技术报告和学位论文等多种出版类型的文献，包括主题（Research Topic）检索、作者名字（Author Name）检索、机构名称（Company Name）检索、文献标识符（Document Identifier）检索、期刊（Journal）检索、专利（Patent）检索 6 种检索途径。

（1）主题检索　登录后系统默认界面即是主题检索界面。在检索框中直接输入检索词，检索词之间用介词连接，如 With，Of，In，On 等，建议 2 ~ 3 个关键词，最多不超过 5 个。如输入"genetically modified food with safety"，然后单击 Advanced Search（高级检索），可以限制其他条件，如 Publication Years（出版年）、Document Types（文献类型）、Language（语种）、Author（作者）、Company（公司）等进行更精确的检索，也可以输入检索词之后直接单击"Search"进行检索。可以得到检索备选结果页面。系统通过分析记录与检索式的匹配程度，给出不同的备选结果，用户可以根据自己的需要选择所需的检索结果。其中结果列表中含有：Concept，表示 Scifier 后台做了同义词、近义词扩展；Closely associated with one another，表示两个关键词出现在同一个检索字段中；Were present anywhere in the reference，表示两个关键词出现在记录的任意位置。一般选择同时包含 Concept 和 Closely associated with one another 的选项。

（2）作者姓名检索　作者姓名检索时，作者的姓氏（Last Name）是必须要输入的，可以尝试不同的拼写方式，选中"Look for alternate spelling of the last name"，系统会给出备选检索式，可以提高查全率。

（3）机构名称检索　机构名称检索时，系统会自动检索一系列有关词条，包括单词写、首字母缩写以及同义词等。如输入 university 和 univ 得到的结果是一样的。

（4）文献标识符检索　可以通过可识别文献的号码来检索某篇文献，如文献号（Document Number）、专利号（Patent Number）、入藏号（Accession Numb）等。

（5）期刊检索　可以通过检索期刊的名称：卷、期、页码、题名、作者姓名、出版年等进行，其中期刊名称和作者姓名是必填项，每个检索字段之间是 AND 关系。

（6）专利检索　专利可以通过专利号（Patent Number）、专利权人姓名（Assignee Name）、发明人姓名（Inventor Name）和出版年（Publication Year）进行检索。

2. 物质检索　有五种检索方式，分别是物质标识符检索、分子式检索、化学结构检索、Markush 检索和理化性质检索。物质检索界面如图 7 - 94 所示。一般来说结构式检索用于检索有机物、天然产物；Markush 检索用于检索专利中的 Markush 结构；分子式检索用于无机化合物检索：高分子化合物则通过分子式和结构检索。

（1）物质标识符检索　输入物质名称、CAS 登记号、商品名、俗名等都可以进行检索。

（2）理化性质检索　可以通过实验性质、预测性质检索物质。

（3）分子式检索　分子式输入需要遵守 Hil 排序原则。

（4）Markush 检索　用于检索专利 Claim 中的 Markush 结构，用于初步专利评估。

（5）化学结构检索　该检索类型有三种，分别是：精确结构（Exact Structure）检索，可以检索到具体结构的盐、混合物、配合物、聚合物等，母体结构不能取代、不能修改；亚结构（Substructure）检索，可以检索到修饰结构，母体结构可以被取代，但不可以修改；相似结构（Similarity）检索，可以检索到和母体结构相似度60%以上的母体结构可以被取代，也可以被修改，以相似度控制结构的输出。单击化学结构式画图面板缩略图，打开结构式编辑器，如图7-95所示，初次使用结构式编辑器需要按提示下载Java插件。

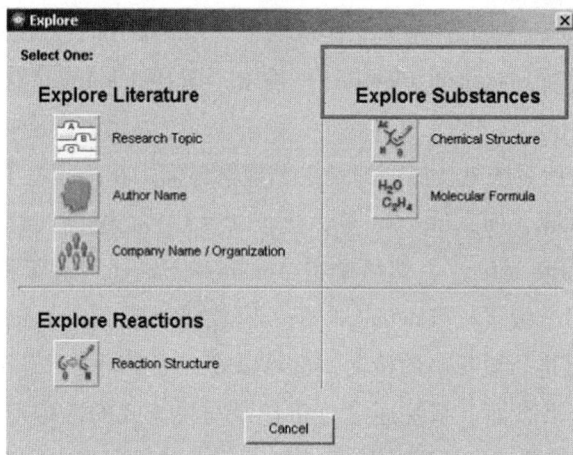

图7-94 Scifinder 物质检索界面

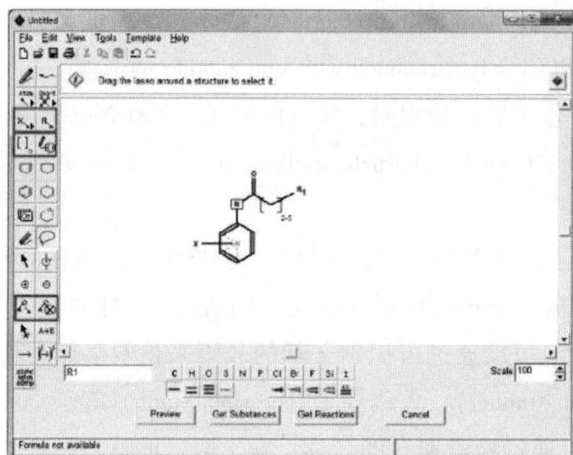

图7-95 SciFinder 化学结构检索页面

3. 反应检索 主要用于检索化学反应数据库CAS ASREACT中的化学反应及相关信息，该数据库是世界上最大的、更新速度最快的反应数据库检索。其中，Allow variability only as specified表示仅在特定位点发生变化，Substructure表示亚结构检索，允许有更多取代情况。

4. 检索结果 显示及处理SciFinder不同的检索类型其检索结果显示不相同，结果处理的方式也不同。

（1）文献检索结果 Scifinder提供强大的文献处理工具，帮助处理文献。Scifinder文献检索结果首先显示的是该检索式和命中记录总数，默认按文献收录号（Accession Number）排序，以题录格式列表显示检索结果，左侧是结果集分析（Analyze）、精炼检索结果（Refine 检索结果分类 Categorize）等功能区。

检索结果的分析：选择界面如图7-96所示，可以通过12个途径进行选择分析。如Author Name（作者姓名）可以帮助用户了解领域内主要研究人员；CAS Registry Number（CAS登记号）

可以用来分析文献中出现的物质；CA Section Title（CA 学科领域）可以分析文献的学科分布情况；Company - organization（机构）可以帮助用户了解该领域内有哪些主要研究机构、合作伙伴和竞争对手；Database（数据库）、Document Type（文献类型）、Supplementary Term（辅助索引词）、Index Term（索引词）可以帮助用户对文献内容进行大致的了解；CA Concept Heading（CA 概念标题）和 Journal Name（期刊名称）可帮助用户了解主要出版杂志、机构、潜在投稿期刊等。

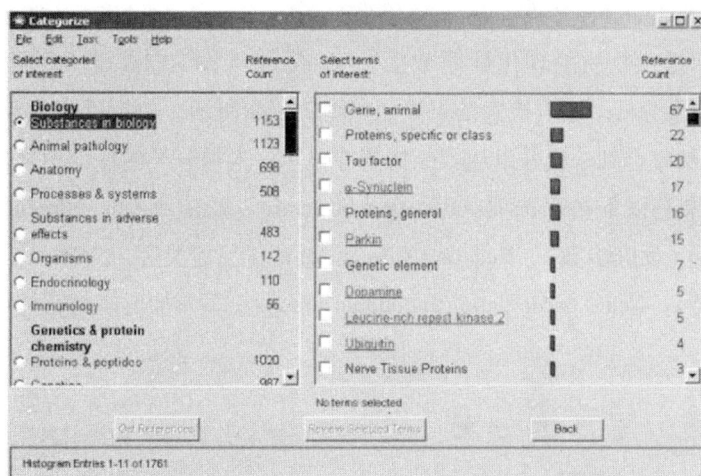

图 7 - 96 SciFinder 文献检索结果分析选择界面

精练检索结果：检索结果页面可以通过 Refine 功能，对检索结果进行精炼，帮助用户迅速获得需要的文献。比如通过 Company Name 或 Author 限制项，可以迅速确定该领域内的研究机构或作者，还可以通过 Language、Database、Publication Year 等进行其他限制。

检索结果分类：通过 Scifinder 中的 Categorize 功能可以对检索结果进行分类，该功能是基于 Index Term（索引词）对文献以学科方向进行分类的。

（2）物质检索结果分析 物质检索结果页面如图 7 - 97 所示，显示物质的 CAS 登记号、结构式、分子式、化学名，另外还有涉及的物质的参考文献、物质的反应信息、物质的商品信息、物质的管控信息、物质的图谱、物质的实验性质等。

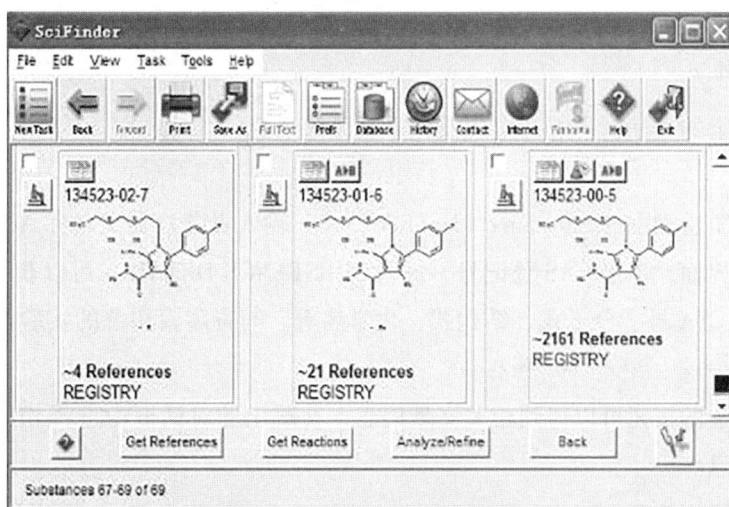

图 7 - 97 物质检索结果页面

Scifinder 对物质检索结果的 Analyze（分析）功能，提供 6 个选项，分别是：Bioactivity Indicators（生物活性位点分析）、Commercial Availability（物质的商业来源）、Elements（组成）、Reaction Availability（反应的信息）、Substance Role（反应的角色）、Target Indicators（靶点生物活性）。Scifinder 对物质检索结果的 Refine（精练）功能提供 8 个选项，分别是：Chemical Structure（化学结构式）、Isotope – containing（是否包含同位素）、Metal – containing（是否包含元素）、Commereial Availability（商业品来源信息）、Property Availability（能提供的物性数据）、Property Value（必须提供物质的理化性质数据）、Reference Availability（参考文献能否获得）。

（3）反应检索结果分析 反应检索结果界面如图 7 – 98 所示，包括反应式和反应步数及相似反应链接。同一类反应被整合到一起并以通式结构集中显示；未被分类的反应显示在结果集最后。Refine（精练）检索结果有以下 6 个选项：Reaction Structure（反应结构）、Product Yield（产物的产率）、Number of Steps（反应步数）、Reaction Classification（反应类型）、Excluding Reaction Classification（排除反应类型）、Non – participating functional groups（不参加反应的官能团）。

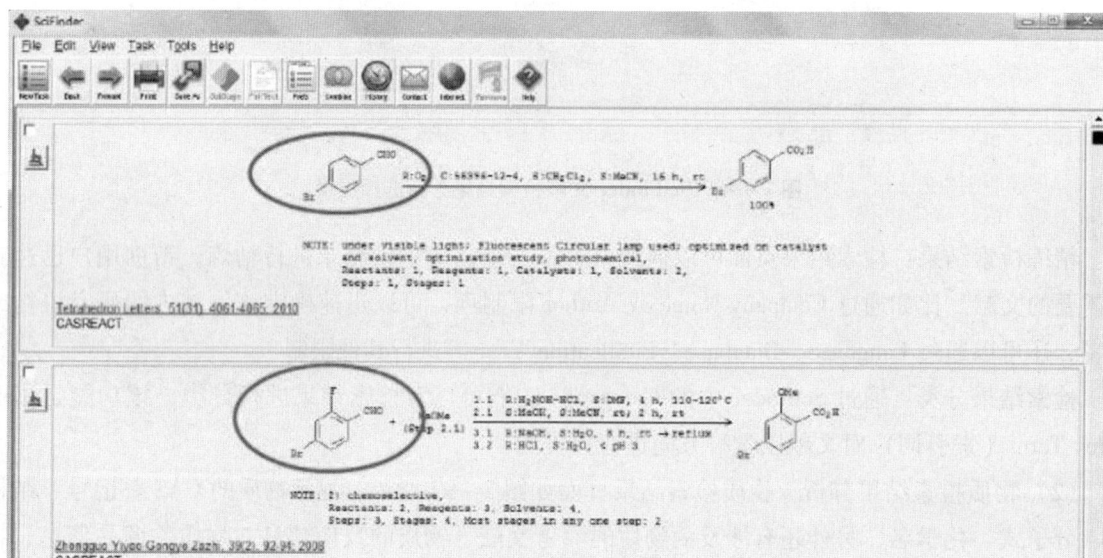

图 7 – 98　反应检索结果界面

（三）检索示例

检索有关青蒿素的文献，了解其组成及化学性质等信息。

检索步骤：

①首先使用物质检索中的 Substance Identifier 检索，输入青蒿素英文名称 Artemisinin。

②在检索结果界面，单击 CAS 登记号，进入 SUBSTANCE DETAIL，可以获得有关青蒿素物质的详细信息，包括 CSA 号、分子式、结构式、化学名等，与青蒿素相关的实验性质与图谱文献分类等。

③单击页面下边的按钮可以得到相关文献信息，在跳出的对话框中选择相应的按钮，获得文献信息或者其他信息。

四、其他国外医药文献数据库简介

（一）EI 数据库

《美国工程索引》（The Engineering Index，EI）是世界上著名的工程技术领域中具有权威性的大型文摘性检索工具之一，创立于 1884 年，最初是由美国工程学会联合下设的工程索引公司编辑出版，早期出版有印刷版、微缩版等信息产品，1969 年开始提供 EI Compendex 数据库服务。1995 年以来 EI 公司开发了称为 "EI Village" 的系列产品，1998 年合并到 Elsevier Engineering Information Inc.，目前使用的 Engineering Village 平台是以 EI Compendex 等数据库为信息源的网上统一检索平台，该信息检索平台可检索美国工程索引、美国专利等信息资源。

EI 收录 1969 年以来的 5000 多种工程领域的期刊论文、会议论文和科技报告，超过 1130 万条记录。收录范围涵盖了工程和应用科学领域的各学科，涉及机械工程、土木工程、环境工程、电气工程、结构工程、材料科学、固体物理、超导体、生物工程、能源、化学和工艺工程、固体废弃物的处理、控制工程、农业工程和食品技术、计算机和数据处理、电子和通信、石油、宇航、汽车工程等以及这些领域的子学科和其他主要的工程领域。数据库内容每周更新。检索方法如下。

1. 快速检索　进入 EI 数据库主页，默认检索界面就是快速检索界面。在快速检索界面最多可以执行三个检索途径的逻辑组配。

2. 专业检索　提供更强大而灵活的检索功能，需要使用检索词和布尔逻辑算符加上检索字段限制符来构造检索式，在检索框中输入检索式来进行检索。

3. 叙词检索　EI 数据库有自己的叙词表，每一篇文献在数据库中都有相应的叙词，也就是全记录中的 "Controlled terms" 所显示的内容。叙词检索仅提供一个检索输入框，检索词之间可以进行逻辑组配。

（二）Elsevier SDOL 数据库

Elsevier 公司 1580 年于荷兰创立，是一家经营科学、技术和医学信息产品及出版服务的出版集团。通过与全球的科技与医学机构的合作，公司每年出版 2000 多种期刊和 2200 多种新书，以及其他一系列电子产品。Science Direct（www. sciencedirect. om）是全球著名出版公司 Elsevier 公司的核心产品，收录了爱思唯尔公司出版的 3000 余种期刊，收录全球 14 的科学、技术和医学（STM）论文，3000 多种图书，质量和影响在各学科领域名列前茅，最早可追溯到 1823 年。内容涵盖 24 个学科领域：农业和生物学、生物化学/遗传学/分子生物学、商业、管理和会计学、化学工程学、化学、计算机科学、决策科学、地球和行星学、经济学、计量经济学和金融、社会科学、心理学、艺术与人文科学、能源和动力、工程和技术、环境科学、免疫学和微生物学、材料科学、数学、医学、神经科学、护理与卫生保健、药理学/毒理学/制药学、物理学、天文学和兽医学。检索方法如下。

1. 基本检索　登录数据库主页（www. sciencedirect. com），单击导航栏中的 "Search" 进入检索界面，基本检索界面上有：Keyword（关键词）、Author name（作者姓名）、Journal/book title（期刊/书名）、Volume（卷）、Issue（期）、Page（页码）六个检索词输入框，在输入框中键入相应的检索字段，单击 "Search"。

2. 高级检索 方式有更多的限定选择，用户可以限定检索结果的来源、科目、日期等。逻辑算符为 AND、OR、NOT，检索字段限定为：Authors（作者）、Abstract/Title/Keywords（摘要/题目/关键词）、Affiliation（机构）、References（参考文献）等。

3. 专家检索 是使用命令行方式的文本检索。专家检索与基本检索的检索限定和检索结果限定相同。常用字段：Abstract（摘要）、Affiliation（机构）、Authors（作者）、JournalName（期刊名）、Keywords（关键词）、References（参考文献）、Title（题名）。专家检索使用布尔逻辑语言检索。

（三）国外会议文献网络检索

1. CPCI 会议文献引文索引数据库 美国科学情报研究所（ISI）基于 ISI Web of Knowledge 的检索平台，将科学技术会议录索引 ISTP（Index to Scientific & Technical Proceedings）和社会科学及人文科学会议录索引 ISSHP（Index to Social Science & Humanities Proceedings）两大会议录索引集成为 CPCI（Conference Proceedings Citation Index）数据库。CPCI 汇集了全世界 1990 年以来 60000 个会议的会议录资料，包括专著、丛书、预印本及来源于期刊的会议论文，提供了综合全面、多学科的会议论文资料及其引用情况。其分为以下两个子库。

（1）CPCI – S（Conference Proceedings Citation Index – science） 原科学技术会议录索引 ISTP 的新版，涉及农业与环境科学、生物化学与分子、分子生物学、生物技术、医学、工程、计算机科学化学、物理等自然科学和工程技术的所有领域。

（2）CPCI – SSH（Conference Proceedings Citation Index – social Science & Humanities） 原社会科学及人文科学会议录索引 ISHP 的新版，涉及心理学、社会学、公共卫生、管理学、经济学、艺术、历史、文学、哲学等社会科学、艺术及人文科学的所有领域。

2. IEEE Conference Search 网址为 http://www.ieee.org/conferencesearch，此网页提供了由 IE 主持的有关学科领域里 10 年内已经召开或即将召开的会议时间、地点、内容和联系方式等信息。用户通过该网提供的会议的关键词、召开的时间、城市、国家、主办单位等检索入口进行检索。

3. ISO 的标准化会议预告 网址为 http://www.iso.ch/cale/calendar.hml，该网页提供了 ISO 下属的各级组织即将召开的国际标准化会议的具体时间、地点、内容等信息。

4. Euresco Conferences 网址为 http://www.esf.org/euresco，该网站主要提供欧洲各国、各组织、各学科已经召开或即将召开的会议的信息及内容。

5. 国际会议预告 网址为 http://www.papersinvited.com/Calendar/Calendar Main.Htm，国际会议预告发布每日更新的有关学术会议、研讨会、专题讨论会、博览会、培训等信息。

6. 全球学术会议发布网 网址为 http://www.allconferences.com。在全球学术会议发布网上可以按学科检索或者浏览会议信息，可链接至会议网站，还可以免费上传会议信息。

7. 技术会议信息中心 网址为 http://www.techexpo.com/events。技术会议信息中心提供会议的名称、主题、主办单位、国家、城市或州等检索途径，以便于查找会议信息。

8. Conference Alerts 网址为 http://www.conferencealerts.com。提供世界上即将召开的学术会议日程信息，可以按学科主题或国家进行浏览，也可以进行检索，还可以免费订制最新的相关学科会议日程信息。

9. 国际工程会议网 网址为 http://services.bepress.com/eci，国际工程会议网提供该会议

2002 年至今专题会议论文的全文。

10. OCLC 的会议论文和会议录索引（OCLC PapersFirst 数据库）　OCLC PapersFirst 数据库由 OCLC（Online Computer Library Center，Inc，OCLC）创建，覆盖从 1993 年至今的会议文献，涵盖大英图书馆文献提供中心（The British Library Document Supply Center，BLDSC）收集的已出版的会议论文，包括世界范围的会议、座谈会、博览会、研讨会、专业会、学术报告会上发表的论文索引等。OCLC First Search 检索系统中有两个数据库：一是 PapersFirst（国际学术会议论文索引），二是 Proceedings（国际学术会议录索引）。PapersFirst 中的每条记录对应着 Proceedings 数据库的某个会议记录，Proceedings 是 PapersFirst 的相关库，收录世界范围内举办的各类学术会议上发表论文的目次，利用该库可以检索"大英图书馆资料提供中心"的会议记录。数据每周更新两次。除了以上介绍的以外，还可以从收录有会议文献的其他类型数据库中查找，如 CA 等。还可以通过国外一些学会、协会的网站了解各种会议信息，包括会议名称、时间、地点以及会议论文等。

实训五　数据库检索实践

【实训目的】

1. 掌握常用的国内外医学文献数据库检索方法。

2. 能获取常用的国内外医学文献数据库文献。

【实训内容】

1. 在 CNKI 数据库中检索某一药物的最新研究进展。

2. 在 PubMed 数据库中检索有关高血压临床病因方面的文献。

【实训参考项目】

1. 请分别在 CNKI、万方、维普和中国生物医学文献服务系统检索某一药物的最新研究进展，分析比较四个平台检索的结果并进行评价。

2. 请在 CNKI 外文数据库和 PubMed 网址查询同一药物临床方面的资料，对比分析两种途径的查询结果。

3. 请分析思考研发某一新药需要收集哪些方面的资料？如何收集？

4. 请在网络中搜集并验证免费中外文献获取的方法与途径。

本章小结

章节名称	学习小结
第一节 文献数据库概述	1. 数据库的概念；数据库的类型：根据存储结构通常分为关系型数据库与非关系型数据库；根据所含信息内容划分可分为文献型数据库、事实型数据库、数值型数据库和多媒体数据库。数据库的结构主要由文档、记录和字段三个层次构成。 2. 全文型文献数据库选择与评价遵循科学性、整体性、可行性、动态性、针对性五项原则；评价标准可概括为内容、界面设计、检索功能和可获得性 4 个要素。

章节名称	学习小结
第二节 常用国内医药文献数据库	1. 世界上全文信息量规模最大的"CNKI数字图书馆"，含期刊、报纸、学位论文、图书、会议论文、百科全书、中小学多媒体教学软件、专利、年鉴、标准、科技成果、政府文件、互联网信息汇总以及国内外上千个各类加盟数据库等知识资源。主要有一框式检索、高级检索、作者发文检索、句子检索专业检索5种检索方法。 2. 万方数据知识服务平台集成期刊、学位、会议、科技报告、专利、标准、科技成果、法规、地方志、视频等十余种知识资源类型，覆盖自然科学、工程技术、医药卫生、农业科学、哲学政法、社会科学、科教文艺等全学科领域。主要有快速检索、高级检索、专业检索、作者发文检索、句子检索5种检索方法。 3. 维普中文期刊服务平台收录中文期刊12000余种，全文2300余万篇，引文3000余万条，分三个版本（全文版、文摘版、引文版）和8个专辑（社会科学、自然科学、工程技术、农业科学、医药卫生、经济管理、教育科学、图书情报）定期出版。主要有简单检索和高级检索两种检索方法。 4. 中国生物医学文献服务系统SinoMed是集文献检索、引文检索、开放获取、原文传递及个性化服务于一体的生物医学中外文整合文献服务系统，其中CBM是国内目前收录中文生物医学期刊最全的题录型数据库，主要提供快速检索、高级检索、主体检索和分类检索。
第三节 常用国外医药文献数据库	1. Web of Science是基于ISI Web of Knowledge平台的综合性文摘索引数据库，其核心合集有8个子数据库。有基本检索、作者检索、被引参考文献检索和高级检索四种方法。 2. Pubmed是免费向全球开放的生物医学信息检索系统，是国际公认的最具权威、使用最广泛、影响最大的生命科学领域文摘数据库。有基本检索和高级检索。 3. SciFinder是CA的网络版数据库，内容覆盖CA从1907年至今的所有内容，整合生物医学、物质、反应数据库等5个数据库。通过主题、分子式、结构式和反应式等多种方式进行检索，是全世界最大、最全面的化学和科学信息数据库。但需购买注册登录才能使用。 4. 其他常用国外医药数据库有EI数据库、Elsevier SDOL数据库及国外会议文献网络检索等。

目标检测

一、选择题（1～10单选题，11～15多选题）

1. 数据库是指长期储存在计算机内部的且可以共享的大量（ ）的集合。

　A. 数字　　　　　　　　　　　B. 数据

　C. 数表　　　　　　　　　　　D. 数据表

2. 最常见的两种数据库类型划分方法，一是根据（ ）来划分，二是根据数据库存储的信息内容来划分。

　A. 数据结构　　　　　　　　　B. 数据类型

　C. 存储结构　　　　　　　　　D. 数据信息内容

3. 非关系型数据库又叫（ ）数据库，即处理非结构化数据的数据库。

A. NoSQL　　　　　　　　　　　　B. RDBMS

C. SQL　　　　　　　　　　　　　D. DBMS

4. 数据库主要由文档记录和（　　）三个层次构成。

A. 数据　　　　　　　　　　　　　B. 表格

C. 文件　　　　　　　　　　　　　D. 字段

5. 二次检索是在当前检索结果范围内，再次提出检索条件进行查询，缩小检索范围，二次检索可以进行（　　）。

A. 1 次　　　　　　　　　　　　　B. 2 次

C. 3 次　　　　　　　　　　　　　D. 无数次

6. CNKI 的中文含义是（　　）。

A. 中国知识基础设施工程　　　　　B. 中国知识网格资源共享平台

C. 中国图书馆　　　　　　　　　　D. 中国源数据库

7. CNKI 数据库全文下载提供格式有（　　）。

A. CAJ　　　　　　　　　　　　　B. PDF

C. PDG　　　　　　　　　　　　　D. CAJ 和 PDF

8. 使用 CNKI 进行文献检索时，（　　）方式可以编辑检索式，支持检索式检索。

A. 一框式检索　　　　　　　　　　B. 高级检索

C. 专业检索　　　　　　　　　　　D. 跨库检索

9. 若检索作者是来自吉林师范大学的所有文献，检索字段（即检索项）应设为（　　）。

A. 作者　　　　　　　　　　　　　B. 第一作者

C. 作者单位　　　　　　　　　　　D. 来源

10. 维普数据库全文下载提供格式有（　　）。

A. CAJ　　　　　　　　　　　　　B. PDF

C. PDG　　　　　　　　　　　　　D. CAJ 和 PDF

11. 常用的检索方法有（　　）。

A. 追溯法　　　　　　　　　　　　B. 工具法

C. 循环法　　　　　　　　　　　　D. 布尔逻辑法

12. CNKI 文献资源数据库主要包括（　　）。

A. 期刊　　　　　　　　　　　　　B. 学位论文

C. 报纸　　　　　　　　　　　　　D. 会议

13. CNKI 国外资源主要包括（　　）和美国数学学会期刊等。

A. EBSCO　　　　　　　　　　　　B. SciFinder

C. wiley（期刊/图书）　　　　　　D. PubMed 期刊

14. 布尔逻辑运算符有（　　）。

A. 逻辑非"without"　　　　　　　B. 逻辑与"AND"

C. 逻辑非"NOT"　　　　　　　　　D. 逻辑或"OR"

15. PubMed 高级检索界面主要由（　　）部分组成。

A. 输入显示框（Edit）　　　　　　B. 检索构建器（Builder）

C. 检索历史（History）　　　　　　D. 主题词显示框（MeSH）

二、思考题

1. 文献数据库的分类方法有哪些？分为哪几种类型？

2. 常用检索方法有哪些？

3. 对比分析 CNKI、万方、维普和中国生物医学文献服务系统四个检索平台的优势和劣势。

4. 国内外常用的医学文献数据库有哪些？

5. 常用医药文献数据库如何扩大或缩小检索范围以得到满意的检索结果？

（杨延音）

第八章　特种文献检索

PPT

微课

第一节　专利文献检索

💬 **案例讨论**

【案例】 某课题组主要从事基因测序相关领域的研究，为紧跟该领域的最新技术和最前沿科技成果，同时避免重复研究，需要全面了解和掌握目前国内外关于基因测序装置和设备的专利情况。

【讨论】 1. 有哪些可以检索专利文献的中外文数据库？

　　　　 2. 这些数据库该如何进行检索？

一、专利的基本知识

（一）专利

1. 概念　专利（patent）一词源于拉丁语 Litteraepatentes，意为公开的信件或公共文献，是中世纪的君主用来颁布某种特权的证明。专利是受法律保护的发明创造专有的权利，是指一项发明创造向本国或国外的专利主管部门提出申请，经审查合格批准，由该主管部门向专利申请人授予在规定的时间内，对该项发明创造享有的专有权。

2. 含义　广义的专利包括专利权、专利发明和专利文献，狭义的专利是专利权的简称。专利属于一种知识产权，包括三重含义。

一是专利权的简称。专利权是指国家专利主管机关授予申请人在一定时间内享有的，他人不准任意制造、使用或者销售其专利产品或使用其专利方法的权利；是专利权人对其发明创造所享

医药大学堂
WWW.YIYAODXT.COM

有的专有权，主要强调在法律层面上的权利。

二是指受到专利法保护的发明创造或专有技术。某些专有技术或技术秘密不适合申请或持有人不愿意申请专利，则不属于专利，不受专利法保护，其被保护程度和被保护时间只与持有人的保护方式有关。

三是指专利局颁发的确认申请人专利权的专利证书或指记载有发明创造内容的专利文献，是指具体的物质文件。

3. 特征

（1）独占性　也称专有性或排他性，是指专利权人对其专利产品享有独占性的制造、使用、销售和进口等实施权。非专利权人要想使用他人的专利技术，必须依法取得专利权人的授权或许可。一项发明的专利只能授予一次，具有独占性。

（2）地域性　是对专利权的空间限制，是指一个国家或一个地区所授予和保护的专利权仅在该国或地区的范围内有效，在其他国家和地区不发生法律效力，其专利权是不被确认与保护的。如果专利权人希望在其他国家享有专利权，必须依照其他国家的法律另行提出专利申请。除非加入国际条约及双边协定另有规定之外，任何国家都不承认其他国家或者国际性知识产权机构所授予的专利权。

（3）时间性　指任何专利的保护都有一定的法律期限，即专利权人对其发明创造所拥有法律赋予的专有权只在法律规定的期限内有效。发明专利的保护期限是 20 年，实用新型和外观设计专利是 10 年。

药品专利可适当延长。美国规定 FDA 批准的药品专利保护可延长 5 年，但不超过产品上市之日后的 14 年，日本与美国类似，最多可延长 5 年。欧共体规定自 1993 年 1 月 2 日以来的药品专利在获得有关卫生部门的生产许可后，如果专利保护期不足 15 年，可以延长 5 年。

4. 类型　专利按其技术上的深度和范围分为多种类型，具体划分各国不尽相同。我国专利法将专利分为发明专利、实用新型专利和外观设计专利三种。

（1）发明专利　是指对产品、方法或者其改进所提出的新的技术方案，包括产品发明、方法发明和用途发明。产品发明是指发明新产品或对已有产品根本性的改进，所谓产品是指工业上能够制造的，有一定形状和结构的固体、液体、气体之类的物品，不能是无形或虚构的产品。方法发明是指生产加工制造某种产品的方法，可以是一种新产品的制造方法，也可以是一种已有产品的新的制造方法，即指为解决某特定技术问题而采用的手段和步骤的发明。用途发明是指发现了某种产品固有的、但迄今为止未被认识的新的性质或功能，从而可以将该产品应用于新的领域或目的的发明。

（2）实用新型专利　是指对产品的形状、构造或者其结合所提出的适于实用的新的技术方案。实用新型所保护的也是一个技术方案，但其保护范围要窄，实用新型只保护具有一定结构或形状的新产品，不保护不具固定形状的物质或方法。实用新型比较注重实用性，创新水平较低。

（3）外观设计专利　是指对产品的形状、图案或者其结合以及色彩与形状、图案的结合所作出的富有美感并适于工业应用的新设计。

知识拓展

专利族和专利的优先权

专利族是由至少一个优先权相同的、在不同国家或国际专利组织多次申请、多次公布或批准的一组专利文献构成，即不同国家授予给同一项技术发明的一组专利（具有不同的专利号）。同一专利族中的每件专利均为该专利族成员，即同一专利族中每件专利文献互为同族专利。同一专利族中最早优先权（最先申请）的专利文献称基本专利。

优先权是由《保护工业产权巴黎公约》规定的一项优惠权利。它是指同一发明首先在一个缔约国正式提出申请后，在一定期限内（此期限被称为优先权期限。公约规定，发明专利和实用新型专利为1年，外观设计专利为6个月），再向其他缔约国申请专利时，申请人有权要求将第一次提出的申请日期作为后来提出的申请日期，第一次提出申请的日期称为优先权日。优先权的规定可以使申请人在向国外技术申请时不至于因为其他人在优先权期限内公开和利用该发明创造或提出相同的申请而丧失申请专利的权利。我国于1985年加入巴黎公约，我国专利申请人向其他缔约国提出专利申请时享有优先权。

（二）专利的申请、审批和授予

1. 专利的申请　申请人就一项发明创造要求获得专利权的，应当按照《专利法》及《专利法实施细则》的规定向专利行政部门提出专利申请，准备好专利申请文件以及其他文件，在规定期限内向专利行政部门提交并缴纳规定的费用。

申请人可以直接面交或通过邮寄的方式向国家知识产权局递交专利申请，也可以通过设在地方的代办处递交专利申请。国家知识产权局于2004年3月12日建立了电子申请系统，申请人可通过国家知识产权局政府网站递交专利申请。

2. 专利的审批　一项发明向专利行政部门提出申请后，专利行政部门依照法律程序进行审查和批准，大致分为以下几种。

（1）形式审查制　也称登记制，这种审查制只对专利进行形式审查，视其是否符合专利申请的法定程序，申请文件是否符合要求，申请的发明是否属于专利法的保护范围，是否违反法律和社会道德，是否满足发明单一性的要求，是否缴纳了申请费等。

（2）实质审查制　不仅进行形式审查，还对发明进行实质性审查。该制度审查的专利质量高，审查时间长。

（3）延迟审查制　是指专利行政部门收到专利申请后，经初审合格后，即将申请案公开，并给予临时性保护。申请人在规定期限内随时可以提出实质审查请求。

3. 专利的授予　专利申请要获得授权需要满足形式条件和实质条件。形式条件主要为专利申请文件应当以专利法及其实施细则规定的格式，并依照法定程序履行各种必要的手续。实质条件主要为授予专利权的发明和实用新型应当具备新颖性、创造性和实用性的三个条件。

（1）新颖性　是指在申请日之前，没有同样的技术在国内外出版物上公开发表过或者以其他方式为公众所知，也没有同样的发明或者实用新型由任何单位或个人向专利局提出过申请，并且记载在申请日以后公布的专利申请文件或者公告的专利文件中。判断发明或者实用新型是否具有新颖性，是以申请日为时间标准的，判断其新颖性的地域标准是在全世界范围内。

（2）创造性 是指同申请日以前已有的技术相比，该发明有突出的实质性特点和显著的进步，或该实用新型有实质性特点和进步。所谓实质性特点，就是本质上的差异，而且这种差异对所属技术领域的普通技术人员来说是非显而易见的。发明和实用新型都属于发明的范畴，其主要区别在创造性上。发明所要求的技术水平比较高，而实用新型的技术水平比较低。外观设计的创造性是与现有设计或者现有设计特征的组合相比，具有明显区别。

（3）实用性 是指该发明或实用新型能够制造或者使用，同时能产生积极的效果。实用性要求发明必须能够在工业上制造或者在产业部门应用，并且可能产生技术、经济或社会效益。外观设计的实用性是指在工业上能够应用，能够产生积极的社会、经济效果，并能够产生美感。

在国内对提出申请的专利首先要进行初步审查，即对专利申请是否符合专利法规定的形式要求及是否具有明显实质性缺陷进行审查；发明专利初步审查合格后，还需要进行实质审查，实质审查合格即可授予专利权；实用新型和外观设计专利初步审查合格即可授予专利权。用于各种疾病的诊断及治疗的仪器和设备属于机械领域，其他大部分发明专利申请属于化学、生物、医药领域。除科学发现、智力活动的规则和方法，疾病的诊断和治疗方法等按规定不授予专利权外，其他在医疗工作中产生的科技新成果，只要具备新颖性、创造性和实用性，均可申报专利。

∞ 知识链接

PCT 国际检索单位

PCT 是专利合作条约（patent cooperaion treaty）的简称，是专利领域进行合作的一个国际性条约。其产生是为了解决就同一发明向多个国家申请专利时，如何减少申请人和各个专利局的重复劳动。

国际检索单位和国际初审单位的国家局和政府间组织目前有：美国专利商标局、中国国家知识产权局、欧洲专利局、日本特许厅、俄罗斯联邦工业产权局、澳大利亚知识产权局、奥地利专利局、韩国知识产权局、西班牙专利商标局、瑞典专利与注册局等。

我国于 1994 年加入 PCT，同时中国国家知识产权局作为受理局、国际检索单位、国际初步审查单位，承担 PCT 中所规定的义务，并行使其权利，接受中国公民、居民、单位提出的国际申请。

国际检索和初步审查指南是关于检索单位和国际初步审查单位的操作指南，每年均有更新，查询网址：http://www.wipo.int/pct/en/texts/gdlines.html。

（三）专利权的三类主体

1. 发明人 是指对已经完成的发明创造的实质性特点做出创造性贡献的人。将实用新型与外观设计的完成人称为设计人，将发明人和设计人统称为发明人。发明人可以是单独的一个人，也可以是共同完成发明创造的两个以上的人。

2. 申请人 是指按照法律规定有权对发明创造或者设计提出专利申请的人。通常是专利申请人（包括发明人或者设计人、共同完成发明创造或者设计的人、职务发明中的单位、完成发明创造的外国人等）。通常申请人与发明人是同一人，但有时不是。

3. 专利权人 是指对于国务院专利行政部门授予的专利享有独占使用、收益和处理权的人。

专利权人与发明人、申请人是三个不同的概念。这三类主体可以是同一人，也可以是不同的人。例如，发明人自己申请专利，并获得国务院专利行政部门的批准，那么发明人、申请人和专利权人就是同一人；如果是职务发明或者发明人将专利申请权转让给他人，由单位或者专利申请权受让人申请并获得专利授权，那么申请人和专利权人是同一人，而发明人是另一个人；如果职务发明的单位或者受让人提出专利申请以后，将专利申请权转让给他人，那么发明人、申请人和专利权人就是三个人。

（四）专利的三个日期

1. 申请日　是指国务院专利行政部门收到专利申请文件之日。如果申请文件是邮寄的，以寄出的邮戳日为申请日。申请日是判断该专利申请是否具有专利性的基准日。

2. 公开日　是专利部门经初步审查认为发明专利申请符合专利法规定的，自申请日起满 18 个月，应将该申请予以公布，该公布日就是公开日。

3. 授权公告日　是指专利部门做出授予专利权的决定，发给专利证书，同时予以登记和公告的日期。专利权自公告之日起生效。发明专利是经初步审查后先公布而不进行实质审查，在申请日至公开日这段时间里申请人可以改变自己的专利申请请求，但还没有专利权，只有经实质审查通过并经授权公告后才取得专利权。实用新型和外观设计不需要经过实质审查，经初步审查通过后即授予专利权并予以公告，因此，实用新型和外观设计没有公开日的概念。

二、专利分类法

（一）国际专利分类法（International Patent Classification，IPC）

1971 年《斯特拉斯堡协定》建立的国际专利分类（IPC）提供了一种由独立于语言的符号构成的等级体系，由世界知识产权组织编制，用于按所属不同技术领域对发明专利和实用新型专利进行分类。新版 IPC 于每年 1 月 1 日生效。我国于 1985 年 4 月开始采用 IPC 分类法。

IPC 分类法是目前国际上通用的专利文献分类和检索方法，其特点在于采用了功能和应用相结合的分类方法，以功能性为主、应用性为辅的分类原则，采用"部—分部—大类—小类—主组—分组"的形式逐级分类，共设有 8 个部，20 个分部，118 个大类，621 个小类，主组、分组有 58000 多个，形成了完整的等级分类体系（表 8-1）。

表 8-1　《国际专利分类法》部与分部类目名称

部号	部名	分部类目名称
A	人类生活必需	农业，食品与烟草，个人和家庭用品，保健与娱乐
B	作业、运输	分离、混合，成型、印刷，交通运输，微观结构技术、超微技术
C	化学、冶金	化学，冶金，组合技术
D	纺织、造纸	纺织或未列入其他类的柔性材料，造纸
E	固定建筑物	建筑，土层或岩石的钻井、采矿
F	机械工程、照明、采暖、武器、爆破	发动机或泵，一般工程，照明、加热，武器、爆破
G	物理	仪器，核子学
H	电学	无分部

1. 部　是 IPC 的一级类目，每个部都有部号和部名，8 个部依次用大写英文字母 A～H 表示。

2. 分部 只有类目名称，不设类号。在 IPC 的 8 个部中，除 H 部"电学"未设分部外，其他部均设有不同的分部。

3. 大类 是 IPC 的二级类目，是对部的进一步细分。大类号由部的类号加 2 位阿拉伯数字组成，例如，A61 医学或兽医学、卫生学。

4. 小类 是 IPC 的三级类目，是对大类的进一步细分。小类号由大类号加一个大写英文字母组成。例如，A61B 诊断、外科、鉴定。

5. 主组 是 IPC 的四级类目，是对小类的进一步细分。小类被细分为若干组，组又分为主组和分组，每个主组的类号是由小类号加上 1~3 阿拉伯位数字及用斜线分开的 00 组成，如 A61B7/00 表示听诊仪器。

6. 分组 是 IPC 的五级类目，是在主组的基础上进一步细分出来的类目，其类号标记是将主组类号中"/"后的 00 改为其他阿拉伯数字，如 A61B5/04 表示电听诊器。

为了方便查找 IPC 分类号，每一版的国际专利分类表均配有一本单独出版的《IPC 关键词索引》。通常，检索者在不熟悉所查技术领域的分类情况下，可以借助该索引并结合使用 IPC 分类表，确定分类范围和准确的分类号。索引按关键词字母顺序排列，每个关键词条目后均标有 IPC 分类号。IPC 分类号也可通过世界知识产权组织的专利分类号网站（http：//www. wipo. Int/classifications/zh）进行查找。

（二）洛迦诺分类法（Locarno Classification，LOC）

LOC 分类是一种工业品外观设计注册用商品分类的国际体系，是根据 1968 年《建立工业品外观设计国际分类洛迦诺协定》建立起来的，由洛迦诺联盟专家委员会不断修订，并由世界知识产权组织编发。LOC 分类第十一版于 2017 年 1 月 1 日生效。目前的版本（第十一版）中纳入了在 2015 年 10 月以及此前进行的所有修订。它包含 32 个大类和 219 个小类，并视情况附有用法说明。按字母顺序排列的商品目录，载有 5167 个英文条目，不论商品属于哪个大类，均按字母顺序排列，也按大类和小类的顺序排列，在每个小类内按字母顺序排列。1996 年 9 月 19 日我国正式加入《建立工业品外观设计国际分类洛迦诺协定》。依照该协定，我国在外观设计专利保存和注册的官方文件及公布的专利文件上标注 LOC 分类号。

三、专利文献的基本知识

（一）专利文献的含义

专利文献是包含已经申请或被确认为发现、发明、使用新型和工业品外观设计的研究、设计、开发和试验成果的有关资料，以及包含发明人、专利所有人及工业品外观设计和实用新型注册证书持有人的有关资料的已出版或未出版的文件（或其摘要）的总称。简而言之，专利文献主要是指实行专利制度的国家及国际性专利组织在审批专利过程中产生的官方文件及其出版物的总称。

专利文献有广义和狭义之分。广义的专利文献主要包括专利说明书、专利公报、专利索引、专利题录、专利文摘、专利分类表、申请专利时提交的各种文件（如请求书、权利要求书、有关证书等）、与专利有关的法律文件和诉讼资料等；狭义的专利文献是指申请说明书和专利说明书。专利说明书是专利文献的核心和主体，通常人们检索专利文献就是检索专利说明书。专利说明书由扉页、权利要求书、说明书和附图四部分组成，是用来描述发明创造内容和限定专利保护范围的一种官方文件或其出版物。

（二）专利文献的特点

1. 综合情报 专利文献是一种法律信息载体，记录了发明创造的内容及实施效果，揭示了每件专利保护的技术范围，记载了专利的权利人、发明人、专利生效时间等信息，有利于人们依据专利法进行相应的活动。

2. 新颖实用 专利文献记载的都是最新的技术、最前沿的科技，并且专利申请者一般都是在项目或实验即将成功，或是在研究进行时就开始向专利行政部门申请，因此，专利文献对技术的报道要早于其他文献。

3. 质量较高 专利说明书必须符合创新性、新颖性和实用性才能通过专利部门的审查，因此专利申请文献在准确性方面高于一般的科技文献。专利申请需要花费大量的时间和金钱，专利申请人在申请专利时会选择真正有价值的发明创造，所以专利文献质量高。

4. 地域限制 专利权的法律效力是有地域限制的，各国的法律效力只能在其管辖范围内生效。专利文献的地域性要求人们在运用专利文献时，一定要按国别或地区进行严格区分。

5. 循环利用 专利文献可以作为申请新的专利、制定企业专利战略的情报源，为国家和产业界提供指导，占领新的专利制高点，利于专利文献良性循环，产生更高级别的专利文献。

（三）专利文献的类型

专利文献按内容性质和加工层次，可分为以下三类。

1. 一次专利文献 是指各国专利局和国际专利组织出版的各种形式的专利说明书。专利说明书是专利文献的基本和主体，其主要作用：①公开新的发明技术信息；②限定专利权的范围，用以寻求法律的保护。

2. 二次专利文献 包括专利公报、专利索引、专利文摘周报及官方有关法律保护状态变更的出版物，由专利局出版发行，通常与一次专利文献同步出版。二次专利文献不仅是对一次专利文献进行内容上的概括，同时也是对一次专利文献内容的补充。

3. 三次专利文献 即专利分类资料、诉讼类专利文献。《国际专利分类法》是专利国际化和统一化的分类标准，我国自 1985 年实施专利法以来，就采用 IPC 分类法对发明专利和实用新型专利进行分类管理。

（四）专利文献的作用

1. 法律作用 专利文献是专利局审查人员判定一项专利申请是否符合新颖性条件的主要依据，也是专利申请人在申请前进行自我查新的主要依据。专利文献中含有大量的工业产权信息，这些权利信息是其他信息源无法提供的。所谓权力信息，是指专利文献中包含的有关发明人、专利权人、专利保护期、专利权保护范围等信息，这类信息对于判定某项新技术的应用或某种技术、产品的进出口是否会构成对他人权利的侵犯等，显得极为重要。同时，专利说明书中的权项部分是判决专利侵权诉讼案的唯一强有力的证据。

2. 经济信息作用 一个机构的专利申请及有效专利的多少，反映了该机构的科研实力，了解这些信息，有利于技术引进和出口。例如，当引进国外技术和设备时，事先应比较各国各公司的技术、设备的先进程度以及是否符合我国国情等情况，审视引进技术和设备中专利权所处的状态等，这些都要靠查阅专利文献来确定。利用专利文献可以掌握竞争对手的动态，例如，某公司正在进行哪些技术活动、都有哪些技术储备、专利的实施情况如何等，分析这些情况可为本企业制订生产规划提供依据。

3. 技术信息作用 在科研和生产中遇到技术难题时，可借助专利文献来帮助解决困难，因为对某一项技术而言，可能有一系列的专利文献可供选择，帮助人们去攻克自己的技术难关。在确定科研项目和新产品时，通过专利检索可避免重复劳动。专利文献也可以用于技术预测，通过研究专利文献，可以明确现有技术的发展水平和趋势，这有助于找到新技术的突破口。专利文献还可用于对企业技术水平的评价。通过对某企业所拥有专利的调研，可分析和评价该企业的技术水平和技术实力。

（五）专利文献的编号

专利文献的编号是指专利行政部门为每一项专利申请或专利文献编制所给出的各种序号的统称。专利文献的编号主要由一些简单的阿拉伯数字组成，数字的排列是有规则的。了解和掌握各种专利文献编号，是检索和获取专利文献的重要途径。

1. 专利国别代码　专利文献中用来表示发行专利说明书的国家和地区性国际组织名称的国际标准代码，一般用两个大写英文字母表示，标注在各国专利号之前，如 CN（中国）、FR（法国）、DE（德国）、JP（日本）、UK（英国）、US（美国）、WO（世界知识产权组织）。

2. 申请号　为专利行政部门受理某件专利申请时给予的编号，我国采用 10～12 位数进行编码，前 2 位数（从 2004 年 7 月 1 日启用 4 位数字）表示受理专利申请的年代；第 3 位数表示专利申请的类型：1 表示发明专利、2 表示实用新型专利、3 表示外观设计专利，后 5 位数（2004 年 7 月 1 日启用新标准的后 7 位数）为专利文献流水号，表示受理专利申请的顺序号，最后加小数点及 1 位计算机校验码，例如 CN99104538.6、CN201210197502.9。

3. 文献种类法律状态代码　发明专利授权为 C（1993 年以前为 A 或 B），实用新型专利授权为 Y（1993 年以前为 U），外观设计专利授权为 D（1993 年以前为 S）。

4. 公开号　专利在形式审查合格后自申请日或优先日起 18 个月内不管申请人是否请求实质性审查其申请内容均予以公开，出版专利申请公开说明书，给予公开号。公开号由专利国别代码＋专利类型（第 1 位数）＋流水号（后 6 位数）＋文献种类法律状态代码组成，例如发明专利申请公开号 CN1098761A、CN1348826A。

5. 授权公告号　专利实质性审查合格后，即发授权公告，授权公告号延用公开号，出版专利申请审定说明书，例如发明专利授权公告号 CN1084638C，实用新型专利授权公告号 CN2475414Y，外观设计专利授权公告号 CN3100661D。

6. 专利号　正式获得授权的专利编号，我国的专利号沿用其相应的专利申请号，仅在前面加 ZL，例如 ZL91302978.5、ZL201210197502.9。

（六）专利文献的检索方法

专利文献检索是指根据一项或数项特征从大量的专利文献或专利数据库中挑选符合某一特定要求的文献的过程。简言之，专利文献检索就是有关专利信息的查找。专利文献检索方法主要有：字段检索、号码检索、IPC 分类检索、主题检索、人名检索等。

1. 字段检索　用户可根据已知条件，从专利检索系统提供的检索入口做选择，进行单字段检索或多字段限定检索。专利检索系统通常对每个检索字段均可进行模糊检索，常用%（半角百分号）代表一个任意字母、数字或字，也可使用多个模糊字符，且可以在输入检索字符串任何位置，首位置可省略。

2. 号码检索　每项专利都有专利编号，包括申请号和文献号。申请号包括申请号、临时申请号、优先申请号、分类申请号、继续或部分继续申请号、增补或再公告专利申请号、复审或再审查请求号等。文献号包括公开号、申请公开号、申请公布号、展出号、审定公告号、授权公告号、专利号、注册号、登记号等。用户可以通过专利文献编号进行检索。

3. IPC 分类检索 用户可以利用 IPC 分类表中的各部、大类、小类等逐级查询到感兴趣的类目，点击此类目名称，可得到该类目下的专利检索结果（外观设计专利除外）。检索专利的 IPC 分类号可以登陆到国家知识产权局（http://epub. sipo. gov. cn/ipc. jsp），点击 IPC 分类进行查询。

4. 主题检索 利用《国际专利表关键词索引》，查找关键词与分类号的转换，这种方法适用于不熟悉专利分类的用户，直接从技术主题途径查找专利信息。通常在 IPC 分类检索系统中，同时会提供关键词检索，用户可在选中某类目下，在发明名称和摘要等范围内再进行关键词检索，可以提高检索的准确性。

5. 人名检索 每项专利都有其名称，其相关人员（专利权人、申请人、发明人、受让人、代理人及代理机构）也有自己的名称。因此可以用专利或其相关人员的名称对专利文献进行检索。利用人名检索时要注意：姓在前，名在后，例如：Cooper Henry。同时在选择利用人名或公司名称检索时，避免使用 Inc. 或 Corp. 这样的缩写词在公司名称里。

四、国内专利文献检索

（一）国家知识产权局专利检索及分析系统

中华人民共和国国家知识产权局网站（http://www. sipo. gov. cn/）（图 8 - 1）是可以直接链接到国内地方知识产权局及国外主要国家和地区的知识产权组织或管理机构的官方专利网站，可提供引文查询、同族查询、法律状态查询等服务；并提供专利检索及分析系统（http://www. pss - system. gov. cn/），该系统收录自 1985 年 4 月 1 日公布的第 1 件专利申请以来已公布的全部专利信息，包括著录项目及摘要、各种说明书全文及外观设计图形，并提供单页 TIF 格式的专利全文下载。专利检索的核心服务之一是基于其丰富的专利数据资源，提供查新检索、侵权检索、产品出口前检索等多种检索模式和浏览模式。为了提升检索效率，可以通过多种检索辅助工具辅助构建检索式，完善检索思路，还可以通过多种浏览辅助工具快速定位专利的核心技术，挖掘技术背后的信息。

图 8 - 1 中华人民共和国国家知识产权局网站主页

1. 收录范围 专利检索及分析系统目前收录了中国、美国、英国、法国、俄罗斯、德国、日本、韩国、瑞士、欧洲专利局和世界知识产权组织等 103 个国家、地区和组织的专利数据，同时还收录了引文情况、同族专利、法律状态等数据信息。

2. 数据更新 中国专利数据每周三更新，滞后公开日 7 天；国外专利数据每周三更新；同族数据和法律状态数据每周二更新；引文数据每月更新。

3. 检索规则 该系统支持以下检索规则。①逻辑运算符：and/or/not；②支持截词符（半角字符）："#""?""＋""#"表示 1 个强制存在的字符，"?"表示 1 个字符或没有字符，"＋"表示任何长度的字符串；③支持词组检索：用英文双引号""；④可输入多个关键词，中间用空格分隔，空格表示逻辑"或""or"的关系；⑤申请号格式：专利文献的申请国 ＋ 申请流水号；⑥公开（公告）号格式：文献的公开国 ＋ 公开流水号 ＋ 公布级别。

4. 专利检索 该系统提供了常规检索、高级检索、导航检索和药物检索等检索方式，支持查看检索历史、检索结果浏览、文献浏览和批量下载等检索功能。

（1）**常规检索** 是一种简便、快捷的检索模式，可以快速定位检索对象，该检索方式适用于检索目的十分明确或者初次接触专利检索的用户。为了便于用户检索操作，在常规检索中提供了 7 个检索字段（表 8-2），分别为自动识别、检索要素、申请号、公开（公告）号、申请（专利权）人、发明人以及发明名称。用户可以根据已知条件，将内容输入到相应的检索字段后的对话框中，单击"检索"按钮，就可以检索到相应的专利。

表 8-2 国家知识产权局专利检索及分析系统常规检索字段

序号	字段名称	字段功能介绍
1	自动识别	选择该字段进行检索，系统将自动识别输入的检索要素类型，并自动完成检索式的构建，识别的类型包括号码类型（申请号、公开号）、日期类型（申请日、公开日）、分类号类型（IPC、ECLA、UC、FI/FT）、申请人类型、发明人类型、文本类型
2	检索要素	选择该字段进行检索，系统将自动在标题、摘要、权利要求和分类号中进行检索
3	申请号	选择该字段进行检索，系统自动在申请号字段进行检索，该字段支持带校验位的申请号或者专利号进行检索。该字段支持模糊检索，并自动联想提示国别代码信息
4	公开（公告）号	选择该字段进行检索，系统自动在公开号字段进行检索。该字段支持模糊检索，并自动联想提示国别代码信息
5	申请（专利权）人	选择该字段进行检索，系统自动在申请人字段进行检索，该字段根据输入的关键词自动联想推荐申请量较高的相关申请人信息
6	发明人	选择该字段进行检索，系统自动在发明人字段进行检索，该字段根据输入的关键词自动联想推荐申请量较高的相关发明人信息
7	发明名称	选择该字段进行检索，系统自动在发明名称字段进行检索，该字段根据输入的关键词自动联想推荐相关的发明名称信息

【检索示例】 如图 8-2 所示，在"常规检索"页面中选择检索字段为"自动识别"，然后在检索框中输入"基因测序"，最后点击"检索"按钮执行检索操作，并显示检索结果页面。

（2）**高级检索** 适用于检索思路比较明确的用户。该检索方式提供 14 个检索字段，分别是申请号、申请日、公开（公告）号、公开（公告）日、发明名称、IPC 分类号、申请（专利权）人、发明人、优先权号、优先权日、摘要、权利要求、说明书、关键词。用户在对应输入框中输入检索内容或者在检索式编辑区编辑检索式，然后单击"检索"按钮，就可以检索到相应的专利；还可以通过页面左侧的专利类型或者国家和地区等列表限定，从而获得更加精准的检索结果（图 8-3）。

图8-2　国家知识产权局专利检索及分析系统"常规检索"示例

图8-3　国家知识产权局专利检索及分析系统"高级检索"页面

（3）药物检索　是基于药物专题库的检索功能，适用于从事医药化学领域研究的用户。用户可以使用此功能检索出西药化合物和中药方剂等多种药物专利。系统提供高级检索、方剂检索和结构式检索等多种检索模式，方便用户快速定位专利文献。匿名用户不能访问药物检索，需注册、登录后方可使用。由于药物数据保存在药物专题库中，与原有检索数据库相互独立，所以不能进行分析。

1）高级检索　在"专利检索及分析"系统页面，单击"药物检索"按钮，系统默认显示"高级检索"页面（图8-4）。在对应输入框中输入检索内容或者在检索式编辑区编辑检索式，然后单击"检索"按钮执行检索操作并显示检索结果页面。在检索结果页面中，可以进行显示设置操作过滤文献或者使用详览功能。

图8-4　国家知识产权局专利检索及分析系统"药物检索—高级检索"页面

2）方剂检索　在上述"药物检索"页面，单击"方剂检索"按钮，进入方剂检索页面（图8-5）。在对应输入框中输入检索内容或者在检索式编辑区编辑检索式，然后单击"检索"按钮执行检索操作并显示检索结果页面。在检索结果页面中，可以进行显示设置操作过滤文献或者使用详览功能。

5. 检索结果管理　检索结果显示在结果列表页面中，内容包括申请号、申请日、公开（公告）号、公开（公告）日、发明名称、IPC分类号、申请（专利权）人、发明人、优先权号、优先权日等字段相关信息。用户可以根据关注内容信息设置显示字段，单击可查看文献详细信息、同族信息、引文信息、对比文献、法律状态、申请（专利权）人基本信息等。选定专利，即在页

图 8-5 国家知识产权局专利检索及分析系统"药物检索—方剂检索"页面

面下方选择浏览文献，可以进行摘要信息阅读及查看专利全文图像。检索结果页面还提供文献选择功能，可选择全部或部分文献进行浏览或加入收藏夹；页面右侧显示检索历史列表和文献收藏夹，均可以 Excel 格式导出保存，注册用户登录后可在系统中保存检索历史和收藏的文献。该系统按照数据范围分类管理检索式信息，类别主要包括中国专利联合检索历史、中国专利检索历史、外国及港澳台专利检索历史及药物专题检索历史。

6. 专利分析 国家知识产权局专利分析系统可针对不同层次的用户提供专业化、智能化的分析方式，通过专业的专利数据分析模型，快速、准确、全面地在海量专利数据中分析出潜在的信息关系和完整的专利情报链，帮助用户有效地利用专利资源。例如，可以分析出竞争对手在不同区域或国家的技术布局、研究热点和盲点以及市场趋势等，从而为决策提供依据。其分析功能包括快速分析、定制分析和高级分析，每个分析模块下面提供多种分析功能。主要从区域、技术领域、申请人、发明人角度分析其趋势、分布、构成等，并以图表的形式直观显示。每一个功能模块下还可进一步分析，如"快速分析"的"区域分析"还可进行区域构成分析、区域趋势分析、区域技术领域分析、区域申请人分析和区域发明人分析等。

（二）中国知识产权网专利数据库服务平台

中国知识产权网专利数据库服务平台由国家知识产权局知识产权出版社创建，其中的"专利信息服务平台"（http://search. cnipr. com/）（图 8-6）是在原中外专利数据库服务平台的基础上，吸收国外先进专利检索系统的优点，采用国内先进的全文检索引擎开发完成，具备强大的检索功能。

1. 收录范围 专利服务的数据范围涵盖了中国专利（包括中国发明、中国实用新型、中国外观设计、中国发明授权、中国失效专利及中国香港、中国台湾专利）及国外专利（美国、日本、

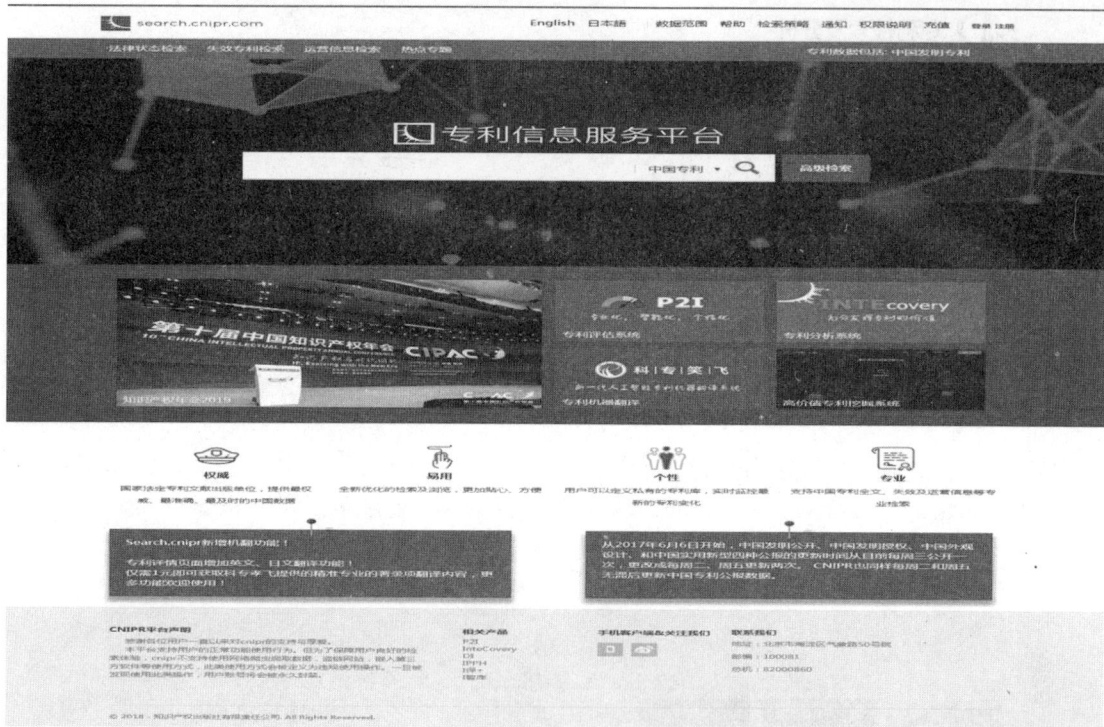

图8－6 中国知识产权网专利信息服务平台主页面

英国、德国、法国、加拿大、瑞士、EPO、WIPO 等98 个国家和组织)。

2. 检索方法 该平台主要提供简单检索、智能检索、高级检索、法律状态检索、运营信息检索、失效专利检索及热点专题检索等多种检索方式。每种检索方式还提供二次检索、过滤检索、同义词检索等辅助检索。二次检索是在前次检索基础上进行的结果精炼，可多次进行，逐渐缩小检索结果的范围，实现递进检索，提高检索查准率。过滤检索是在本次检索的基础上，过滤掉前次检索结果。二次检索和过滤检索不能同时进行。同义词检索是将名称或者摘要中含有输入的关键词及该关键词的同义词的所有专利检索出来，使用同义词检索可以扩大检索范围，提高检索的查全率。

3. 服务功能

（1）检索功能 包括中外专利混合检索（在原平台基础上，检索功能新增法律状态联合检索、即时统计筛选、高亮显示、语义检索、相似性检索、公司代码检索等)、IPC 分类导航检索、中国专利法律状态检索、运营信息检索。检索方式除了表格检索、逻辑检索外，还提供二次检索、过滤检索、同义词检索等辅助检索手段。

（2）机器翻译功能 针对英文专利文献，特别开发了机器翻译模块，能对检索到的英文专利进行即时翻译，帮助用户理解专利内容，方便用户检索。需要说明的是，平台上集成的机器翻译是由无人工介入的英译中工具软件完成的，翻译结果仅供参考。

（3）分析和预警功能 本平台开发了专利信息分析和预警功能，对专利数据进行深度加工及挖掘，并分析整理出其所蕴含的统计信息或潜在知识，以直观易懂的图或表等形式展现出来。这样，专利数据升值为专利情报，便于用户全面深入地挖掘专利资料的战略信息，制定和实施企业发展的专利战略，促进产业技术的进步和升级。

（4）个性化服务功能 包括用户自建专题库、用户专题库导航检索、用户的专利管理等功能。

（三）国内其他的专利文献检索网站

1. 专利之星检索系统，http：//www. patentstar. cn/
2. SooPAT 专利数据搜索引擎，http：//www. soopat. com/
3. 中国专利信息中心，http：//www. cnpat. com. cn/
4. 国家科技图书文献中心专利检索，http：//www. nstl. gov. cn/
5. 万方中外专利数据库，http：//www. wanfangdata. com. cn/
6. CNKI 中国专利全文数据库，http：//www. cnki. net/
7. Patentics 专利智能检索分析平台，http：//www. patentics. com/

五、国外专利文献检索

（一）美国专利商标局专利检索系统

美国专利商标局网站（http：//www. uspto. gov/）是由美国专利商标局建立的政府性官方网站，可在全球范围内面向公众提供全面的专利文献检索服务，提供 1790 年至今的全文图像说明书及 1976 年至今的全文文本说明书，数据库每周更新一次。

美国专利商标局专利检索系统（http：//patft. uspto. gov/）包括专利授权数据库、专利申请数据库、法律状态检索、专利权转移检索、专利基因序列表检索、撤回专利检索、延长专利保护期检索、专利公报检索及专利分类检索等。专利授权数据库收录了 1790 年至最近一周的美国专利商标局公布的全部授权专利文献，可免费检索并提供说明书全文，其中 1975 年以前的专利只提供图像格式（TIFF 格式）专利说明书，1976 年以后还可提供 HTML 格式专利全文。专利申请数据库收录了 2001 年 3 月以来的美国专利申请公布文献，并免费提供图像格式和 HTML 格式专利全文。

该系统的专利文献类型包括实用专利、外观设计专利、植物专利、再公告专利、防卫性公告和法定发明登记。该检索系统提供快速检索、高级检索和专利号检索三种方式，并提供专利号、授权日、发明人名字、受让人名字、发明名称、摘要、说明书和权利要求等多种检索途径。1790～1975 年的专利只能通过专利号、授权日期和美国专利分类号进行检索。

（二）欧洲专利局专利检索系统

1998 年 10 月欧洲专利局、欧洲专利组织成员国及欧洲委员会合作开发建立了欧洲专利局专利检索系统（http：//worldwide. espacenet. com/），汇集世界上 90 多个国家、地区和组织的 7000 多万篇专利文献，其突出特点是通过优先权号检索同族专利，可以实现对多个国家专利信息的一次性检索。该系统数据更新快、覆盖面广、检索方便，可以帮助用户了解世界专利的最新情况，以及查询已有的专利信息。

该系统资源主要分为三部分：①世界专利数据库，收录 90 多个国家、地区和组织的专利文献，多为题录信息，部分有全文；②欧洲专利局数据库，收录最近 24 个月欧洲专利局公布的专利全文（超过 24 个月的进入世界专利数据库），数据每周三更新；③世界知识产权组织数据库，收录最近 24 个月 PCT 公布的专利全文，专利公布 2 周后入库。用户可选择任意一个数据库进行检索。系统中收录了不同国家的专利信息（数据范围和数据类型均不同），包括题录、文摘、文本式的说明书及权利要求、扫描图像的说明书全文（PDF 格式）等。

该系统提供智能检索、高级检索和分类检索3种检索方式，网站默认显示智能检索页面，检索页面支持英语、法语、德语、中文等38种语言，并支持逻辑检索和截词检索，在不同检索方式下提供的可检索字段不同，在高级检索方式下提供的可检索字段最多。检索结果包括了专利基本信息、专利描述、专利权、专利缩略图、专利原文和法律状态等9个方面的信息，大部分专利文献均可以在线浏览和分页下载。

（三）德温特创新索引数据库

德温特创新索引数据库（http：//www. webofknowledge. com/diidw）整合了Derwent公司最著名的世界专利索引和专利引文索引，收录了1963年以来全球40多个专利机构的近1500万件专利发明和3000多万条专利信息，每周增加经过Derwent公司专利专家深度加工的25000篇专利文献，是国际专利信息收录较全面的数据库。

该数据库基于Web of Science平台，通过学术论文和技术专利之间的相互引证关系，建立了专利与文献之间的连接，为研究人员提供世界范围内的化学、电子电气和工程技术领域内综合全面的发明信息。每周还添加45000多个最新的被引用参考及引用参考的专利信息，提供专利引文标引及检索功能；还可直接链接到Delphion知识产权网络，用户可在线阅读并下载专利说明书的全文图像。

通过德温特创新索引数据库，用户可以检索完整的专利数目信息，包括所有引用该专利的专利和该专利所引用的专利。该数据库提供基本检索、被引专利检索、高级检索和化合物质检索等4种检索方式。其中，基本检索可通过主题、标题、专利权人、发明人、专利号、国际专利分类、德温特分类代码、德温特手工代码、德温特主入藏号、德温特注册号、德温特化合物号、德温特化学资源号等进行检索；被引专利检索可通过被引专利号、被引专利权人、被引专利发明人、被引专利的德温特入藏号等进行检索。

（四）国外其他的专利文献检索网站

1. 美国Delphion知识产权信息网，http：//www. delphion. com/

2. 全球专利检索服务系统，http：//www. sunsite. unc. edu/patent/

3. IBM知识产权信息网，http：//www. ibm. com/ibm/licensing/

4. 英国专利局，http：//www. gov. uk/

5. 日本特许厅专利局，http：//www. jpo. go. jp/

6. 加拿大知识产权局专利数据库，http：//www. strategis. ic. gc. ca/engdoc/

7. 免费专利在线，http：//www. freepatentsonline. com/

第二节　标准文献检索

案例讨论

【案例】根据国际标准，医药卫生技术领域的标准分为医学科学和保健装置综合、医疗设备、牙科、消毒和灭菌、实验室医学、制药学、医院设备、急救、残障人员用设备、人口控制和兽医学等类别。

【讨论】如何查找与医疗器械相关的标准？

一、概述

（一）标准

1. 概念　标准是按规定的程序制定，经权威机构（国际组织、区域组织、专业组织）或主管机关（国家、行政部门、管理机构）批准，在特定范围内执行的统一规定和准则。标准也是为了在一定范围内获得最佳秩序，经协商一致制定并由公认机构批准，共同使用的和重复使用的一种规范性文件，通常包含可以用来为某一范围内的活动及其结果制定规则、导则或特性定义的技术规范或者其他精确准则，其目的是确保材料、产品、过程和服务能够符合需要。

> **∞ 知识链接**
>
> ### 标准化
>
> 制定、修订和贯彻标准的全部活动过程称为标准化。标准化是组织现代化生产和实行科学管理的基础，它的重要意义在于有利于引进和推广新技术、开发新产品、提高生产质量、节约人力物力、防止贸易壁垒、保障安全生产以及提升社会经济效益。

2. 特点

（1）有固定的代号和规范的编写格式。

（2）具有一定的适用范围，如一个标准只能解决一个问题；不同种类、不同级别的标准适用的范围不同。

（3）具有时效性，如在一定期限内执行。

（4）具有法律效力和约束力，如我国标准化法规定，生产、销售、进口不符合强制性标准的产品，由法律、行政法规规定的行政主管部门依法处理。

3. 类型

（1）按标准的性质划分

1）技术标准　是对工农业产品和工程建设的质量、规格、用途及检验方法等做出的技术规定。

2）管理标准　是指行政与经济管理机构为合理组织和发展生产，正确处理生产、分配、消费之间的关系以及行使各种管理职能而制定的标准。

（2）按标准的适用范围划分

1）国际标准　是指在世界范围内通行的标准，如国际标准化组织（ISO）标准、国际电工委员会（IEC）标准、世界卫生组织（WHO）标准。

2）区域性标准　是指在世界某一区域适用的标准，如欧洲标准化委员会（CEN）标准。

3）国家标准　是指在一个国家内必须执行的标准，如中国国家（GB）标准。

4）行业标准　是指在一个国家的某个行业内统一使用的标准。

5）地方标准　是指在一个国家的某个行政区域内通用的标准。

6）企业标准　是指在一个企业内部适用的标准。

（3）按标准的成熟程度划分

1）正式标准　是指经权威机关批准执行的标准。

2）试行标准　是指已经批准执行，但尚不够成熟，需在实践中进一步检验的标准。

3）推荐标准　是由权威机构推荐试用的标准。

4）标准草案　是指征求意见的标准初稿。

（4）按标准的用途划分

1）基础标准　是在一定范围内对那些普遍使用、具有广泛指导意义的原始依据的对象所做的统一规定，例如为符号、技术术语、计量单位、制图方法、公差与配合等方面所制定的标准。

2）产品标准　是对产品的品种、分类、性能、形状、质量、技术要求、试验和验收方法、包装、标志、运输等所做的统一规定。不仅是划一和精简产品规格，使产品配套和零部件通用互换的保证，又是衡量产品质量的依据。

3）原材料标准　是对原材料的分类、品种、规格、化学成分、物理性能、试验和验收方法等所做的统一规定。

4）方法标准　是对技术和生产过程中有关工艺、试验、测定、检验等工作所做的统一规定。

（5）按标准的级别划分　《中华人民共和国标准化法》将我国标准分为国家标准、行业标准、地方标准、企业标准四级。各级标准的对象、适用范围、内容特性要求和审批权限均由有关法律、法规和规章做出规定。国家标准、行业标准可分为强制性标准、推荐性标准（/T）和指导性技术文件（/Z）三种。

4. 编号　是一种用以表示标准的国别、类别及颁发时间的代码，是检索标准文献的途径之一。标准的编号是由"标准代号+顺序号+制定年份"组成。标准代号是以制定标准的标准化主管部门的名称缩写或缩写拼音表示的。

（1）我国标准的编号

1）国家标准的编号　GB+顺序号+批准年份。

2）部颁标准的编号　部（或专业名称）的汉语拼音字母+顺序号+批准年份。

3）地区性标准编号　省、直辖市、自治区简称汉字+企业标准号。

4）部级指导性标准（文件）编号　部标准代号/Z+顺序号+批准年份。

5）企业标准编号　Q/企业区分号+顺序号+批准年份。如是地方企业标准，则在Q前再加上省、直辖市、自治区简称汉字。

（2）国际标准编号及其他国家标准的编号

1）国际标准化组织的标准编号　ISO+顺序号+制定年份。

2）国际电工委员会的标准编号　IEC+顺序号+制定年份。

3）世界上有关国家的标准编号　一般由"标准代号+字母类号+数字类号+序号+制定年份"组成。

4）美国国家标准编号"ANSI C 7. 15—1975"　ANSI为美国国家标准代号，C为字母类号，"7."为小数点类号，15为序号，1975为制定年份。

5）日本国家标准编号"JIS G 4306—1981"　JIS为日本国家标准代号，G为字母类号，43为数字类号，06为序号，1981为制定年份。

◆▶ **知识拓展**

　　现代标准产生于 20 世纪初期。1901 年英国成立了世界上第一个全国性的标准化机构。至目前为止，标准化已得到世界各国的广泛认可，如被世界公认为最有影响的两个国际标准化机构：国家标准化组织（ISO，成立于 1947 年，世界上大多数国家都已加入）和国际电工委员会（IEC，成立于 1906 年）。我国于 1957 年成立了国家标准局，1958 年颁布了第一批国家标准，1978 年 9 月我国加入了国际标准化组织，并制定了《中华人民共和国标准化法》于 1989 年 4 月 1 日起施行。

（二）标准文献

1. 定义　广义的标准文献是指与标准化工作有关的一切文献，包括标准文件、标准形成过程中的各种档案、标准宣传推广手册及其他各种出版物、揭示报道标准文献信息的目录、索引等检索工具。狭义的标准文献是指按规定程序制定，经公认权威机构（主管机关）批准的一整套在特定范围（领域）内必须执行的规格、规则、技术要求等的规范性文献。

2. 特点

（1）描述详尽、完整可靠、技术成熟度高，是从事生产、设计、管理、产品检验、商品流通、科学研究等的共同依据，在一定条件下具有某种法律效力，有一定的约束力。

（2）单独出版、自成体系。标准文献无论从编写格式、语言描写、内容结构还是审批程序、管理办法以及代号系统等都是独自成为一套体系。标准文献最特殊的标志就是一份标准对应一个标准号，即使一份标准仅有寥寥数页也单独成册出版。一份标准一般只解决一个问题，文字准确简练。

（3）时效性强。标准文献随着技术水平的不断发展而弃旧更新。ISO 标准每 5 年复审一次，个别情况可以提前修订，以保证标准的先进性。我国国家标准实施 5 年也要进行复审，即国家标准有效期一般为 5 年。

（4）交叉重复、相互引用。从企业标准到行业标准再到国际标准之间并不意味着技术水平级别依次上升，在制定标准时，同一级别的标准甚至是不同级别的标准经常相互引用或交叉重复。不同种类和级别的标准在不同范围内贯彻执行。

3. 分类

（1）国际标准分类法　国际标准分类法（International Classification for Standards，ICS）是由国际标准化组织编制的标准文献分类法。它主要用于国际标准、区域标准、国家标准和相关标准化文献的分类、编目、订购与建库，并促进这些标准文献在世界范围的传播。国际标准化组织发布的标准在 1994 年以前使用 UDC 分类，1994 年以后改用 ICS 分类。我国从 1997 年 1 月 1 日起在国家标准、行业标准、地方标准上标注新的 ICS 分类号。

　　ICS 分类法由三级类目构成。一级类目包含标准化领域的 40 个大类，每一大类号以 2 位数字表示，如 01（综合、术语学、标准化、文献），07（数学、自然科学）。二级类目由一级类目的类号和一个被点隔开的 3 位数字组成。全部 40 个大类分为 335 个二级类目，335 个二级类目中的 124 个被进一步细分为三级类目。三级类目的类号由二级类目的类号和一个被点隔开的 2 位数字组成，如 43.040.02 表示照明和信号设备。

（2）中国标准分类法　1983 年国家标准局制定了《中国标准分类法》（Chinese Classification

for Standards，CCS)，是我国标准的通用分类方法。CCS类目设置以专业划分为主，适当结合科学分类。序列采取从总到分，从一般到具体的逻辑系统。本分类法采用二级分类，一级主类的设置主要以专业划分为主，二级类目设置采取非严格等级制的分类方法；一级分类由24个大类组成，每个大类有100个二级类目；一级分类（表8-3）由单个大写英文字母表示，二类分类由双数字组成。

表8-3 《中国标准分类法》一级类目表

A 综合	J 机械	S 铁路
B 农业、林业	K 电工	T 车辆
C 医药、卫生、劳动保护	L 电子元器件与信息技术	U 船舶
D 矿业	M 通信、广播	V 航空、航天
E 石油	N 仪器、仪表	W 纺织
F 能源、核技术	P 土木、建筑	X 食品
G 化工	Q 建材	Y 轻工、文化与生活用品
H 冶金	R 公路、水路运输	Z 环境保护

二、中国标准文献检索

国内标准文献的常用手工检索工具包括《中华人民共和国国家标准目录及信息总汇》《中华人民共和国国家标准和行业标准目录》《中国国家标准汇编》《中国国家标准分类汇编》《中国药品标准》等，这些检索工具均按标准文献的分类编排。《中国标准化年鉴》也可作为辅助工具进行相关的文献信息查找。

网络标准信息资源的出现使标准文献的查找变得更为简单快捷。国内标准文献的网络检索通常提供标准号、中文标题（关键词)、英文标题（关键词)、发布日期、发布单位、实施日期、采用关系、被替代标准等多检索途径，利用其获取全文和标准信息的新颖性、及时性等方面的优势胜过手工检索方式。

1. 国家标准文献共享服务平台 国家标准文献共享服务平台（http://www.cssn. net.cn/）是由中国标准化研究院建设的国家级标准信息服务门户，原网站名称为"中国标准服务网"，是世界标准服务网（http://www.wssn.net/）的中国站点，其标准信息主要依托于国家标准化管理委员会、中国标准化研究院标准馆及院属科研部门、地方标准化研究院（所）及国内外相关标准化机构。该平台收录了60多个国家、70多个国际和区域性标准化组织、450多个专业学（协）会的标准以及我国的全部国家标准和行业标准，还收集了160多种国内外标准化期刊和标准化专著，总馆藏资源量达110余万册，标准原文由中国标准化研究院标准馆有偿提供服务。

国家标准文献共享服务平台面向社会开放，提供强制性国际检索/阅读、标准检索、期刊检索、专著检索、技术法规检索、标准内容指标检索等检索服务，涵盖简单检索、高级检索、专业检索和分类检索四种检索方式。检索结果以题录方式显示，内容包括标准号、标准中文标题和英文标题、发布日期和实施日期，同时支持二次检索和按品种筛选的功能。单击标准名称链接可以浏览该标准的详细信息（用户经注册成为会员后可免费检索到相关的题录信息，但要获取全文还需缴纳一定费用)。

2. 中国知网标准数据总库 中国知网标准数据总库（http://www.cnki.net/）是国内数据量最

大、收录最完整的标准数据库，包括中国标准题录数据库（SCSD）、国外标准题录数据库（SOSD）、国家标准全文数据库和中国行业标准全文数据库。其中，SCSD 收录了所有的中国国家标准（GB）、国家建设标准（GBJ）、中国行业标准的题录摘要数据，共计约 13 万条；SOSD 收录了世界范围内的重要标准约 31 万条；国家标准全文数据库收录了由中国标准出版社出版的、国家标准化管理委员会发布的所有国家标准，占国家标准总量的 90% 以上；中国行业标准全文数据库收录了现行、废止、被代替及即将实施的行业标准，全部标准均获得权利人的合法授权，标准的内容来源于中国标准化研究院国家标准馆，相关的文献、专利、成果等信息来源于 CNKI 各大数据库。

该数据总库提供初级检索、高级检索、专业检索三种检索方式，检索页面左侧有中国标准分类、国际标准分类、学科导航等导航栏，用户可以通过导航链接直接获得某一类目、学科的标准信息。SCSD、SOSD 的检索字段相同，主要有中文标准名称、英文标准名称、中文主题词、英文主题词、标准号、发布单位名称、发布日期、被替代标准、采用关系、摘要等。国家标准全文数据库的检索字段有中文标准名称、标准号、起草单位、起草人、采用标准、发布日期、中国标准分类号、国家标准分类号等。

3. 万方数据资源系统中外标准数据库 万方数据资源系统中外标准数据库（http://www. wanfangdata. com. cn/）包括标准文摘数据库和标准全文数据库，收录了国内外的大量标准，包括中国国家标准、建设标准、建材标准、行业标准、国际标准、国际电工标准、欧洲标准以及美国、英国、德国、法国国家标准和日本工业标准等 27 万多条记录。数据每月更新。

该系统提供简单检索和高级检索两种检索方式。检索字段包括标准类型、标准编号、标准名称、关键词、发布单位、起草单位、中国标准分类号、国际标准分类号、发布日期、实施日期、确认日期和废止日期等 14 个选项。标准类型可提供下拉列表框，可以对标准类型进行限定；国别下拉菜单可提供中国、美国、英国、法国、德国、日本、俄罗斯、澳大利亚、国际及全部等 10 个限定选项。

三、国外标准文献检索

（一）国际标准化组织

国际标准化组织（International Organization for Standardization，ISO）（http://www. iso. org/）成立于 1947 年，是国际上权威的标准制定单位，也是世界上最大的非政府性标准化专门机构，现有 160 多个成员国。ISO 的主要活动是制定国际标准，协调世界范围内的标准化工作，组织各成员国和技术委员会开展信息交流，以及与其他国际性组织合作，共同研究有关标准化问题。ISO 的所有标准每隔 5 年重新审定一次，使用时应注意利用最新版本。

在 ISO 主页右上角单击"Search"按钮就可以进入检索页面，网站提供简单检索、高级检索、分类浏览与扩展检索等方式。高级检索中可以选择检索范围包括颁布标准、即将实施标准、撤销标准、废除标准，检索字段包括关键词或短语、ISO 标准号码、文档类型、语种、日期、标准委员会等限定条件。检索结果提供相关标准的类号、标准名称、标准号、版次、页数、编制机构、订购全文的价格等信息。如需订购全文，则要单击相应的图标，并填写相关的个人资料、付款方式及全文的传递方法。

（二）国家标准系统网络

国家标准系统网络（National Standards Systems Network，NSSN）是由美国国家标准学会管理、维护的一个全球性标准文献搜索引擎，可以免费查询世界上 600 多个标准组织制定的 30 多万个标准。NSSN 提供标准全文的获取信息（包括联系电话、标准组织的网址等，用户可以在线购买标准全文），还提供标准的跟踪服务（需要登录）。

NSSN 网站检索标准文献有简单检索和高级检索两种方式。

1. 简单检索　在网站首页的检索框中输入检索词，选择检索入口：Find Title、Abstract or Keywords（默认检索入口）或者 Find Document Number。前者是在标准名称、摘要、委员会、开发者、关键词等中查询，后者是在标准号字段中检索。在前者中检索时，系统会自动搜索检索词及其相关变化形式；若输入的多个检索词之间以空格分隔，默认为逻辑"与"检索；可以使用双引号进行短语检索；系统不区分字母的大写。在标准号字段检索时，可以输入完整的标准号，也可以输入标准号的一部分。

2. 高级检索　NSSN 高级检索提供了多个检索选项，包括选择检索字段（标准号、标准名称、全部字段，若选择全部字段，则在标准号、标准名称、摘要、委员会、关键词中查询）、选择检索词的匹配方式（全部词、任一词、短语、布尔逻辑检索）、限定标准的制定者及标准的范围等，同时还可以设置检索结果返回的最大记录量及每页显示的记录数量。

检索结果以题录形式显示，包括 document #（标准号）、title（标准名称）、developer（制定者）、ordering information（订购信息）。单击表格上的名称可以对检索结果进行相应的项目排序。例如，单击 title，结果会按标准名称排序。

第三节　医学会议文献检索

案例讨论

【**案例**】对于医学研究人员来说，及时了解和掌握各类医学会议信息，了解各领域内的研究现状、研究前沿，积极参与到各大医学会议中，与同行研究人员共享科研成果与科研信息，是非常重要的。

【**讨论**】1. 目前国内外大型的会议网站有哪些？

　　　　 2. 如何查找相关的会议论文？

一、医学会议文献概述

（一）概念

会议文献是指在各类学术会议上形成的资料和出版物，是了解世界各国科技发展水平和动向的重要文献与情报信息源，包括参加会议者预先提交的论文文摘，在会议上宣读或发放的论文、会议上讨论的问题、交流的经验和情况等经过整理编辑加工而成的正式出版物。

医学会议文献是针对临床、科研、生产中有关医疗、诊断、药品、卫生防疫、疾病控制等专题会议后，形成的大会资料汇编，通常以会议录、论文集和学术报告汇编等形式出版。

全世界每年召开很多医学会议，这些学术会议的议题多为当前医药学科发展的重大议题，很多新问题、新见解、新成果和新进展都在学术会议上首次提出。及时掌握各类医学会议信息，有助于医学研究人员了解最新研究动态，并及时参与其中，以促进学术交流、共享科研成果、掌握发展动态，为进一步的专业研究和学术交流积累信息。

（二）类型

1. 按出席会议代表的规模和地域划分

（1）国际性会议 分为"世界"和"国际"两种。"世界会议"是指世界各大洲（地区）都有代表参加的会议；"国际会议"是指由某一国际组织或两个以上国家联合召开的会议，也指一个国家组织召开的有一定数量的外国专家参加的学术会议。

（2）全国性会议 是由全国性的各专业学会、协会或几个单位联合召开的会议。

（3）地区性会议 是由各地区和基层部门组织召开的学术会议，具有数量多、规模小、专业性强的特点，但信息的收集一般比较难。

2. 按会议召开的时间划分

（1）会前文献 一般是指在会议前预先印发给参会代表的论文、论文摘要或论文目录。

（2）会间文献 主要包括会议议程、开幕词、讲演词、讨论记录和会议决议等。

（3）会后文献 主要是指会议结束后正式出版的会议论文集等，是会议文献的主要组成部分。会后文献经过会议的讨论和作者的修改、补充，其内容一般比会前文献更准确、成熟。

3. 按出版形式划分（主要指会后文献）

（1）图书 大多数会后文献以图书形式出版，称为会议录或会议专题论文集。

（2）期刊 有不少会议论文以特辑、专刊和增刊专栏等形式发表在期刊上。

（3）科技报告 有些会后文献以科技报告的形式出版，如美国四大报告（AD、FB、DOE、NASA）中常编入会议文献，且都有会议文献的专门编号。

（4）视听资料 由于会议录等出版较慢，国外有些学术会议直接将开会期间的录音、录像等视听资料在会后发售。

二、会前会议文献检索

（一）国内医学会前文献检索

1. 利用会议类网站、专业学会网站检索

（1）中国学术会议在线 中国学术会议在线（http://www.meeting.edu.cn/meeting/）是由教育部科技发展中心主办，面向广大科技人员的科学研究与学术交流信息服务平台。为用户提供学术会议预告、会议分类搜索、会议在线报名、会议论文征集、会议资料发布、会议视频点播、会议同步直播等服务。该网站提供模糊检索、会议检索、视频检索和会议论文摘要检索四种站内资源检索功能。用户还可以通过首页上方的学科分类导航按学科浏览会议相关信息。

在"学术会议预告"栏目，用户可以按照会议召开年份，分别对境内和境外未来6年内即将召开的会议进行分类浏览，包括会议的学科分类、会议名称、会议时间和地点、会议主题、会议拟收录、论文摘要截止时间和往届会议信息等。该栏目还提供按照学科分类、关键字、会议召开地区、会议开始时间和结束时间、论文截止时间等检索功能。

（2）中华医学会网站 中华医学会网站（http://www.cma.org.cn/）是中华医学会组织学术

交流活动、开展继续医学教育的学术网站。通过"会议通知"可获取由中华医学会及各分会、中华医学系列期刊编辑部和音像社主办的学术会议信息，包括会议介绍、日程、地点、征文以及会议网站链接等多项内容。点击导航栏中的"学术活动"后可查看会议通知、会议计划查询以及征文通知等信息。在"会议计划查询"里可浏览某一年度的学术会议计划，包括主办方的分会名称、会议名称、重要内容和目的、会议时间和地点、参会人员、会期、联系人、联系方式等信息。

（3）医学会议在线　医学会议在线（http://www.medig.com.cn/）汇集了大量的国内外医学会议信息，数据每日更新。该网站设有最新医学会议、近期医学会议、医学会议报道、重要会议推荐、会议课件、医学资讯等栏目。会议搜索提供按科室归类会议信息的学科分类导航以及会议检索功能。用户可在首页左侧搜索框中键入会议主办单位、会议日期、会议关键字，选择科室、会议地址、会议类型、会议规模，点击"会议搜索"即可完成检索操作。用户还可以进入会议搜索页面进行详细的会议检索。网站还为注册会员提供发布会议信息、在线会议报名、在线提交会议论文等个性化服务。

2. 利用搜索引擎检索　查找国内医学会前信息资源，可以利用百度、谷歌等搜索引擎，以会议相关关键词进行检索，在分类浏览或在检索框中输入会议、研讨会、学习班、讨论会和研修班等关键词，均可查询到国内很多相关的学术会议信息。

（二）国外医学会前文献检索

1. 医生指南－会议资源中心　医生指南－会议资源中心（http://www.docguide.com/crc.nsf/web－bySpec/）是著名医学网站 Doctor's Guide 专门用于预报全球医学会议信息的一个栏目。该站点提供了多种检索会议信息的方式，页面左上方有简单检索输入框（Search Crc）和高级检索（Advanced Search）界面的链接，可以在检索框中键入检索词（关键词、时间、地址等）快速、准确地查找会议信息；页面左侧下方提供了通过学科主题（By Specialty）、会议日期（By Date）、会议地点（By Location）三种途径的浏览方式。会议预报主要内容包括会议名称、召开时间和地点、联系方式等。

2. HON Meetings　HON Meetings（http://debussy.hon.ch/cgi－bin/confevent/）是 HON Medhunt 医学信息门户网站的一个子数据库，能够提供当年及之后 5 年间北美洲、南美洲、中美洲、欧洲、大洋洲、亚洲、非洲、加勒比海和中东等地区将要举行的国际医学会议信息。用户可以通过关键词、会议日期、会议地点及会议主题或字顺等途径检索相关的会议信息。会议信息主要包括会议名称、日期、地点、会议简介、关键词、会议类型、会议使用语言、会议网站链接等内容。用户还可以通过"Submit a conference"发布会议信息，通过"Past conferences"浏览已召开的会议信息，通过"Mailing service"定制个性化服务。

3. 学术会议网医学会议预报　学术会议网医学会议预报（http://www.medical.theconferencewebsite.com/）由英国 RF（Medical）LTD 开发和维护，专门为用户提供免费查询国际上医学会议信息及继续医学教育课程的一站式网站。该网站提供简单检索和高级检索两种检索方式。简单检索框设在首页右上角，用户可以通过输入检索词进行会议信息检索；高级检索提供按照学科分类、会议名称及其缩写、关键词、会议召开地区、会议起止时间等字段检索会议信息的功能。用户还可以直接点击首页上的学科分类目录进行检索查找。

三、会后会议文献检索

会后文献是会议论文的最主要来源。会议文献的出版形式多样，有图书、期刊、科技报告、在线会议网站等，检索相对比较困难。用户通常可以利用网站、搜索引擎和会议类数据库产品进行检索。

（一）国内会后会议文献检索

1. CNKI 国内外重要会议论文全文数据库 CNKI 国内外重要会议论文全文数据库（www. cnki. net/）是中国知网（CNKI）的会议论文数据库，重点收录 1999 年以来中国科协系统及国家二级以上的学会、协会，高等院校、科研院所、学术机构、政府机关举办的重要会议以及在国内召开的国际会议上发表的文献，年更新约 10 万篇论文。其中，国际会议文献占全部文献的 20% 以上，全国性会议文献超过总量的 70%，部分重点会议文献可回溯至 1953 年。

使用该数据库可对检索控制条件和内容检索条件进行限制。用户可以在中国知网首页进行会议论文的简单检索，可供检索的字段包括会议全文、主题、篇名、关键词、作者、单位、会议名称、基金、摘要、论文集名称、参考文献和中图分类号。点击检索框右侧的"高级检索"可进入高级检索页面（图 8 - 7），在此页面用户可以进行会议论文的高级检索，包括对国内会议、国际会议和会议视频子库的选择性检索或跨库检索。高级检索功能还提供中英文扩展检索和同义词扩展检索。该数据库还提供了最近词、与输入检索词相关的其他词和词频选择等检索辅助功能。

图 8 - 7 CNKI 国内外重要会议论文全文数据库"高级检索"页面

2. 万方会议论文数据库 万方会议论文数据库（http://www. wanfangdata. com. cn/）是万方数据资源系统科技信息子系统所提供的会议论文全文数据库，收录了由中国科技信息研究所提供的，1985 年至今世界主要学会和协会主办的会议论文，以一级以上学会和协会主办的高质量会议论文为主。该数据库每年涉及近 3000 个重要的学术会议，总计 218 万余篇，每年增加约 20 万篇，每月更新，收录范围涵盖自然科学、工程技术、农林、医学等多个领域，内容包括数据库名、文献题名、文献类型、馆藏信息、馆藏单位、馆藏号、分类号、作者、出版地、出版单位、出版日期、会议信息、会议名称、主办单位、会议时间、会议地点、会议届次、卷期、主题词、文摘等，为用户提供全面、详尽的会议信息，是了解国内学术会议动态、科学技术水平、进行科学研究必不可少的工具。

该数据库提供了一般检索、高级检索和专业检索。用户可以在该平台首页的搜索框中按照题名、作者、关键词、摘要、单位、会议名称、主办单位字段检索会议论文，也可以在跨库检索中选择"会议论文"和"外文会议"对该数据库全文资源进行高级检索，还可以点击会议进入详细页面，按照学科分类和主办机构浏览会议论文（图8－8）。另外，对检索结果还可以按照相关度优先、经典论文优先、最新论文优先等方式进行排序。

图8－8　万方会议论文数据库"高级检索"页面

3. 国家科技图书文献中心（NSTL）会议论文数据库　该数据库（http://www.nstl.gov.cn/）由国家科技图书文献中心开发，包括中国会议论文数据库和外文会议论文数据库。中国会议论文数据库收录了1985年以来我国国家级学会、协会、研究会以及各省、部委等组织召开的全国性学术会议论文。该数据库的收录重点为自然科学各专业领域，每年涉及600余个重要的学术会议，年增加论文4万余篇，每季或每月更新，目前收录了147万余篇会议论文。

NSTL首页的快速检索框提供中文会议论文的简单检索。点击首页的中文会议即可进入中文会议文献高级检索界面，提供模糊查询、精确查询和条件查询功能，用户可以选择检索字段、输入检索词，勾选查询方式，设置查询条件（检索词之间的关系通过"与""或""非""异或"等检索条件加以限制）后，点击检索按钮运行检索（图8－9）。

（二）国外会后会议文献检索

1. ISI Proceedings（CPCI）　ISI Proceedings（https://www.webofknowledge.com/）是美国Thomson Scientific公司基于美国科学情报研究所（ISI）Web of Knowledge检索平台创建的专门收录国际会议录的数据库，包括科技会议录索引（Index to Scientific & Technical Proceedings，ISTP）和社会科学及人文会议录索引（Index to Social Sciences & Humanities Proceedings，ISSHP）两大数据库。自2008年10月20日起，在全新升级的Web of Science中，ISTP更名为会议录引文索引（Conference Proceedings Citation Index，CPCI），ISI Proceedings所集成的两大会议录索引也更名为Conference Proceedings Citation Index – Science（科技会议录索引，简称CPCI – S）和Conference

图 8 - 9　国家科技图书文献中心会议论文数据库"高级检索"页面

Proceedings Citation Index – Social Science & Humanities（社会科学与人文会议录索引，简称 CPCI – SSH）。

ISI Proceedings 是收录最多、覆盖学科最广泛的学术会议录文献数据库，汇集了世界上最新出版的会议录资料，是科研人员了解和查找世界权威会议文献最主要的检索工具，收录了 1990 年以来超过 15 万个会议的 600 多万条记录，每年新增收录 1 万多个会议的文献，年增加 20 多万条记录，数据每周更新。65% 的索引内容来源于专门出版的会议录或丛书，其余来源于以连续出版物形式定期出版的系列会议录。

CPCI 是 Web of Science 核心合集的组成部分，具体检索方法与"Web of Science"检索相同，提供基本检索、作者检索、被引参考文献检索和高级检索等多种检索方法。基本检索中，用户可以在检索框右侧下拉列表中选择会议，进行会议名称的快速检索，也可以进行时间跨度的限定等更多的检索设置。高级检索中，用户可以在检索框下方的文献类型中选择"Proceedings Paper"、"Meeting Abstract"或"Meeting Summary"三种类型并在其左侧选择语种限制进行检索，还可以用 AND、OR、NOT 和 SAME 连接检索字段，构造检索式进行复合检索。此外，在任何检索方法中，用户都可以在检索结果页面中选择"Proceedings Paper""Meeting Abstract""Meeting"等会议相关的文献类型，对检索结果进行精炼，再查看检索结果中的会议文献。

2. OCLC FirstSearch 会议论文数据库　OCLC（Online Computer Library Center）即美国联机计算机图书馆中心，是世界上最大的提供文献信息服务的机构之一，FirstSearch（http://www.oclc.org/firstsearch/）是其新产品，可以检索 80 多个数据库，其中的两个数据库 PapersFirst（国际学术会议论文索引）和 ProceedingsFirst（国际学术会议录索引）是供检索会议的题录型数据库，收录了 1993 年 10 月以来世界范围的研讨会、专题会、学术报告会、座谈会、博览会等各种会议的论文题录信息。PapersFirst 收录会议论文 650 万余条记录，可以通过馆际互借获取全文，数据每月更新两次；ProceedingsFirst 是 PapersFirst 的关联库，它提供世界各地学术会议上发表的论文目录表，收录会议录 19.2 万余条记录，数据每周更新两次。

PapersFirst 和 ProceedingsFirst 两个数据库的检索途径及字段基本相同，均提供基本检索、高级检索和专家检索等途径，以及关键词、作者、会议名称、会议地址、会议日期等 27 个检索字段，并支持布尔逻辑运算符、位置算符的运算。检索结果以论文题录显示，主要包括作者、论文题名、资料来源、语种、会议名称等多项内容。

第四节　学位论文检索

💬 案例讨论

【案例】检索国内外近十年来是否有关于"川芎嗪对血管内皮生长因子（VEGF）信号转导通路的干预作用研究"的硕士、博士学位论文。

【讨论】1. 有哪些可以检索学位论文的中外文数据库？

2. 这些数据库该如何进行检索？

3. 确认该课题项目是否具有继续研究的价值？

一、学位论文概述

（一）概念

学位论文是指高等院校和科研单位的学位申请者结合其科学研究结果撰写的，为取得相应学位而向有关方面呈交的体现其学术研究水平并供审查答辩用的学术性研究论文，是学位授予单位为授予申请者相应学位进行学术评价的依据。

（二）特点

1. 内容的独创性与科学性　学位论文也是学术论文的一种，有一定的学术价值和情报价值，在内容上具有独创性和科学性。

2. 论述的系统性与详实性　学位论文是围绕某个具体问题，对研究的背景、材料与方法，结果与讨论等进行系统、详细的阐述，其篇幅远远大于期刊论文。

3. 结构的固定性　学位论文结构比较固定，包括封面、独创性声明、目录、中英文摘要、论文正文、综述、参考文献和致谢等内容。

4. 论据的充足性　学位论文需要引用大量的参考文献作为论述依据，在提供学术信息的同时有助于提供文献线索，便于查找、追踪检索相关文献。

（三）类型

我国的学位论文分为学士论文、硕士论文和博士论文三种。

按照研究方法，学位论文可分为理论型、实验型、描述型三类。理论型论文运用的研究方法是理论证明、理论分析、数学推理，用这些研究方法获得科研成果；实验型论文运用实验方法，进行实验研究获得科研成果；描述型论文运用描述、比较、说明方法，对新发现的事物或现象进行研究而获得科研成果。

按照研究领域，学位论文可分人文科学学术论文、自然科学学术论文与工程技术学术论文。

二、学位论文检索

（一）国内学位论文检索

1. CNKI 中国优秀博硕士学位论文全文数据库　中国优秀博硕士学位论文全文数据库（http://kns.cnki.net/KNS/）是中国知网（CNKI）系列数据库之一，是目前国内资源最完备、收录质量最高的博硕士学位论文全文数据库。该数据库收录了 1984 年至今全国 420 余家博士授予单位的博士学位论文和 600 余家硕士授予单位的优秀硕士学位论文，覆盖理工、农业、医药卫生、文史哲、经济政治与法律、教育与社会科学、电子技术与信息科学学科。CNKI 中心网站数据每日更新。检索方式有初级检索、高级检索、专业检索、句子检索、学位授予单位导航（地域导航、学科专业导航）等。检索结果可以选择在线阅读、整本下载、分章下载、分页下载等。CNKI 的知网节页面中还提供了与浏览文献相关的文献、作者、研究机构、引证文献等的链接。

2. 中国学位论文全文数据库　中国学位论文全文数据库（China Dissertation Database，CD-DB）（http://www.wanfangdata.com.cn/）是万方数据知识服务平台的重要组成部分，收录了 1977 年以来我国 90% 以上学位授予单位的学位论文全文，精选全国重点学位授予单位的硕士、博士学位论文及博士后报告，每年增加约 30 万篇。内容涵盖理学、工业技术、人文科学、社会科学、医药卫生、农业科学、交通运输、航空航天和环境科学等各学科领域，是我国收录数量较多的学位论文全文数据库。该库时效性强，数据每周更新，提供简单检索、经典检索、专业检索和分类浏览检索等检索途径，检索入口有标题、作者、摘要、关键词、导师、学校和专业等检索字段。

3. CALIS 高校学位论文库　CALIS 高校学位论文库（http://etd.calis.edu.cn/）是中国高等学校数字图书馆联盟（China Academic Digital Library Alliance，CALIS）自建数据库之一，由 CALIS 全国工程文献中心（清华大学图书馆）负责组织协调全国各高校合作建设。该库收录了国内 80 余所著名高校从 1995 年至今的硕士、博士学位论文，涵盖自然科学、社会科学等各个学科领域。CALIS 提供学位论文的中英文文摘检索，全文需通过 CALIS 成员图书馆"文献传递"服务获取。

该库有简单检索、高级检索、学科浏览、参建馆浏览等多种检索途径。在简单检索中，可从题名、作者、作者单位、作者专业、导师、摘要、分类号、主题和全字段进行查询。检索结果有基本信息、摘要信息、详细信息三种显示格式，并提供论文前 16 页的预览及 E-mail、下载、打印、馆际互借等服务，可以通过论文索书号在 CALIS 成员图书馆找到学位论文全文，还提供了个人设置、定题通告、查看检索式等个性化服务。

4. NSTL 中外文学位论文数据库　NSTL 中外文学位论文数据库（http://www.nstl.gov.cn/）由国家科技图书文献中心（NSTL）提供，包括中文学位论文数据库和外文学位论文数据库，学科范围涉及自然科学各专业领域，并兼顾社会科学和人文科学，其中中文学位论文数据库主要收录了 1984 年至今我国高等院校、研究生院及研究院所发布的硕士、博士和博士后的论文。每年增加论文 6 万余篇，目前有学位论文 270 余万篇。外文学位论文数据库由中国科技信息研究所提供，收录了美国 ProQuest 公司博硕士论文资料库中 2001 年以来的优秀博士论文，目前有学位论文 37 万余篇，有极少原文暂不能提供。

该数据库的检索页面中提供了论文题目、关键词、分类号、导师、作者、研究专业等检索入口；查询条件之间的逻辑关系有与、或、非等选择；还提供了时间的限定和检索匹配方式的选择。

（二）国外学位论文检索

1. ProQuest 博硕士学位论文数据库　ProQuest 博硕士学位论文数据库（http://pqdtopen. proquest. com/）是美国 UMI 公司推出的网络版博硕士学位论文数据库，收录了 1861 年至今的欧美 2000 余所大学的学位论文，涵盖文、理、工、农、医等各个学科领域，是目前世界上最大和最广泛使用的学位论文文摘索引库，并提供大部分学位论文的全文订购服务。

该数据库包括初级检索和高级检索两个检索界面，高级检索界面还有四个辅助表用于限制检索条件。检索入口有文摘（Abstract）、导师（Advisor）、作者（Author）、学位（Degree）等 18 个字段，还提供了"更多检索选项"（More Search Options）供用户选择，并支持布尔逻辑运算符、邻近算符、截词符、字段检索等检索技巧。

为满足国内对欧美博硕士学位论文全文的需求，从 2002 年起，教育部 CALIS 组织国内部分高校、学术研究单位及公共图书馆共 129 个成员馆，联合采购 ProQuest 的部分学位论文全文（PDF 格式），建立了 ProQuest 学位论文全文数据库。该库目前收录了 21 万余篇全文。成员馆可通过 CALIS 全国文理中心（北京大学图书馆）、中国科学技术信息研究所和上海交通大学图书馆三个镜像站，共享各成员馆订购的论文资源。

2. NDLTD 学位论文数据库　NDLTD（Networked Digital Library of Theses and Dissertations）学位论文数据库（http://www. ndltd. org/）是由美国国家自然科学基金支持的一个网络学位论文共建共享项目，为用户提供免费的学位论文文摘，也可获取部分的免费学位论文全文。根据作者的要求，该数据库链接到的部分全文分为无限制下载、有限制下载、不能下载等方式。目前全世界有 170 多家图书馆、7 个图书馆联盟、20 多个专业研究所加入了 NDLTD。

与 ProQuest 博硕士学位论文数据库相比，NDLTD 学位论文数据库的主要特点就是成员单位共建共享并免费获取。NDLTD 的成员单位来自全球各地，覆盖的范围比较广，包括德国、丹麦等欧洲国家和中国香港、台湾地区的学位论文，但由于文摘和获取全文相对比较少，适合作为国外学位论文的补充检索资源。

实训六　专利文献检索实践

【实训目的】

1. 掌握专利的适用范围；专利的检索方法。

2. 利用专利获取文献解决问题。

【实训内容】

1. 专利文献检索。

2. 应用专利解决不同文献需求。

【实训参考项目】

1. 请分别在国家知识产权局专利检索及分析系统、中国知识产权网专利数据库服务平台查询关键词包含"心血管药物"的专利情况。分析比较两个平台检索的结果情况，并进行评价。

2. 请查询公开号为"CN102145089A"专利的详细内容和同族专利情况。

3. 请检索与"糖尿病"有关的实用新型专利情况，列举三个你认为最好的结果，描述它们的专利法律状态。

4. 某医药公司计划研发有关糖尿病的医疗器械并申请专利，请利用所学知识对此进行专利新颖性检索，提出是否可行的论证。

5. 查询近五年"中药治疗肝癌"的相关专利情况。

6. 访问国家知识产权局网站，查找蓝牙听诊器（发明专利）专利资料。

7. 请检索近三年本校申请的专利有多少项，请写出检索过程。

实训七　标准、医学会议、学位论文检索实践

【实训目的】

1. 掌握标准、医学会议、学位论文的适用范围。

2. 熟悉标准、医学会议、学位论文的检索方法。

3. 利用标准、医学会议、学位论文解决问题。

【实训内容】

1. 标准、医学会议、学位论文的检索方法。

2. 应用标准、医学会议、学位论文解决不同的文献需求。

【实训参考项目】

1. 请分别在国家标准文献共享服务平台、中国知网标准数据总库、万方数据资源系统中外标准数据库中查询中药材袋运输包装件的国家标准，并对三种检索途径进行评价。

2. 请分别在 CALIS、中国知网、万方数据库上查询中国工程院院士钟南山指导的博士学位论文情况，并比较评价检索结果。

3. 请在万方数据库、中国知网数据库的学位论文库中检索主题为"冠心病药物治疗"的硕士学位论文信息，并比较评价检索结果。

4. 请利用 Web of Science CPCI–S、HON Meetings、中华医学会网站、医学会议在线等途径检索近期国内外即将召开的有关"药学""糖尿病""高血压"的学术会议信息。

本章小结

章节名称	学习小结
第一节 专利文献检索	1. 专利文献检索是一项复杂的工作，是由数据量、数据特点、检索系统、检索方式、检索入口、检索种类、检索目的、检索范围、检索技巧和检索经验等多种因素构成的。 2. 常用的专利检索途径有：IPC 分类号、关键词、申请人/发明人/专利权人。因专利文献行文的特殊性，描述技术的名称说法独特，因此，查找某一技术或工艺的专利，利用 IPC 分类法进行检索会有更好的检索结果保障。 3. 对专利文献进行检索和分析，不仅可以避免重复研究和专利侵权，有效地保护自己的科研成果，也对指导科研决策、推广应用新技术与方法具有十分重要的意义。

续表

章节名称	学习小结
第二节 标准文献检索	1. ICS 作为国际、区域性和国家标准以及其他标准文献的目录结构，并作为国际、区域性和国家标准的分类基础，也应用于数据库和图书馆中标准及标准文献的分类。我国从 1997 年 1 月 1 日开始在国家标准、行业标准、地方标准上标注新的 ICS 分类号。 2. 网络检索标准信息，可以从国内权威标准化机构或组织的网站资源，国内行业标准全文在线检索数据库资源、国际性标准化组织和区域性标准化组织网站进行检索查询。
第三节 医学会议文献检索	1. 会议文献的特点是传递情报比较及时，内容新颖，专业性和针对性强，种类繁多，出版形式多样。它能及时反映科学技术中的新发现、新问题、新成果以及学科发展趋向，是一种重要的情报源。 2. 会议文献没有固定的出版形式，有的作为专号、特辑或增刊刊载在学会协会的期刊上，有些则发表在专门刊载会议录或会议论文摘要的期刊上。利用各种会议文献检索工具或数据库，能更好地检索并利用会议文献，获取相关信息。
第四节 学位论文检索	1. 学位论文专业性强，阐述问题较为系统、详实，是有一定独创性的参考资料。学位论文参考文献多、全面，有助于对相关文献进行追踪检索。 2. 学位论文网络数据库的出现，为用户检索和共享学位论文信息资源提供了极大便利。中国知网（CNKI）中国优秀博硕士学位论文全文数据库、万方数据中国学位论文全文数据库、CALIS 高校学位论文库、NSTL 中外文学位论文数据库是检索国内学位论文的主要途径。

目 标 检 测

一、选择题（1~10 单选题，11~15 多选题）

1. 《中国标准文献分类法》是目前国内用于标准文献管理的通用分类方法。该分类法由（　）个一级大类目组成，用大写英文字母表示，每个一级类目下分 100 个二级类目，二级类目用 2 位数字表示。

    A. 20   B. 22

    C. 24   D. 25

2. 学位论文按照研究领域划分，可分人文科学学术论文、自然科学学术论文与（　）论文。

    A. 工程技术学术   B. 理工

    C. 农业科学   D. 天体物理学

3. 《中华人民共和国专利法》规定，发明专利权的保护期限为 20 年，实用新型和外观设计的保护期限为 10 年。一旦超过保护期，该项发明就自动成为全世界的公共知识，任何人都可以（　）。

    A. 部分模仿   B. 全部模仿

    C. 优惠使用   D. 自由使用

4. 同一专利族中最早优先权（最先申请）的专利文献称为（　）。

    A. 子专利   B. 基本专利

C. 专利法人
D. 专利申请人

5. 我国于（ ）年颁布并于同年 4 月 1 日起正式实施《中华人民共和国专利法》。

A. 1984
B. 1980
C. 1990
D. 1986

6. 标准在实际工作中的用途，分为基础标准、产品标准、方法标准和（ ）。

A. 验收标准
B. 原材料标准
C. 实验标准
D. 半成品标准

7. 当没有明确目标或不清楚专利的具体名称，而需要检索某个主题内容的专利时，可以从（ ）途径入手进行检索。

A. 关键词
B. 分类号
C. 主题
D. 新颖性

8. （ ）数据库是目前世界上最大和最广泛使用的学位论文文摘索引库。

A. 汤森·路透
B. 爱思唯尔
C. 德温特
D. ProQuest

9. 大量的会议文献因其论题集中、内容新颖，具有较高情报价值而备受专业人员的青睐，成为一种特殊的（ ）。

A. 信息资源
B. 文献资源
C. 情报资源
D. 图书资源

10. 我国国家标准的编号是"GB + 顺序号 + 批准年份"，其中 GB 是（ ）的缩写形式。

A. 规范标准（Guifan Biaozhun）
B. 管理标准（Guanli Biaozhun）
C. 国家标准（Guojia Biaozhun）
D. 通用标准（General Biaozhun）

11. 我国学位制度有（ ），可以从不同途径进行相应学位论文检索。

A. 博士
B. 硕士
C. 学士
D. 博士后

12. 专利权属于知识产权，具有（ ）。

A. 地域性
B. 共享性
C. 时间性
D. 独占性

13. （ ）是国家标准的代号。

A. GB
B. GB/T
C. ISO
D. TY

14. 在医学领域，除科学发现、（ ）等按规定不授予专利权外，其他在医疗工作中产生的科技新成果，只要具备新颖性、创造性和实用性都可申报专利。

A. 智力活动的规则和方法
B. 疾病的诊断和治疗方法
C. 艾滋病药物
D. 基因重组技术

15. 标准文献是一种特殊文献，与一般科技文献相比，它具有（ ）。标准制定后，每隔 3 ~ 5 年复审一次，分别予以确认、修改或废止，修订后标准号不变。

A. 严肃性
B. 法律性
C. 时效性
D. 滞后性

二、思考题

1. 特种文献主要包括哪些文献类型？
2. 会议文献的类型、功能、特点有哪些？
3. 获取会前信息和会后信息的有效途径有哪些？
4. 学位论文的特点是什么？
5. 国内学位论文常用的检索数据库有哪些？

（潘伟男）

第九章 中医药文献检索

知识目标

1. 掌握中医药文献检索的技巧。
2. 熟悉中医药标准文献信息检索。
3. 了解中医药文献工具的编排体例及计算机数据库的检索功能。

技能目标

1. 能通过光盘、网络数据库获得中医药文献，特别是中医药古代文献资料。
2. 培养学生中医药文献检索技巧，增强中医药文献信息意识。

第一节 概　述

案例讨论

【案例】某研究团队从事糖尿病患者的肠道菌群研究，为紧跟该领域的最新研究进展，并避免出现重复研究，需要检索国内外的研究情况。

【讨论】请写出检索步骤与检索结果。

中医药作为我国独特的卫生资源、潜力巨大的经济资源、具有原创优势的科技资源、优秀的文化资源和重要的生态资源，在经济社会发展中发挥着重要作用。随着我国新型工业化、信息化、城镇化、农业现代化深入发展，人口老龄化进程加快，健康服务业蓬勃发展，人民群众对中医药服务的需求越来越旺盛，迫切需要继承、发展、利用好中医药，充分发挥中医药在深化医药卫生体制改革中的作用，造福人类健康。中医药学的理论依赖于中医文献而保存下来。记录有关中医药知识的一切载体，统称为中医药文献。具体地说，中医药文献是将中医药知识、信息，用文字、图形、符号、声频、视频等方式记录在一定物质载体上的结合体，具有知识性、记录性和物质性。中医药是我国医学科学的特色，也是中华民族优秀文化的重要组成部分，几千年来为中华民族的繁衍昌盛做出了不可磨灭的贡献，并且对世界的文明进步产生了积极影响。

一、中医药文献检索的作用

中医药文献对人类社会的进步和促进中医药学科发展具有重要的作用，其在教学、医疗、科研等方面的应用，将有利于推动中医药学不断向前发展。当前，中医药学的发展日新月异，新成果不断涌现，中医药学工作者要了解其发展状况和研究进展，就必须进行中医药文献检索。中医药文献检索是利用检索工具和检索系统，从有序的中医药文献集合中检出所需信息的一种方法，是人们获取中医药知识的捷径，也是中医药学工作者接受终身教育的基础。掌握中医药文献信息检索的方法也是知识创新的需要，是从事中医药教学与研究、中药临床药学等工作的中医药人员和学习中医药各专业的大学生必备的基本技能。

（一）中医药文献是中医药学术理论的一种存在形式

千百年来，人类祖先在与疾病的斗争中积累了丰富的经验，且将自己的认识记录在金石、简册、帛书、纸张之上。现代中医药工作者则将自己的研究成果撰写成论文或论著，亦通过文献形式进行记录和存贮。因此可以说，中医药文献是中医药学术理论的一种存在形式，正是借助于它而体现和保证了中医药学的继承性。

（二）中医药文献是衡量中医药学术发展的原始资料

根据中医药文献载录的学术信息，能得以判断不同历史阶段中中医药学所取得的学术成就、研究水平和发展态势，作为一种原始资料是其重要的功能。因此，对中医药文献查阅和研究将有利于历史经验的总结，对现代发展有借鉴作用。

（三）中医药文献是中医药情报信息研究的主要对象

作为科学实践原始记录的中医药文献是本专业主要的情报源，对其进行分析和研究，从中发现规律性的东西，从而为深入研究和开发提供有价值的信息，是中医药学术研究的重要组成部分。像其他任何一个学科一样，中医药学术的发展与文献信息的研究密不可分。

（四）中医药文献是确认中医药人员知识产权的依据

每一篇文献都是科研人员工作的成果和劳动的结晶，既反映了其工作业绩和学术水平，同时又保护了其著作权。文献包含着重要的知识产权信息。文献对一个科研人员来说，是反映其创造力和工作能力的公认指标，又是一个良性激励因素。

二、中医药文献检索的研究对象与内容

（一）中医药文献检索的研究对象

中医药文献是指记录有中医药知识的一切载体，是巨大文献宝库的组成部分。中医药文献涉及的范围极广，包括中医药学专著、综合性类书中所含的中医药文献、综合性丛书中所收的中医药文献、史籍记载的药事文献、经传记载或援引的药学文献、诸子百家载录的药学文献、宗教典籍中收录的药学文献、文史工具书中收载的药学文献以及现代国内外各种、各类医药文献中与中医药有关的内容等。凡属中医药学知识的载体，或其文献载体中含有的中医药知识，均属于中医药文献的范围。

中医药文献检索是在有序的中医药文献集合中以科学的方法，利用检索工具和检索系统，检出所需信息的一种方法。它是获取中医药信息的捷径，为获取中医药相关信息知识，可利用中医书目检索、搜索引擎、中国知网、万方数据库、生物医学文献数据库等。

（二）中医药文献检索的研究内容

1. 检索对象 包括中医药文献的类型、特点。古代文献信息检索和利用的图书，现代文献信息检索和利用的对象的期刊及其他类型文献，中医药文献数据库的检索及网络信息检索应用等。

2. 检索原理和方法　中医药文献检索策略、检索方法、检索途径、步骤等。

3. 检索工具　以中医药学专业为主的常用参考工具书及工具书使用方法等。

4. 文献信息的利用　中医药文献的收集、积累、开发与利用，文献综述等。

三、中医药文献检索的方法和步骤

人们对中医药文献信息的检索需求是复杂多样化的，如有的人需要查找中医古文中疑难字的参考书；有的人需要查关于"中医美容""中医养生"等方面的有关论述；而有的人却要查阅"针刺治疗法"的专家学者所著述的医学论文和专著。虽然因课题内容、中医文献需求等检索条件的不同，文献检索的步骤有所差异，但总体上来讲，要根据研究项目，使用恰当的文献检索工具，按照一定的检索方法通过不同的检索途径和步骤来查找所需的文献资料。

（一）中医药文献检索的方法

1. 重点掌握国内外专业核心数据库　每个专业核心数据库都有自己的特点，其收录的年限、内容和范围不同，检索方法也不同。因此，要分清楚哪些数据库仅提供摘要、哪些数据库能提供全文、哪些数据库需要授权后方能使用等。中医药文献信息资源检索有很多，如中医药文献信息资源、综合性文献信息数据库、生物医药类文献数据库、引文资源数据库和其他文献信息资源数据库等。古代中医药文献信息资源检索包括古医籍源流、存佚、收藏，以及古代的医经、医案、针灸、本草、方剂等学术资源的专题检索。古代中医药文献专题检索主要通过中医药类书，还可通过电子版综合型数据库进行查找，如《中华医典》《中国基本古籍库》等。

2. 善用搜索引擎　互联网上大大小小的搜索引擎繁多，如果不加选择就使用，只会事倍功半。利用互联网查询医学资料的方法有两种：一是通用或专业搜索引擎网站，利用关键词或分类进行查找；二是通过开放网站获取资源。国内常见的开放获取网站包括中国科技论文在线、中国开放教育资源联合体等。

3. 收藏本专业核心站点　尽管各种搜索引擎可以找到自己需要的网站，但如果在平时注意归类总结、分门别类，重点掌握本专业的知名常用核心网站，将会更加省时省力。人们应该在实践中总结，收藏所关注领域的顶级网站，有相关的问题就可以直接到相应网站寻求帮助。

4. 充分利用图书馆资源　主要体现在充分利用图书馆馆藏文献、馆际互借与远程文献传递。图书馆馆藏文献除了图书馆印刷型书刊，还包括订购的电子书刊。读者不仅可以方便、快捷地获取本馆的馆藏书目信息，还可以获取其他图书馆的书目信息。当所需文献在本单位图书馆无法获取时，可以通过馆际互借来获取。

5. 借力网络论坛　在文献信息资源的搜索中，还可以通过网络论坛等方式向同行网友求助。有些网站论坛为学术人群提供功能强大的互助共享平台，有文献求助板块等，可以满足学术人群对交流、资源、软件、个人展示服务等多方面的需求。在利用网络求助方式时，要认真阅读所在论坛有关文献求助的规定，包括文献类型的限制、发帖格式、内容、接受网友求助的规则。

（二）中医药文献检索的步骤

1. 明确课题要求、选择数据库　检索的首要环节是明确课题要求，如果大方向错了，就谈不上检索结果的正确、有效。由于检索者对自己的需求，特别是潜在的、不怎么清晰的需求还缺乏明确的认识，因此需要进行多层次分析，以求得一个完整而明确的检索表达。其中，需要分析课题的检索目的，明确课题所涉及的学科范围、专业层次和深度，明确对文献新颖程度的要求，明确对检索的查全与查准要求。

2. 完成主题分析 检索者需对课题研究内涵、主题概念以及课题需要解决的问题进行分析，并用一定的概念词来表达这些主题内容，同时明确概念与概念之间的逻辑关系。这一环节是正确选择检索词和相应检索技术运用的关键，它决定检索策略的质量并影响检索效果。需要注意概念的表达是否确切，并找出核心概念、隐含概念、外延概念等，明确概念之间的关系，从而制定较为完善的检索式。

3. 调整检索策略 为了克服检索失误和满足完整的检索要求，需要对检索策略进一步调节，或进行多次调整，使检索策略逐步完善，接近理想状态。如可以通过选择同义词、采用截词技术、选用上位词、增加检索途径等进行扩展检索，也可以通过限定检索条件（时间、文献类型等）、选用专指性强的下位词、采用加权检索技术、精确检索技术等实现缩小检索范围的效果。

【案例】请查询有关"糖尿病中医疗法"方面的文献。请利用中国知网（CNKI）要求查询这个平台上的期刊全文库，选取 3 篇典型中文文献写出标题、著者单位、出处、中文摘要及相关专家学者。

（1）检索步骤

第一步：分析题干，提炼出 2 个关键词：糖尿病、中医疗法。

第二步：分析两者之间的逻辑关系为"与"，检索式为"糖尿病 AND 中医疗法"。

第三步：直接在简单检索框中输入"糖尿病 AND 中医疗法"。

第四步：在检索框前面选择相应的字段，可以是主题、关键词、篇名、全文等。

第五步：点击检索按钮或回车键即可输入相应的检索结果。

（2）检索结果

①标题：用中医疗法对糖尿病患者进行预防性治疗的效果分析。

著者：杜琴、黄国燕、柏忠萍。

著者单位：四川省达州市中心医院。

出处：当代医药论丛 2020（9）。

中文摘要：目的：研究用中医疗法对糖尿病患者进行预防性治疗的临床效果。方法：从 2016 年 11 月至 2018 年 12 月期间四川省达州市中心医院收治的糖尿病患者中选择 100 例患者进行研究。将其随机分为对照组（$n=50$）和预防组（$n=50$）。对两组患者均进行常规的西医治疗。在此基础上，为预防组患者采用中医疗法进行预防性治疗。然后对比两组患者空腹血糖、餐后 1h 血糖的水平和并发症的发生率。结果：治疗后，预防组患者空腹血糖、餐后 1h 血糖的水平均低于对照组患者，$P<0.05$；治疗后 1 年内，预防组患者并发症的发生率均低于对照组患者，$P<0.05$。结论：用中医疗法对糖尿病患者进行预防性治疗可取得显著的效果，且能降低其并发症的发生率。

②标题：中医治疗糖尿病用药规律及效果分析。

著者：王文静。

著者单位：天津市红桥区和苑街社区卫生服务中心。

出处：内蒙古中医药 2019（6）。

中文摘要：为了探讨分析中医治疗糖尿病的用药规律以及临床效果，本文对我院 2017 年 5 月～2018 年 5 月收治的 120 例采用中医进行治疗的糖尿病患者作为研究对象进行回顾性分析，观察中医治疗糖尿病的用药规律及治疗有效率。结果显示在糖尿病治疗中，中药用药次数排名前 5

位的分别为山药、茯苓、山茱萸、熟地、麦冬；不同药效的中药应用次数排名前 5 位的分别为清热药、补气药、活血化瘀药、补阴药、利水渗湿药。120 例糖尿病患者有 116 例治疗有效，治疗有效率高达 96.67%。这表明采用中医疗法对糖尿病进行辨证治疗，可以有效提高治疗效果。

③标题：中医方法治疗糖尿病的临床疗效。

著者：段钟情。

著者单位：山西省晋中市灵石县人民医院中医科。

出处：光明中医。

中文摘要：目的：研究糖尿病采用中医疗法的临床效果。方法：参照完全随机数表法，将 2013 年 8 月 ~ 2015 年 11 月我院收治的糖尿病门诊患者 200 例随机分为两组，分别予以西药联合六味地黄丸治疗（常规组）和玉液汤联合西药治疗（中医组），每组 100 例，对比两组的临床疗效。结果：中医组的治疗总有效率为 95.00%，较常规组更高（$\chi^2 = 9.43$；$P < 0.05$）；中医组的空腹血糖、餐后 2h 血糖和糖化血红蛋白分别为（6.71 ± 1.32）mmol/L、（8.59 ± 1.54）mmol/L、（6.94 ± 1.21）%，均显著低于常规组（$t = 11.04$，13.75，12.43；$P < 0.05$）；治疗后中医组的体质量为（65.43 ± 4.97）kg，较常规组上升显著，中医证候评分为（12.43 ± 3.95）分，较常规组有显著下降（$t = 15.28$，12.57；$P < 0.05$）。结论采用中医疗法治疗糖尿病的效果确切，能显著改善血糖控制情况，促进症状改善，需对此引起充分重视。

第二节　古代中医药文献检索

> **案例讨论**
>
> 【案例】请查检鹤膝风的外治医案。
>
> 【讨论】通过何种工具检索相关的文献资源？

中国传统医学是我国劳动人民在同自然灾害及疾病作斗争的过程中逐步发展起来的，从传说中的神农尝百草到中医药的现代研究，在这期间积累了很多宝贵的中医药文献。数千年的中国医学历史蕴藏着数万种古典医籍文献，有取之不尽的防治疾病、养生保健、延年益寿的宝贵经验，有用之不竭的医学思想源泉。中华人民共和国成立以来，我国重视发掘中医药遗产和振兴中医药，中医文献大量涌现，加上 20 世纪 90 年代"科教兴国"方针的确立，中医药科学研究迅速发展，中医药文献加速增长，出现了大量方便查询检索的中医药工具书和检索期刊。

一、中医药古典文献概况

（一）中医文献的数量

中医药文献相当丰富，数量庞大，由于年代久远，名词术语与今天差别较大，知识系统复杂重叠，使检索利用古代中医药文献较为困难。有效利用中医古籍文献必须熟悉经史子集四部分分类，古籍书目检索，善于利用字词典扫除古体字、通假字、异体字等的阅读障碍。目前，有关中医古籍文献数据库研制步伐也在加快，今后通过数字化检索工具将更加有效挖掘中医药经典文献的价值。

（二）中医文献的载体

主要载体是雕版或活字版印刷的纸质线装书；另有甲骨、金石、简牍、缣帛、卷轴、册叶等文献载体，大多为近百年来所出土。

（三）中医文献的文字

主要是汉文，另有少量用藏文、蒙文写成的医书。

（四）中医文献的大致类别

如果以载体形式区分，可分为抄刻文献与印刷文献两大类。抄刻文献主要指甲骨、金石、简牍、缣帛、卷轴、抄本。这些文献除抄本外，主要是近代出土、发现的，大多篇幅短小，内容零残，但却具有很高的学术价值。印刷文献主要指唐以后雕版或活字版印刷的线装书籍，是中医文献的主体。

（五）中医文献的继承性、实践性

中医文献与一般的古代科技文献不同，一般科技古文献仅具有一定的可查阅、参考的史料性价值；而中医文献乃是数千年来无数医家代代相传累积起来的医学理论与医疗经验的结晶，它以中医理论体系为核心，记录了数千年来我国人民防病、治病的丰富经验，对现今的医疗实践与医药科研仍具有重要而有效的指导作用和应用价值。

二、中医药古典文献的疑难字检索

古汉语字典分为综合性字词典和中医字词典两类，前者如《说文解字》《康熙字典》《中文大辞典》《汉语大词典》《辞源》《辞海》等，后者如《中医难字字典》《医籍文言虚词手册》《古医籍通假字集释》《中国医学大辞典》《简明中医字典》《中医大辞典》《中医辞海》等。

（一）综合性字词典

1.《说文解字》　简称《说文》，是东汉时期许慎编著的文字工具书，成书于汉和帝永元十二年（100 年）到安帝建光元年（121）年间，是我国第一部按部首编排的字典。内容共十五卷，以小篆为研究对象，同时参照小篆以外的古文、籀文，其中一至十四卷为文字解说，十五卷为叙目，每卷都分上下两篇，实为三十卷。首创汉字部首，共收字头 9353 个，重文（古文、异体等）1163 个，字头以小篆为准，兼有古文、籀文等异体。原书分目录 1 篇和正文 14 篇。原书虽然现已失落，但许多内容被汉朝以后的其他古籍引用，并有北宋雍熙三年（986 年）徐铉校订完成的版本（称为"大徐本"）流传至今。《说文解字》首次阐发六书内容，并在解说中贯穿了六书原则，为汉字建立了理论体系；首次从汉字系统中归纳出 540 部首，并创立了按部首排列的汉字字典编纂法；保留下来的汉字小篆形体是极为宝贵的文字资料，在中国语言学史上具有非常重要的地位。

2.《康熙字典》　是张玉书、陈廷敬等三十多位著名学者奉康熙圣旨编撰的一部具有深远影响的汉字辞书。该书的编撰工作始于康熙四十九年（1710 年），成书于康熙五十五年（1716 年），历时六年，因此书名叫《康熙字典》。字典采用部首分类法，按笔画排列单字，字典全书分为十二集，以十二地支标识，每集又分为上、中、下三卷，并按韵母、声调以及音节分类排列韵母表及其对应汉字，共收录汉字四万七千零三十五个，为汉字研究的主要参考文献之一。《康熙字典》

依据明朝《字汇》《正字通》两书加以增订。对两书错误之处，《康熙字典》还做过一番"辩证订讹"的工作。《康熙字典》以二百一十四个部首分类，收字相当丰富，除了僻字僻义以外，它又差不多在每字每义下，都举了例子。

∞ 知识链接

《康熙字典》

　　《康熙字典》入选中国世界纪录协会中国收录汉字最多的古代字典。《康熙字典》是中国第一部以字典命名的汉字辞书。《康熙字典》采用部首检字和笔画检字方法。可记歌诀：一二子中寻，三画问丑寅，四在卯辰巳，五午六未申，七酉八九戌，其余亥部存。或是"一二在子三丑寅，四卯辰巳五午寻，六在未申七在酉，八九在戌余亥存。"如查"康"字，在部首索引中找"广（yan）"部，在"寅下"5页。除部首外，"隶"为8画，再到"寅集下""广"部8画里查"康"字，在"寅下集"9页中可以查到。笔画检字用于难字查检，可依笔画检字表。如查"民"字，如果不知道其部首，可以查笔画检字表。"民"为5画，可以在5画中查到。"民"下注为"氏"部，再到"部首索引"中查到"氏"部。"氏"在"辰集"33页，"辰集下"中"氏"部1画里即可查到"民"字。

3.《中文大辞典》　　是我国台湾地区在20世纪60年代编撰的一部大型辞书。该辞书由《中文大辞典》编纂委员会编纂，由位于中国台北的"中国文化研究所"出版发行。全书共40册，其中正文38册，第39册是部首总索引，第40册是笔画总索引。《中文大辞典》共收录单字49905个，词语37万多条。采用古体竖排版。各单字下首列该字的甲骨文、金文、小篆、隶书、楷书、草书等形体，并注明出处。下引古韵书反切、罗马字注音。释义注重考源，并探究形音义三者之间的关系。每字后列复词，博采历代文献中的词语、典故、成语、诗词、人名、地名、官职名、年号、书名、动植物名称等，广泛反映中文词汇。释词广泛采用书证、征引原文。全书按《康熙字典》的部首分类法排列，略加改动。各部首内的字先分笔画多少，再按字形起笔为序（"永"字笔法）排列。字下词汇以第二字笔画由少到多排列，第二字笔画相同者，再接字形起笔为序。三个字以上的词，依次类推。每册册首有《部首检字法》《笔画检字表》。该书收字、词较多，引用资料丰富，具有一定的参考价值。该辞典注重汉字源流，考证博综古今文献，解说力求精确扼要，例句均注明出处和引用书目。

4.《汉语大词典》　　全书正文12卷，共收单字2.27万，约5000万字，并配有插图两千余幅。另有《附录·索引》1卷，为检索工具，包括"度量衡测算简表""历代帝王纪年干支纪年公元纪年对照表""两晋南北朝时期的十六国政权简表""时代时期的十国政权简表""单字笔画索引""单字汉语拼音索引"等。全书从古今数千种汉语典籍著作中广泛收词，以"古今兼收，源流并重"为编纂原则，所收单字以带复词并有引文例证者为限。按部首归类编排，以《康熙字典》的214部首位基础，改进删减为200个部首。以繁体字立目，简化字括注于后。单字先按部首排列，首部相同则按笔画数排列，笔画数相同则按"一丨丿、乙"的顺序排列。全书"以字带词"，词目排列时按第二字的笔画数排列，并在词条左上角标有笔画数，便于检索。单字下用汉语拼音标注现代音，并征引古代字韵书中的反切古音。复词广泛收列古今汉语中的词语、熟语、成语、典故和较常见的百科词，集古今汉语词汇之大成。

（二）中医字词典

1.《中医难字字典》　本书参阅数百种中医古籍和各种中医学教材，撷取中医药常见难字（含繁体、异体字）约 2000 个，按其选收来源分类排列，共分中医基础理论、中药学、方剂学、内科学、妇科学、儿科学、外科学、伤科学、眼科学、耳鼻喉科学、针灸学、内经、伤寒论、金匮要略、温病学、医古文等 16 部分。每个难字先注音，后释义。多义字按基本义、常用义和中医古籍常用义分别介绍。书前有"汉语笔画检字表"，书后有"简化字繁体字对照表""异体字整理表""古今昼夜时间对照表""夏历月份别名表""四季别名表"等。

2.《简明中医字典》　本书从我国古代数百种中医药书籍中选辑生字难字，以及在中医学中具有特殊音义的常用词共 4000 余条，予以注音、释义，并举例说明。2002 年作者在原书的基础上，本着不增加篇幅，不增加字、词条的原则，仅对字、词不够确切的音、义进行了修改，对部分书证进行更换，对原书中的失误、不当之处也进行了纠正，出版第 2 版。

3.《中国医学大辞典》　编者从 2000 多种中医药文献中采集 7 万余条词目，内容包括病名、药名、方名、身体、医药学家、医药著作、医药理论等七大方面。词目按笔画多少顺序排列。词条的注释较详细，但由于出版年代较早，部分释文和观点较为陈旧。书中使用繁体字，为竖排版，共 4 册。1994 年中国中医药出版社出版了该书的修订本，将原书 4 册合为一册，将繁体竖版改为简体横排，并加"汉语拼音索引"和"四角号码索引"，便于阅读及检索。1994 年辽宁科学技术出版社也出版了修订本，改名为《中华医学大辞典》，分为上、下两卷。1998 年，天津科学技术出版社对该书进行了重新整理，改为一册 32 开本，词目按简化字笔画和笔形顺序排列，校改了原书的全部错别字。

4.《中医大辞典》　本书是中华人民共和国成立以来由 10 多家高校及科研机构合编的第一部中医药学综合性大型词典。试用本分 8 个分册出版，包括《基础理论分册》《医史文献分册》《中药分册》《方剂分册》《内科分册》《妇科儿科分册》《外科骨科五官科分册》《针灸推拿气功养生分册》，收载中医基础理论、人物、文献、中药、方剂、临床各科、针灸、推拿、气功、养生等类词目 4 万余条（含单字和附条）。第 1 版以分册形式出版后，由于词目重复现象严重、释文前后不一，1995 年重新出版了修订合编本。后者收录词目 36329 条，插图 140 幅。与第 1 版相比，有 48.6% 的条目经过修订和删并，新增词目 2080 条，着重扩大了收载文献的范围，发掘传统的治疗方法，并在现代中医术语和养生、气功、食疗等领域进行了补充，增补了藏、蒙、维等少数民族医学家、医著等词条。词目释文先定义，后解释，力求言简意明，通俗易懂，既引录文献，又结合实际。对于比较成熟和稳定的病症和治疗的概念，加入现代内容予以印证。各类辞目，一般注明出处，以便查核。全书词目按笔画顺序排列，书前有按首字笔画顺序排列的检字表和目录。

5.《医籍文言虚词手册》　赖任南编著，1986 年福建科学技术出版社出版。本书从中医药文献，特别是从秦汉以前的中医典籍中采集文言虚词 209 个作为词条，按照笔画顺序排列。对每个虚词都系统地介绍了意义及用法，并引书证。常用的还有《中国医籍字典》《医古文常用字字典》。

三、中医药古文献手工检索

（一）中医古典文献收集的原则

1. 学术性 搜集具有科学价值、在科研生产中能起作用的文献。

2. 针对性 收集文献要有的放矢。对于研究中医药文献的具体专题要进行深入了解。要针对中医药学的特点和专题研究的具体需要，确定收集的范围和重点。

3. 系统性 要求按学科、专业书刊、资料内在的历史连贯性去搜集，反映它们发展演变的脉络；在收集时应保持连贯和完整，不能时断时续，支离破碎。

4. 科学性 运用先进技术，达到快、全、正。

5. 全面性 收集时要多渠道、多形式、全方位开展，尽可能搜集与本研究专题有关的多方面资料，包括正面与反面资料以及相关学科的资料。收集资料忌带主观性和片面性。收集者的"观点"应该从对文献资料的研究或实践体会中得出，不是先定下某一观点，然后按此观点去取舍资料，这样必然会屏蔽与自己观点不符合的文献资料而带有片面性。

（二）常用的中医古籍书目

1.《四库全书总目·子部医家类》 《四库全书》编纂于清乾隆年间，是我国最大的丛书，分经、子、史、集四部，子部医家类收录医学著作。《四库全书总目提要·医家类》载《黄帝内经》等医书提要 97 条 113 种，另有"存目"94 条 98 种，附录载畜医书 6 条 6 种，共著录 197 条 217 种。法家、农家、杂家、术数、谱录等部类，也收录许多与医学有关的书籍，本书选录了其中 17 条 19 种。

2.《中国医籍考》 中医目录学著作，又名《医籍考》，共八十卷。日本、丹波元胤撰。成书于 1819 年。本书根据各种有关文献广泛收录中国历代医籍三千几百种，全部著作分为医经、本草等九类，书名之下记有出处，并根据所掌握的资料，注明卷数、存佚，列述序跋、有关考证提要敷陈大意并附评论以及作者所加的按语。对了解中国古代医学文献有重要的参考价值。

3.《宋以前医籍考》 目录学工具书。日本的冈西为人编。本书根据有关目录学的各种著作，收集了我国宋以前的医学书目 1860 种，分为《内经》、《难经》、五脏、针灸、妇科、幼科、外科、养生、经方、本草、食经等 23 类。并介绍了这些医书的出处、卷处、存佚、作者及序跋、考证等项，书末附有索引。尽管其中仍有个别欠妥之处，但仍不失为研究我国宋以前医学文献重要的工具书。现存 1936 年、1944 年，满洲医科大学铅印本。1958 年人民卫生出版社铅印本。

4.《四部总录医药编》 是《四邻总录》一书中有关医药书目部分的单行本。收录各种目录学著作中撰有书目提要的现存中医占书（其书虽存，但无书目提要的不收）共 15 余种，加以分类汇编。书末附有现存医学书目总目、现存医学丛书总目及书名索引等。1955 年由商务印书馆出版。

5.《中国古籍善本书目》 中国大型古籍目录。该书目共著录除台湾地区以外中国各省、市、自治区公共图书馆、博物馆、文物保管委员会、高职院校和中职院校图书馆、科学院系统图书馆、名人纪念馆和寺庙等 781 个单位的藏书约 6 万多种，13 万部。凡是有历史文物性、学术资料性和艺术代表性并流传较少的古籍，年代下限大致至清代乾隆以及在此之后辛亥革命前有特殊价值的刻本、抄本、稿本、校本，都作为善本在收录之列。编排方法基本按四部分类法排列，并增设丛书部，故分为经、史、子、集、丛书五部。1985 年上海古籍出版社出版了经部，丛书部和史部分别于 1990 年和 1992 年出版。著录项目有书名（含卷数）、著者和著作方式、版本等。每部书均有编号，书末附藏书单位代号及检索表，并另编书名、作者、版本、批校题跋者索引。

6. 《历代中药文献精华》 中药工具书。尚志钧、林乾良、郑金生著。此书全面、系统地介绍了历代中药文献的概况与发展脉络，共记述现存和佚散的本草著作近千种。全书分上、中、下3 编。上编为"本草概要"，纵向地梳理了中国药学文献发展的源流，突出地介绍了中国药学在不同历史时期的特点、成就及其发展规律。中编为"本草要籍"，按朝代为序，重点介绍了 77 种（另附述 14 种）著名本草著作。各本草书名下详述其命名、作者、成书、卷次、药数、分类、体例、内容、价值、流传、实存、版本等项内容。下编为"本草大系"，辑录了有史以来至 1911 年间见诸记载的药学著作资料。书后附有人名、书名索引。1989 年由科学技术文献出版社出版。

常用的还有《医藏书目》《医学读书志》《中国医学大成总目提要》《中国医学书目》《续中国医学书目》《现存本草书录》《三百种医籍录》《中医学重要著作选佚》《中医外科医籍存佚考》《中国传统老年医学文献精华》《针灸文献提要》《经典医籍版本考》等。

（三）中医图书馆藏目录

主要有《全国中医图书联合目录》《上海中医学院中医图书馆藏目录》《中国中医研究院图书馆馆藏中医线装书目》。这类工具书最实用，因为这些书籍中所收载的书籍，该图书馆必有藏书，可以直接查阅。

1. 《全国中医图书联合目录》 1959 年由中国中医研究院、北京图书馆主编的《中医图书联合目录》是我国第一部全国性的中医联合目录，共辑录现存古代、现代及部分外国中医图书7661 种（少数有重复）。其数量之大，收罗之广，组织之严密，分类之详细，均超过以前各种医书目录，但由于此目录编辑年代太早，个别参加馆馆藏情况已发生了很大变化，加上当时编制时校对不精，误差较多，已不能准确反映各馆现有馆藏。因此，1991 年出版了《新版中医联目》，收录了全国 113 个图书馆 1949 年前出版的中医药图书 12124 种，是迄今为止收录范围最广、种类最多的中医书目。

2. 《中国中医研究院图书馆馆藏中医古籍馆藏线装书目》 编目整理了本馆所藏的自宋代以来全部中医线装典籍和多位名医捐赠给本馆的数千册图书。

3. 《中国丛书综录》 共分三册。第一册《总目》，分"汇编""类编"两部分。"汇编"分杂纂、辑佚、郡邑、氏族、独撰五类，主要是四部各类兼容的丛书，具有综合性质。"类编"收经、史、子、集四类。书后有"全国主要图书馆收藏情况表"，反映了国内 41 所图书馆收藏古籍丛书的情况；"丛书书名索引"；字头笔画检字。本册可按类及丛书名两种途径检索某部丛书包含的古籍及其收藏情况。第二册《子目》，将丛书中的 38891 种单独著作按照经、史、子、集编排，并注明其被哪些丛书收录。第三册《索引》，分"子目著者索引"和"子目书名索引"两种。

4. 《中国中医古籍总目》 共收录中国 150 个图书馆（博物馆）馆藏的 1949 年以前出版的中医图书 13455 种，内容结构上分为凡例、收藏馆代号表、类表，书目正文，附录，书名索引、作者索引四部分，正文按分类编年方法排序。重点收录 1911 年以前出版的中文中医药古籍和民族医药古籍，1912 年至 1949 年间的中文中医药图书因存世已少，亦予收录。为方便读者参考，1949 年以后影印、缩微复制的中医药古籍，亦予反映，但不列收藏馆。1949 年以前出版的综合汇编类丛书，内容包括中医药著作者可收录，其子目只收录中医药著作，其他从略。非中国人所著中医药著作，只收中文原著或中文译本。中法医、中兽医著作不予收录。《中国中医古籍总目》

由四部分组成：①凡例、收藏馆代号表、类表；②书目正文；③附录；④书名索引、作者索引。书目正文内容包括：类号、序号、书名（包括卷数、异名、附录、丛书子目）、成书年、作者（包括朝代、姓名、字号、著作方式）、版本（包括出版时间、地点、出版者版本类别）、收藏馆代号。

此外，还有《浙江中医药古籍联合目录》《广州中医药大学馆藏目录》《中医图书联合目录》《上海中医学院中医图书馆藏目录》，这类工具书最实用，所收藏的书籍可利用图书馆直接查阅。

四、中医药古文献专题检索

古代中医药文献专题检索是指对古代中医药文献的特定内容进行检索，一般可分为临证文献检索、医案文献检索、本草类文献检索、方剂类文献检索、针灸类文献检索等，主要通过各科类书、专著及相关工具书进行检索。新版的类书或专著出版时附有索引，查检时宜首选。

（一）古代临证文献检索

1.《古今医统大全》　又名《医统大全》，系医学全书，徐春甫撰。书成于嘉靖三十五年（1556），次年刊行。以后的版本有隆庆四年（1570）本、嘉庆间刻本等。书中除引古说外，徐氏在医理、方药上均有阐发。书中所载医家传略是研究医史的重要资料。全书共100卷，卷1有"历世圣贤名医姓氏"，介绍270多名医家传略。卷2～5为《内经要旨》《翼医通考》《内经脉侯》《运气易览》等；卷6～7为经穴针灸；卷8～92为临床各科证治，包括内、外、妇、儿、骨伤、五官科以及老年病400余种，每病载有病机、脉候、治法、方药、易简诸方、灸法、导引法等项。卷93～98为经验秘方，本草性能、功用及制法，通用诸方等；卷99～100为养生余录。

2.《中国医药汇海》　分7编，第一编经部，《神农本草经》、《黄帝内经》（附《医经精义》）、《难经》、《伤寒杂病论》、《中藏经》、《王叔和脉经》、《针灸甲乙经》、《颅囟经》等；第二编史部；第三编论说部；第四编药物部；第五编方剂部；第六编医案部；第七编针灸部。分部较有特色，内容较为丰富。经部广搜博引，详列原文，互相引证，以辨其真伪。论说部取各家学说中理旨纯正、切合初学者，去其芜杂，熔各家学说于一炉。医案部以病分类，精选各家医案，相互校勘，取其有效者而录之。

3.《永乐大典医药集》　编撰于明朝永乐年间，是由姚广孝以及内阁首辅解缙总编的一部中国古典集大成的旷世大典，是中国百科全书式的文献集。全书22877卷，清初时略有残缺，到清代中叶以后，屡遭盗窃和劫掠，几乎丧失殆尽。1949年以后，经多方搜集共得795卷，其中72卷列载有关医药内容。该书的编撰是我国文化史上的壮举。《永乐大典》残本中有关医药方面的内容，湮没在其他内容之中，零章碎简，极难查找。为便于查阅和利用，编者按原书卷次顺序编成《永乐大典医药集》，书辑录的均为宋、元时期医籍，涉及的范围包括医经、医疗掌故、著名医籍、法医学、中药、养生、名医传记、保健、临床各科证治等。该书前有目录，按分类从病名、药名等进行检索。特别是《永乐大典》的监修和编修者，大多为当时的大儒名医，因而取材严谨，所取医籍的版本多为善本，且标明出处。

4.《古今图书集成·医部全录》　本书分类编纂，自《内经》到清初的医学文献100余种，既有基础理论，又有分科治疗；有论有方，内容丰富，叙述较系统、全面。包括对古典医籍的注释，各种疾病的辨证论治，以及有关医学的艺文、记事和医家传记等。现存光绪年间铅印本及影印本，1949年后有排印本。查找临证资料还可以利用《黄帝内经》《外台秘要》《证类本草》《圣济总录》《类经》《杂病广要》《医学纲目》等。

（二）古代医案文献检索

1.《名医类案》 本书系医案著作，江氏父子编辑。广辑明以前医药著作以及《史记》《三国志》《抱朴子》《夷坚志》等史传子集文献，从中收集名医治验例案，历时二十载，于嘉靖二十八年（1591年），方得刊行。清乾隆间，魏琇以校阅，详尽考订江氏父子存在的疏漏和脱文，探本求源，补缺正误；鲍廷博重刊乾隆三十五年（1770年）的知不足斋本，即目前通行本所据的底本。此外，有四库全书本、清光绪二十年（1894年）耕余堂铅印本等10多种。本书为我国第一部医案专著。既是明以前著名医家临床经验的总结，也是中医理论与临床实践密切结合的典范，具有较高的文献价值和临床价值。

2.《续名医类案》 36卷（原60卷），魏之琇，成书于清乾隆三十五年（1770年），魏氏本身是一位学验俱富的临床医家。因鉴于明代《名医类案》所选资料尚多缺漏，而明后新见医案亦颇繁，乃"杂取近代医书及史传地志、文集说部之类，分门排纂。"全书分345门，内、外、妇、儿、五官等各科病症兼备，分类条理清楚，选案广泛，尤以急性传染病治案所占篇幅甚大，其中痘症（天花）即占两卷之多，亦可见当时传染之烈及编撰者用心。他个人治案大多述证明晰，辨证精审，论治熨贴，记录详尽；而于抄录诸家案例，则加夹注和案后按语，着重于发明、辨析有关案例证治异同，议论较为平正可取。此书现有《四库全书》本及同治、光绪年间刻本多种，1957年人民卫生出版社曾据信述堂重刊本（1885年）影印出版。

3.《宋元明清名医类案》 本书收集宋元以后名医类案，自宋朝徐叔微起，迄于近代丁甘仁，共46人。全书以人为纲，以纲为目，分类清晰。每家医案之前，各冠列传一篇，介绍医家生平事迹、师承关系、学术特点，供研读医案时了解其学术渊源。本书所收录的医案，多辑自丛书典籍；家藏秘本；书中附有明贤之评注。本书为研究宋元明清及近代医家的治疗经验提供了宝贵的财富。

（三）古代本草资料检索

古代本草类文献检索，是指对药物学或药物学专著的检索，内容包括中药性味、炮制、产地、功效以及各家学说、临床应用等。本草分为综合性本草和专题性本草两类。重要的中医本草文献有以下几种。

1.《本草纲目》 药学著作，五十二卷，明·李时珍撰，刊于1590年。全书共190多万字，载有药物1892种，收集医方11096个，绘制精美插图1160幅，分为16部、60类。是作者在继承和总结以前本草学成就的基础上，结合作者长期学习、采访所积累的大量药学知识，经过实践和钻研，历时数十年而编成的一部巨著。书中不仅纠正了过去本草学中的若干错误，综合了大量科学资料，提出了较科学的药物分类方法，融入先进的生物进化思想，并且反映了丰富的临床实践。本书也是一部具有世界性影响的博物学著作。

2.《经史证类备急本草》 简称《证类本草》，31卷。北宋唐慎微约撰于绍圣四年至大观二年（1097～1108年）。本书系将《嘉祐本草》《本草图经》两书合一，予以扩充调整编成。共载药1748种。药物分类大体沿袭《新修本草》旧例，仅将禽兽部细分为人、兽、禽3部。各药先出《本草图经》药图，次载《嘉祐本草》正文及《本草图经》解说文字，末附唐慎微续添药物资料。本书重在汇集前人有关药物资料，参引经史百家典籍 240 余种。所摘陈藏器《本草拾遗》、雷敩《雷公炮炙论》、孟诜《食疗本草》、李珣《海药本草》等古本草条文尤多，弥足珍贵。又辑众多医方，各注出处，为宋代本草集大成之作。其资料之富、内容之广、体例之严，对后世本草发展影响深远，《本草纲目》即以此书为蓝本。后世辑佚古本草，率多取材于此。

3.《中华本草》　共 2400 万字，共 35 卷，共收入中医药物达 8980 味，最后完成的"民族药卷"部分共计约 716 万字，分为"藏药卷""蒙药卷""维吾尔药卷""傣药卷""苗药卷"5 卷，分别收载临床上常用、疗效确切的民族传统药材 396 味、422 味、423 味、400 味和 391 味，并配置插图。在编纂过程中，各卷编纂人员不仅参阅了大量古代民族医药学的经典专著，并对各个历史时期民族医药文献著作进行了充分的分析，从各个方面对药物作了较系统的整理研究，同时还参阅了现代民族药学著作，体现出了民族药学的现代研究成果。

（四）古代方剂类文献检索

以记载方剂为主的中医药学著作统称为方书。在各朝各代中中医药文献方书的数量庞大，根据《全国中医图书联合目录》统计，以 1949 年为限"方书类"医籍达 1950 种。方剂资料检索，是指检索有关中医方剂的历代研究资料，主要包含方剂来源、组成、用量、用法、功用、主治以及配伍、各家论述等，若解决这一问题，可利用综合性方书和有关的方剂学参考工具书。重要的中医方剂文献有以下几种。

1.《五十二病方》　医方著作，约成书于战国时期，作者失考。1973 年出土于湖南长沙马王堆三号汉墓之帛书，原无书名，整理小组按其目录后题有"凡五十二"字样命名。是我国现存最早的医方著作。《五十二病方》帛书现藏湖南省博物馆，马王堆汉墓帛书整理小组所编《五十二病方》于 1979 年由文物出版社出版。现存 10000 余字，全书分 52 题（实质上包括 100 多种疾病），每题都是治疗一类疾病的方法，少则一方、二方，多则 20 余方。现存医方总数 283 个，原数应在 300 个左右，有少部分已残缺。书中提到的病名现存的有 103 个，所治包括内、外、妇、儿、五官各科疾病，所载尤以外科病所占比重为大。《五十二病方》对药物学、方剂学亦有一定贡献，书中收载药物 247 种，其中有半数为《神农本草经》所不载。在处方用药方面，则已初步运用辨证论治原则。《五十二病方》所载治法多种多样，除了内服汤药之外，尤以外治法最为突出。有敷贴法、药浴法、烟熏或蒸汽熏法、熨法、砭法、灸法、按摩法、角法（火罐疗法）等。治疗手段多样化，也是医药水平提高的标志之一。

2.《肘后备急方》　古代中医方剂著作。是中国第一部临床急救手册，中医治疗学专著。共 8 卷，70 篇。东晋时期葛洪著。原名《肘后救卒方》，简称《肘后方》。系作者将其原著《玉函方》（共 100 卷），摘录其中可供急救医疗、实用有效的单验方及简要灸法汇编而成。经梁代陶弘景增补录方 101 首，改名《补阙肘后百一方》。此后又经金代杨用道摘取《证类本草》中的单方作为附方，名《附广肘后方》，即现存《肘后备急方》，简称《肘后方》。该书主要记述各种急性病症或某些慢性病急性发作的治疗方药、针灸、外治等，并略记个别病的病因、症状等。书中对天花、恙虫病、脚气病以及恙螨等的描述都属于首创，尤其是倡用狂犬脑组织治疗狂犬病，被认为是中国免疫思想的萌芽。该书今有明、清版本 10 余种。1949 年后有影印本和排印本。

3.《备急千金要方》　又称《千金要方》《千金方》，是中国古代中医学经典著作之一，共 30 卷，是综合性临床医著，被誉为中国最早的临床百科全书。唐代孙思邈所著，约成书于永徽三年（652 年）。该书集唐代以前诊治经验之大成，对后世医家影响极大。《千金要方》总结了唐代以前医学成就，书中首篇所列的《大医精诚》《大医习业》，是中医学伦理学的基础；其妇、儿科专卷的论述，奠定了宋代妇、儿科独立的基础；其治内科病提倡以"五脏六腑为纲，寒热虚实为目"，并开创了脏腑分类方剂的先河；其中将飞尸鬼疰（类似肺结核病）归入肺脏证治，提出霍乱因饮食而起，以及对附骨疽（骨关节结核）好发部位的描述、消渴（糖尿病）与痈疽关系的记载，均显示了相当高的认识水平；针灸孔穴主治的论述，为针灸治疗提供了准绳，阿是穴的选用、"同身寸"的提倡，对针灸取穴的准确性颇有帮助。因此，《千金要方》素为后世医学家所重视。《千金要方》还流传至国外，产生了一定影响。本书是中国传统医疗与保健系列丛书之一，是《千金方》的白话精选本。《千金方》所载医论、医方较系统地总结了唐代以前的医学成就，是一部科学价值较高的著作。卷 1 是医学总论及本草、制药等；卷 2 ~ 4 妇科病；卷 5 儿科病；卷 6 七窍病；卷 7 ~ 10 诸风、脚气、伤寒；卷 11 ~ 20 系按脏腑顺序排列的一些内科杂病；卷 21 消渴、淋闭等症；卷 22 疔肿痈疽；卷 23 痔漏；卷 24 解毒并杂治；卷 25 备急诸术；卷 26 ~ 27 食治并养性；卷 28 平脉；卷 29 ~ 30 针灸孔穴主治。总计 233 门，合方论 5300 首。书中所载医论、医方较系统地总结了自《内经》以后至唐初的医学成就，是一部科学价值较高的著作。1949 年后有影印本。该书第一卷为总论，内容包括医德、本草、制药等；再后则以临床各科辨证施治为主，计妇科 2 卷，儿科 1 卷，五官科 1 卷，内科 15 卷（其中 10 卷按脏腑分述），外科 3 卷；另有解毒急救 2 卷，食治养生 2 卷，脉学 1 卷及针灸 2 卷。共计 233 门，方论 5300 首。

4.《外台秘要》　又名《外台秘要方》，是由唐代王焘辑录而成的综合性医书。卷 1 ~ 2 为伤寒；卷 3 ~ 6 为天行、温病、疟疾、霍乱等；卷 7 ~ 20 为心痛、痰饮、咳嗽等内科杂病；卷 21 ~ 22 为五官科疾病；卷 23 ~ 24 为瘿瘤、痈疽等；卷 25 ~ 27 为痢、痔诸病；卷 28 ~ 30 为中恶、金疮、恶疾等；卷 31 ~ 32 为采药、丸散、面部诸疾；卷 33 ~ 36 为妇儿疾病；卷 37 ~ 38 为乳石；卷 39 ~ 40 为明堂灸法。全书共 1104 门，均先论后方，载方 6000 余首。凡书中引用书籍都详细注明出处，保存大量唐以前医学文献，为研究中国医疗技术史及发掘中医宝库提供了极为宝贵的资料和考察依据。公元 1069 年，本书曾经北宋校正医书局校刻。1640 年又经程衍道校勘，1949 年后有影印本。

（五）古代针灸类文献检索

针灸（包括推拿）是中医学独特的治疗方法，其内容主要包括经络、针法、腧穴理论和灸法及其适应病症。在中医文献中，针灸推拿类文献数量很多，因此要检索历代有关针灸推拿方面的研究资料，除了利用医学著作中的相关专著外，还需要借助一些综合性针灸著作。重要的中医针灸文献有以下几种。

1.《针灸甲乙经》　又称《黄帝甲乙经》《黄帝三部针经》《黄帝针灸甲乙经》。西晋·皇甫谧撰，12 卷，128 篇，成书于公元 282 年。前六卷论述基础理论，后六卷记录各种疾病的临床治疗，包括病因、病机、症状、诊断、取穴、治法和预后等。采用分部和按经分类法，厘定了腧穴，详述了各部穴位的适应证和禁忌、针刺深度与灸的壮数，是我国现存最早的一部理论联系实际的针灸学专著。

2.《针灸大全》　针灸著作，又名《徐氏针灸大全》《针灸捷法大全》，6 卷。明·徐凤编于正统四年（1439 年）。是一部以介绍针灸资料为主的著述。卷一包括针灸经穴、针灸宜忌及治疗歌诀 22 首；卷二为《标幽赋》全文及注释；卷三载周身折量法、取周身寸法及全身各部十二经穴位置七言诗；卷四为窦文真公八法流注、灵龟飞腾八法取穴时日歌及八法主治的各种病证及所用配穴；卷五载徐氏本人之金针赋及子午流注针法；卷六为点穴、艾炷、壮数避忌、灸疮保养、要穴取法及经穴别名等。除收录多种针灸资料外，并附插图。

3.《针灸大成》　又名《针灸大全》，10 卷。明杨继洲（济时）撰，刊于万历二十九年（1601 年）。杨氏根据家传《卫生针灸玄机秘要》（简称《玄机秘要》），参考明以前 20 余种针灸学著作，并结合作者针灸临床经验编成此书。卷1首载仰、伏人周身总穴图，针道源流，次载《针灸直指》，包括选自《内经》《难经》17篇有关针灸论述；卷2为周身经穴赋、百症赋、标幽赋等10篇针灸歌赋；卷3为五运、六气歌、百穴法歌等20篇歌赋及针灸问答；卷4为仰伏人尺寸图、背俞、腹部穴歌、中指取寸、九针论、针法补泻、针灸禁忌等；卷5为井荥俞原经合穴、子午流注针法、灵龟八法等；卷6、7为五脏六腑、十四经穴之主治、经穴歌、考证法、奇经八脉、经外奇穴等；卷8载《神应经》穴法及诸风、伤寒、痰喘咳嗽等临床各科疾病针灸取穴法；卷9选录各家针法及灸法，并附杨氏本人之针灸医案；卷10附陈氏（佚名）《小儿按摩经》（系现存最早之小儿按摩专书，赖此书之转载而得以流传）。本书较全面论述针灸理论、操作手法等，并考定腧穴名称和部位，记述历代名家针灸医案，为对明以前针灸学术的又一总结，是学习研究针灸的重要参考著作。

4.《针灸集成》 又名《勉学堂针灸集成》，针灸学著作，4卷。清代廖润鸿编，刊于清同治十三年（1874年）。本书首先介绍九针的制炼法、针刺、艾灸法及针灸补泻、子午流注、针灸禁忌、十四经穴、十二经气血多少、是动所生病等；次述折量尺度法，并分部论述各部疾病的针灸疗法，以及按精、气、神、血、内伤、虚劳及疾病（疟、瘟疫等）、外邪（风、寒、虫兽伤等）致病等分类介绍针灸疗法；后2卷述经脉、腧穴及主治，并引证多种著作考证腧穴，引证皆注明出处。这种阐述方法与古代针灸学著作先述经脉、腧穴，再述取穴治病有异曲同工之用。本书四卷，卷一概述针灸学基础知识，有针法、灸法、点穴、辨穴以及十四经穴位置和针刺深浅等；卷二论述骨度法以及按人体部位详述包括内、外、妇、儿等各科疾病的针灸疗法；卷三、卷四详论各经穴和经外奇穴的适应证及其配合其他穴位的治疗作用，并择要节录历代关于穴位主治的歌赋，作为治验的引证。该书主要特点是，作者以求实的态度，引录了《内经》《难经》《甲乙经》《千金方》《资生经》等古代医著中关于针灸论述的精华，并在《铜人经》的基础上，对穴位作了审慎的考证，其中"别穴""讹穴"二节，解决了不少存疑问题。另外，书末列有禁针穴、禁灸穴，如针合谷、三阴交可以堕胎，孕妇禁针；灸哑门则令人哑。这些都是经验之谈，同时，作者强调"针灸不可并施"；"用针须合天时"以决补泻之施，"月生无泻，月满无补"（《针灸集成·卷一》）。该书博采众长，持论平正，考证审慎，对学习和研究针灸学具有重要参考价值。

五、中医药古文献计算机检索

（一）中医药光盘数据库检索

1.《中华医典》 是我国第一部对中医古籍进行全面系统整理而制成的大型电子丛书，共由16张光盘组成。它收录民国以前中国历代医学古籍600余部，卷帙近万，约2亿字。参加这套电子光盘的编制者，有全国中医学界、电子界、出版界、实业界的百余名志士。全书分为《本草方药大全》《临床医术大全》《综合医籍大全》《医经养生大全》四大部分，将本草、药性、炮炙、鉴定、方剂，及内、外、妇、儿、五官、针灸等临床各科，医案、医话、医论等经典医籍的绝大部分原著，以及校注与发挥部分著作均囊括其中，大致涵盖了至清末为止的中国医学文化建设的主要成就，是至今为止规模最为宏大、门类最为齐全、卷帙最为繁多的中医古籍大型电子丛书。

2. 中国中医药光盘图书馆·针灸全录光盘 本套光盘系共有18张，收录了先秦至1966年的针灸图书共计800余本，约3亿字。分类依据《全国中医图书联合目录》，并参考现代科学分为针灸通论、针灸方法（包括针法灸法通论、毫针刺法、三棱针、灸法、皮肤针、芒针、火针、挑刺、电针、头针、水针、耳针、手针、眼针、穴位疗法、腕踝针）、经络孔穴、针灸临床（包括治疗通论、子午流注、临床各科、针刺麻醉、灵龟八法等）、针灸现代研究、针灸医案和文献等内容。

（二）中医药网络数据库检索

1.《中国基本古籍库》 是综合性大型古籍数据库，共收录自先秦至民国（公元前 11 世纪至公元 20 世纪初）历代典籍及各学科基本文献 1 万种、17 万余卷，选用版本约 12700 个、20 万余卷。每种典籍均制成数码全文，并附所据版本及其他重要版本之原版影像。合计全文 17 亿字、影像 1 千万页，数据总量约 400G。其收录范围涵盖全部中国历史与文化，是世界目前最大的中文数字出版物，也是中国有史以来最大的历代典籍总汇。设计为哲科、史地、艺文、综合四库。其中哲科库包括思想、宗教、政治、经济、法制、军事、科技、农业、医学等部；史地库包括历史、地理、外国三部；艺文库包括语文、文学、艺术三部；综合库包括教育、体育、生活、术学、其他五部。各部下再分三级类目，总约 100 目。利用《中国基本古籍库》检索系统，用户可通过多个检索路径进行全方位的快速海量检索，完成校勘、标注、分类、版面调整、编辑、拷贝、打印等多项数字化古籍整理作业。

2. 中医药数据库检索系统——海外古籍书目数据库 中国中医科学院中医药信息研究所自 1984 年开始进行中医药学大型数据库的建设，目前数据库总数 48 个，数据总量 120 余万条，包括中医药期刊文献数据库、疾病诊疗数据库、各类中药数据库、方剂数据库、民族医药数据库、药品企业数据库、各类国家标准数据库（中医证候、治则、疾病、药物、方剂）等相关数据库。多类型的中医药数据库，以其充实的数据成为中医药学科雄厚的信息基础。所有的数据库都可以通过中医药数据库检索系统提供中文（简体、繁体）版联网使用；部分数据提供英文版；所有数据库还可以获取光盘版。中医药数据库检索系统可以实现单库与多库选择查询。单表数据库检索可选择最专指的一个数据库进行相应字段的检索。多库可以进行跨库、多类检索。其中海外古籍书目数据库收录从战国至清代的海外中医古籍的相关内容，共 2 万余条。按照联目号、类号、著作年、藏书号、正书名、修饰语、别名、卷、册、国别朝代、著者姓名、著作方式、版本项、原丛书名、子目编号、丛书子目、馆代号等方式著录。可根据著录方式进行检索查询。

第三节　现代中医药文献检索

案例讨论

【案例】请检索"绞股蓝抗肿瘤药理研究"。

【讨论】通过何种工具从网络搜索相关的文献资源？

现代中医药文献根据载体类型不同，可分为印刷型、缩微型、声像型，出版形式有书刊类型、学位论文、会议资料、科技档案、病案资料等形式，类型多种多样。随着信息时代的到来，现代中医药文献数量剧增，传播速度加快。以中医药为主的我国传统医学越来越得到国际社会的认可，研究者和学习者越来越多，从而促使多语种的中医药文献品种数量增多，在信息交流与文献出版上，出现了比较普遍的分散现象，不仅发表在本学科专业杂志内，还出现在其他的图书资

微课

料和期刊中，这种分散现象有利于学科之间的交叉融合，但对科研人员的检索利用造成了一定的麻烦，所以掌握现代中医药文献检索工具就显得尤为重要。

21 世纪是知识经济的时代，知识的传播和使用方式将发生根本性的变化，因而信息的收集、交流将对科学技术的发展产生巨大的影响。在这样一个时代，医学的发展同样也必须紧紧依靠信息，而获取医学信息的一个重要手段就是进行医学信息检索。

一、现代中医药文献的手工检索

自从计算机应用于文献检索以来，计算机检索就因其快捷、灵活、方便深受人们喜爱，成为越来越多人的首选工具，而手工检索人们用得越来越少，甚至有人认为手工检索应该"退休"了。但有关学者认为，手工检索在西医中的地位暂且不论，中医的文献检索中决不能轻视手工检索的作用。计算机检索与手工检索相比，其收录年限短，文献覆盖面窄是其固有缺陷，如果说对于发展很快，搜集资料力求新颖的西医来说上述缺点尚可接受的话，那么对于中医特别是中医临床来说，计算机检索的缺点只有手工检索才能弥补，所以要掌握一定的手检技巧，做到机检和手检并重，二者不可偏废。《中文科技资料目录》（医药卫生）、《中文科技资料目录》（中草药）这两个是非常重要的手工检索工具，由于在 2009 年《中文科技资料目录》停版，故不再进行过多介绍。

（一）常用的中医药文献手工检索工具

1.《中国医学文摘·中医》 由中国科技情报编译出版委员会批准出版的国内医学文献检索体系，为报道性质的医学文献的文摘类检索刊物，因分册不同，有月刊、双月刊和季刊。目前已有内科学、内科学（英文版）、外科学、中医、肿瘤学、基础医学等 18 个分册。检索时，选择相应分册，再按分类、主题、著者途径检索。检索内容：利用目录可以检索；本年度可利用年终编制的年度主题索引进行检索。主题索引采用主题法，按汉语拼音顺序排列制成。

2.《中国药学文摘》 英文名：Chinese Pharmaceutical Abstracts（CPA）是检索中文药学方面文献的重要检索工具。是一部药学文摘性检索刊物，报道有关中西医药理论、综述、药物科研、生产技术、药剂、分析、药理、药物评价、临床试验、药品生产管理和质量管理、制药设备和工厂设计及新药介绍等方面的文献资料，是检索国内中药学文献较完备的一种工具，以文摘、提要、简介和题录 4 种形式报道。国家药品监督管理局信息中心编辑出版，创刊于 1982 年，每期有期索引（包括主题索引和外文名索引）；每年一卷，卷末单独出版一期卷索引（包括著者索引、主题索引和外文名索引）索引均以主题词的汉语拼音或英文药名的英文字母顺序排列，各主题词或药名项下附有说明词及文摘号，可以指引读者根据文摘号查出相关文摘。以计算机化的中文药学文献数据库为基础，收集国内 700 多种医药期刊以及会议论文和部分内部刊物的资料，以文摘、题录等形式报道。该库拥有 30 余万条数据，每年以 28000 多条数据递增，内容丰富，查询方便。检索途径主要有分类途径、主题途径、外文药名途径。

3.《医学论文累积索引（1949～1979）》 由南京医学院图书馆、中国医学科学院情报研究所编辑出版，简称《30 年索引》。该索引收集了 1949～1979 年国内公开及内部出版的医学期刊以及自然科学期刊中有关医药卫生的主要中文医学文献，共 20 多万篇。属于题录式的索引，分为卫生、基础医学、诊断学、护理学、中医学、内儿科学、外科学、妇产科学、肿瘤、五官科、皮肤瘤学、药学及总索引等分册。各分册仅以主题途径提供检索，在总索引中增加分类辅助索引。

4.《中国生物学文摘》 中国科学院文献情报中心、中国科学院上海文献情报中心和中国科学院生物学文献情报网主办，中国科学院上海文献情报中心出版，月刊。该刊收录我国科技人员（包括港台地区）在国内公开出版发行的有关生物学方面的期刊论文、专著、会议录等以及在国外出版物上发表的论文，并酌情收录能开阔生物科学专业人员思路的带启迪性的有关科技文献。每年报道文献量约 9000 条左右。该刊以文摘为主报道我国生物科学领域的研究成果与进展，包括：普通生物学、细胞学、遗传学、生理学、生物化学、生物物理学、分子生物学、生态学、古生物学、病毒学、微生物学、免疫学、植物学、动物学、昆虫学、人类学、生物工程学、药理学以及生物学交叉学科与相关科学技术领域，选题力求结合我国科研、生产与教学的实际。

检索途径主要有分类途径，利用每期分类类目，依据类名对应页码在正文中查阅；主题途径，利用汉语主题索引，按主题词汉语拼音字顺查找有关主题词。

5.《中国学术会议文献通报》 中国科学技术信息研究所编辑出版，月刊。该刊主要报道全国各学会、协会、各部委及其所属单位在国内召开的全国性和国际性会议的学术论文，内容涉及数理科学和化学、医药卫生、农业科学、工业技术、交通运输、航空、航天、环境科学、管理等领域。年报道近 1.5 万篇会议论文，约 800 则会议消息。检索主要利用各期目次从分类途径检索或利用附录的会议名称索引检索。

6.《中国学位论文通报》 中国科学技术信息研究所编辑，科学技术文献出版社出版，1985 年创刊，双月刊。该刊是在国务院学位委员会颁发关于寄送博士和硕士学位论文的通知后，由学位论文的收藏单位中国科学技术信息研究所编辑出版的综合性检索刊物，收录我国自然科学领域各个专业的硕士、博士和博士后全部论文，是查找中国学位论文的主要检索工具。所收学位论文按《中国图书馆图书分类法》（第 3 版）分类体系组织编排题录，在每期正文前有学科分类目次。

7.《医学索引》 Index Medicus，简称 IM，创刊于 1879 年，1960 年恢复此名，该卷号为新辑第 1 卷，现由美国国立医学图书馆（National Library of Medicine，简称 NLM）编辑出版，月刊，每年 1 卷。IM 的收录范围：IM 报道世界上 72 个国家，41 种语言的医学期刊 3419 种，其中包括我国出版的期刊 50 种，另有中国台湾地区 9 种。它以题录的形式报道上述期刊的论文（article）、编者评述（editorial）、通讯（letter）、新闻（news）、综述（review）、评论（comment）等类型的文献。年报道量 40 万篇，英文占 75%～85%。

8. 美国《科学引文索引》（Science Citation Index） 简称《SCI》，1961 年创刊，双月刊，由美国科学情报研究所（ISI）出版。该索引可用于了解某一研究课题的发展过程，如通过其中的专利引文索引了解某一专利新的应用和改进；通过机构索引了解某科研机构最新研究动向。该索引是以一条文献为线索，检索所有引用过该文献的文献，通过文章被引用的频率可看出该论文的学术价值，进而推之，可反映一个单位的学术成就与学术地位。检索途径上，有引文索引（著者引文索引、匿名引文索引、专利引文索引）、来源索引（来源出版物、团体索引、来源索引）、轮排主题索引。

9. 美国《生物学文摘》（Biological Abstracts） 简称《BA》，1926 年由《细菌学文摘》与《植物学文摘》合并而成，现由设在费城的美国生物科学情报服务社（BIOSIS）出版。收摘范围遍及生命科学的各个领域，为查阅生命科学文献的全球性权威性检索工具，设有著者索引、生物分类索引、属类索引和主题索引。美国《生物学文摘》的姐妹刊——美国《生物学文献/报告、评述、会议录》（简称《BA/RRM》），是 BIOSIS 出版的另一种大型生命科学二次文献刊，是对《BA》必要的补充，同样设有著者、生物分类、属类、主题四种索引。

10. 美国《化学文摘》（Chemical Abstracts） 简称《CA》，是由美国化学会所属的化学文摘社（CAS）编辑出版的一种用英文发表的文摘性刊物，它收录文献量大而广，报道快速及时，索引体系完备，成为当今世界用途最广泛的权威性检索工具。《CA》的索引体系包括期索引（关键词索引、专利索引、著者索引）、卷索引（著者索引、化学物质索引、普通主题索引、分子式索引、环系索引、专利索引）、累积索引和工具索引（索引指南、资料来源索引等）；具有分类途径、著者途径、主题途径、分子式途径、专利号途径等多种检索途径。

（二）中医药工具书

1.《中国大百科全书》　其中《现代医学》卷共收条目 1757 个，插图 953 幅，计 506 万字。内容包括临床医学、基础医学和群体医学。该卷特别重视基础理论与临床、预防实践的结合，力求反映现代医学的发展水平。书中条目以主题标引，病名、药名立条，便于外行读者检索，也利于内行读者查阅某一主题的综合资料。《中国传统医学》卷共收条目 1083 个，插图 339 幅，计 180 万字。内容包括汉族医学、藏族医学、蒙古族医学、维吾尔族医学和朝鲜族医学等。该卷对中国传统医学中的方药、针灸、导引和养生等实用技术作了充分翔实的介绍，还包含近 40 年来传统医学的新发展。

2.《中医辞海》　分上、中、下三册，共 1000 余万字，收词 5 万余条，首次将各科词条按笔画排列，突出其综合性的特点。全书内容有中医基础理论、中医诊断学、古典医籍、医史文献、中药学、方剂学、中医实验、中医仪器、中西医结合、内科学、外科学、骨科学、妇科学、男科学、儿科学、眼科学、皮肤科学、耳鼻喉科学、针灸学、推拿学、药膳、养生学、气功学等。覆盖中医药各科的内容，涉及由古至今的知识，为中医药之大成，是中医药发展史上的重要成果。

3.《中医大辞典》　本辞典是我国第一部现代中医大型综合性辞书。本辞典于 1974 年 2 月，经原卫生部批准，由中国中医研究院、广州中医学院主任，全国 11 个中医科研、教学单位 227 位著名专家和专家分工协作，历时 20 年，分 3 个阶段编写、修订而成。共收载辞目 36908 条，总字数 402 万，插图 140 幅。内容涵盖中医医史、文献、基础、中药、方剂、内科、外科、妇科、儿科、骨伤科、眼科、五官科、针灸、推拿、养生、气功等，是一部全面反映中医学术，供医疗、教学、科研工作应用的大型工具书。本辞典选词面广，力求全面反映中国医药学宝库的实际内容；释义定义准确、阐释得当、言简意明，通俗易懂；各类辞目均注明出处，出处确切，便于查考。尤其是本辞典对 1979 年出版的普及试用本《简明中医词典》和 1981 ~ 1987 年先后出版的《中医大辞典》（试用本）8 个分册，进行了广泛征集意见。

二、现代中医药文献计算机检索

20 世纪 80 年代，中医药工作者开始利用个人计算机和数据库技术实现中医药文献的数字化存储与检索。中医药信息研究，以文献信息的数字化、网络化建设为重点，采用当代信息技术，充分利用国内外现有的文献信息资源，建立各专业及相关的数据库，逐步达到中医药文献和信息的数字化。通过中医药数字化信息资料的再次开发，促进中医药的智能化研究进展。通过不同的"虚拟专业网络系统"，建立起 21 世纪中医药教研信息共享体系。数字化、信息化、个体化及普及化是中医文献的发展方向。

随着时代的发展，计算机检索的作用越来越突出，它可以节省大量的时间和精力，其检索速度是手工检索不可比拟的。计算机检索主要是通过检索各种数据库实现的。数据库的类型主要分为全文型数据库和文摘题录型数据库两种。有许多数据库中有大量的中医药文献，如 CNKI、万方数据库、维普数据库、中国生物医学文献数据库、PubMed 数据库等，详细介绍请见第七章。以下主要介绍中医方面的计算机检索。

（一）中医药光盘数据库检索

1.《中国药学文摘数据库》（China Pharmaceutical Abstracts，简称 CPA） 国内唯一的大型药学文献数据库，内容涵盖了《中国药学文摘》印刷版的全部文献题录和文摘。CPA 收录了 1982 年以来国内公开发行的 450 余种药学杂志、医学杂志、医药院校学报以及植物学和微生物学等边缘学科杂志的文献题录和文摘，累计文献量达 25 万篇，并以每年 2 万 5000 篇的速度递增，其中中药文献占一半左右，是世界上拥有中药文献最多的数据库。该库涉及的主要学科领域是药学及其相关学科。收录药学文献的内容包括：所有中西药学理论、综述、药物的科研、生产技术、制剂、分析、药理、临床应用、药品评价、药品生产管理和质量管理、制药设备和工厂设计、新药介绍、药品专利等文献，以文摘、提要、简介和题录四种形式报道。数据库更新周期为每月更新。数据库检索包括全文检索、字段检索、再次检索、检索结果的输出。

2. 中国药学文献数据库（光盘版） 该数据库收集了 300 余种在我国公开出版发行的药学、医药、化工、植物、微生物、医药院校学报等期刊中刊载的有关中西药学理论、药物的科研、生产技术、药剂、药理、临床试验、药物评价、药品生产管理和质量管理、制药设备、新药介绍、综述等内容的文献。

（二）中医药网络数据库检索

1. 中国中药数据库 是全面介绍中药信息的参考工具型数据库，该数据库收录中药约 11000 种，综合参考《中华人民共和国药典》《中药大辞典》《中华药海》《中国药材学》《常用中药成分与药理手册》《中华本草》等权威工具书及专著，对每味中药进行了性味、归经、功效、主治、用法用量、产地、化学成分、药理作用、毒理学、药材基原、资源分布、栽培或养殖、采集加工、炮制方法、药材鉴别等多方面描述。

中国中药数据库具有收录范围广、内容丰富、权威性、动态维护、实用性强等特点。可通过中药的品名、汉语拼音名、英译名、拉丁名、功效、主治、产地、药理作用、化学成分、药材基原、毒理学、用法用量、服用禁忌等途径进行检索。多库融合检索平台中的中国中药数据库检索在本网站数据库栏目中选择"多库融合检索平台"并点击"进入"，在多库融合检索平台界面中的查询框中键入待查询的信息，然后，在"搜索范围"选择框中选择中国中药数据库，点击列表框右下角的"提交"按钮即可检索。

2. 中国中医药期刊文献数据库（TCMARS） 是国内外存贮量最大、内容全面的中医药学文献数据库。该数据库收录了自 1949 年至今的国内公开出版的 800 多种生物医学期刊中有关中医、中药、中西医结合、各种民族医药、针灸、气功、按摩、养生等方面的文献报道，共约 42 万条记录，其中 40% 附有文摘。该数据库拥有两个英文版分库，即英文版针灸文献数据库和英文版中药文献数据库，其中 50% 附有文摘。该数据库与世界权威医学数据库 MEDLARS 有很好的兼容性。采用主题标引和分类标引。使用的主题词表中医词汇部分为《中国中医药学主题词表》，西医词汇部分为《医学主题词字顺表》；使用的分类法为第三版《中国图书资料分类法》。该数据库目前提供光盘检索和网络检索。可通过国际互联网络（www. cintcm. ac. cn）或远程拨号登录进行检索。

3. 中医药报刊资料数据库 该数据库收录了 1988 年以来国内 100 余种报刊上发表的有关中

医药的动态信息，每年约 3000 条记录，每日更新。该数据库有光盘版，并可通过国际互联网
（www. cintcm. ac. cn）或远程拨号登录进行检索。

4. 中国中医药期刊文献数据库　是目前国内最权威的中医药文献数据库。该库涵盖了国内出
版的生物医学及其他相关期刊千余种，收录了 1984 年以来的中医药文献约 337100 篇，覆盖中医
药学、针灸、气功、按摩、保健等方面的内容，含有大量医学文摘，近年文摘量已达 50% ~
70%，文献数量以每年 3 万 ~ 4 万篇的速度增加，2000 年 11 月起，每季维护和更新一次。

三、中医药常用网站导航

1. 中国中医药信息网　中国中医药信息网（http:∥www. cintcm. ac. cn）由中国中医研究院中
医药信息研究所研制，有中英文两种版本。提供网上信息查询、网上医疗、网上教学、电子商
务、求医问药、中医药数据库、中医药战略、战术情报研究及提供市场预测服务等。中国中医药
数据库系统工程中的多库融合检索平台是将多个不同类型、不同结构、不同软件支持的本地及异
地数据库置于一个统一的检索平台上，可以同时从各个不同的数据库中检索所需要的信息，也可
以只选择其中的一个数据库进行查询。目前，在多库融合检索平台上收录了 20 个数据库，包括中
国中医药文献数据库、中国中药化学数据库、国家基本药物数据库、中国中药数据库、中国非处
方药数据库、临床医学数据库、中国医药企业数据库、北京中医药大学中药方剂数据库、中国医
药产品数据库、国外植物药生产经营机构数据库、中医药报刊数据库等。

2. 中华中医网　中华中医网（http:∥www. zhzyw. org）致力于弘扬国医国粹，普及中医药基
础知识，推广中医药文化与特色，扩大中医药的影响，推动中药贸易。栏目设置主要有名医名
院、药材市场、医疗合作、中医书籍、中医新闻、望闻问切、中药常识、中药词典、中医图谱、
中医文化、偏方秘方、中医拔罐、中医膏药、中医刮痧、中医火疗、中医气功、中医推拿、中医
药茶、中医药酒、中医针灸、自然疗法、中医减肥等栏目。可以免费提供各种中医资料与信息，
推广中医常识的普及。

3. 中国医药卫生网　中国医药卫生网（http:∥www. gjzyys. com/）有中英文两种版本。为满
足国内医学界人士的检索需求，中国医学科学院医学信息研究所推出了中国科技信息资源共享网
络医学信息检索系统的试运行版。该检索系统涵盖美国 ME 则 ME 数据库、中国生物医学文献数
据库（CBM）、荷兰医学文摘（EM）、国际药学文摘（DA）等多种数据库。

4. 中国医药信息网　中国医药信息网（http:∥www. cpi. gov. cn）是面向全国医药行业和药品
监督管理系统，提供各类医药技术、经济、市场、管理信息以及多种科技与经济类型数据库的联
机检索服务，提供药品监督管理信息和法规、公告服务。该网站的数据库和信息涵盖药品监督管
理以及药品、医疗器械、药学文献、医药专利、医药进出口、医药包装以及国内国际医药经贸、
科研教育、医药企业和产品等各个方面。

中国医药信息网提供的信息服务包括实时信息服务和数据库检索服务两大板块。实时信息服
务包括药政管理、产品信息、市场信息、企事业动态、海外信息 5 个栏目，信息每日更新。数据
库检索服务板块中可供检索的数据库包括中国药学文献、全国医药企业及产品、中国药品专利文
献、国内新药等近 20 个大型数据库。网站对所有上网的信息、数据库均提供全文检索服务。

5. 中草药大典　中草药大典（http:∥www. yn. edu. cn/yd/）提供中国中草药数据库信息服务。
数据库结构是分层组织的目录索引，按形态分为根类、根茎类等 11 大类，按目录依次深入，可查
询到有关中草药信息，如植物形态、化学成分、功能主治等。

本章小结

章节名称	学习小结
第一节 概述	1. 中医药文献检索的研究内容主要包括根据检索类型的不同，使用不同的检索策略、检索方法、检索途径等，学好中医药文献检索有助于提高中医药学生获取有效信息的能力。 2. 中医药文献检索步骤：分析检索课题，明确检索要求；选择检索工具，确定检索方法；选定检索途径、检索词，制定文献检索策略；评价检索结果；优化检索策略；文献筛选，获取原始文献。
第二节 古代中医药文献检索	1. 关于中医药古典文献的疑难字检索，不仅包括常用的汉语字词典，还包括中医专科常用工具书，如《说文解字》《康熙字典》《汉语大字典》《辞源》《中国医籍字典》《简明中医大辞典》《实用中医字典》《医籍文献虚词手册》。 2. 全国中医图书联合目录根据现存中医药古籍的实际状况，该书目的编写体例，以学科为主，采用分类编年的方法，兼顾到中医药古籍的体裁特征，划分为医史、医经、综合性著作等12大类，大类之下又分成许多小类，还有的进一步展开形成三级类目。 3. 中医基本古籍库中每种典籍均制成数码全文，并附所据版本及其他重要版本之原版影像。收录范围涵盖全部中国历史与文化。
第三节 现代中医药文献检索	1. 中医药文献手工检索工具包括印刷型书目和文摘性检索工具，还包括中医药学的词典、年鉴、百科全书、手册等。 2. 中国中医药数据库检索系统包括中医药期刊文献数据库、疾病诊疗数据库、各类中药数据库、方剂数据库、民族医药数据库、药品企业数据库、各类国家标准数据库等。

实训八　中医药文献检索实践

【实训目的】

1. 掌握中医药文献检索步骤。

2. 熟悉古代中医药文献和现代中医药文献检索中常用典籍工具书资源。

3. 了解古代中医药文献的特点。

4. 能充分利用中医药文献数据库进行网络检索。

【实训内容】

1. 参观古籍书库及工具书库。

2. 应用古代馆藏目录进行资源检索。

3. 中医药文献数据库网络上机操作应用。

【实训参考项目】

1. 检索"万密斋学术思想研究的资料"。

2. 检索历代名医治疗月经病的医案。

3. 检索"中医古代对天癸的认识"相关文献。

4. 某中医学骨伤专业研究生因课题立项，请帮助检索有关"重要促进骨折愈合作用机理研究"的文献。

5. 检索活血化瘀药治疗应用的文献。

6. 利用网络，在中华中医网内查找"中医美容"的相关资料，并记录感兴趣的一种美容方式。

目 标 检 测

一、选择题（1~8 单选题，9~13 多选题）

1. 中医药古典文献的时限是（　　）。

　　A. 1913 年前　　　　　　　　　　B. 1912 年前

　　C. 1911 年前　　　　　　　　　　D. 1914 年前

2. 我国第一部按部首编排的字典是（　　）。

　　A.《说文解字》　　　　　　　　　B.《康熙字典》

　　C.《汉语大字典》　　　　　　　　D.《辞源》

3. （　　）是迄今为止种类做多、收录范围最广的中医古籍联合目录。

　　A.《中国丛书综录》

　　B.《中国中医古籍总目》

　　C.《浙江中医药古籍联合目录》

　　D.《上海中医学院中医图书馆馆藏目录》

4. （　　）是第一部对中医古籍进行全面系统整理而制成的大型电子丛书。

　　A. 中国基本古籍库　　　　　　　　B. 中国医药信息网

　　C. 中国中医药数据库　　　　　　　D. 中华医典

5. 以记载（　　）为主的中医药学著作统称为方书。

　　A. 方剂　　　　　　　　　　　　　B. 本草

　　C. 医案　　　　　　　　　　　　　D. 针灸

6. （　　）一般是指将许多种书籍汇集而成一套书。

　　A. 类书　　　　　　　　　　　　　B. 丛书

　　C. 专著　　　　　　　　　　　　　D. 文摘

7. 中国医药信息网始建于（　　）。

　　A. 2000 年　　　　　　　　　　　B. 1998 年

　　C. 1996 年　　　　　　　　　　　D. 2001 年

8. 中医药古典文献的载体主要是（　　）。

　　A. 甲骨　　　　　　　　　　　　　B. 金石

　　C. 简牍　　　　　　　　　　　　　D. 纸质线状书

9. 中医药文献具有（　　）的作用。

　　A. 提高科学研究效率　　　　　　　B. 促进文献信息资源开发

C. 适应科技查新的需要　　　　　　　D. 培养新型人才的需要

10. 中医药古典文献的文字包含（　　）。

A. 汉文　　　　　　　　　　　　　B. 藏文

C. 蒙古文　　　　　　　　　　　　D. 维吾尔文

11. 古代临证文献资料的检索，主要利用（　　）。

A. 专科图书　　　　　　　　　　　B. 中医药类书

C. 综合性类书　　　　　　　　　　D. 字词典

12. 中医药古文献馆藏目录类的工具书包含（　　）。

A.《中国医籍考》　　　　　　　　　B.《医藏书目》

C.《全国中医图书联合目录》　　　　D.《中国丛书综录》

13. 古典医案类的资料检索，包含（　　）。

A.《名医类案》　　　　　　　　　　B.《全国名医验案类编》

C.《清宫医案研究》　　　　　　　　D.《古今医案》

二、思考题

1. 简述中医药文献的特点。

2. 古代中药资料检索工具有哪几种？

3.《中国药学文摘光盘数据库》包括几种检索方法？

4. 常用中医药古籍书目有哪些？

5. 如何获得中医药古文献收藏信息？

（刘　娜）

第十章 医药科技论文写作与投稿

PPT

📖 学习目标

知识目标

1. 掌握医药论文的七大组成部分及写作格式要求；医药论文及医药综述的基本写作步骤；非法出版物的鉴别方法；文献合理使用的方法。

2. 熟悉中文医药科技期刊的三大核心体系；作者投稿时期刊平台和期刊合作平台的利用方法；非法出版物的特点。

3. 了解医药论文的类型和基本要求；医药文献综述的特点和撰写目的；非法出版物的定义；学术规范及学术不端行为的定义及分类；国内三大学术不端检测系统的特点及学术不端检测结果各指标的意义。

技能目标

1. 能运用学习医药论文写作的方法。

2. 能自行查找期刊投稿方式并鉴别期刊是否为非法出版物。

3. 在论文写作过程中能鉴别是否合理使用文献及是否存在学术不端行为。

第一节 医药论文写作与投稿

💬 案例讨论

【案例】 某篇医药论文的摘要如下。

目的 为进一步了解高职医学生职业素养培养的现状，探寻适应于高职医学生职业素养提高的方式方法，为医卫类大学生职业素养的培养和提升提供参考依据，为医学相关专业的建设和管理提供了一定的实证资料。

方法 调研湖南省内四所高职院校 1300 名医学生在职业认可、择业就业、学校职业素养培养现状等方面的情况，深入访谈调研本院不同专业及不同年级的在校学生对职业认知、职业规划、医学人文及职业素养培养方式等情况。

结果 目前高职院校医学生的职业认可度、从医意愿度整体偏低，学校对医学生职业素养的培养满意度整体偏低。

结论 建议加强高职医学生职业素养的培养学习，根据调查和深入访谈调研结果，经理论探索和专家咨询讨论认证后，从体制机制、课程设计、教学改革等方面提出了高职院校医卫类大学生职业素养的培养策略。

【讨论】1. 该篇文章属于何种类型的医药论文？

2. 根据摘要归纳分析该篇论文的文题可能是什么？

3. 根据摘要选取 3 ~ 5 个文章的关键词。

医药论文是医药学科研工作以科学知识为理论指导，经过科研设计、实施等过程，对所得的第一手感性资料进行归纳、整理和分析等一系列的思维活动后撰写而成的具有一定先进性的文章；或者是在第一手资料的基础上，运用文献资料综合归纳而成的文章。医学论文是医学科研和技术创新成果的科学记录，是交流、传播医学科技信息，总结科研成果的基本形式，是科学研究的重要组成部分，也是作者对医学科学贡献的重要标志。撰写高质量医药学论文不仅是广大医药工作者应该掌握的技能，也是取得学历、学位、晋升职称的必要条件。

一、医药论文的类型

医药论文根据文章的研究内容及资料内容、论述体裁、写作目的等方面的不同，可分为多种类型。

（一）按照研究内容分类

1. 调查研究 对医药卫生实践的某个方面，通过亲身临床调查，对所获得的一手材料进行剖析、研究，从中发现问题、分析问题、解决问题，得出结论。如"某种药物临床反应的调查报告"。

2. 实验研究 作者通过做实验，对实验的手段、过程、现象以及实验的发现进行详细观测和系统的分析、归纳，找出其新的规律，并进行理论上的探讨或论证的科技学术的论文。如"藤茶双氢杨梅树皮素联合环磷酰胺抗肿瘤作用研究"。

3. 实验观察 研究者在整个研究过程中，不施加任何干预措施，仅对研究对象的某些特征进行观察并搜集资料的研究。如"辛伐他汀药理作用及临床应用效果观察"。

4. 资料分析 运用既往的相关资料进行统计学分析的研究。

（二）按照论文体裁分类

1. 论著 是指在总结基础医药学理论、临床医学试验和现场调查等方面具有显著成果的论文，多为医药学领域前瞻性研究类论文，能代表一定的学术水平。内容包括医药学试验研究、临床病例分析、临床用药疗效观察等。

2. 研究简报 指对某一有价值或有苗头的重要研究的初步成果而撰写的简短论文，主要目的是争取首报权。它既是重要研究成果的缩写报告，也是重要学术论著的预报。

3. 经验交流 指对一定时期内积累的临床资料，经回顾性分析、整理而撰写的论文。包括临床资料分析、病例报告、病案讨论等。

4. 文献综述或学术评论 指作者在搜集某方面情报资料的基础上，根据某一专题研究或学术问题所掌握的历史背景、研究现状、前景展望、争论焦点、已经解决或尚未解决的问题，结合自己工作实践中总结的观点或评论而撰写成的论文。它可以帮助医务工作者在短时间内了解某方面的研究概况、存在的不足和今后的展望等。

（三）按照写作目的分类

1. 学术论文 是对医药科研的成果、理论性的突破、科学实验或技术开发中的新成就等方面的分析总结，从而作为信息交流的一种形式。

2. 学位论文 学位申请者为申请授予某种学位而撰写的学术论文，是考核、评审申请者科研水平的重要依据，例如学士学位论文、硕士学位论文、博士学位论文。

3. 毕业论文 医药专业毕业生在即将完成学业前，以某一专题文章的形式对自己的学术水平和学习成果进行总结，供教师或评审者用来评价其学业的文章。

二、医药论文的基本要求

不同类型的论文，在写作目的、内容及表达形式上各不相同，但它们却遵循共同的原则。科研人员在具备了扎实的专业知识、一定的文学基础和文献检索能力的前提下，撰写的论文应达到以下几点要求。

（一）科学性

评价医药论文的科研设计、研究方法、资料整理、数据分析、讨论、结论等是否真实反映了客观事实的标准是其是否具有科学性。科学性是所有科研论文应具备的重要特点，也是衡量医学论文水平的重要条件，是科技论文的生命，主要体现在以下几个方面。

1. 真实性 论文的论点和论据必须以事实为依据，实事求是地呈现、分析、评价科研成果，尊重客观事实。

2. 准确性 准确的科研结果不仅要求严谨、周密、合理的科研设计，例如设置均衡的对照、随机化分组、盲法研究等措施，研究方法要先进正确，对试验、观察过程的精确记录等，也有赖于作者对研究结果做出合乎逻辑的推理，并且在写作时要善于归纳整理，摒弃与论文无关的内容，精炼地运用语言文字，准确地选定学术术语等。

3. 逻辑性 撰写论文应该思路清晰，结构严谨，文字通顺，运用科学的逻辑思维方式和正确的统计学方法对资料进行综合分析、概括和推理，提高学术的高度，从而来论证和阐明医学现象的内在规律和特征，切忌空谈或抽象推理，或成为数字、现象的简单堆砌。

4. 重复性 论文必须具有足够的、可靠的和精确的科研资料作为依据，他人使用相同的材料、仪器设备和实验方法可以取得同样的结果，证明此研究经得起实践的检验，具有可重复性。保障科研的重复性，除了科研设计、材料、仪器设备和实验方法等因素外，科研论文写作时应详细介绍如创新或改进部分等关键内容。在考虑技术保密的前提下，某些关键内容可适当呈现。

（二）创新性

创新性是医学论文的灵魂，具有先进价值和独创意义的医药论文，是发现科研苗头或科技人才的重要依据。创新性要求医学论文报道的内容是前人未曾发表的；或其成果是他人从未获得的新发现、新观点、新方法等；或要求论文提供的信息是鲜为人知的、非公知公用的；或在他人的基础上，具有一定的新意、有所发现、方法有所改进等。创新可大可小，但至少有一点新意、发现、发明或创造，防止简单的继承、模仿、重复、抄袭等。

（三）相对固定的体例形式

医药论文在长期的发展中，形成了自己的结构特色，即有相对固定的体例形式。如前瞻性研究类论文，其大体结构为引言、材料和方法（或对象和方法）、结果、讨论等；临床资料回顾类论文，其大体结构为引言、临床资料、讨论或引言、病例报告、讨论等。大约70%的医药论文都是按照大家公认的结构（体例形式）安排内容的。因此，作者必须熟练掌握其体例形式，并按照要求进行写作。医药期刊论文一般具有固定的格式和统一的规范，但要结合不同期刊编辑部的具体要求进行撰写。

（四）规范化和标准化

规范化和标准化是医药论文写作最基本的要求。医药论文涉及大量的医学名词、术语、药名，以及数量、单位、符号和缩写形式等。标准如中华人民共和国国家标准《信息与文献　参考文献著录规则》（GB/T 7714—2015）、全国科学技术名词审定委员会公布的《医学名词》（丛书）、《中国人名汉语拼音字母拼写规则》、《中华人民共和国法定计量单位》、《中华人民共和国药典》等。

（五）伦理性

医药论文常涉及实验动物、志愿者和病人，因此实验操作和写作时都须遵守医学伦理道德。例如，注意执行动物保护法，维护志愿者和病人的隐私权、肖像权，注意为病人保守秘密等，特别是涉及人工授精、人体药物试验、变性手术、性医学、某些特殊的误诊、误治病例报告等，更应注意遵守医学伦理道德，把握写作分寸。

三、医药论文的写作格式及要求

医药论文写作属于应用文写作的一种，本节以期刊的论著型学术论文为例，讲述医药论文的写作格式。医药论文基本上由标题、作者署名和单位、摘要、关键词、论文正文、结论和参考文献等部分组成，且不同部分均有其基本内容和写作要求，具体如下。

（一）标题

标题是整篇文章主题思想和内容的高度概括，是论文的缩影与代表。"良好的开端是成功的一半"，题目是涉及论文范围与水平的一个重要信息，读者通过题目能够了解文章的中心思想，且便于检索和编目。因此，文题中应包含研究对象、文章所要解决的问题和贡献等内容。

1. 概括和突出主题。标题是能反映论文中特定内容的恰当、简明的词语的逻辑组合，尽可能包含科研中的研究对象、处理因素和研究效应三要素及其相互关系。例如，"以药学服务为核心的高职药理学教学改革方案实施策略"。

2. 题目坚持简洁、准确、具体、规范、专业的原则，一般中文题目在20个字以内，不超过30个字；英文文题不超过20词，尽可能省去"的研究"等非特定词。

3. 尽量不设副标题，只有在文题语意未尽时，再借助副标题进行补充，但要用破折号或括号另行书写，起到补充说明的作用。

4. 不用缩略语，标题中一般不用非常规的简写、代号、公式等，例如"非小细胞肺癌TKI类治疗药物的研究进展"中的"TKI"不宜用英文简写，应改为"非小细胞肺癌酪氨酸激酶抑制剂类治疗药物的研究进展"；外文缩写和原形不宜同时出现。

5. 避免使用疑问句、主谓宾结构的完全句或宣传鼓动方式的语句。

6. 不用标点符号，文题的数字宜采用阿拉伯数字，但作为名词或形容词的数字则仍用汉字，通常数字 10 以下用汉字，11 以上用阿拉伯数字。例如，"26 例腹腔镜下胃十二指肠溃疡穿孔修补术临床治疗分析""经方治疗妊娠恶阻验案六例"。

（二）作者署名和单位

作者是指在选题、论文构思、制定研究方案、参与资料的搜集和论文的撰写方面做出主要贡献的人员，同时能对文章内容负责的人员。

1. 署名的意义　署名能表明署名者的身份，即拥有著作权，并表示承担相应的义务，对论文负责。署名和地址的编写是检索工具编制作者检索途径、单位检索途径的需要，是引用、引文统计的需要，是评价作者水平和学术地位、影响等的需要，是出版社及读者与作者联系的需要。

2. 署名的要求

（1）实验性的医药论文大多需要多人配合进行，因此署名往往不止一人。按照中华人民共和国国家标准《科学技术报告、学位论文和学术论文的编写格式》（GB 7713—87）中对科技论文的作者署名条件的规定为"学术论文的正文前署名，只限于那些选定研究课题和制定研究方案、直接参加全部或主要部分研究工作并做出贡献以及参加撰写论文并能对内容负责的人，按其贡献大小排列名次"。

（2）区分个人作者和多名作者署名的关系：如果是根据个人的研究成果或积累的经验所撰写的论文，则应单独个人署名；若由多人合作的研究成果，则应在共同协商的基础上，根据对论文贡献大小、工作主次确定多名作者的署名顺序，从而避免争夺署名或名次，一般不超过 6 人，其余对文章有指导或帮助的工作人员可列入致谢部分或脚注部分。毕业论文一般学生为第一作者，指导老师为通讯作者。

（3）署名必须是作者的真名、全名，一般情况下不得使用笔名。

（4）署名的位置一般在文题下方居中，单位及地址位于作者姓名下方。两个以上作者，应按编写作者名单的序列，编写每个作者所在单位的全称及所在城市的名称和邮政编码。除非科学家希望隐名发表（或尽可能保密），否则，必须提供作者的全名和地址。

（三）摘要

摘要是对论文基本内容的浓缩部分。用最扼要的文字，概括说明文章的主要内容。一般在正文完成之后书写，但排在正文的开始之前，有相对的独立性。目前国内大多数医药类期刊论文的摘要要求包括目的、方法、结果和结论四大部分。一般控制在 300 字左右，要求简洁扼要，观点鲜明，重点突出文章的创新之处。

1. 目的　说明进行科研的理由、前提、任务或主题范围。目的描述应确切、具体，具有一定的针对性，一般不使用主语。

2. 方法　解释科研所采用的具体方法，包括研究对象的选择方法、材料、仪器设备、研究方案、效果评价标准和数据处理分析等。注意不必详细列出实验用品和常规操作步骤。

3. 结果　说明研究的主要发现，如果可能，提供具体数据和统计学意义，包括观察结果、统计分析结果等，必须具备一定的针对性和特异性。

4. 结论　根据结果总结出的观点、推断或设想，应与论文中的实验结果一致。

（四）关键词

关键词是在论文完成以后，由作者根据文章的题目、摘要、研究对象、研究方法、论述的主要问题和所涉及的范围，选取专业性强，意义明确，能反映全文主题内容的名词、词组或短语。关键词表达了论文的要素特征，并对文章的主题具有一定代表性，是论文的信息点，也是一种广泛使用的检索语言，一般列于摘要之后。列出关键词的目的，一是帮助读者了解论文的主题思想，确定是否值得进一步详细阅读全文；二是便于文献的整理和检索。

1. 关键词的基本要求

（1）关键词的数量：一般每篇论文 3~8 个。

（2）关键词的性质：一般是名词、词组或短语，可以是单词、复合词，但通常不使用动词、缩略语和单独的形容词。

（3）尽可能使用中国医学科学院医学情报研究院翻译出版的《医学主题词注释字顺表》，该表译自美国国立图书馆编辑的《Index Medicus》中医学关键词表（MeSH）内所列的词。如最新版的 MeSH 中无对应的词，可直接选取已被广泛接收的自由词作为关键词。

（4）关键词一般不用缩写，一把应按照 MeSH 还原全称，如"HBsAg"应改为"乙型肝炎表面抗原"。

（5）关键词一般排在摘要之后，引言之前，另起一段；关键词之间，相互空一格书写，不加标点符号，或用分号隔开（期刊不同，要求不同），最后一个关键词的词末不加标点；外文字符除专用名词的字首外，其余均小写。

2. 关键词的选择方法　首先在标题中考虑关键词，因为标题最能体现论文的中心内容；若文题中选择的关键词不能充分反映文章的宗旨，不能提供完整的检索信息，则再从摘要和正文中选择关键词；然后对选出的关键词进行严格筛选，仔细推敲，分析判断其能否准确、全面地反映文章的中心思想；最后查阅 MeSH 确定所选关键词是自由词，还是非自由词。

（五）论文正文

正文是科研论文的核心部分，是体现论文的论点、论据、论证和研究过程的主体，绝大部分期刊论文都是要求有前言、材料与方法、结果、讨论等部分。

1. 前言　是正文的起始部分，起到纲领的作用，相当于演说中的开场白。目的是引导读者理解文章的主题思想，考虑进一步的研究方向。

（1）基本内容

1）点明选题的依据、意义和假设，简明扼要地介绍研究背景、理由和研究目的，或需验证的假设。

2）进行相关研究的文献回顾，介绍研究动态，说明选题的来龙去脉，但不宜过长。

3）强调研究的重要性和现实意义。

4）讲述论文所涉及的比较新或比较专业化的术语或概念。

（2）要求

1）在正文中不必标明"引言"或"前言"等标题。

2）引言部分应言简意赅，不宜写得过长，一般要求 200~300 字。

3）不宜作自我评价，例如不要使用"国内首创""填补空白"等文字描述；也尽量不要使用"水平有限""能力不足"等客套话。

4）前言第一句应开门见山引出文章的主题，明确研究目的、范围、方法、意义和主要成果等，对于众所周知的内容或意义不必叙述。前言结束时，一般用一句与第一句相呼应的句子强调研究目的，但要避免与摘要或正文雷同或重复。

5）只给出直接相关的参考资料，不阐述论文报道的结果和结论。

2. 材料与方法　主要说明该研究或实验所采用的材料、方法和研究的基本过程，以便读者了解论文的研究依据的可靠性，也为他人重复或验证试验提供参考资料。

（1）材料与方法的内容

1）研究对象　若研究对象是患者，例如临床试验研究中，研究对象必须明确病例的来源、基础资料（数量、性别、年龄等）、诊断标准、病情判断依据、疗效判断标准等情况加以简介，还应说明观察条件；若研究对象是动物，则应说明动物来源、种系、微生物控制级别、数量、性别、体重、健康情况等相关内容；若研究对象是微生物或细胞时，应写明微生物或细胞的种、型、株、系的来源、培养条件等。

2）材料　研究中所使用的仪器、设备必须注明生产厂家、规格、型号和具体的操作方法等；对于所用的试剂或药品应说明其名称、规格、来源、出厂时间、批号和过程、给药途径与手段等相关内容，中草药还应注明学名，说明产地与炮制方法；若试验使用的是新型试剂，应写出相应的分子式或结构式，如需配制，则应将配方与制备方法写明。

3）研究方法与条件　首先明确科研设计的类型；其次，根据不同的设计，确定不同的研究方法与条件，例如临床研究，对于病例的观察方法、时间、观察指标、测量方法、干预措施的使用方法、疗程等进行规定，尤其对于临床病例的治疗性研究，还应明确其治愈判断标准。

4）统计学方法　简要说明在什么条件下使用何种统计学方法，必要时说明统计推断方法和软件名称。

（2）材料与方法的要求

1）按顺序排列　一般按照实验研究的顺序介绍材料和方法，如先介绍研究对象的选择方法，再说明研究方法及基本过程，最后阐述反应指标和统计学处理方法。

2）对创新性的内容详细说明　对于研究中设计的具有创新性的方法应详细说明其设计原理、操作步骤及注意事项、观察记录方法、仪器安装及使用等内容。

3）重复他人或公认的方法时，只需简单说明实验方法的要点和出处即可。

4）此部分不阐述实验的结果与结论。

3. 结果　是医药论文的主体部分。它是将作者实验研究、临床药物试验或动物实验等研究所得到的原始资料，根据研究目的用统计表、曲线图、照片等形式，结合文字描述表达出来。结果是进行讨论和下结论的基础，它体现了论文的价值所在，也是评价一篇论文可靠性的重要依据。

（1）结果写作的基本原则

1）如果结果涉及内容较多，应分段落并分别附标题进行阐述。

2）所有的结果都必须是作者本人该研究获得的成果，不能引用他人的研究结果。

3）数据表达要完整、确切、可靠。

4）统计学分析结果无论是阳性或阴性、肯定或否定、临床药物试验或应用的成败等，都应真实地反映出来。

5）统计表图标重点突出、内容精练、标目层次清晰、标题明确。

6）文字叙述是解释图表或照片的重点内容，但不进行详细解释或说明。

（2）结果说明的具体要求

1）数据表和图片　实验结果一般不是原始数据，而是通过统计处理或推算的真实、具体、准确地资料，一般通过图表的形式展现。表和图的设计应结构合理，表达清晰准确，对比鲜明，图片应尽可能提供像素较高的清晰彩照。阅读者通过图标能大体看出实验的内容（如药物、给药途径、对象、指标、单位、结果及意义等），表与图都要有序号，即使全文只有一个表或一个图，都应标明"表1"或"图1"。

医药论文中的数据表一般主张采用"三线表"，既由顶线、标目线与底线三条横线组成的框架，顶线与标目线之间称为表头，标目线到底线之间称为表身，表头如需标明一项以上的内容，一般不用斜线，可允许添加一条或数条横线，表身不用或少用横线。表的下方可根据需要添加脚注，每一条脚注可单独成行，如表 10-1 所示。

表 10-1　他克莫司对 NS 大鼠 TC 和 TG 的影响（$\bar{x} \pm s$, $n = 10$）

组别	剂量（g/kg）	TC（mmol/L）	TG（mmol/L）
空白对照组		1.73 ± 0.255	1.43 ± 0.30
模型对照组		2.31 ± 0.28	2.21 ± 0.36
糖皮质激素组	0.9×10^{-3}	1.75 ± 0.12	1.63 ± 0.20
他克莫司高剂量组	1×10^{-3}	$1.81 \pm 0.14^{**}$	$1.70 \pm 0.12^{**}$
他克莫司低剂量组	0.5×10^{-3}	$1.99 \pm 0.26^{*}$	$1.89 \pm 0.42^{*}$

注：与空白对照组比较，$P < 0.05$，$P < 0.01$；与模型对照组比较，$^{*}P < 0.05$，$^{**}P < 0.01$。

图是医药论文表达研究结果的重要形式之一。形态学观察的图片，一般以高清晰的图片按顺序排列，图片下方加注释予以说明，如图 10-1 所示；而有些实验数据经统计学处理，也可按图文形式展示，一般以柱状图表达非连续性资料的大小（图 10-2），线图或散点图表达连续性的资料变化。

2）统计学分析　对数据采用的统计学处理的具体方法。一般在结果中不必详细阐述，但必须说明相互对比组之间有无统计学意义，以及 P 值大小。

3）文字　对数据、图表、统计分析结果等，用文字准确、简单地进行说明，避免与统计图表中的内容重复。

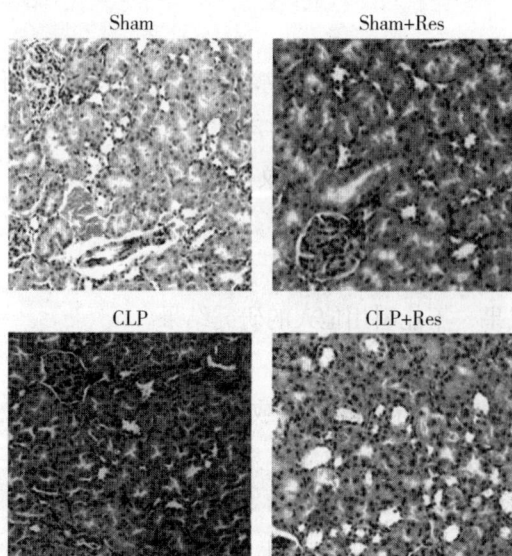

图 10-1　各组大鼠肾组织切片 HE 染色结果比较

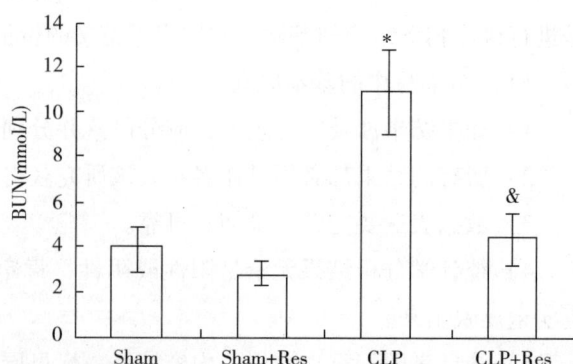

图 10-2　各组大鼠血清肌酐和尿素氮水平的比较

与 sham 比较：$^{*}P < 0.05$，与 CLP 比较：$\&P < 0.05$

4. 讨论　　是实验结果的升华部分，体现作者的学术水平。它对科研结果进行理论性的综合分析，为文章的结论提供理论依据。作者通过讨论部分应将已获得的实验结果进行系统、理论和科学的阐述，以便进一步形成自己的研究观点和下定结论。

（1）讨论的内容

1）根据研究所得数据，用科学的、合理的推导出本研究的主要发现，围绕一个或若干个"主要观点"进行深入阐述以研究结果为基础和线索推理得到的重要或新发现，即在"结果"部分不能阐明的推理性内容，或文献中尚未报道的相关内容应深入地分析阐述。

2）将本文的研究发现与近代文献中同类研究的结论进行比较，阐明本人与他人研究的创新点，以及实验结果从哪些方向强烈支持该结论。说明本文创新点的理论和实践意义。

3）点拨研究的不足之处以及可能存在的偏倚，分析研究结论的真实性和可靠性。

4）对本文实验结果可能的其他解释，给出排除这些可能性的理由与根据。

5）提出未能解决的问题及解决这个问题可能的途径、研究方向、展望或设想。

（2）讨论的要求

1）不可重复结果中的相关内容或进行主观推测，切不可对研究结果进行过高的解释、解释不足或错误解释。

2）所引用的文献材料应尽可能抽象概括，引用其观点、结论或数据，而不可整段或成句引用，切忌将讨论部分写成他人的文献综述。

3）结论或结语中不能出现参考文献序号、插图及数学公式。

4）不可使用图表，篇幅不宜过长，一般占全文的 1/3 ~ 1/2。

（六）结论

结论是通过研究结果对事先提出的研究假设或研究目的作出判断，是论文最后的总体结语，主要反映论文的目的、解决的问题以及最后得出的观点。

1. 内容

（1）结论是在文章结尾时对文章的论点、结果进行的归纳与总结。当从研究结果确实得出了有重要价值的创新性结论，或者对相同论题的研究得出与别人不同或相反的结论时，应采用"结论"作层次标题。

（2）当未得出明确的研究结论，或结论已在"结果与讨论"中表述，而同时需要对全文内容有一个概括性总结或进一步说明时，尤其是要对文章已解决和有待研究的问题表达作者的某些主观见解或看法时，用"结语"。

（3）文章结尾时如果不能导出条理性结论，则可写成结语进行必要的讨论，文中讨论部分已有分步结论的可不再在文章结尾处在另设结论。

2. 要求

（1）结论或结语应准确、简明，一般为 100 ~ 300 字。

（2）逻辑要严谨，表达要准确，有条理性。

（七）参考文献

参考文献是指在科研和论文撰写过程中所参考过的有关文献的目录，科研论文在引用他人的观点、结论或数据时必须标明其出处。列出文献目录不仅是对科学负责，也是向读者提供进一步研究的线索。读者通过参考文献，除了能够清晰地了解该文的来龙去脉，也为评估该论文的水平提供了文献依据；参考文献是确定论文水平的重要标志之一。

1. 引用参考文献的原则

（1）引用最必要、最新的文献　尽可能引用近3～5年对文章的观点有一定的支持、解释和帮助作用的文献，一般一篇科研论文近5年的文献应占2/3以上，众所周知的内容可不列参考文献，教科书一般不宜列为参考文献。

（2）数量适中　科研论文并不是引用的文献越多越好，一般的科技期刊对参考文献的数目有一定的限制，国内大多杂志控制在5～20条。

（3）引用亲自阅读过全文的文献　有时由于条件或时间的限制，作者无法阅读全文，只阅读其摘要部分，除特别重要的文献，一般摘要不能作为参考文献。

（4）引用公开发表的文献　公开发表是指在国内外公开发行的报刊或期刊、书籍上发表的论文或论著，均可作为参考文献，而内部交流的资料或全国性和国际性会议交流的论文等非公开发型的交流信息或资料，一般尽可能不要引用为参考文献。

（5）采用规范化的引用格式　目前使用最广泛的是温哥华参考文献格式。

2. 参考文献的书写格式

（1）用法示例

1）引用的标记方法　温哥华参考文献格式的书写形式是按文献在论文中出现的先后顺序，用阿拉伯数字连续编号，放置在论文末尾。在论文的引用部分，如学者、词组或段落等相应处的右上角加括号包裹的阿拉伯数字，如上标加方括号的"[1]"，如图10-3所示，在参考文献列表的第1项出可以找到所引用的文献相关资料。

2）引用标记的位置　参考文献中数字的标记位置因机构或文献类型的不同而有所区别，有人认为数字序号应当放在文段标点之外，以免干扰语句阅读；而也有要求放在标点之内，如图10-4所示。前者为一些大学或者机构所推荐，后者则是一些出版物的格式要求。

"美托洛尔属于β1受体阻断药物，其对于肾素-血管紧张素-醛固酮活性有间接性的削弱，并有负性心率作用，可减少心输出量，缓解心率和心室负荷，从而良好的控制心率及血压水平[1]。"

图10-3　引用的标记方法示意图

A. "藤类药物具有散寒除湿、通经活络的功效，在肢体功能的恢复上作用显著；诸药合用，具有祛风除、湿散寒、搜风剔络等功效，其药效能够抵达十二经脉，通经止痛功效倍增[1]。"

B. "藤类药物具有散寒除湿、通经活络的功效，在肢体功能的恢复上作用显著；诸药合用，具有祛风除、湿散寒、搜风剔络等功效，其药效能够抵达十二经脉，通经止痛功效倍增。[1]"

图10-4　引用的标记方法示意图

A. 引用数字放在句号内；B. 引用数字放在句号外

3）两篇相连序号或两篇以上不连续序号以逗号分开，如"[2,3]"或"[2,3,6]"；3篇或3篇以上连续的序号，只须写始末序号，中间用范围号"～"连接，如[2,3,4]应写为[2～4]。

（2）书写格式　参考文献的书写格式应符合中华人民共和国国家标准《信息与文献 参考文献著录规则》（GB 7714—2015），但不同的期刊对医药论文的参考文献格式可能略有不同。不同的参考资料类型有不同的文献类型标识码，如：专著［M］，会议论文集［C］，报纸文章［N］，期刊文章［J］，学位论文［D］，报告［R］，标准［S］，专利［P］，论文集中的析出文献［A］，杂志［G］。不同类型的信息文献具有不同的参考文献书写格式，下面以医药论文中经常引用的几类文献类型为例介绍参考文献的书写格式。

1）专著　文献类型标识码为［M］。

［序号］主编．专著名称［M］．出版地：出版者，出版年：起止页码（可不写）．

例如：［1］章新友．药学文献检索［M］．北京：中国中医药出版社，2016.

2）期刊论文　文献类型标识码为［J］。

［序号］作者（列出前三位作者，用逗号分开，其余作者加"，等"）．文献题名［J］．刊名，年，卷（期）：起止页码．

例如：［1］郭抗萧，彭昕欣，毛娅男，等．七味白术散对菌群失调腹泻小鼠肠道蔗糖酶活性的影响［J］．中国微生态学杂志，2019，31（10）：1130－1134.

［2］Jin Juan，Zhan Huifang，Lin Bo，et al. Association of podocyte autophagosome numbers with idiopathic membranous nephropathy and secondary membranous nephropathy［J］. International urology and nephrology，2017，49（6）：1025－1031.

3）学位论文　文献类型标识码为［D］。

［序号］作者．论文题目［D］．出版地：出版单位，出版年：起止页码（可选）．

例如：［1］钟焱．RNA干扰多发性骨髓瘤恶性相相基因Clorf 35的初步研究［D］．长沙：中南大学，2012.

四、医药论文的写作步骤与方法

医药论文的撰写一般分为选题、资料准备、拟定提纲、撰写初稿、修改文稿及定稿等5个阶段。

1. 选题　选题的好坏直接影响文章的质量与可读性，医药学比其他学科更具有鲜明的时代特征和极强的实用性，因此，以当前医药学研究热点或前沿、医药学实践急需或难点为内容的文稿刊用率高，而内容类同或属常识类淘汰率高。一般建议从自己熟悉的工作中、读者关心的问题中、期刊报道的方向中、工作的细节中等去选择有研究价值和发展前途的主题。选题遵循创新性、科学性、实用性、可行性和个性化选题五大原则。

论文题目十分重要，必须用心斟酌选定。对文题的要求是：准确得体，简短精练，信息量大，醒目，易懂，能启迪读者兴趣。论文题目应能准确表达论文内容，恰当反映所研究的范围和深度。常见错误是：过于笼统，题不扣文。例如，文题"拉米夫定的疗效观察"过于笼统，如果针对研究的具体对象来命题，效果会好得多，例如"拉米夫定治疗乙型病毒性肝炎的疗效观察"。忌用冗长、主谓宾均有的完整句子，且应避免使用结构式、公式、同行不熟悉的符号与缩写，涉及药品名称最好不用商品名。

2. 资料准备　搜索和积累资料，包括文献资料的整理、实验数据的审核、研究图表的选择、从实验结果体现基本观点等。在主题已经确定的情况下，有目的地查找相关资料，再着手进行临床观察或实验研究、验证。假如主题为"高效液相色谱－质谱联用法检测患者血浆中替考拉宁的浓度"，则首先应将替考拉宁的理化性质、药物体内代谢情况及特种、临床检验分析方法及其优缺点、国内外相关研究的资料大量收集，然后拟定试验方案，并逐步进行。不同的资料可以写成不同体裁的论文，如对各种动物进行的药理、毒理实验数据可以写出实验研究报告，使用某种新药治疗某种疾病的治疗方法、效果、疗程、不良反应的观察资料可以写成疗效观察，对某一专题的国内外近期原始文献的分析归纳可以写成该专题的综述性文章。所搜集的资料越丰富，观察问题就越全面，对分析、研究的问题就越有利。即使试验失败了，只要找出失败的真正原因，同样可以总结出有价值的论文，同样可以发表。

3. 拟定提纲 提纲是整篇文章的框架，也是对一项科研工作的全面总结和思考，对论文写作具有重要的指导作用。医药实验论文通常由题目、作者、摘要、关键词、引言、材料与方法、结果、讨论、参考文献等9大部分组成，重点拟定引言、材料与方法、结果、讨论这4大部分的提纲。主要考虑三个方面：文章从何处说起才能切题，有吸引力；阐述推理等实质性问题如何展开才能全面准确阐明问题，具有说服力；文章以何种方式的语言表达最为适宜。

4. 撰写初稿

（1）在基本观点已经明确，参考或引用文献资料业已准备妥当时，可按提纲的顺序分段进行写作。

（2）初稿所包含的内容应尽可能全面、详实，将所收集的资料尽量详细地记录下来，认真分析、处理数据，作出正确结论和合理解释，并试着从正、反两方面探讨所得结果，不必急于删除自认为不重要的材料和相关内容，以备修改时再次斟酌是否可以使用。

（3）完成初稿以后，打出清稿，通读全文，分析、评价文章的资料、结构、层次、内容等安排是否合理恰当，并考虑如何进行修改。但初稿中的修辞暂且不重要。

5. 修改文稿及定稿 初稿形成后，需要多次反复的修改才能定稿。修改是对初稿的内容不断加深认识，对表达形式不断选择的过程，主要包括以下几大部分的修改。

（1）篇幅的修改 初稿写作时材料是宁多勿少，在修改的过程中，作者应根据文稿的主题及相关期刊编辑部稿约中对篇幅的要求，删除或缩减不必要的内容。

（2）结构的修改 此部分的修改主要考虑全文的各级标题和层次的合理编排问题。一般医药类期刊论文采用三级标题，学位论文的篇幅比较长，可采用四级或五级标题。修改结构时应注意：首先，应根据标题对论文的重要性，可将主标题和分标题进行调整；其次，分析各主标题和分标题排列的先后次序是否自然，是否便于推理，是否合乎逻辑；最后，还应考虑各分标题所属的主标题是否合理，若不合适者应进行调整。

（3）内容的修改 主要看科研设计是否严密合理，方法是否正确，资料是否完整，依据是否准确并符合统计学要求，结果是否科学严谨，结论是否妥当并有充分依据等。若资料不够充分，应增加；若资料过多，在删除与论点无关内容的基础上，仍受到篇幅的限制时，可将相对重要且有创新部分的内容详细、充分阐述，而删除其他相对不重要的资料。同时还应着重考虑格式、序号、外文字母、表格、插图及参考文献的序号是否符合要求，以及有无错别字。

（4）标题的修改 尽管在撰写论文时标题已经明确，但在写完文章以后，通过对大量材料的整合分析，以及阅读了一定的文献资料后，作者对所研究的问题有了新的认识、新的想法，此时，再重新审查和修改标题，可以使标题的意义更加明确，措辞更加恰当，更能反映主题。

如果以上各项工作都已圆满完成，则可将稿件确定为终稿。

五、医药论文的投稿方法

1. 投稿前的准备

（1）检测完稿的准确性及规范性。医药论文写作中常用到的国家标准有以下几类：GB/T 7713.1—2006《学位论文编写规则》、GB 3179—2009《期刊编排格式》、GB/T 6447—1986《文摘编写规则》、GB/T 3860—2009《文献主题标引规则》、GB/T 7714—2015《信息与文献　参考文献著录规则》、GB 3100—1993《国际单位制及其应用》、GB 3101—1993《有关量、单位和符号的一般原则》以及 ISO 4—1997《信息和文献出版物标题和标题字缩写的规则》等，作者可根据论文的需要参考相关标准进行核对与修改。

（2）认真阅读期刊的稿约与投稿须知。

（3）请资深专家审阅推荐：完成的文稿最好请一位资深专家或知名学者审阅，并提出修改意见后进行认真修改能保证论文的质量。

2. 医药期刊的选择与投稿　选择向何处投稿并如何递送稿件是很重要的。首先确定论文适合投稿的期刊方向，查阅相关的省卫生主管部门颁布的《XX省评审高级卫生职务任职资格的医药卫生刊物名录》，以便发表的论文能用于职称晋升，锁定适合投稿的期刊类别；其次，在投寄前应查阅有关杂志所设的栏目，确定论文内容是否为期刊刊用范畴；再者，认真阅读期刊稿约及稿件要求（如格式、篇幅等）；再者，还要了解医药期刊出版周期（周刊、旬刊、半月刊、月刊、双月刊、季刊、年刊、不定期刊）情况，其发表周期是否符合自身预期时间要求；最后如何确定向何种期刊投稿。一是按质投稿，如论文内容新颖、富于创意、质量一流应投"权威"期刊，但要求高、刊出概率低；二是按期刊知名度及其出版周期短的期刊投稿，其命中率也较高。

3. 切忌一稿多投　一稿多投是指作者将同一论文先后发给不同的杂志社或其他媒体发表（同时或者先后发表）。这种情况是属于学术不端行为，几乎所有的科技期刊都不允许"一稿多投"，这种严重的学术不端问题，严重的情况下会被期刊乃至学术界拉黑。但以下情况不属"一稿多投"：①已被其他刊物退稿的论文；②发表初步报告后再发表完整的论文；③无刊号的内部资料再以有刊号的公开发表形式。

4. 在退稿面前不气馁　退稿对投稿人来说是经常的事，尤其是初学者，应有心理准备。退稿后，应认真分析产生退稿的可能原因：是否选题陈旧；是否有类似文章发表过；是否所投期刊与稿件内容不符；是否文章论点不鲜明、结论不明确、重点不突出。再考虑一下退稿是否有另投的可能性，应如何修改，再投哪家期刊较合适等。

第二节　医药文献综述

医药文献综述是对医药学学者根据某一主题国内外研究的最新态势，在搜索、收集、阅读及分析大量相关文献资料的基础上进行归纳、总结，做出分析、评鉴和预测等总结性的文章，在文献类型上，医学综述属于三次文献。

一、类型

根据搜集的原始文献资料数量、提炼加工程度、组织写作形式以及学术水平的高低，综述可分为归纳性、评论性和专题研究报告三类。

（一）归纳性综述

是围绕某一科研问题或课题广泛搜集相关的最新文献资料，对其内容进行分析、归纳总结，使它们互相关联，前后连贯，而撰写的具有条理性、系统性和逻辑性的总结性文章。它能在一定程度上反映出某一专题、某一领域的当前研究进展，一般撰写者不提出自己的见解和观点，只是系统地罗列。

（二）评论性综述

评论性综述系具有一定学术水平的作者，在搜集大量资料的基础上，对原始素材归纳整理，从纵向或横向上做对比、分析及评论，撰写反映当前该领域研究进展和发展前景的评论性学术文章，一般撰写者会提出自己的观点和简介。因该类综述对从事该专题、该领域工作的读者有一定的指导意义和参考价值，可启发读者科研思路，引导读者选择新的科研方向。

（三）专题研究报告

一般是涉及国家经济、科研发展方向的重大课题，进行反映与评价，并提出发展对策、趋势预测。此类综述对于科研部门确定研究重点和学科发展方向，领导部门制定各项决策，有效实施管理起着参考和依据的作用。主要表现为预测报告，可行性研究报告，专题调研报告，建议、对策与构想报告等。

二、特点

（一）引用文献较多

原始论文虽亦引用文献，但主要是总结作者自己的工作和经验，引用文献仅作为衬托和对比。而综述论文主要是在大量阅读、消化国内外文献资料的基础上，由综述者取其精华加以归纳，围绕选题全面而又系统的综合评述。其中虽也可融入综述者个人的经验或见解，但在全文中并不占主要地位。撰写综述论文是要大量地获取、掌握有关领域中各方面研究的最新资料，包括各研究学派的主要论点、理论依据和争论焦点，经过作者思索、归纳，系统有条理地选择、加工整理成中心内容突出、引用和论证都恰到好处的完整论文。由于综述文章主要取材于他人的研究成果，故有目的的大量阅读、掌握文献资料，尤其是有成就的著名专家、学者发表的文章，是撰写好文献综述的重要前提条件。综述论文后都附有较多的参考文献目录，从几十篇或上百篇，从其参考文献目录可略知该文的广度和深度。

（二）"综"与"述"紧密衔接

每一篇综述文章都有其特定的专题范围和时间跨度。总的来说，其内容大体包括：该专题研究的简要历史背景回顾，争论焦点。着重阐述研究现状和水平，及未来发展前景的展望。力求做到把所选专题已取得的研究成果、技术、水平、研究动态等展示给读者，并指出当前存在的问题与解决办法，进而做出实事求是的评价。述评时，要有理有据，恰如其分，全面、系统，不带有偏见和个人倾向，要客观和实事求是地介绍各方面的论点，深入地加以分析。

三、撰写目的

（一）科学研究工作的需要

要进行一项科研工作，必须不断收集和大量阅读有关的文献资料，从科研设计、选题，到具体的研究方法和步骤，都必须反复推敲和论证。故此，科研工作者最好围绕某一研究领域从不同的角度撰写有关文献综述，其益处有以下几点。

（1）了解过去的研究路线以及正在进行的研究与以往研究工作的关联性，发现争论的焦点和存在的问题，各种论点的理论依据和实验依据，解决问题可能的方法和途径，寻找有价值的主题，有助于科研工作者提出理论假设和拟订攻关方向。

（2）澄清思路，锻炼综合思维能力。在拟订或已从事的研究领域，要有明确的思路和最佳的实验方法，尤其是青年科技工作者，除了导师的指导以外，要自己摸索出一套方法，不断完善自己的思维能力，撰写文献综述的过程不失为自我训练的有效途径之一。在撰写综述的过程中，整合并摘要某个领域内已知的研究成果，使人们认识到未来可能出现的研究方向，有助于进行科研究设计，或为原设计方案提供修改意见。

（3）提高查阅、检索文献能力和论文写作技巧。科研工作者必须具有中外文献的检索技能，掌握有关课题的主题词、关键词和缩略语，及有关学科的主要期刊，以便扩大查阅文献资料和检索的范围，以解决科研工作中随时出现的各种难题。在广泛查阅他人原始论文的过程中，也为自己的科研总结写作打下基础。

（二）提高临床医疗和教学工作水平

临床工作者和教学人员要不断进行知识更新，不断吸收国内外科技发展的新知识，了解所从事学科的新动向、新技术及已取得的新成果，并应用于医疗和教学工作。老专家、老教师根据自己的专长、工作需要和学科发展，撰写具有指导和应用价值的文献综述，以培养和造就一代新人，给学科发展增添宝贵财富。中、青年工作者撰写文献综述的过程，也是不断学习和提高的过程，从翻译外文原著，到做文献卡片、文献分类卡片，写读书笔记，只有提高综合分析、思维能力，提高写作技能，锻炼和培养科学的思维方法、分析问题和解决问题的能力，才能保持清晰的思路，跟上科学发展的步伐。

四、医药文献综述的撰写步骤及格式要求

（一）选题

能否写出一篇好的医药文献综述论文，选题恰当与否至关重要。选题应注重创新性、科学性、实用性、可行性及个性化。医药综述性文章的撰写一般遵循以下几条原则。

（1）从自己专业范围的角度出发，根据已进行或正在进行的研究工作，收集大量的文献资料进行综述。

（2）在医、教、研工作实践中，发现了某些新的问题，同行间尚未形成统一的认识和看法，需要加以综述。

（3）所从事的工作领域某一方面近年有重大进展，需深入探讨或有必要介绍给广大读者。

（4）新发现的病种，新的诊疗手段、治疗方法，新药应用于临床，尚无统一的标准或结论性的意见，需要归纳、综合、整理。

（5）对某种疾病的诊治方面的新方法或新见解，需要推广和应用，对其加以综述。

（6）医疗、科研工作中急需解决的课题。

（二）文献的收集与阅读

参考文献量是衡量综述价值的指标之一，综述内容是否丰富新颖，取决于搜集和阅读文献的

多少及质量。一般情况下，笔者在纂写综述之前，必须大量收集和阅读国内外核心期刊的最新文献，一般按照以下三大原则进行文献检索与收集：一是先查找有关方面较有威望的专家撰写的论文；二是以近 5 年内的文献为主（90% 以上）；三是先看近期（2～3 年），后看远期文献，尽可能阅读原文，对重要的文献细读，对创造性较大的综述或论著进行精读；做读书卡片或笔记，分类、归纳总结。

搜集文献的主要途径有以下几种：①通过核心期刊或索引数据库进行查找，作者可从摘要或全文中找重点文献的原文进行精读；②从综述、述评、进展等书籍中查找最新的综述文章精读，并从引用的文献查找；③直接从各类全文数据库或书目型数据库查找，作者可根据所选的主题，通过高级检索的方式在各类数据库中，选用不同的主题词和控制条件（时间、期刊范围、作者等）进行文献查找，全文型数据库可直接下载全文进行精读，书目型数据库可先浏览文摘摘要，再通过全文链接进行全文下载或在线阅读。

（三）写作构思与拟定提纲

根据拟选好的题目，在对文献浏览及通读的基础上，撰写者应对选题所涉及的国内外研究现状及存在的问题有概括的认识及构思，再将精取的文献资料按选题要求分类、归纳和总结，分析、整理出主要观点，列出大小标题和相应精选文献的主要观点，可以列出几个关键词，并依次引用。

（四）撰写成文

根据所列提纲，精细有序地开展叙述，医学综述一般都包括题名、著者（作者所在的工作单位和姓名）、摘要、关键词、正文、参考文献几部分。其中题名、著者、关键词部分的写作要求与科研论文的写作要求基本一致。而摘要部分与正文则与医学科研论文有较大区别，以下将从摘要、论文正文和参考文献说明医药综述撰写的格式及要求。

1. 摘要 医学综述的摘要不采用结构式摘要的形式意义列出，而采用非结构式的形式进行撰写，主要包括以下三种类型。

（1）报道性摘要（资料性摘要） 通常指简介，即一次性文献的主题范围和内容梗概的简明摘要，要求 300 字左右。

（2）描述性摘要 常用于研究简报、专题讨论、技术方法和综述的摘要，不必介绍研究方法和结果，仅做概括性说明，字数在 100 字左右。

（3）报道－指示性摘要 对论文的重要部分采用报道性摘要的写法，介绍研究目的、方法、结果和结论；对论文的次要方面用指示性摘要形式做概括性说明，要求 200 字左右。

2. 正文 医学综述的正文部分由前言、主体和总结组成，是全文的核心部分。

（1）前言 也叫引言，是撰写者对写作内容的一个初步轮廓认识，一般简要说明写作目的、综述范围、相关概念含义、写作意义，简单扼要说明相关问题的现状、趋势及争论焦点，一般为 200～300 字的篇幅。

（2）主体 正文是医学综述最主要的组成部分，格式无固定要求，作者可根据题目大小、内容多少、主题范围以及文章的逻辑关系来纂写。正文应当围绕所选主题对相关文献中的叙述观点进行全面归纳总结、重点引用，主要包括论据和论证两个部分，作者可按照文献与所选主题的关系或不同的观点方面进行综述，通过提出问题、分析问题和解决问题，比较不同学者对同一问题的看法及其理论依据，进一步阐明问题的来龙去脉和作者自己的见解；也可根据文献或主题的年代顺序进行阐述，从问题发生的历史背景、现状、发展方向等提出文献的不同观点。正文部分可根据内容的多少分为若干个小标题进行论述。引用他人的观点或评书不能全盘拷贝，亦不可断章取义，要基于原作者的原文进行归总结，并尽可能用全面、详细、准确、简练的方式进行转述，对文献中观点、数据、图标都应注明出处。

（3）总结　也叫结语，简要总结文章主体部分的内容、意义、发展动向、应用价值、存在的主要问题及今后的发展趋势，对这方面有丰富经验和已从事过该项研究工作者，可以简单描述所写主题发展现状的简短评论及对今后发展方向的展望。内容单纯的综述也可不写小结。

3. 参考文献　是医学综述不可或缺的总成部分，可为撰写者所写论述提供依据，提高文章的可信度，同时为读者提供文献查询线索。参考文献一般选用内容成熟可靠、新颖性和创造性强、具有代表性的文献，并按国家规定标准列出，外文文献按原文照抄，不译成汉语，参考文献一般引自公开出版、发表的书刊杂志，参考文献的数量多少不一，多者可上千篇，少者几十篇，国内期刊限于篇幅对引用文献数量有所限制，一般在 15～30 篇，尽量引用近 5 年内的文献。参考文献编号要做到准确无误，与正文内容一一对应。

第三节　论文投稿信息选择与获取

微课

案例讨论

【案例】在大学期间，小丽在老师的课题组进行了为期 1 年的学习和实践，临近结业时她撰写了一篇与课题研究内容密切关联的论文，老师要求她根据论文写作内容选择一期国内的核心期刊进行投稿。

【讨论】1. 小丽该如何确定其选择的期刊为核心期刊？

2. 小丽如何确定其选择的期刊为合法期刊，并如何获取正确的投稿方式？

一、核心期刊

（一）概念

核心期刊一般由一定的遴选体系筛选而产生的期刊，是经众多学术界权威专家鉴定，根据期刊的引文率、转载率、文摘率等指标最终确定的。核心期刊以外的期刊被认为是普通期刊，核心期刊的评价标准一般由学术界权威专家及图书馆制定，虽然各学校图书馆的评比、录入标准也不尽相同，但是核心期刊目录受到了学术界的广泛认同。

（二）核心期刊的分类

目前医药学术领域的中文核心期刊常用三大评价体系，分别为中国科学引文数据库、北京大学《中文核心期刊要目总览》和中国科技论文统计源期刊。

1. 中国科学引文数据库来源期刊（CSCD）　中国科学引文数据库（Chinese Science Citation Database，简称 CSCD），是以中国科学院文献情报中心于 1989 年创建的世界上第一个非英语科学引文数据库为研究基础，以《中国学术期刊综合评价数据库》为数据基础而建立起来的期刊引文数据库。收录我国数学、物理、化学、天文学、地学、生物学、农林科学、医药卫生、工程技术和环境科学等领域出版的中英文科技核心期刊和优秀期刊千余种。该评价体系每两年遴选一次，采用定量与定性相结合的方法，定量数据来自中国科学引文数据库，定性评价则通过聘请国内专家定性评估对期刊进行评审。定量与定性综合评估结果构成了中国科学引文数据库来源期刊，即CSCD来源期刊，学术界内一般直接简称为CSCD，分为核心库和扩展库两部分，其中核心库在备注栏中以C为标记，扩展库在备注栏中以E为标记。该来源期刊目录可直接在中国科学院文献情报研究中心的中国科学文献服务系统（http://sciencechina.cn/）中下载电子版。

2. 北京大学《中文核心期刊要目总览》 北京大学《中文核心期刊要目总览》，简称北大核心，是由北京大学图书馆及北京十几所高校图书馆众多期刊工作者及相关单位专家参加的研究项目，项目研究成果以印刷型图书形式出版，无电子版（网络提供的各种电子版只能作为参考），但研究工作者可通过中国知网的"出版物检索"期刊，进入期刊的详情介绍页面可查询该期刊是否为北大核心期刊。该评价体系在2008年以前，每4年评选一次，自2008年后每3年评选一次，截止目前共出版了八版：1992年（第一版），1996年（第二版），2000年（第三版），2004年（第四版），2008年（第五版），2011年（第六版），2014年（第七版），2017年（第八版）。从影响力来讲，其等级属同类划分中较权威的一种。是自然科学领域除CSCD以外学术影响力最权威的一种。

3. 中国科技论文与引文数据库（CSTPCD） 即《中国科技论文统计源期刊》是中国科技信息研究所从1987年起，受国家科委委托每年对我国科技人员在国内外发表论文数量和被引用情况进行统计分析，并利用统计数据建立了引文数据库，简称科技核心或统计源。该评价体系每年4月或10月分两次给当年经过多项学术指标综合评定而被收录的期刊颁发收录证书，每年年底公布收录目录。各研究工作者可通过万方数据知识服务平台的期刊检索查询该期刊是否为科技核心期刊。

▶ **知识拓展**

CSSCI、SCI、EI

1. 中文社会科学引文索引来源期刊（Chinese Social Sciences Citation Index，CSSCI）由南京大学中国社会科学研究评价中心针对国内的中文人文社会科学学术性期刊中精选出学术性强、编辑规范的期刊。主要包括法学、管理学、经济学、历史学、政治学等人文社会科学类期刊，并不包括自然科学类的期刊。

2. 科学引文索引（Science Citation Index，SCI），是由美国科学信息研究所创建的世界期刊文献检索工具，可以从文献引证的角度评估文章的学术价值。SCI所收录期刊的内容主要涉及数、理、化、农、林、医、生物等基础科学研究领域，选用刊物来源于40多个国家，50多种文字。从来源期刊数量划分为SCI和SCI－E，SCI来源刊为3500多种，SCI－E（SCI Expanded）是SCI的扩展库，收录了5600多种来源期刊。科研机构被SCI收录的论文总量，反映整个机构的科研尤其是基础研究的水平；个人的论文被SCI收录的数量及被引用次数，反映其研究能力与学术水平。

3. 工程索引（The Engineering Index，EI）是针对工程技术领域具有较高的学术水平的工程论文而建立的综合性情报检索刊物。

二、投稿平台的选择与利用

（一）自行选择期刊平台投稿

在互联网不发达时期，邮寄投稿是大多期刊的收稿方法，随着科技的发展，网络电子投稿已成为当前学术期刊的主要投稿方式。如果作者自行选择期刊平台（即期刊官网或期刊官方邮箱）方式进行投稿，可以按照以下几个步骤进行：

（1）根据自己的文章性质选择期刊，并验证期刊的正规性，即作者必须在国家新闻出版总署官网（http://www.nppa.gov.cn/）的"期刊/期刊社"中查询该期刊是否正规。

（2）在中国知网、万方或维普这三大公认的学术期刊文献数据库的"期刊检索"中查询是否收录，一般高等院校的中文期刊文献都要求能在该三大平台检索，并查该期刊的往期目录，确定该期刊是否按期刊发论文。

（3）网络寻找投稿方式：第一种方式是通过百度查找期刊官网直接进行投稿，但注意，通过百度搜索该期刊后，该期刊的网络右上角必须有注释"官网"二字，才能证明该网址为此期刊的官方投稿方式，如图 10 - 5 所示。

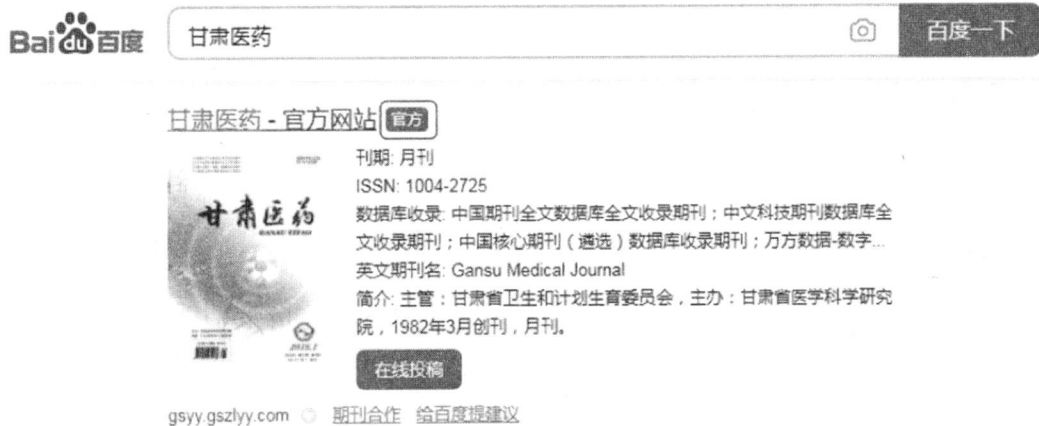

图 10 - 5　百度所有期刊官网示意图

第二种方式是通过中国知网、万方或维普寻找投稿方式，这是相对安全靠谱的一种查询方式，百度能检索或检索不到期刊官网的期刊投稿方式都能通过此方式查询得到，以《当代医药论丛》为例说明如何通过知网查询期刊的投稿方式，具体如图 10 - 6 所示（特别注释：必须用 IE 浏览器打开中国知网官网）。

（二）期刊合作平台

中国知网的论文投稿平台是一个论文发布平台，作者通过中国知网首页中部的"选刊投稿"即可进入该平台的主页，如图 10 - 7 所示。共收录了 10000 多本期刊，涵盖各个社会科学和自然科学领域。该平台与近八百家期刊保持密切合作关系，其中包括 SCI 刊物、CSSCI 刊物、中文北大核心刊物、科技统计源核心刊物以及国家级省级重点普通刊物，学科齐全，覆盖了医学、护理、教育、管理、经济、中文、法律、历史、计算机、电子信息、化工等专业。该平台首页右侧还提供期刊分类、分级等百科介绍和论文写作发表相关指南。为广大学术研究和职称评定者免费

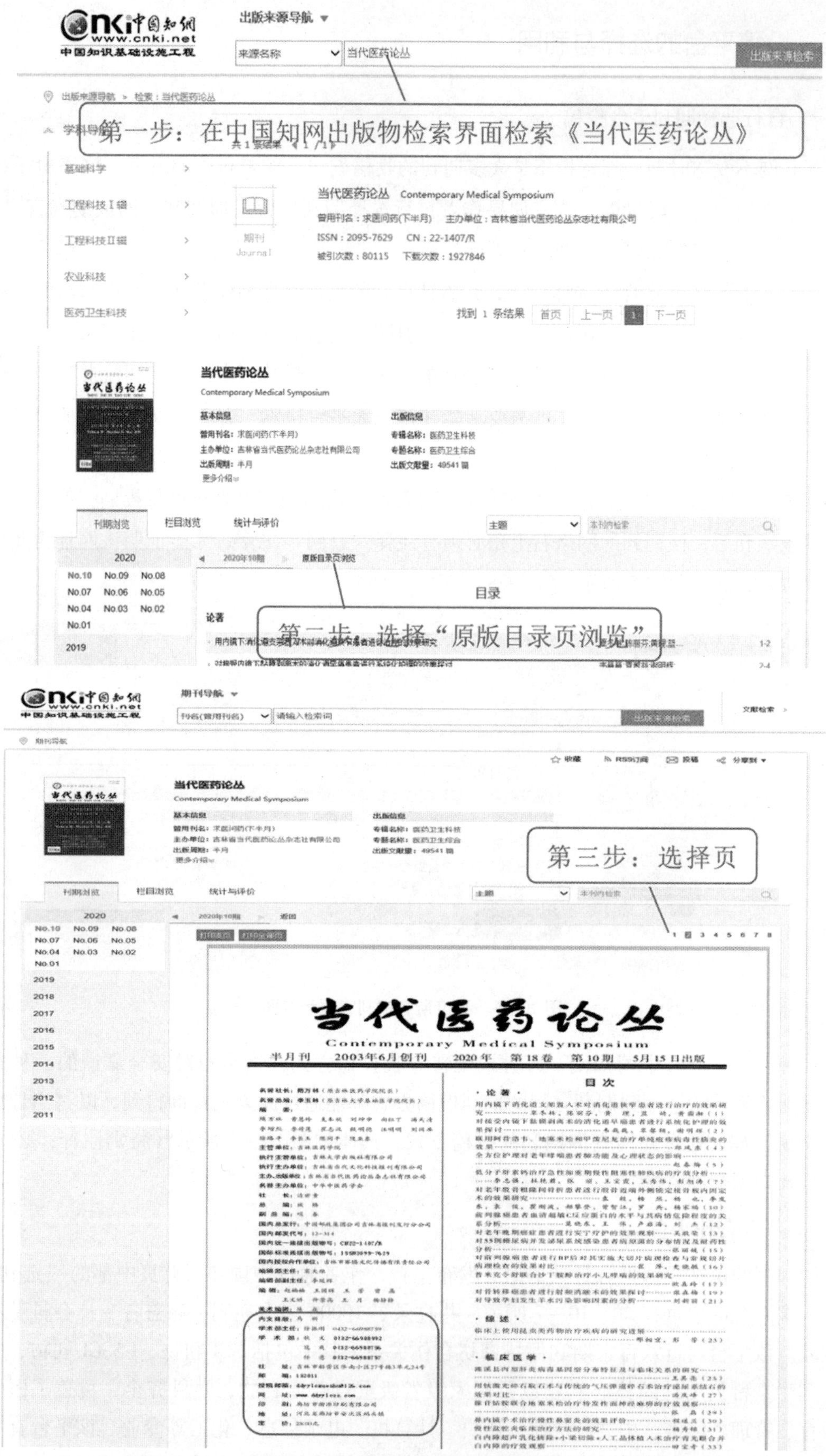

图 10-6　通过中国知网查询期刊投稿方式

提供专业信息咨询，为大学生、硕士生和博士生，免费提供相关期刊资料在线查询服务。该系统所有推荐期刊均为正规刊物，不推荐非法刊物、假刊、增刊、带后缀的副刊等；制定严格的内部信息安全管理制度和安全可靠的技术手段，对客户所提供的资料进行严格的管理及保护；所有成功发表的论文均提供样刊、正规发票，作者的论文未确定发表前，不收取任何审稿费、版面费等费用。

图 10 - 7　中国学术期刊论文投稿平台

三、非法出版物的鉴别

（一）非法出版物的定义及特种

非法出版物是非国家批准的出版单位在社会上公开发行的图书、期刊、报刊等以及未经批准擅自出版的出版物，如以买卖书号、刊号、版号、违反协作出版、代印代发规定从事出版投机活动印制的出版物；非出版单位未经出版行政机关批准编印、翻录供内部使用的图书、报刊、音像带等。著作权侵权、非法出版物在学术界已屡见不鲜，非法期刊一般具备以下特点。

（1）夸大期刊名称　很多非法期刊的刊名非常大，如"中国＊＊"，有的在封面上引诱性地标记"国际中文核心期刊""世界××期刊"等。刊物主办、协办、支持单位都是"中国发改委××研究中心""亚太××交流中心"等。

（2）改变刊号结构式　合法的中文期刊必须标注有 ISSN 和 CN 号。一般非法期刊，有些直接未标注上述两类刊号，有的虽然标注了，但仔细研究就会发现，有些刊号根本不符合正规刊号的结构式，有些国内统一刊号 CN 后面，大多都缀有 NR 或者 HK 即香港刊号的标识。

（3）隐蔽印发刊物　期刊基本上都是自办发行，具有隐蔽性。自办发行即不通过邮局，没有邮发代号。没有邮发代号的期刊在邮局或国家报刊发行网上是查不到任何信息的。也有少数非法期刊会编上一个邮发代号，但这些邮发代号要么根本不存在，要么是盗用其他期刊的邮发代号。

（4）注册刊物地址具有迷惑性　大多数非法期刊，社址、编辑部地址或注册地址都在写字楼、香港或境外等地，通信地址一般只注明"××信箱""××大厦××室"，也常常在异地设办事机构。所以，社址、编辑部地址、注册地址与办公地址分离，是这类非法期刊的另一个重要特点。

（5）刊名重复或多样化　非法期刊同名现象很多，同一名称的期刊甚至还有多个不同的刊号，有些非法期刊取名非常具有迷惑性，盗用正规期刊刊号，例如《兰州大学学报》是正规期刊，但非法期刊则取名"兰大学报"，并盗用其刊号非法出版。

（6）刊登论文数非常多　正规的期刊刊文数量一般是 30~40 篇，而非法期刊的刊文数量非常多，且刊文的内容繁杂，版面混乱，有些期刊甚至不设置分类栏目，文章杂乱无序，不符合正式期刊在内容编排方面规范化、标准化的格式要求。

（7）付款方式　非法期刊一般都是电子汇款，且汇款单位都是个人。而正规期刊一般要求通过邮局地址汇款，有的也可通过银行电子汇款，但汇款单位一定是单位的银行账户，而非个人银行账户或公司性质淘宝及微信账户。

（8）论文无法检索　CNKI、万方或维普网是学术界比较公认的学术论文数据库，如果论文发表在非法刊物上，则无法在上述学术网站检索。同时，假期刊中的论文也无法在期刊官网检索到。

（二）非法刊物鉴别方法

1. 仿制正规期刊的非法刊物鉴别　即不法分子通过仿制正在刊发或停刊的正规期刊而制作的非法出版物，这种手段非常隐蔽，比较难鉴别。例如《新疆预防医学》，该期刊汉文版已于 2005 年停刊，目前只有维文版；《中国蒙医药》一直以来均无汉文版，但有些不法分子却一直在制作汉文版的期刊；《航空军医》已于 2010 年停刊，而在此之前，该期刊也只接收部队军医稿件。如果作者的投稿方式正规，按照以下两个步骤基本能鉴别出期刊的真伪：①国家新闻出版署官网（http://www.nppa.gov.cn/）的"期刊/期刊社"查询该期刊的正规性，一般仿制期刊这一条都不满足要求；②在中国知网、万方、维普的期刊检索查询期刊是否正常刊发稿件，或者通过本章第二节"投稿平台的选择与利用"中所述方式查找期刊官网，进入期刊的官网查看期刊是否正常收录、刊发稿件。下面将举例通过期刊官网和中国知网鉴别刊物的合法性，具体步骤如下。

期刊官网鉴别非法刊物《健康世界》：作者通过该期刊的官网进入会发现该期刊已发布该期刊为科普期刊，从未发表学术期刊的声明，如图 10-8 所示。

知网鉴别非法刊物《中国结合医学杂志》杂志：作者可通过中国知网"出版物检索"检索"中国结合医学杂志"，可发现该杂志只有英文版，无中文版，同时非法的刊物，作者的论文无法在知网检索，具体如图 10-9 所示。

2. 盗用报刊性复印资料期刊刊号的鉴别　报刊性复印资料期刊具有正规刊号，但该类期刊属于文摘系列期刊，只从其他期刊复印论文资料，是二次文献，从不接受直接投稿。如图 10-10 中所示期刊，作者可以从以下几个方面判断此期刊为非法期刊：①从期刊的题目可以看出，此期刊非普通期刊，"文摘"两字可以初步判断该期刊为二次文献期刊，应不接受原创投稿；②投稿作者可从国家新闻出版署官网查询"教育学文摘"的基本信息可以发现该期刊的主办单位为"中国人民大学"，粗略一看该期刊的刊号、主管部门、主办单位等信息都无误，但从录用通知，投稿作者应该可以看出该期刊的投稿邮箱为普通的 126 邮箱，而国内大多数大学主办的期刊，投稿邮箱都为学校官网邮箱，其次收款账户为个人账户，而非中国人民大学的账户；③网络查询验证：

第一种方式可从中国人民大学的报刊复印资料中（http://zlzx. ruc. edu. cn/）可验证出该期刊为报刊复印资料，其封面与此封面截然不同；第二种方式可以在中国知网、万方、维普三大的学术期刊网搜索该杂志，可发现该三大学术网站均未收录该杂志。投稿作者通过以上三步，则可完全判断此杂志为非法出版物。

图 10 - 8　期刊官网鉴别非法刊物的示意图

图 10 - 9　知网鉴别非法刊物的示意图

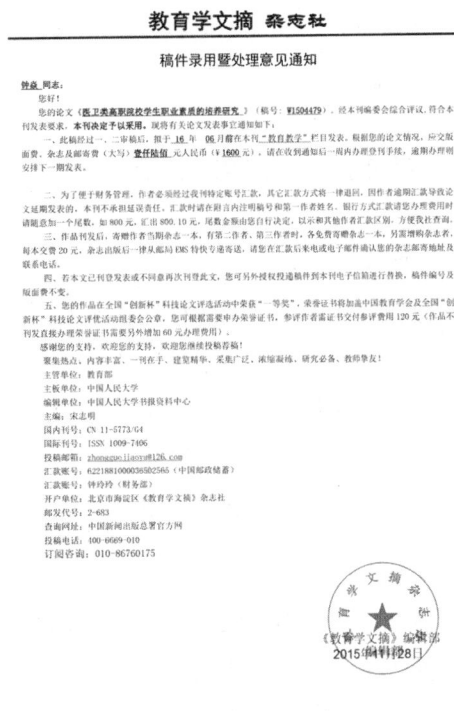

图 10 - 10　盗用报刊性复印资料期刊刊号的假期刊

第四节　文献的合理使用

案例讨论

【案例】 小明是某高职院校药学专业一名大三的学生，临近毕业，他的指导老师要求其撰写一篇有关"药物不良反应研究现状"的毕业论文，题目自拟，字数不少于1万字。而小明在写作过程中出现了如下所示的情况。

A. 已发表文献

352 名医 RENOWNED DOCTOR

药理机制，如果在不确定的情况下使用，会因为不恰当的使用原则来增加联合用药的不良反应，例如：精神系统反应、肌肉毒性反应、肝毒性以及消化系统症状等[5]，在本文的研究中，以肌肉毒性的发生率最高，其次是肝毒性，伴随着该种不良反应的发生，患者的肝脏、肌肉会受到严重的损伤，严重还会导致死亡。

他汀类药物种类多样化，除了降脂的作用外，还可以减缓心肌纤维化、抗炎、抗氧化以及抗动脉粥样硬化等[6]，在联合用药的过程中，如果药物剂量不合适，或者配比不合适，会增加药物的不良反应，而引起不良反应的联合用药主要包括降脂药、抗心律失常药、降压药以及抗血小板药物等，主要的原因可能与药理分子结构有关，并且在本文的研究中，阿托伐他汀、洛伐他汀以及辛伐他汀相比其他的他汀类药物使用频率更高[7]，因此，在联合他汀类药物和其他药物共同使用时，如果是辛伐他汀、阿托伐他汀与降脂、抗心律失常药物以及降脂药物联合使用时，需要提高警惕，严格注意，因为这类疾病易产生联合用药的不良反应。

参考文献

[1]马建林,黄文杰.他汀类药物相关不良反应的研究进展[J].

B. 小名撰写的文章

二、降脂类药物
1. 他汀类药物

他汀类药物主要适用于降血脂、抗动脉硬化，可以有效降低低密度，降低胆固醇。该药物总体上是一个非常安全的药物，它的不良反应的发生率比较低，大概是2%—9%，主要的不良反应有胃肠道不适，皮疹，肌痛，以及肝脏的损害，转氨酶的升高。它种类多样化，除了降脂的作用外，还可以减缓心 肌纤维化、抗炎、抗氧化以及抗动脉粥样硬化等，在联合用药的过程中，如果药物剂量不合适，或者配比不合适，会增加药物的不良反应，而引起不良反应的联合用药主要包括降脂药、抗心律 失常药、降压药以及抗血小板药物等，主要的原因可能与药理分子结构有关。他汀类药物应该说……。

【讨论】 你认为小明论文写作中的情况是否是学术不端行为？属于剽窃吗？

一、学术规范与学术行为不端

（一）定义

学术规范是指学术共同体根据学术发展规律制定的有关各方共同遵守而有利于学术积累与创新的各种准则和要求，是整个学术共同体在长期学术活动中的经验总结和概述。

学术不端行为是指高等学校及其教学科研人员、管理人员和学生等在建议研究计划、从事科学研究、评审科学研究、报告研究结果等科学研究及相关活动中，捏造、篡改、剽窃、伪造学历或工作经历等违反公认的学术准则、违背学术诚信的行为。

（二）学术不端行为的分类

有学者认为只有剽窃他人的观点才算是学术不端行为，而照抄别人的语句则不算；也有学者认为只有照抄他人论文的结果、讨论部分才算学术不端行为，而摘抄他人论文的引言则不算。根据国家教育部颁布的《高校学校预防与处理学术不端行为办法》，在医药论文的写作过程中，一般以下情况都可算做学术不端行为。

（1）剽窃、抄袭他人学术成果，主要包括抄袭剽窃，或抄袭观点，或抄袭材料，或抄袭段落，或抄袭文献，或将别人的文章略作改动，整体性剽窃，或仅仅是把题目改动署上自己的名字。

（2）篡改他人研究成果；篡改文献或实验数据、故意断章取义，不核对数据和文献，用他人文献中的数据来证明自己的观点，对他人文献的观点、实验数据等故意进行断章取义的引用，以迎合自己研究的需求。

（3）伪造科研数据、资料、文献、注释，或者捏造事实、编造虚假研究成果。

（4）未参加研究或创作而在研究成果、学术论文上署名，未经他人许可而不当使用他人署名，或者多人共同完成研究而在成果中未注明他人工作。

（5）在申报课题、成果、奖励和职务评审评定等过程中提供虚假学术信息。

（6）有偿发表论文、买卖论文、由他人代写或为他人代写论文。

（7）其他严重违反公认的学术准则、违背学术诚信的行为，根据相关学术组织或者高等学校制定的规则，属于学术不端行为的行为。

二、合理使用文献

文献的"合理使用"属于知识产权方面的范畴，指在特定条件下允许人们在未征求版权所有者同意的情况下，可以自由使用受版权保护的部分内容，在保障文献作品知识产权的同时，留存一个公共领域和自由使用的空间，服务于人类文明和科技的革新发展。合理使用的目的是平衡著作权人、作品使用人、社会发展需要之间的利益，消除文献作品创作者、作品文献传播者、作品他用之间的冲突，在维护原创者利权益的基础上，满足社会大众对信息的需求，推动社会的发展和文化的进步。

国际公约规定合理使用作品的三原则（即"三步检验法"）：①只能在法定的、具体的、特殊的情况下使用；②不影响著作权人对作品的正常使用；③没有损害著作权人的合法权利。《中华人民共和国著作权法》中的第二十二条详细明确了合理使用他人作品的情况，具体可见该法律明细条例。医药论文写作过程中文献的应用一般必须注意以下几大事项。

（1）引用的部分不应构成作品的主体部分或核心观点，否则有可能转化成抄袭。

（2）被引用的作品必须是已经发表的，引用他人未发表的作品则有可能侵犯他人对其作品的发表权。

（3）引用他人作品应当说明作品出处和作者姓名，否则可能构成侵权。

三、学术不端文献检测

近年来学术不端行为频发，引起了学术界的广泛关注。论文抄袭、剽窃、论文代写等学术造假行为屡见不鲜。端正学术精神、纯净学术空气，除了需学术界自我约束外，公正的第三方科研评估机构和检测工具为科研成果的客观测评提供了必不可少的途径和手段。学术不端文献检测系统在这种学术环境下应运而生。

（一）学术不端文献检测系统简介

在国际上，20世纪70年代就开始了利用技术手段检测不端行为的研发工作。90年代以后，提出了数字指纹等检测方法，并得到了应用，如美国的论文作业抄袭检查平台turnitin，主要用于高校及科研机构；加拿大sciworth公司开发的mydropbox，可利用互联网资源、可公共存取的部分数据库资源以及机构内部文档等，对学生的作业是否抄袭进行检测。

目前国内比较认可的学术不端文献检测系包括中国知网学术不端文献检测系统、万方论文相似性检测系统和维普论文检测系统。其中最具代表性的是中国学术期刊（光盘版）电子杂志社与中国知网公司的共同研发学术不端文献检测系统。他们首先建起了《中国学术文献网络出版总库》，该数据库收录了包括期刊论文、学位论文、工具书、年鉴、报纸、专利等在内的多种文献，覆盖了工程技术、信息技术、自然科学、农业、医学、哲学、人文社会科学、经济与管理等各个领域。中国学术期刊（光盘版）电子杂志社与同方知网公司开始合作研制学术不端文献检测系统，这是一个系统工程，涉及检测方法设计、比对数据库建设、规范数据库建设、大规模数据测试、系统性能测试等多个环节。学术不端文献检测系统可用于期刊审稿、学位论文检测、职称评定、项目立项评审、项目验收评审和报告审查等方面。为了从多个角度反映文字复制情况，检测系统设计了总重合字数、总文字数和总文字复制比等多个检测指标。而对于篇幅较大的学位论文，除了设置总检测指标，系统对每一章节都设定了文字复制比、重合字数、引用复制比、段落数、最大段长等多个子检测指标，用以检测每一章节的复制情况。

（二）国内学术不端文献检测系统

1. 中国知网学术不端文献检测系统 CNKI 科研诚信管理系统研究中心是同方知网出版集团旗下，从事科研诚信管理产品研发的专门机构，中心主要从事学术不端文献检测系统、科研诚信档案管理系统等软件研发。2008 年 12 月，CNKI 的学术不端文献检测系统开发完成，研发者宣布将在各相关机构开放使用，通过中国知网的主界面即可进入学术不端文献检测系统的主界面（图 10 – 11）。学术不端文献检测系统的比对数据库为《中国学术文献网络出版总库》，检测时输入任何一篇文章，就能同数据库中的所有文章进行比对，从而发现这篇文章跟数据库中的哪篇文章、哪些句子是重复的。它是世界上第一个以全文文献为比对资源的检测系统，国外的检测系统基本上是题录摘要的检测而非全文检测。该系统可用于期刊审稿、学位论文检测、职称评定、项目立项评审、项目验收评审和报告审查等方面。中国知网提供的学术不端文献检测系统仅向机构提供服务，不面向个人，且开通了账号的单位只能用于检测本单位文献。不得通过网络向个人非法销售知网学术不端检测服务，并对盗用、窃取和倒卖行为予以严肃处理。

图 10 – 11 中国知网学术不端文献检测系统界面展示

中国知网的学术不端文献检测系统主要包括大学生论文管理系统、科技期刊学术不端文献检测系统（AMLC）、社科期刊学术不端文献检测系统（SMLC）、学位论文学术不端行为检测系统（TMLC）4大产品。下面将简要介绍这4大产品的基本功能，并以高职高专版的大学生论文管理系统为例介绍其检测结果的意义。

（1）大学生论文管理系统　中国知网大学生论文管理系统目前是国内大多政府教育管理机构和高校公认度最高的大学生毕业论文查重系统，针对各级学生管理部门学风建设与管理的需求开发，提供针对毕业论文的专业检测服务，辅助高校教务处检查大学生毕业论文是否存在抄袭剽窃等学术不端行为，建立学生诚信档案并帮助提高大学生论文质量，辅助学校管理毕业论文。该系统为本科版和高职高专版，高职高专版的检测页面如图10-12所示。

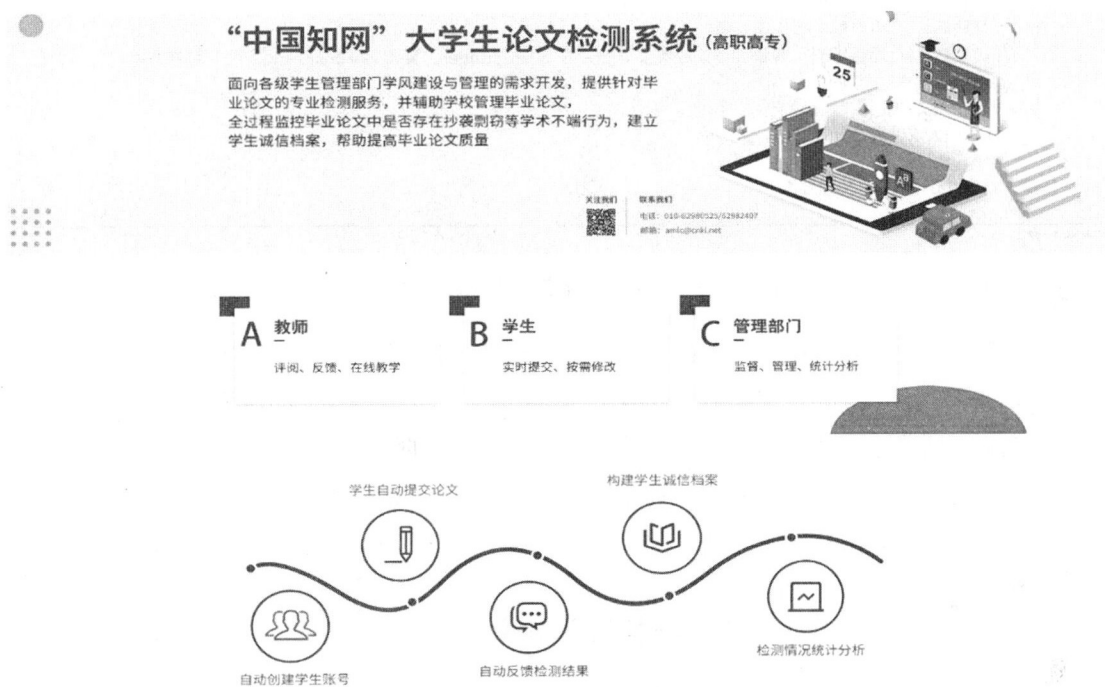

图10-12　高职高专版大学生论文检测系统主界面

各高校在知网购买此项服务后，知网会提供专门的入口网址，并分设管理部门入口、教师入口和学生入口。学生可直接实时提交毕业论文，并按教师提出的意见进行修改；老师可在该系统中对学生的毕业论文进行评阅、反馈和在线评改；管理部门可在该系统中对所有学生的毕业设计进行集中监督、管理和统计分析。学生提交的毕业论文，最终在管理部门提交检测后，论文检测结果以论文检测报告单的形式反馈给学生，该结果可浏览、可下载，如全文标引引文版的论文检测报告单大约分论文基本信息部分、检测结果和检测信息详细内容部分等。

论文检测报告单中的论文基本信息部分显示了检测文献的题名（检测时学生输入论文题目或者姓名）、检测时间、比对的数据库及时间范围，如图10-13所示。

检测结果部分则以数据的形式反映该论文与已发文献的重复比例，一般大多机构都以此鉴定论文是否存在学术不端行为，大多高校一般要求该比例不高于30%；检测结果部分在"指标"中反应该论文是否存在剽窃观点、剽窃文字表述、自我剽窃、整体剽窃和过度引用的情况，如图10-14所示。此部分每一数据都有对应的意义，具体说明如下。①总文字复制比：被检测论文总重合字数在总字数中所占的比例；②去除引用文献复制比：去除系统识别为引用的文献后，计算

文本复制检测报告单(全文标明引文)

№:ADBD2019R_201905240902342019061008493830113003 8192　　　　检测时间:2019-06-10 08:49:38

检测文献:　卢冰洁毕业设计正文查重

作者:

检测范围:　中国学术期刊网络出版总库

中国博士学位论文全文数据库/中国优秀硕士学位论文全文数据库

中国重要会议论文全文数据库

中国重要报纸全文数据库

中国专利全文数据库

图书资源

优先出版文献库

高职高专院校联合比对库

互联网资源(包含贴吧等论坛资源)

英文数据库(涵盖期刊、博硕、会议的英文数据以及德国Springer、英国Taylor&Francis 期刊数据库等)

港澳台学术文献库

互联网文档资源

CNKI大成编客-原创作品库

个人比对库

时间范围:　1900-01-01至2019-06-10

检测结果

图 10 - 13　论文检测报告单论文基本信息部分

出来的重合字数在总字数中所占的比；③去除本人已发表文献复制比：去除作者本人已发表文献后，计算出来的重合字数在总字数中所占的比例；④单篇最大文字复制比：被检测文献与所有相似文献比对后，重合字数占总字数的比例最大的那一篇文献的文字复制比；⑤红色文字表示文字复制部分；绿色文字表示引用部分；棕灰色文字表示作者本人已发表文献部分。

文本复制检测报告单(全文标明引文)

№:ADBD2019R_201905240902342019061008493830113003 8192　　　　检测时间:2019-06-10 08:49:38

检测文献:　卢冰洁毕业设计正文查重

作者:

检测范围:　中国学术期刊网络出版总库

中国博士学位论文全文数据库/中国优秀硕士学位论文全文数据库

中国重要会议论文全文数据库

中国重要报纸全文数据库

中国专利全文数据库

图书资源

优先出版文献库

高职高专院校联合比对库

互联网资源(包含贴吧等论坛资源)

英文数据库(涵盖期刊、博硕、会议的英文数据以及德国Springer、英国Taylor&Francis 期刊数据库等)

港澳台学术文献库

互联网文档资源

CNKI大成编客-原创作品库

个人比对库

时间范围:　1900-01-01至2019-06-10

图 10 - 14　论文检测报告单检测结果部分

检测信息详细内容部分则以红色字体的形式详细标明了存在重复的语句。并在检测报告单的最后详细列出了检测结果部分的"指标"反应的情况及内容，如图 10 - 15 所示。

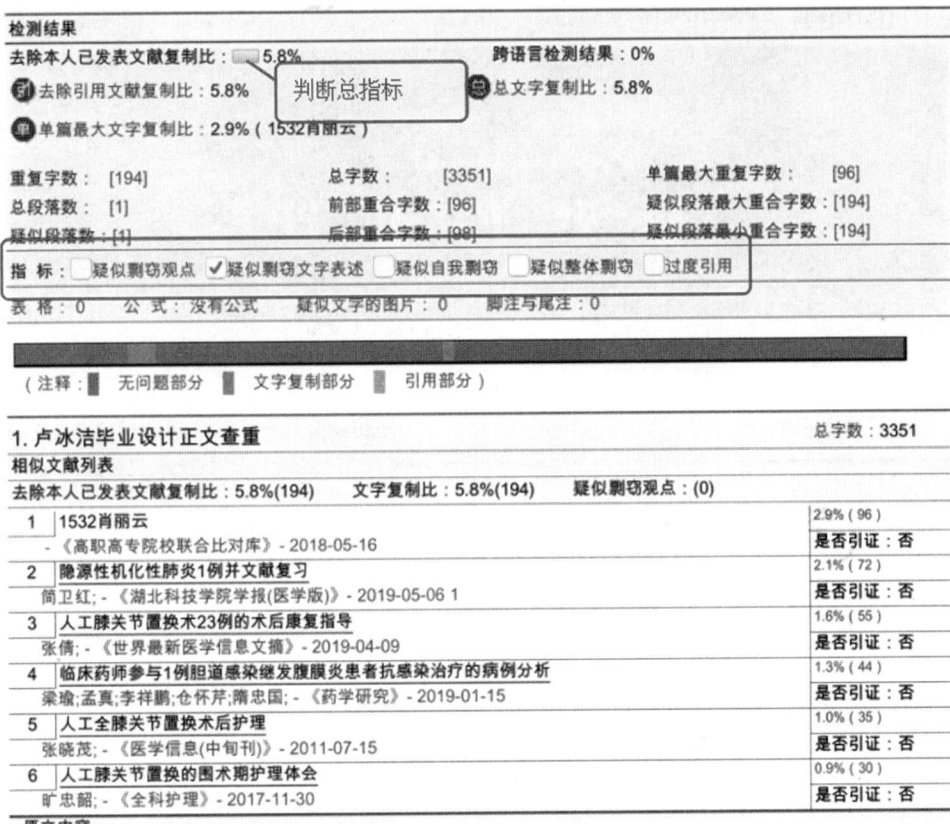

图 10 - 15 论文检测报告单检测信息详细内容部分

（2）科技期刊学术不端文献检测系统（AMLC） AMLC以《中国学术文献网络出版总库》为全文比对数据库，可检测抄袭与剽窃、伪造、篡改、不当署名、一稿多投等学术不端文献，可供期刊编辑部检测来稿和已发表的文献。该系统专门为社科期刊编辑部提供检测服务，仅限科技学术期刊编辑出版单位内部使用。

（3）社科期刊学术不端文献检测系统（SMLC） SMLC以《中国学术文献网络出版总库》为全文比对数据库，可检测抄袭与剽窃、伪造、篡改、不当署名、一稿多投等学术不端文献，可供期刊编辑部检测来稿和已发表的文献。使用范围：限社科学术期刊编辑出版单位内部使用，只能用于检测本刊的来稿和已发表文献。

（4）学位论文学术不端行为检测系统（TMLC） TMLC以《中国学术文献网络出版总库》为全文比对数据库，该系统专门为研究生院部提供检测服务，限高校机构内部使用，仅用于检测研究生毕业论文，可检测抄袭与剽窃、伪造、篡改等学术不端文献。

2. 万方论文相似性检测系统 万方数据文献相似性检测服务采用科学先进的检测技术，实现海量学术文献数据全文比对，秉持客观、公正、精准、全面的服务原则，为用户提供精准详实的相似性检测结果，呈现多版本、多维度的检测报告。同时，万方数据文献相似性检测服务践行专业场景化服务的建设原则，其系列产品可有效为科研管理、教育教学、出版发行、人事管理等各领域的学术个体或学术机构提供学术成果相似性检测服务。该系统分为个人版和机构专属版，它不仅面向机构服务，也面向个人服务，任何实体个人通过个人版注册后，付费后就可进行检测；机构版中分为硕博论文版、大学生论文版、职称论文版、学术预审版和课程作业版，如图 10 - 16所示。

图 10 – 16　万方论文相似性检测系统主界面

3. 维普论文检测系统　是基于多年数据挖掘技术领域的成功经验，应用于文本比对检测领域上的成熟产品。该系统将自主研发的大规模文本处理技术，应用于论文内容创新性评价系统，能够高效地与海量文本资源进行比对，检测出重复及引用片段等，能够计算出论文的复写率、引用率及自写率（对论文内容创新性评价）等指标。该系统集合了专业的数据库资源，针对不同类型用户的需求，该系统集合了专业的数据库资源，针对不同类型用户的需求，提供专业的个人自检测服务和机构检测服务。其中个人版分为大学生版、研究生版、编辑部版和职称版，用户可根据自身需求进行选择；机构版分为论文检测管理系统、编辑部服务系统和毕业论文（设计）管理系统，如图 10 – 17 所示。

图 10 – 17　维普论文检测系统主界面

本章小结

章节名称	学习小结
第一节 医药论文写作与投稿	医药论文的标题要求概括性确切，突出主题，尽量不设副标题，不用缩略语，避免使用疑问句、主谓宾结构的完全句或宣传鼓动方式的语句，不用标点符号；署名必须是作者的真名、全名，人数不超过6人，署名顺序按贡献大小排序，作者单位应为单位的全称及所在城市的名称和邮政编码；摘要一般包括目的、方法、结果和结论四大部分，300字左右；关键词一般每篇3~8个；正文一般包括前言、材料与方法、结果和讨论四大部分，正文中的表要求用"三线表"，图要求清晰分辨率高，图注位于图片下方；结论简洁明了，可在论文的讨论部分直接下结论，或单独一段下结论；参考文献按照温哥华参考文献格式一一对应的进行标注。医药论文的写作步骤包括选题、资料准备、拟定提纲、撰写初稿、修改文稿及定稿，投稿切忌一稿多投。
第二节 医药文献综述	医药文献综述撰写步骤包括选题、文献的收集与阅读、写作构思与拟定提纲、撰写成文，部分的格式要求与医药论文相同。医药文献综述一般尽量引用近5年内的文献，且引用的参考文献数量较多。
第三节 论文投稿信息选择与获取	CSCD、北大核心和科技核心是国内医药学术领域的三大核心体系。作者投稿可自行选择期刊平台投稿和期刊合作平台。非法出版物具备一个或几个特殊特点，可通过国家新闻出版署、三大学术期刊网站和期刊官网鉴定其合法性。
第四节 文献的合理使用	学术不端行为是违反公认的学术准则、违背学术诚信的行为，中国知网、万方和维普三大学术数据库均可进行学术不端文献检测。

目标检测

一、选择题

1. 下列不属于医药论文的是（　　）。

A. 论著　　　　　　　　　　　　　　B. 病案讨论

C. 药物索引　　　　　　　　　　　　D. 医药文献综述

2. 医药论文中表格的常用格式为（　　）。

A. 三线表　　　　　　　　　　　　　B. 四线表

C. 二线表　　　　　　　　　　　　　D. 三横四纵表

3. 医药论文写作步骤为（　　）。

A. 选题、资料准备、拟定提纲、撰写初稿、修改文稿及定稿

B. 资料准备、选题、拟提纲、撰写初稿、修改文稿及定稿

C. 构思、资料准备、选题、拟提纲、撰写初稿、修改文稿及定稿

D. 构思、资料准备、拟提纲、撰写初稿、修改文稿及定稿

4. 下列的文献类型及标识码错误的是（　　）。

医药大学堂
WWW.YIYAODXT.COM

A. 专著 [M]　　　　　　　　　　B. 期刊论文 [Q]

C. 会议论文集 [C]　　　　　　　D. 学位论文 [D]

5. 下列属于"一稿多投"的是（　　）。

 A. 已被其他刊物退稿的论文再次投稿

 B. 向两种以上刊物投稿同一篇论文

 C. 发表初步报告后再发表完整的论文

 D. 无刊号的内部资料再以有刊号的公开形式发表

6. 医药文献综述的组成部分不包括（　　）。

 A. 摘要　　　　　　　　　　　B. 前言

 C. 作者及作者单位　　　　　　D. 结果

7. 以下路径无法参与验证期刊是否非法的是（　　）。

 A. 期刊官网　　　　　　　　　B. 国家新闻出版署 + 期刊官网

 C. 百度搜索结果　　　　　　　D. 国家新闻出版署 + 知网

8. 以下投稿方式最不可取的是（　　）。

 A. 期刊官网　　　　　　　　　B. CNKI 投稿平台

 C. 论文代发机构　　　　　　　D. 维普网获取投稿方式自行投稿

9. CNKI 的科技期刊学术不端文献检测系统（AMLC））面向的用户是（　　）。

 A. 个人用户　　　　　　　　　B. 期刊编辑部

 C. 政府　　　　　　　　　　　D. 个人和期刊编辑部

10. 下列行为不属于学术不端行为的是（　　）。

 A. 未参加研究或创作而在研究成果、学术论文上署名

 B. 引用过程中，对他人文献的观点、实验数据等进行修改

 C. 由他人代写论文，加自己和代写人的姓名

 D. 毕业论文加导师姓名

二、思考题

1. 根据医药文献写作的基本要求，撰写一篇与自己专业密切关联的医药论文。

2. 将上述论文在"万方"或"维普"的学术不端检测系统中进行查重检测。

（钟　焱）

参考答案

第一章

1. B 2. D 3. A 4. C 5. A 6. B 7. C 8. D 9. C 10. D 11. BCD 12. ABCD 13. ABCD

第二章

1. C 2. A 3. B 4. D 5. A 6. B 7. C 8. D 9. A 10. B 11. C 12. B 13. B 14. A

15. A 16. B 17. ABCD 18. ABCD 19. BD 20. ABCE 21. AB 22. ABCD 23. ACE

第三章

1. C 2. B 3. D 4. ABCD 5. ABCD

第四章

1. D 2. A 3. B 4. D 5. D 6. A 7. A 8. D 9. B 10. C 11. ABC 12. ABCD 13. AD

14. BCD 15. ABC

第五章

1. B 2. A 3. C 4. A 5. D 6. A 7. B 8. D 9. A 10. C 11. A 12. B 13. A 14. A

15. A 16. ABCD 17. ABC 18. BC 19. AD 20. ABC

第六章

1. A 2. B 3. C 4. ABC 5. ABCDE 6. ABCE 7. ABCDE 8. ABCDE 9. ABCDE

第七章

1. B 2. C 3. A 4. D 5. D 6. A 7. D 8. C 9. C 10. B 11. ABC 12. ABCD 13. ACD

14. BCD 15. ABC

第八章

1. C 2. A 3. D 4. B 5. A 6. B 7. C 8. D 9. B 10. C 11. ABC 12. ACD 13. AB

14. AB 15. ABCD

第九章

1. C 2. A 3. B 4. D 5. A 6. B 7. C 8. D 9. ABCD 10. ABCD 11. BC 12. CD

13. ABCD

第十章

1. C 2. A 3. A 4. B 5. B 6. D 7. C 8. C 9. B 10. D

参考文献

[1] 陈燕，李现红. 医药信息检索 [M]. 3版. 北京：人民卫生出版社，2018.

[2] 章新友. 文献检索 [M]. 北京：中国医药科技出版社，2017.

[3] 马三梅，王永飞，孙小武. 科技文献检索与利用 [M]. 2版. 北京：科学出版社，2019.

[4] 乔晓强. 药学文献检索 [M]. 北京：科学出版社，2017.

[5] 刘川，侯艳，刘辉. 医药文献检索与利用 [M]. 成都：四川大学出版社，2018.

[6] 赵玉虹. 医学文献检索 [M]. 3版. 北京：人民卫生出版社，2018.

[7] 高巧林，章新友. 医学文献检索 [M]. 北京：人民卫生出版社，2016.

[8] 陆伟路. 中西医文献检索 [M]. 北京：中国中医药出版社，2016.

[9] 李勇文. 医学文献查询与利用 [M]. 成都：四川大学出版社，2017.

[10] 李振华. 文献检索与论文写作 [M]. 北京：清华大学出版社，2016.

[11] 周毅华. 医学信息资源检索教程 [M]. 南京：南京大学出版社，2016.

[12] 常傲冰. 中医药文献检索与利用 [M]. 北京：科学出版社，2016.

[13] 孙思琴，郑春彩. 医学文献检索 [M]. 4版. 北京：人民卫生出版社，2018.

[14] 朱江岭. 国内外专利信息检索与利用 [M]. 北京：海洋出版社，2016.

[15] 刘泰洪. 文献检索与综述实训教程 [M]. 北京：中国人民大学出版社，2018.

[16] 章新友. 中药文献检索 [M]. 2版. 北京：人民卫生出版社，2018.

[17] 黄海. 医学文献检索 [M]. 北京：中国医药科技出版社，2018.

[18] 毕玉侠. 药学信息检索与利用 [M]. 北京：中国医药科技出版社，2015.

[19] 陈平，张铁群. 实用生物医学信息检索 [M]. 北京：科学出版社，2015.

[20] 罗爱静，于双成. 医学文献信息检索 [M]. 3版. 北京：人民卫生出版社，2015.

[21] 陈萍秀. 文献信息检索实用教程 [M]. 2版. 北京：机械工业出版社，2015.

[22] 颜世伟，柴晓娟. 文献检索与利用实用教程 [M]. 南京：南京大学出版社，2015.

[23] 王细荣，吕玉龙，李仁德. 文献信息检索与论文写作 [M]. 5版. 上海：上海交通大学出版社，2015.

[24] 薛晓芳，郝继英，陈锐. 生物医学信息检索与利用 [M]. 北京：军事医学科学出版社，2015.

[25] 柯平. 重新定义图书馆 [J]. 图书馆，2015（5）：1-5，20.

[26] 施国洪，夏前龙. 移动图书馆研究回顾与展望 [J]. 中国图书馆学报，2014，40（2）：79-91.

[27] 郑怿昕，包平. 智慧图书馆理论与实践进展研究 [J]. 图书馆工作研究，2015（7）：36-39.

[28] 吴建中. 走向第三代图书馆 [J]. 图书馆，2016（7）：4-9.

[29] 邓翀. 中医药文献检索 [M]. 3版. 上海：上海科学技术出版社，2017.

[30] 李希滨. 信息技术与文献检索 [M]. 北京：人民卫生出版社，2019.